Brenner/gentschen Felde/Hommel/Metzger/Reiser/Schaaf

Praxisbuch ISO/IEC 27001

E-Book inklusive

Mit folgendem Code können Sie die E-Book-Ausgabe dieses Buches downloaden:

`genuu-f5pz3-qy9y0-nu23w-xbop1`

Registrieren Sie sich unter

plus.hanser-fachbuch.de/ebookinklusive

Das E-Book können Sie auf Ihrem Rechner*, Tablet-PC und E-Book-Reader nutzen.

* Systemvoraussetzungen: Internet-Verbindung und Adobe® Reader®

Michael Brenner
Nils gentschen Felde
Wolfgang Hommel
Stefan Metzger
Helmut Reiser
Thomas Schaaf

Praxisbuch ISO/IEC 27001

Management der Informationssicherheit und Vorbereitung auf die Zertifizierung

5., aktualisierte Auflage

HANSER

Die Autoren:

Dr. Michael Brenner *Dr. Nils gentschen Felde* *Prof. Dr. Wolfgang Hommel*
Stefan Metzger *Prof. Dr. Helmut Reiser* *Dr. Thomas Schaaf*

Bibliografische Information der Deutschen Nationalbibliothek:
Die Deutsche Nationalbibliothek verzeichnet diese Publikation in der Deutschen Nationalbibliografie; detaillierte bibliografische Daten sind im Internet über http://dnb.d-nb.de abrufbar.

Vilshofener Straße 10 | 81679 München | info@hanser.de
www.hanser-fachbuch.de
Lektorat: Sylvia Hasselbach
Copy editing: Sandra Gottmann, Wasserburg
Layout: die Autoren mit LaTeX
Umschlagdesign: Marc Müller-Bremer, www.rebranding.de, München
Umschlagrealisation: Thomas West
Titelmotiv: © istockphoto.com/bortonia
Druck und Bindung: Elanders Waiblingen GmbH, Waiblingen
Printed in Germany

Print-ISBN: 978-3-446-47711-7
E-Book-ISBN: 978-3-446-47845-9
E-Pub-ISBN: 978-3-446-48267-8

Inhaltsverzeichnis

Vorwort

Liebe Leserinnen und Leser,

dieses nunmehr in seiner fünften überarbeiteten Auflage vorliegende Buch verfolgt das Ziel, Sie auf Basis des Wortlauts der aktuellen deutschen Fassung der internationalen Norm ISO/IEC 27001 durch die Welt der Informationssicherheitsmanagementsysteme (ISMS) zu begleiten. Es wird Ihnen sowohl bei der Vorbereitung auf eine Personen- oder Organisationszertifizierung als auch bei der praktischen Anwendung als Nachschlagewerk nützlich sein.

Für alle, die sich mit Informationssicherheit und ISMS sowie verwandten Themen wie Datenschutz, IT-Governance, Risikomanagement und Compliance auseinandersetzen, führt branchenübergreifend faktisch kein Weg an ISO/IEC 27001 vorbei. Diese Norm ist seit rund zwei Jahrzehnten der international bewährte gemeinsame Nenner, der sich beispielsweise auch im *IT-Grundschutz* des deutschen Bundesamts für Sicherheit in der Informationstechnik (BSI) und den *Branchenspezifischen Sicherheitsstandards (B3S)* für Kritische Infrastrukturen wiederfindet. Zuletzt wurde die englische ISO/IEC 27001 im Jahr 2022 deutlich überarbeitet; die 2024 erschienene deutsche Fassung, DIN EN ISO/IEC 27001:2024-01, ist in Anhang B dieses Buchs im Originallayout vollständig abgedruckt.

Die ersten drei Buchkapitel führen Sie zunächst kompakt in die spannende, aber auch komplexe Welt der ISMS und der Normenreihe ISO/IEC 27000 ein. In den Kapiteln 4 und 5 werden alle Anforderungen und Maßnahmen aus der DIN EN ISO/IEC 27001 in grau hinterlegten Kästen im Wortlaut wiedergegeben, im Sinne einer verständlichen Einführung im Einzelnen erläutert und mit Umsetzungsbeispielen sowie ergänzenden Hinweisen aus der Praxis angereichert. Anschließend zeigt Kapitel 6 Schnittstellen zu verwandten Standards und Rahmenwerken auf. Kapitel 7 erläutert die Vorgehensweisen bei der Zertifizierung von ISMS sowie bei der Personenqualifizierung. In Anhang A dieses Buchs finden Sie zudem alle in der DIN EN ISO/IEC 27000 definierten Fachbegriffe im Wortlaut.

Die Schwerpunkte unserer Erläuterungen orientieren sich an den Prüfungsinhalten zu den Foundation-Lehrgangskonzepten u. a. von APMG, ICO und der TÜV Süd Akademie. Jeweils am Ende der Kapitel 1 bis 7 finden Sie in Summe 40 exemplarische Prüfungsfragen, deren Schwierigkeitsgrad und Format der ISO/IEC 27001 Foundation-Prüfung der TÜV Süd Akademie entsprechen, aber ein auch von anderen Anbietern häufig verwendetes Prüfungsschema darstellen. In Anhang C sind 40 weitere Prüfungsfragen am Stück abgedruckt; dies entspricht dem Umfang der „richtigen" Prüfung, sodass Sie ein Gespür für die 60 Minuten Prüfungszeit entwickeln können. Die begründeten Musterlösungen zu allen 80 Prüfungsfragen finden Sie dort ebenfalls.

Wir wünschen Ihnen viel Erfolg bei der Zertifizierung und der praktischen Anwendung!

München, im Juli 2024 *Die Autoren*

Aufgrund der besseren Lesbarkeit haben wir auf eine gendergerechte Sprache verzichtet. Selbstverständlich sprechen wir aber alle Personen jeglichen Geschlechts gleichermaßen an.

Verweise auf *Kapitel* beziehen sich ohne weitere Angabe immer auf dieses Buch. Verweise auf *Abschnitte* beziehen sich immer auf den entsprechenden Standard.

1 Einführung und Basiswissen

Kaum eine Woche vergeht mehr ohne Berichte über gravierende IT-Sicherheitsvorfälle bei bekannten Unternehmen oder Behörden in der Fach- oder Tagespresse und dringend zu installierende Updates für Betriebssysteme und Standardsoftware. Die Digitalisierung vieler Abläufe und Vernetzung nahezu aller Systeme bis hin zum Wasserkocher im Smart Home bietet viele Vorzüge, aber auch deutlich in Erscheinung tretende Risiken. Lange Zeit fand das Thema Informationssicherheit nur wenig Beachtung sowohl in der Öffentlichkeit als auch in den oberen Leitungsebenen von Organisationen. Inzwischen hat sich die Hoffnung auf eine Selbstregulierung des Markts allerdings zerschlagen – das Pendel nicht nur im deutschsprachigen und europäischen Raum schlägt um in Richtung strikter gesetzlicher und branchenspezifischer Vorgaben, wiederum mit ihren Vor- und Nachteilen.

Die Plage Ransomware als nur eines von vielen Beispielen veranschaulicht sowohl die Entwicklung als auch die Breite der Problematik recht eingängig: Auf der einen Seite war Schadsoftware, die PCs kompromittiert, Dateien verschlüsselt und nur gegen Lösegeldzahlung wieder zugänglich macht, zunächst ein Massenphänomen, das insbesondere Privatpersonen betroffen hat. Erst in den letzten rund zehn Jahren haben sich die Kriminellen zu Ransomware-Gangs organisiert, professionalisiert und sich auf die Monetarisierung über mehr oder weniger zahlungskräftige Organisationen als Opfer spezialisiert. Auf der anderen Seite laufen Ransomware-Vorfälle nicht ausschließlich technisch ab, auch der „Faktor Mensch" spielt eine Schlüsselrolle: Häufig dienen Phishing-E-Mails oder Links auf mit Schadsoftware verseuchte Inhalte über Social-Media-Plattformen als Einfallstor für die Angreifer.

Insbesondere in Zeiten des anhaltenden Fachkräftemangels im IT-Sektor ist deshalb eklatant, dass sich Organisationen systematisch um Informationssicherheit kümmern müssen. Vorfälle bedeuten oftmals nicht nur schlechte Presse, sondern können durch längere Ausfälle oder ausgespähte Betriebsgeheimnisse sogar existenzbedrohend sein. Die „Aufräumarbeiten" nach einem typischen Ransomware-Vorfall beschäftigen das IT-Personal oft monatelang und lähmen dadurch die Weiterentwicklung der Organisation nachhaltig. Neben den rein technischen Aspekten sind häufig auch personenbezogene Daten involviert, sodass mit einem IT-Sicherheitsvorfall oft auch ein Datenschutzvorfall einhergeht, der die Reputation und das Vertrauen von Beschäftigten, Kunden und Partnern beschädigt.

Die Gesetzgebung hat darauf zwischenzeitlich reagiert. Bereits 2015 wurde in Deutschland die erste Fassung des IT-Sicherheitsgesetzes eingeführt und 2021 überarbeitet. Damit einher gingen Verordnungen zur Festlegung sogenannter Kritischer Infrastrukturen (KRI-

TIS), für die höhere rechtliche Anforderungen in Bezug auf die IT-Sicherheit erlassen wurden. KRITIS-Betreiber wurden verpflichtet, angemessene technische und organisatorische Maßnahmen für die IT-Sicherheit umzusetzen und dabei den Stand der Technik einzuhalten. Auch die vielfältigen regulatorischen Bemühungen der Europäischen Union, von der Datenschutz-Grundverordnung (DSGVO) über die NIS-2-Richtlinie und den Cyber Resilience Act bis hin zur Richtlinie für Critical Entities Resilience (CER), drehen sich im Kern darum, dass Organisationen ihren Umgang mit – also das Management von – Informationssicherheit professionalisieren und auf ein angemessenes Niveau heben.

Wenn sich eine Organisation heute vornimmt, einen strukturierten Ansatz zum wirksamen Management der Informationssicherheit einzuführen, kommt sie an der Standardreihe ISO/IEC 27000 praktisch nicht vorbei. Bei ISO/IEC 27000 handelt es sich um eine Reihe von Dokumenten, in denen verschiedene Aspekte des Informationssicherheitsmanagements betrachtet werden. Dass es sich um von der ISO (International Organization for Standardization) und der IEC (International Electrotechnical Commission) standardisierte Dokumente handelt, erhöht dabei die Verbreitung, Bedeutung und Akzeptanz dieser Standards maßgeblich. Das zentrale und wichtigste Dokument der Reihe ist dabei DIN EN ISO/IEC 27001.

1.1 Worum geht es in ISO/IEC 27000 und ISO/IEC 27001?

ISO/IEC 27000 ist eine Standardfamilie, also eine ganze Reihe von zusammenhängenden Standards, die sich insgesamt hauptsächlich mit drei Kernbereichen befasst:

1. **Begriffe:** Es werden die wichtigsten Fachbegriffe aus der Welt der Informationssicherheit einheitlich und verbindlich definiert.
2. **Grundlegendes Managementsystem:** Es wird beschrieben, was eine Organisation umzusetzen hat und sicherstellen muss, um die eigenen Aktivitäten und Maßnahmen im Bereich Informationssicherheit wirksam steuern zu können.
3. **Maßnahmen:** Es werden Maßnahmen beschrieben, die eine Organisation grundsätzlich umzusetzen hat, um ein hohes Maß an Informationssicherheit gewährleisten zu können.

DIN EN ISO/IEC 27001 ist zwar „nur" eines der Dokumente in der Standardfamilie, ihm kommt aber eine ganz besondere Bedeutung zu: Es gibt die (Mindest-)Anforderungen an organisatorische Prozesse und umzusetzende Maßnahmen verbindlich vor und bildet somit die Grundlage für die Zertifizierung sowohl der Informationssicherheitsmanagementsysteme (ISMS) von Organisationen als auch von Einzelpersonen.

Dieses Buch behandelt ebenfalls alle drei Kernbereiche. Während die beiden letzteren in späteren Kapiteln vertieft behandelt werden, beschäftigt sich dieses Kapitel zunächst mit der grundlegenden Begriffsbildung.

1.2 Begriffsbildung

Die Standardfamilie ISO/IEC 27000 dient ganz wesentlich dazu, die Verwendung von Fachbegriffen zu vereinheitlichen. Nur so kann erreicht werden, dass diejenigen, die sich mit Informationssicherheitsmanagement beschäftigen, nicht aneinander vorbeireden, obwohl sie eigentlich inhaltlich dasselbe meinen.

Im Folgenden werden die wichtigsten Begriffe und Grundlagen rund um das Thema Informationssicherheit eingeführt, die zum Verständnis von DIN EN ISO/IEC 27001 erforderlich sind. Ergänzend finden Sie alle offiziellen, kompakten Begriffsdefinitionen aus der ISO/IEC 27000 im Wortlaut in Anhang A dieses Buchs.

1.2.1 Informationen

In unserer längst hochgradig digital vernetzten Welt stellen Informationen Werte dar, die von entscheidender Wichtigkeit für den Betrieb einer Organisation sind. Dabei sind diese Informationen allerdings einer größeren Zahl von Bedrohungen ausgesetzt, die sich ihrerseits teilweise weiterentwickeln. Informationssysteme, Netze und Organisationen sind beispielsweise durch Cyber-Angriffe (Ransomware, Denial-of-Service-Angriffe, Hacking, Spam etc.), Sabotage, Spionage und Vandalismus, aber auch Elementarschäden durch Wasser, Feuer sowie Katastrophen gefährdet. Gesetzliche Regelungen (wie z. B. das IT-Sicherheitsgesetz oder die Datenschutz-Grundverordnung) fordern entsprechend Schutzmaßnahmen für sensible Informationen.

Der Begriff „Informationen" wird hierbei sehr weit gefasst. Sie können in Form verschiedener Medien vorliegen, also geschrieben, gedruckt, elektronisch, als Film etc., und auf unterschiedlichen Wegen übermittelt werden, z. B. per Post, per Funk/WLAN, über das Internet usw. Unabhängig vom Medium und vom Übertragungsweg ist die Aufgabe der Informationssicherheit, diese Informationen angemessen vor Bedrohungen zu schützen. Nur so können die Risiken minimiert, der Geschäftsbetrieb gesichert und die Wettbewerbsfähigkeit, Rentabilität sowie die Chancen einer Organisation maximiert werden.

1.2.2 Informationssicherheit

Für die Informationssicherheit existiert, anders als beispielsweise für Gewichte, Längen oder Temperaturen, keine physikalische Maßeinheit, um sie einfach in Zahlen – also *quantitativ* – auszudrücken. Deshalb wählen die Standards der Reihe ISO/IEC 27000 – und damit auch das Hauptdokument DIN EN ISO/IEC 27001 – einen seit Langem praxisbewährten *qualitativen* Ansatz über sogenannte Schutzziele. Diese werden nachfolgend im Einzelnen vorgestellt und genauer erläutert.

1.2.3 Sicherheitsanforderungen und Schutzziele

Die Gefährdung wichtiger Informationen lässt sich alleine mit Beispielen natürlich nur ungenau und unvollständig beschreiben. In der ISO/IEC 27000 und im Security Engineering werden deshalb abstrakte Schutzziele bzw. Sicherheitsanforderungen für Informationswerte (zum Begriff der „(Informations-)Werte" vgl. Kapitel 3.1.1) definiert. Die zentralen Schutzziele sind die Vertraulichkeit, Integrität und Verfügbarkeit (engl. *Confidentiality, Integrity and Availability*, als Eselsbrücke gerne mit „CIA" abgekürzt) von Informationen. Andere wünschenswerte Eigenschaften, deren Aufrechterhaltung nach ISO/IEC 27000 ebenfalls Gegenstand der Informationssicherheit sein kann, sind Authentizität, Zurechenbarkeit, Nichtabstreitbarkeit und Verlässlichkeit (engl. *Authenticity, Accountability, Non-repudiation and Reliability*). Diese Schutzziele werden im Folgenden erläutert.

Zur Beschreibung von Angriffsszenarien und Sicherheitsmaßnahmen werden oft fiktive Personen verwendet. Diese Personen haben definierte Rollen und Namen. Die „Guten" heißen immer Alice und Bob und versuchen in der Regel, miteinander zu kommunizieren bzw. gegenseitig Nachrichten auszutauschen. Der „Böse" (engl. *malicious*) heißt Mallet; er versucht, Alice, Bob oder deren Interaktionen bzw. Kommunikation anzugreifen, also z. B. abzuhören oder zu stören bzw. zu verfälschen. Im Folgenden werden Alice, Bob und Mallet in diesem Sinn verwendet, um die Verletzung von Schutzzielen zu verdeutlichen.

1.2.3.1 Vertraulichkeit (Confidentiality)

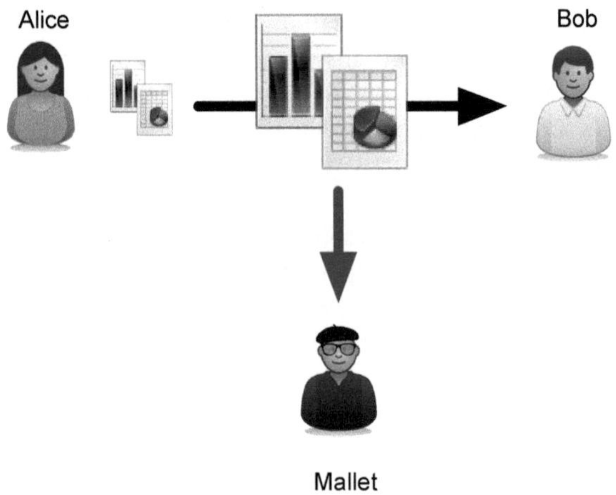

Abbildung 1.1 Verletzung der Vertraulichkeit durch Abhören

Die Vertraulichkeit bezeichnet die Eigenschaft, dass eine Information für dazu nicht berechtigte Personen, Entitäten oder Prozesse nicht zugänglich ist und von diesen auch nicht offengelegt werden kann. Die Vertraulichkeit ist beispielsweise verletzt, wenn ein Angreifer eine Kommunikation abhören kann (vgl. Abbildung 1.1). In der Praxis werden Informationen beispielsweise auf dem Übertragungsweg über das Internet häufig verschlüsselt, um die Vertraulichkeit zu gewährleisten.

1.2.3.2 Integrität (Integrity)

Mit Integrität wird die Eigenschaft bezeichnet, dass Werte im Hinblick auf ihre Richtigkeit und Vollständigkeit geschützt werden. Eine Integritätsprüfung einer digitalen Information oder Nachricht erkennt jede unautorisierte Veränderung. Hierunter fallen alle denkbaren Manipulationen wie das Einfügen oder Löschen von Zeichen, das Wiedereinspielen einer alten Nachricht, das Umordnen aufeinanderfolgender Nachrichtenteile sowie Duplikate.

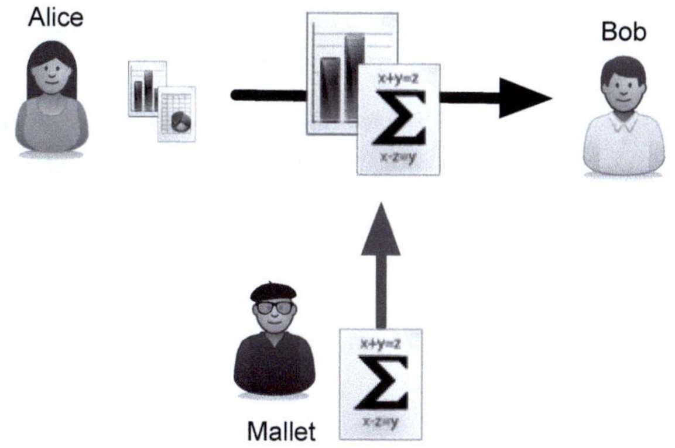

Abbildung 1.2 Verletzung der Integrität

Abbildung 1.2 stellt einen Angriff auf die Integrität der Kommunikation zwischen Alice und Bob dar. Mallet verändert die Nachricht, die Alice an Bob schickt. In der Praxis werden zur Sicherstellung der Integrität häufig kryptographische Prüfsummen und digitale Signaturen eingesetzt.

1.2.3.3 Verfügbarkeit (Availability)

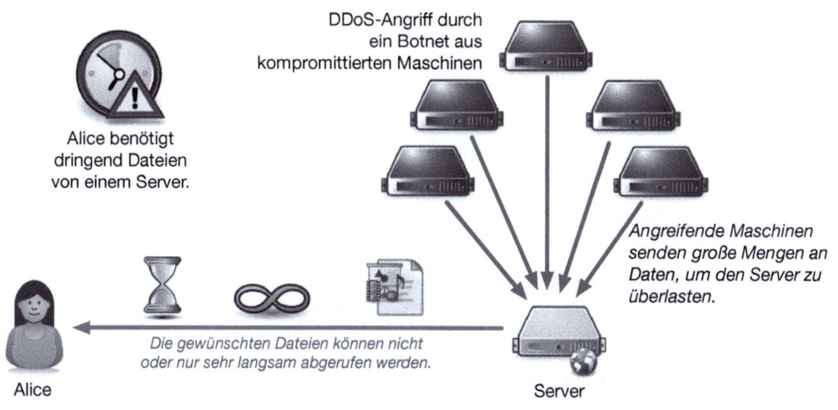

Abbildung 1.3 Verletzung der Verfügbarkeit durch DDoS-Angriff

Die Verfügbarkeit bezeichnet die Eigenschaft einer Information oder eines Wertes, für einen berechtigten Nutzer verfügbar und nutzbar zu sein, sobald der Nutzer dies verlangt. Die Verfügbarkeit wird z. B. durch Elementarschäden oder Katastrophen bedroht. Die prominentesten Angriffe auf die Verfügbarkeit von Diensten oder Ressourcen sind wie in Abbildung 1.3 dargestellt Denial-of-Service-(DoS-) oder Distributed-Denial-of-Service-(DDoS-)Angriffe, bei denen beispielsweise Webserver mit Datenmüll überflutet werden, wodurch sie für legitime Nutzer nicht mehr verfügbar sind.

Anders als zur Vertraulichkeit und Integrität kann Kryptographie nur begrenzt zur Verfügbarkeit beitragen. Praktisch wird verstärkt auf Redundanz gesetzt: Beispielweise können Backups, also Kopien von Daten, verwendet werden, um auf einem System z. B. durch ein

Abbildung 1.4 Verletzung der Authentizität durch einen Man-in-the-Middle-Angriff

defektes Speichermedium oder Ransomware nicht mehr verfügbare Daten wiederherstellen zu können.

1.2.3.4 Authentizität (Authenticity) und Authentisierung (Authentication)

Der Vorgang der zweifelsfreien Ermittlung und Prüfung einer Entität bzw. einer geforderten Charakteristik einer Entität wird als Authentisierung bezeichnet. Dementsprechend bezeichnet Authentizität die Eigenschaft einer Entität, das zu sein, was sie vorgibt zu sein. In der Benutzerverwaltung wird über verschiedenste Mechanismen ein Nutzer zweifelsfrei mit einer digitalen Identität (z. B. einer eindeutigen Benutzerkennung oder Kontonummer) verbunden. Bei der Authentisierung wird diese Verbindung zwischen digitaler Identität und Nutzer geprüft (z. B. durch Eingabe eines Passworts, das nur der Nutzer kennt, oder durch ein biometrisches Merkmal, z. B. einen Fingerabdruck). Nach dieser Prüfung kann man davon ausgehen, dass die digitale Identität authentisch ist.

In Abbildung 1.4 ist ein sogenannter Man-in-the-Middle-Angriff dargestellt. Mallet unterbricht dabei die Kommunikationsverbindung zwischen Alice und Bob und gibt sich einerseits gegenüber Bob als Alice und andererseits gegenüber Alice als Bob aus. Er fälscht also gewissermaßen seine Identität. Damit ist die Authentizität nicht mehr gewährleistet. Steht Alice und Bob nur dieser verwendete Kommunikationskanal zur Verfügung, so ist der Angriff nur sehr schwer zu erkennen. In der Praxis werden z. B. X.509v3-Zertifikate in Kombination mit verschlüsselten Verbindungen eingesetzt, damit ein Client überprüfen kann, ob er mit dem richtigen Server kommuniziert. Diese Zertifikate werden von einer Certificate Authority (CA) ausgestellt, der die Clients dahingehend vertrauen müssen, dass die Identität des Zertifikatsinhabers zuverlässig überprüft worden ist.

1.2.3.5 Verlässlichkeit (Reliability)

Die Eigenschaft, ein konsistentes und bestimmungsgemäßes Verhalten zu zeigen und konsistente Ergebnisse zu liefern, wird als Verlässlichkeit bezeichnet. Beispielsweise würde eine Verschlüsselungssoftware für E-Mails, die jede dritte Nachricht unverschlüsselt überträgt, die Sicherheitsanforderung nach Verlässlichkeit nicht erfüllen.

1.2.3.6 Nichtabstreitbarkeit/Verbindlichkeit (Non-Repudiation)

Unter Verbindlichkeit bzw. Nichtabstreitbarkeit versteht man, dass der Eintritt eines Ereignisses oder einer Aktion sowie die verursachende Entität zweifelsfrei belegt werden können. Beispielsweise kann ein Nutzer das Auslösen einer Aktion, z. B. eine kostenpflichtige Bestellung, bei gegebener Nichtabstreitbarkeit später nicht erfolgreich leugnen. In der Praxis wird zur Gewährleistung der Nichtabstreitbarkeit häufig darauf zurückgegriffen, gegebenenfalls kritische Aktionen authentisierter Benutzer zu protokollieren und diese Aufzeichnungen angemessen lange aufzubewahren. Bei Dokumenten kommen auch Unterschriften bzw. digitale Signaturen zum Einsatz.

1.2.3.7 Zurechenbarkeit (Accountability)

Die Zurechenbarkeit realisiert die Verantwortlichkeit einer Entität für ihre Aktionen und Entscheidungen. So müssen z. B. sicherheitsrelevante Aktionen demjenigen, der die entsprechende Aktion ausgeführt hat, zurechenbar sein. Die Zuweisung von Verantwortlichkeiten und die Übernahme von Verantwortung für Werte und Daten, sogenannte Assets, sind Grundsätze des Standards (vgl. Kapitel 3.1.4), die sich aber nur umsetzen lassen, wenn es Mechanismen gibt, um eine Zurechenbarkeit technisch umzusetzen.

Zurechenbarkeit und Nichtabstreitbarkeit hängen somit oftmals eng zusammen. Die Abgrenzung beider Begriffe kann man sich mit einem Beispiel veranschaulichen: Fallen in einem Mobilfunktarif zusätzliche Kosten für Telefonate ins Ausland an, so fällt es in den Bereich der Zurechenbarkeit, dass einzelne Auslandstelefonate genau einem Mobilfunkvertrag zugeordnet werden können. Erst wenn der Vertragsinhaber behauptet, hohe Kosten durch Auslandstelefonate nicht selbst verursacht zu haben, kommt die Nichtabstreitbarkeit ins Spiel.

1.2.3.8 Zugangs- und Zugriffssteuerung (Access Control)

Als letzten Begriff betrachten wir noch die Zugriffssteuerung. Dabei handelt es sich zwar nicht um ein Schutzziel, aber um einen sehr grundlegenden Sicherheitsmechanismus, der in verschiedensten Maßnahmen der DIN EN ISO/IEC 27001 zum Einsatz kommt. Die Zugriffssteuerung stellt sicher, dass der Zugang zu Assets nur autorisiert erfolgen kann und Einschränkungen auf Basis von Geschäfts- oder Sicherheitsanforderungen möglich sind. Die Zugriffssteuerung setzt also ein Berechtigungskonzept technisch um; nur autorisierte Personen dürfen auf IT-Systeme und Informationen zugreifen. Bei physischem Zugang, z. B. dem Betreten gesicherter Gebäudebereiche, wird der Begriff Zutritt bzw. Zutrittskontrolle verwendet.

1.3 IT-Sicherheitsgesetz & KRITIS

2015 hatte der Deutsche Bundestag das IT-Sicherheitsgesetz (IT-SiG) beschlossen, das in erster Linie Änderungen an bestehenden Gesetzen, darunter dem BSI-Gesetz (BSIG), umfasste. 2021 ist eine überarbeitete Fassung (IT-SiG 2.0) in Kraft getreten. Im Kern bedeuteten diese Änderungen die Abkehr vom Prinzip der Freiwilligkeit für den Bereich sogenannter kritischer Infrastrukturen. Dabei handelt es sich gemäß der Definition aus der KRITIS-Strategie des Bundes um Organisationen oder Einrichtungen mit wichtiger Bedeutung für das staatliche Gemeinwesen, bei deren Ausfall oder Beeinträchtigung nachhaltig wirkende Versorgungsengpässe, erhebliche Störungen der öffentlichen Sicherheit oder andere dramatische Folgen eintreten können.

KRITIS-Betreiber (Betreiber kritischer Infrastrukturen) werden nach dem Gesetz verpflichtet, angemessene organisatorische und technische Vorkehrungen zur Vermeidung von Störungen der Verfügbarkeit, Integrität, Authentizität und Vertraulichkeit ihrer informationstechnischen Systeme, Komponenten und Prozesse zu treffen. Den Nachweis darüber haben die Betreiber durch Sicherheitsaudits, Prüfungen und/oder Zertifizierungen zu erbringen, indem sie dem Bundesamt für Sicherheit in der Informationstechnik (BSI) eine Aufstellung der durchgeführten Audits oder Zertifizierungen übermitteln. Darüber hinaus müssen Betreiber kritischer Infrastrukturen erhebliche IT-Sicherheitsvorfälle melden. Das BSI agiert als Zentralstelle für IT-Sicherheit und wertet Meldungen der KRITIS-Betreiber aus.

1.3.1 Was ist „KRITIS"?

Unter dem Schlagwort KRITIS (Kritische Infrastrukturen) versteht man übergreifend die Anforderungen, die sich aus dem IT-Sicherheitsgesetz und der Verordnung zur Bestimmung Kritischer Infrastrukturen nach dem BSI-Gesetz (BSI-Kritisverordnung, kurz BSI-KritisV) für KRITIS-Betreiber ergeben. Dabei beschränkt sich die BSI-Kritisverordnung in ihrer letzten Änderung vom November 2023 auf die folgenden Sektoren bzw. Branchen:

- Energie
- Wasser
- Ernährung
- Informationstechnik und Telekommunikation
- Gesundheit
- Finanz- und Versicherungswesen
- Transport und Verkehr
- Siedlungsabfallentsorgung

Darüber hinaus stellen auch einerseits Medien und Kultur und andererseits Staat und Verwaltung weitere Sektoren kritischer Infrastrukturen dar, die derzeit jedoch nicht der Regulierung durch das BSI-Gesetz unterliegen.

1.3.2 Wer ist in Deutschland von KRITIS betroffen?

Während die eigentlichen Gesetzestexte offenlassen, welche Organisationen oder Unternehmen tatsächlich betroffen sind und somit die KRITIS-Anforderungen erfüllen müssen, wird die BSI-Kritisverordnung konkreter. Sie definiert nämlich spezifische Anlagenkategorien, Bemessungskriterien und Schwellenwerte, aus denen jede Organisation oder Einrichtung aus einer der genannten Branchen ableiten kann, ob sie als Betreiber einer Kritischen Infrastruktur gilt oder nicht.

Die BSI-Kritisverordnung ist unter *https://www.gesetze-im-internet.de/bsi-kritisv* frei zugänglich. Sie ist wie folgt aufgebaut:

- § 1 enthält die für diese Verordnung relevanten Begriffsbestimmungen.
- In § 2 bis § 9 findet man zu jedem der betroffenen Sektoren eine genauere Beschreibung der relevanten kritischen Dienstleistungen.
- In § 10 wird festgelegt, dass die Verordnung und die enthaltenen Festlegungen (zu den kritischen Dienstleistungen, Anlagenkategorien und Schwellenwerten) alle zwei Jahre erneut evaluiert werden sollen.

- Zuletzt folgen die Anhänge, die wiederum zu jedem der betroffenen Sektoren und den zuvor beschriebenen kritischen Dienstleistungen die Anlagenkategorien, Bemessungskriterien und Schwellenwerte tabellarisch auflisten.

Beispiel 1: Im Sektor Wasser ist eine kritische Dienstleistung die Versorgung der Allgemeinheit mit Trinkwasser. Diese umfasst gemäß § 3 der BSI-Kritisverordnung die Gewinnung, Aufbereitung, Verteilung sowie Steuerung und Überwachung von Trinkwasser. Gemäß Anhang 2 sind relevante Anlagenkategorien unter anderem Gewinnungsanlagen, Aufbereitungsanlagen, Leitzentralen sowie das Wasserverteilungssystem (z. B. Rohrnetz mit Druckregulierstationen). Für die Anlagenkategorie der Gewinnungsanlagen ist das relevante Bemessungskriterium die gewonnene Wassermenge in Millionen Kubikmeter pro Jahr, und der Schwellenwert wurde hierfür mit 22 festgelegt. Gewinnt ein Wasserversorger (z. B. Stadtwerk, Wasserwerk) also mehr als diese 22 Millionen Kubikmeter Trinkwasser pro Jahr in eigenen oder zumindest durch ihn verantworteten Anlagen, so gilt er als Betreiber einer Kritischen Infrastruktur.

Beispiel 2: Im Sektor Transport und Verkehr ist eine kritische Dienstleistung die Versorgung der Allgemeinheit mit Leistungen zum Transport von Personen und Gütern. Diese umfasst gemäß § 8 der BSI-Kritisverordnung den Luftverkehr, Schienenverkehr, die Binnen- und Seeschifffahrt, den Straßenverkehr, den öffentlichen Personennahverkehr (ÖPNV) sowie die Logistik. Gemäß Anhang 7 ist eine relevante Anlagenkategorie beispielsweise ein System zur Passagierabfertigung an Flugplätzen. Das relevante Bemessungskriterium ist die Anzahl der Passagiere pro Jahr, und der Schwellenwert wurde hierfür mit 20 Millionen festgelegt. Werden also an einem Flughafen mehr als 20 Millionen Fluggäste pro Jahr abgefertigt, so gilt der Betreiber als Betreiber einer Kritischen Infrastruktur. In Deutschland waren das im Jahr 2023 Frankfurt, München und Berlin Brandenburg.

1.3.3 KRITIS-Anforderungen – Informationssicherheit nach dem „Stand der Technik"

Nachdem nun also seit Inkrafttreten der BSI-Kritisverordnung klar sein sollte, wer genau vom IT-Sicherheitsgesetz betroffen ist und die KRITIS-Anforderungen erfüllen muss, bleibt noch die Frage: Was genau müssen KRITIS-Betreiber tun, und worüber müssen sie Nachweise erbringen?

Die wesentliche Anforderung besteht darin, dass die Vertraulichkeit, Integrität, Verfügbarkeit und Authentizität durch angemessene organisatorische und technische Vorkehrungen nach dem „Stand der Technik" aufrechterhalten werden müssen. Hierzu gehört seit dem 1. Mai 2023 auch die Verpflichtung zum Betrieb eines sogenannten Systems zur Angriffserkennung (SzA).

Der Stand der Technik ist ein Rechtsbegriff, der in verschiedenen Rechtsgebieten Verwendung findet und höhere Ansprüche stellt als etwa die anerkannten Regeln der Technik. Übertroffen wird er noch vom Stand von Wissenschaft und Technik. Unter dem Stand der Technik werden die technischen Möglichkeiten verstanden, die zum gegenwärtigen Zeitpunkt den gewünschten Effekt gewährleisten können und sich dabei auf wissenschaftliche und technische Erkenntnisse stützen. Die Erfüllung anerkannter Standards, die etwa von Standardisierungsgremien oder Branchenverbänden herausgegeben werden, kann juristisch gesehen die begründete Vermutung nahelegen, dass in dem jeweiligen Gebiet der

Stand der Technik erreicht wurde. Im Zusammenhang mit der Informationssicherheit bzw. dem Management der Informationssicherheit gilt dies entsprechend auch für die Etablierung eines Informationssicherheitsmanagementsystems (ISMS) auf Basis der Standardfamilie ISO/IEC 27000.

Das BSI weist allerdings in seinen KRITIS-Orientierungshilfen darauf hin, dass eine Zertifizierung nach DIN EN ISO/IEC 27001 allein noch nicht automatisch ausreichend ist, um den Anforderungen des IT-Sicherheitsgesetzes vollständig zu genügen. Das liegt beispielsweise daran, dass auch in einem nach DIN EN ISO/IEC 27001 zertifizierten ISMS Akzeptanzschwellen für Informationssicherheitsrisiken vom Betreiber festgelegt werden könnten, die die Akzeptanz erheblicher Risiken für die Versorgungssicherheit erlauben würden, was der Zielsetzung von KRITIS widerspricht. Aus diesem Grund können sowohl KRITIS-Betreiber als auch ihre Branchenverbände eigene bzw. branchenspezifische Informationssicherheitsstandards (B3S) festlegen und ihre Eignung vom BSI feststellen lassen. Das BSI führt auf seinen Webseiten eine Übersicht über die B3S, deren Eignung festgestellt wurde und die daher zur Nachweisführung über den Stand der Technik herangezogen werden können. Praktisch alle bisher eignungsgeprüften B3S basieren in der einen oder anderen Form auf Inhalten und Anforderungen aus der Standardfamilie ISO/IEC 27000. So wurde beispielsweise von der Deutschen Krankenhausgesellschaft (DKG e. V.) im Jahr 2022 die Version 1.2 des branchenspezifischen Sicherheitsstandards für die Gesundheitsversorgung im Krankenhaus herausgegeben[Deu22]; auch dieser orientiert sich in seinen empfohlenen Umsetzungsschritten eng an DIN EN ISO/IEC 27001.

1.4 Datenschutz-Grundverordnung

Die Europäische Union hat mit der Datenschutz-Grundverordnung (DSGVO) [DSG16] im Jahr 2018 das Datenschutzrecht EU-weit und für den Europäischen Wirtschaftsraum vereinheitlicht. Nationale und föderale Gesetze, wie z. B. das Bundesdatenschutzgesetz oder die Landesdatenschutzgesetze, sind weiterhin möglich, müssen aber mit der DSGVO vereinbar sein.

Die DSGVO übernimmt viele Prinzipien aus der Vorgängerrichtlinie (95/46) und dem ehemaligen deutschen Bundesdatenschutzgesetz. Der zentrale Begriff der *Personenbezogenen Daten* in Art. 4 ist sehr weit gefasst: *„personenbezogene Daten"[sind] alle Informationen, die sich auf eine identifizierte oder identifizierbare natürliche Person [...] beziehen; als identifizierbar wird eine natürliche Person angesehen, die direkt oder indirekt, insbesondere mittels Zuordnung zu einer Kennung wie einem Namen, zu einer Kennnummer, zu Standortdaten, zu einer Online-Kennung oder zu einem oder mehreren besonderen Merkmalen identifiziert werden kann, die Ausdruck der physischen, physiologischen, genetischen, psychischen, wirtschaftlichen, kulturellen oder sozialen Identität dieser natürlichen Person sind.*

Neu in der DSGVO sind die in Art. 5 aufgeführten Grundsätze für die Verarbeitung personenbezogener Daten:

a) Rechtmäßigkeit, Verarbeitung nach Treu und Glauben, Transparenz
b) Zweckbindung (Verarbeitung nur für definierte, eindeutige und legitime Zwecke)
c) Datenminimierung (*„dem Zweck angemessen und erheblich sowie auf das für die Zwecke der Verarbeitung [...] notwendige Maß beschränkt"*)

d) Richtigkeit („*sachlich richtig und erforderlichenfalls auf dem neuesten Stand [...]; es sind alle angemessenen Maßnahmen zu treffen, damit personenbezogene Daten, die im Hinblick auf die Zwecke ihrer Verarbeitung [...] unrichtig sind, unverzüglich gelöscht oder berichtigt werden*")
e) Speicherbegrenzung („*nur so lange [...], wie es für die Zwecke, für die sie verarbeitet werden, erforderlich ist*")
f) Integrität und Vertraulichkeit („*in einer Weise verarbeitet werden, die eine angemessene Sicherheit der personenbezogenen Daten gewährleistet, einschließlich Schutz vor unbefugter oder unrechtmäßiger Verarbeitung und vor unbeabsichtigtem Verlust, unbeabsichtigter Zerstörung oder unbeabsichtigter Schädigung durch geeignete technische und organisatorische Maßnahmen*")

Art. 32 der DSGVO fordert explizit die Berücksichtigung des Stands der Technik. Technische und organisatorische Maßnahmen zum Schutz von Daten sind ein Hauptaspekt der DIN EN ISO/IEC 27001. Ein Nachweis des Stands der Technik kann z. B. durch eine Organisationszertifizierung nach DIN EN ISO/IEC 27001 erfolgen. Eine weitere Neuerung der DSGVO ist die in Art. 35 eingeführte Datenschutz-Folgenabschätzung. Falls eine Verarbeitung personenbezogener Daten „*aufgrund des Umfangs, der Umstände und der Zwecke der Verarbeitung voraussichtlich ein hohes Risiko für die Rechte und Freiheiten natürlicher Personen zur Folge*" hat, so ist eine Datenschutz-Folgenabschätzung durchzuführen. Dabei handelt es sich um einen klassischen Risikomanagementprozess, wie er ab Kapitel 4.6.1 erläutert wird.

Die Grundlagen, Prinzipien und Prozesse der DIN EN ISO/IEC 27001 lassen sich somit gewinnbringend auch bei der Umsetzung der Datenschutz-Grundverordnung nutzen.

1.5 Weitere Richtlinien und Verordnungen der Europäischen Union

Neben der jeweiligen nationalen Gesetzgebung muss auch eine zunehmende Anzahl an Gesetzesvorhaben der EU berücksichtigt werden. Während EU-Richtlinien mit einer gewissen Frist nach Inkrafttreten in nationales Recht der Mitgliedsstaaten umgesetzt werden müssen, finden Verordnungen direkte Anwendung. Grundsätzlich zeichnet sich dabei einerseits ab, dass die Rechtsakte der EU zusätzliche Sektoren und insgesamt deutlich mehr Organisationen betreffen als die bisherigen deutschen Regelungen. Andererseits sind beispielsweise die relevanten KRITIS-Sektoren bislang nicht einheitlich bzw. konsistent definiert, sodass die Analyse der und die Entscheidung über die Relevanz der einzelnen Regulierungen mit einem erheblichen Aufwand für die potenziell betroffenen Unternehmen verbunden ist.

1.5.1 NIS-2-Richtlinie

Anfang 2023 ist die NIS-2-Richtlinie (Richtlinie (EU) 2022/2555) [NIS22a] in Nachfolge der Richtlinie zur Netz- und Informationssicherheit (NIS-Richtlinie) aus dem Jahr 2016 in Kraft getreten. Sie stellt einerseits sicher, dass die EU-Mitgliedsstaaten jeweils nationale Cybersicherheitsstrategien haben, definiert andererseits aber auch Aufgaben für Unternehmen. Zu den Kernthemen gehören beispielsweise Risikomanagement, Asset Management, die Meldung von IT-Sicherheitsvorfällen, die Betrachtung der Lieferkettensicherheit und die Umsetzung des Stands der Technik in der IT-Sicherheit. Der Schwerpunkt liegt also auf IT- und Informationssicherheit.

Die NIS-2-Richtlinie betrachtet insgesamt 18 Sektoren, von denen elf als wesentliche Sektoren mit hoher Kritikalität (engl. *essential*) und die anderen sieben als weitere wichtige kritische Sektoren (engl. *important*) bezeichnet werden. In die erste Kategorie fallen beispielsweise der Sektor digitale Infrastruktur einschließlich Anbietern von Rechenzentrumsdiensten und der Sektor Weltraum, wohingegen die zweite Kategorie unter anderem Post- und Kurierdienste, Forschungseinrichtungen sowie digitale Anbieter wie Online-Marktplätze umfasst.

Die Umsetzung in deutsches Recht erfolgt über das *NIS-2-Umsetzungs- und Cybersicherheitsstärkungsgesetz* (NIS2UmsuCG), das als Änderungsgesetz vor allem die KRITIS-Teile des BSI-Gesetzes betrifft.

1.5.2 Richtlinie über die Resilienz kritischer Einrichtungen (EU RCE Directive/CER-Richtlinie)

Die *Directive on the Resilience of Critical Entities* (EU RCE bzw. (EU) 2022/2557) [EU-22b] aus dem Jahr 2022, auch als CER-Richtlinie (*Critical Entities Resilience Directive*) bezeichnet, fokussiert die physische Resilienz von kritischen Infrastrukturen und hat die *European Critical Infrastructures Directive* aus dem Jahr 2008 abgelöst. Die umzusetzenden Maßnahmen betreffen neben der physischen Sicherheit beispielsweise Krisenmanagement und Wiederanlaufpläne in elf regulierten Sektoren. Zu diesen elf Sektoren gehört beispielsweise auch der Sektor Ernährung, der in der NIS-2-Richtlinie als *important*, aber nicht *essential* gilt. Hingegen betrachtet die CER-Richtlinie beispielsweise im Sektor Transport auch explizit den öffentlichen Personennahverkehr (ÖPNV), der in der NIS-2-Richtlinie fehlt.

Die EU RCE wird über das KRITIS-Dachgesetz (KRITIS-DachG) national umgesetzt. Dabei fließen z. B. von den Aufsichtsbehörden gemeldete Sicherheitsvorfälle beim Bundesamt für Bevölkerungsschutz und Katastrophenhilfe (BBK) zusammen.

1.5.3 Cyber Resilience Act (CRA)

Bereits 2019 ist der Rechtsakt zur Cybersicherheit (*Cybersecurity Act*, Verordnung (EU) 2019/881) [EU-19] in Kraft getreten, der einen einheitlichen Rahmen für die IT-Sicherheitszertifizierung von Produkten, Dienstleistungen und Prozessen geschaffen hat.

Mit dem initial 2022 vorgeschlagenen Cyber Resilience Act (CRA) sollen sowohl Verbraucher als auch Unternehmenskunden, die Software oder Produkte mit digitalen Komponenten kaufen, besser vor IT-Sicherheitslücken geschützt werden. Für Hersteller und Händler sowie deren Zulieferketten ergeben sich dadurch neue Pflichten, die IT-Sicherheit ihrer Produkte über deren gesamten Lebenszyklus abzusichern und beispielsweise kostenlose Security-Updates bereitzustellen. Neben Meldepflichten für bekannt werdende Schwachstellen werden Hersteller auch zu regelmäßigen Tests auf Schwachstellen verpflichtet. Der CRA legt unter anderem eine Reihe von *kritischen* Produkten wie Passwortmanager und Antivirenprogramme in zwei Klassen fest, für die eine Vertrauenswürdigkeitsprüfung notwendig ist.

1.5.4 DORA-Verordnung

Der *Digital Operational Resilience Act*, Verordnung (EU) 2022/2554 (DORA, zu Deutsch *Verordnung über die digitale operationale Resilienz im Finanzsektor*) [EU-22a] gilt als Verordnung ohne weitere Gesetzgebung unmittelbar in den EU-Mitgliedsstaaten. DORA zielt auf die Resilienz der Finanz- und Versicherungsbranche sowie deren IT- und Telekommunikationsdienstleister (IKT) ab, wobei es Ausnahmen für kleinere Unternehmen gibt.

In seinen neun Kapiteln behandelt DORA unter anderem das Risikomanagement, die Behandlung und Meldung von Sicherheitsvorfällen und das Testen der digitalen operationalen Resilienz. Ein zertifizierungsfähiges Informationssicherheitsmanagementsystem stellt damit eine postulierte Grundlage dar. Durch die recht breite Definition von IKT-Drittdienstleistern gilt die DORA-Verordnung zudem für Betreiber von Cloud-Diensten, Rechenzentren und Datenanalysen, soweit diese von den Finanzunternehmen genutzt werden.

1.6 Überblick über die folgenden Kapitel

In Kapitel 2 wird ein grundlegender Überblick über die Standardfamilie ISO/IEC 27000 und ihre Struktur gegeben, bevor im darauffolgenden Kapitel die Grundlagen eines Informationssicherheitsmanagementsystems dargestellt werden. Der Standard DIN EN ISO/IEC 27001 wird in den Kapiteln 4 und 5 ausführlich erläutert und kommentiert. Die Mindestanforderungen, d. h. die Abschnitte 1 bis 10 des Standards, finden sich in den Kapiteln 4.1 bis 4.10. Der Anhang A von DIN EN ISO/IEC 27001, der umzusetzende Maßnahmen auflistet, wird in Kapitel 5 ausführlich erklärt. Die danach folgenden Kapitel erläutern verwandte Standards und Rahmenwerke sowie die verschiedenen Zertifizierungsmöglichkeiten nach DIN EN ISO/IEC 27001. Im Anhang des Buches finden Sie 40 Prüfungsfragen mit entsprechenden Musterlösungen, die vom Schwierigkeitsgrad her der DIN EN ISO/IEC 27001 Foundation-Prüfung entsprechen.

1.7 Beispiele für Prüfungsfragen zu diesem Kapitel

Nachfolgend finden Sie Beispiele für Prüfungsfragen, die sich thematisch mit den in diesem Kapitel erlernten Inhalten auseinandersetzen. Die richtigen Antworten inklusive Erläuterungen und Verweisen befinden sich in Anhang C.1 ab Seite 235.

Prüfungsfrage 1.1:
Was versteht ISO/IEC 27000 unter dem Begriff Vertraulichkeit (engl. *Confidentiality*)?

A) Den Abschluss einer Vertraulichkeitsvereinbarung (Non-disclosure agreement).
B) Die Geheimhaltungsverpflichtung aller Mitarbeiter, die Zugriff auf das ISMS haben.
C) Die Vertraulichkeit schützt die Werte im Hinblick auf ihre Richtigkeit und Vollständigkeit.
D) Eine Information ist für unautorisierte Personen, Entitäten oder Prozesse nicht zugänglich.

Prüfungsfrage 1.2:
Was versteht ISO/IEC 27000 unter dem Begriff Verfügbarkeit (engl. *Availability*)?

A) Die Eigenschaft einer Information oder eines Wertes, für eine berechtigte Person oder Entität zugreifbar und nutzbar zu sein.
B) Die Eigenschaft einer informationsverarbeitenden Einrichtung, genügend Ressourcen für eine Aufgabe zur Verfügung zu haben.
C) Die Eigenschaft einer Information oder eines Wertes, vor Manipulation geschützt zu sein.
D) Die Eigenschaft einer Information oder eines Wertes, vor Offenlegung geschützt zu sein.

Prüfungsfrage 1.3:
Was versteht ISO/IEC 27000 unter dem Begriff Nichtabstreitbarkeit (engl. *Non-Repudiation*)?

A) Die Eigenschaft, dass interne Sicherheitsaudits wie geplant durchgeführt werden.
B) Die Eigenschaft eines Informationswertes, für eine berechtigte Person verfügbar und nutzbar zu sein.
C) Die Fähigkeit, den Eintritt eines behaupteten Ereignisses oder einer Aktion zweifelsfrei nachweisen zu können. Der Verursacher kann den Vorgang nicht leugnen.
D) Die Eigenschaft, ein konsistentes und bestimmungsgemäßes Verhalten zu zeigen und konsistente Ergebnisse zu liefern.

2 Die Standardfamilie ISO/IEC 27000 im Überblick

Im ersten Kapitel wurde dargestellt, welche Teilaspekte zum Themengebiet der Informationssicherheit gehören. In diesem Kapitel betrachten wir nun zunächst, welche Ziele mit Normierung und Standardisierung grundsätzlich verfolgt werden. Dieses Wissen ist hilfreich, um Ziele, Inhalte und Aufbau des Standards DIN EN ISO/IEC 27001 zu verstehen. Danach werden ausgewählte Aspekte wie die Unterschiede zwischen normativen und informativen Standards erläutert und die einzelnen Dokumente der Standardfamilie (oder Standardreihe) ISO/IEC 27000 samt ihren Zusammenhängen etwas näher vorgestellt. Die Inhalte von DIN EN ISO/IEC 27001 vertiefen wir in den nächsten Kapiteln.

2.1 Warum Standardisierung?

Allgemein betrachtet versteht man unter Standardisierung die Vereinheitlichung und Harmonisierung. Bestimmte, als erwünscht oder essenziell erachtete Merkmale werden zu einer Norm bzw. einem Standard erhoben. Wie bereits im ersten Kapitel angedeutet, ist es oft notwendig, auch Fachbegriffe im Rahmen der Standardisierung zu vereinheitlichen, damit alle beteiligten Personen dasselbe darunter verstehen. Standardisierung begegnet einem in vielen Bereichen des täglichen Lebens, beispielsweise:

- Standardisierung von gemeinsamen Messverfahren, die Definition von Maßen für Temperatur, Gewicht und Geschwindigkeit und insbesondere auch die Verwendung einer gemeinsamen Uhrzeit oder Sprache.
- Standardisierung von Produkten, also beispielsweise die Vereinheitlichung von Größen, Abmessungen oder Formen. Zu nennen sind hier etwa einheitliche Papierformate wie DIN A4 oder die Größe und Form eines Steckers.
- Standardisierung von technischen Kommunikationsprotokollen, welche die Kodierung, Dekodierung und Interpretation von Steuersignalen, die für eine Kommunikation notwendig sind, vereinheitlichen und somit eine herstellerunabhängige Kommunikation ermöglichen.

  Nennenswerte Beispiele sind das unter anderem von Webbrowsern bekannte HyperText Transfer Protocol (HTTP) und SIP, welches das Telefonieren über das Internet-Protokoll (Voice over IP; VoIP) beschreibt.

Es gibt aber auch Standards für Managementsysteme. Diese zielen darauf ab, einheitliche Vorgaben dafür festzulegen, wie Organisationen bestimmte Aspekte ihres Managements gestalten. Sie definieren also beispielsweise, welche Prozesse, Verfahren und grundlegenden Managementwerkzeuge von der Organisation eingesetzt werden sollten, um bestimmte Ziele zu erreichen. Die entsprechenden Standards – prominentestes Beispiel ist wohl die Standardfamilie ISO 9000 zu Qualitätssicherungssystemen – formulieren meist konkrete Anforderungen, die eine Organisation erfüllen muss, um etwas, das sie erreichen will (z. B. Qualitätssicherung), auch wirksam managen zu können.

2.2 Grundlagen der ISO/IEC 27000

Wenn von „ISO/IEC 27000" die Rede ist, kann damit Folgendes gemeint sein:

1. die gesamte ISO/IEC 27000-Standardfamilie, die aus mehreren verschiedenen Dokumenten besteht, von denen die wichtigsten nachfolgend vorgestellt werden;
2. das Dokument ISO/IEC 27000:2018[1] *Information technology – Security techniques – Information security management systems – Overview and vocabulary.*

ISO/IEC 27000 kann sich also sowohl auf die Standardfamilie als Ganzes als auch auf deren erstes Dokument beziehen. Meistens ist jedoch die erste dieser Bedeutungen gemeint. Alle Dokumente der ISO/IEC 27000-Standardfamilie haben miteinander gemeinsam, dass sie sich mit dem Management der Informationssicherheit beschäftigen und zu diesem Zweck Hilfestellung beim Aufbau eines entsprechenden Managementsystems – eines sogenannten Informationssicherheitsmanagementsystems (ISMS) – liefern. Dazu mehr in Kapitel 3.

2.3 Normative vs. informative Standards

Man unterscheidet bei Standards zwischen denen, die verbindliche Anforderungen enthalten, und denen, die nur empfehlenden Charakter haben. Erstere – bei ISO/IEC-Standards leicht zu erkennen an der häufigen Verwendung des Wortes „muss" (im Englischen „shall") im Text – nennt man häufig auch *normativ*; letztere – geprägt durch Formulierungen mit „sollte" (im Englischen „should") – werden oft als informativ bezeichnet.

Zusammenfassend:

- Ein *normativer* Standard enthält Vorgaben und Anforderungen („normative Elemente"), die verbindlich umzusetzen sind.
- Ein *informativer* Standard stellt im Gegensatz dazu einen Leitfaden dar, der nur empfehlenden Charakter hat.

Ein normativer Standard wird oftmals durch einen oder mehrere informative Standards ergänzt. Diese geben dann meist Empfehlungen zur Umsetzung der, in aller Regel äu-

[1] Bei ISO- und ISO/IEC-Standards steht die Zahl, die der Standardnummer nach einem Doppelpunkt folgt, für das Erscheinungsjahr dieser Version des Standards.

ßerst kurz und prägnant gehaltenen, Anforderungen aus dem normativen Standard. In der ISO/IEC 27000-Standardfamilie ist beispielsweise ISO/IEC 27001 der zentrale normative Standard, er enthält also verbindliche Anforderungen für alle, die dazu konform agieren wollen. ISO/IEC 27002 hingegen ist ein informativer Standard, der Erläuterungen und Vorschläge zur Umsetzung für einen Teil von ISO/IEC 27001 (Anhang A) bietet.

2.4 Die Standards der ISMS-Familie und ihre Zusammenhänge

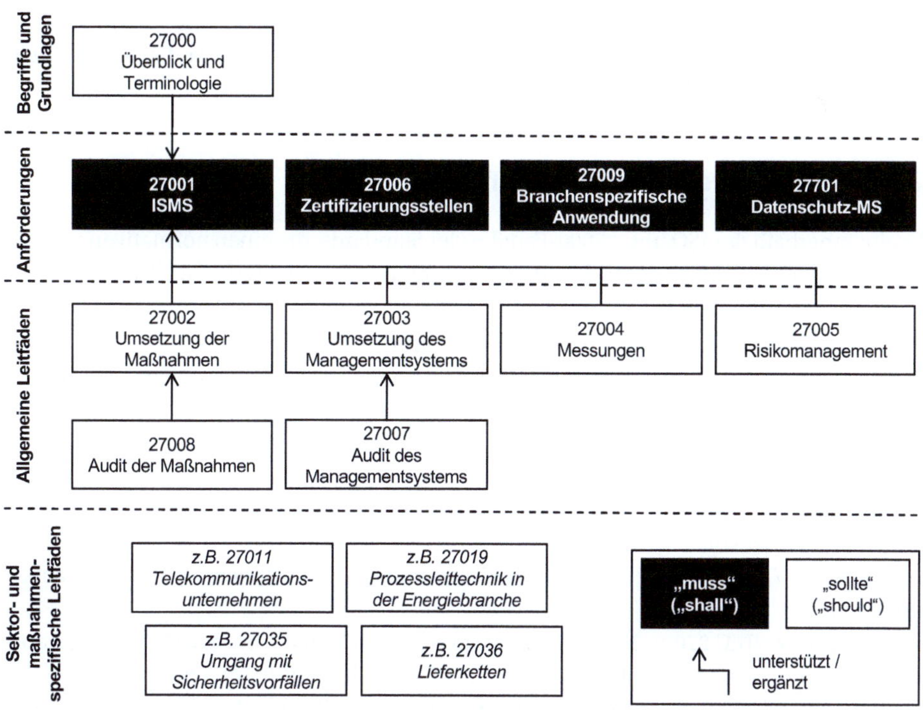

Abbildung 2.1 Die Familie der ISMS-Standards (ISO/IEC 27000-Reihe)

Zur ISO/IEC 27000-Standardfamilie gehören mittlerweile über 50 Dokumente, von denen im Folgenden nur die wichtigsten vorgestellt werden.

Abbildung 2.1 stellt eine Auswahl der ISO/IEC 27000-Dokumente dar und illustriert ihre Zusammenhänge und Abhängigkeiten. Dabei wird zwischen verschiedenen Ebenen bzw. Bereichen unterschieden, denen sich diese Dokumente zuordnen lassen: ISO/IEC 27000 (das Dokument) befasst sich mit Begriffen und Grundlagen, die für die gesamte Standardfamilie gelten. ISO/IEC 27001 gehört zu den normativen Standards bzw. Anforderungsstandards, die konkrete Anforderungen enthalten. Die allgemeinen Leitfäden, allen voran ISO/IEC 27002, bieten Empfehlungen für die Umsetzung der Kerninhalte von

ISO/IEC 27001. Zusätzlich existieren zahlreiche spezifische Leitfäden, die sich mit Umsetzung der ISO/IEC 27001 in ausgewählten Branchen oder der Ausgestaltung bestimmter Maßnahmen befassen.

2.4.1 ISO/IEC 27000: Grundlagen und Überblick über die Standardfamilie

ISO/IEC 27000:2018 [ISO18c] liegt in englischer Sprache als veröffentlichter Standard vor, die deutsche Übersetzung hat aktuell den Stand Juni 2020. Das Dokument ISO/IEC 27000 trägt den Titel „Overview and vocabulary" (Überblick und Terminologie) und liefert Definitionen zu 77 Begriffen aus dem ISMS-Umfeld (vgl. Anhang A in diesem Buch), eine allgemeine Einführung zu Managementsystemen für Informationssicherheit, zentralen ISMS-Prinzipien und Konzepten sowie schließlich einen Überblick über die ISO/IEC 27000-Standardfamilie. Damit bildet ISO/IEC 27000 das Fundament, auf dem die anderen Teile der Standardfamilie aufbauen können.

2.4.2 Normative Anforderungen

Es gibt innerhalb der ISO/IEC 27000-Familie vier Standards, die einen normativen Charakter haben: ISO/IEC 27001, ISO/IEC 27006 , ISO/IEC 27009 und ISO/IEC 27701.

2.4.2.1 ISO/IEC 27001: Anforderungen an ein ISMS

ISO/IEC 27001:2022 [ISO22d] ist der Standard, der für Organisationen, die eine Zertifizierung anstreben, unmittelbare Relevanz hat. Das heißt: Bei einem Zertifizierungsaudit wird die Konformität zu ISO/IEC 27001 bewertet. Damit ist ISO/IEC 27001 innerhalb der ISO/IEC 27000-Standardfamilie der zentrale Standard. Er behandelt vor allem die allgemeinen Anforderungen an ein ISMS (Normabschnitte 4 bis 10) sowie Maßnahmen im Informationssicherheitsmanagement (Anhang A, explizit normativ). In einer ersten Ergänzung (*Amendment 1*) wurde 2024 die Berücksichtigung des Klimawandels in die Norm aufgenommen.

Mit DIN EN ISO/IEC 27001:2024-01 [DIN24] existiert auch eine von der DIN herausgegebene deutsche Fassung der als Europäische Norm (EN) übernommenen EN ISO/IEC 27001, die auf der englischen Ausgabe des Standards von 2022 basiert. Diese Fassung ist in Anhang B dieses Buches als Faksimile, also als exakter Nachdruck, enthalten. Mit der Neufassung der ISO/IEC 27002 im Jahr 2022 haben sich auch größere Änderungen an ISO/IEC 27001, vor allem in Anhang A, gegenüber der deutschen Fassung aus dem Jahr 2017 ergeben.

ISO/IEC 27001 ist das zentrale Thema dieses Buches und auch der Schwerpunkt der Prüfungen zur Erlangung des *Foundation Certificate in ISMS according to ISO/IEC 27001*, der Einstiegszertifizierung im Rahmen des Qualifizierungs- und Zertifizierungsprogramme für Personen zur ISO/IEC 27000-Standardfamilie (vgl. Kapitel 7.2).

2.4.2.2 ISO/IEC 27006: Anforderungen an Zertifizierer

ISO/IEC 27006 (*Requirements for bodies providing audit and certification of information security management systems*) [ISO24a, ISO21d] legt Anforderungen an Zertifizierungsstellen fest, die ISMS nach ISO/IEC 27001 auditieren und zertifizieren. Die Erfüllung der Anforderungen aus ISO/IEC 27006-1 müssen alle ISMS-Zertifizierungsstellen im Rahmen ihrer Akkreditierung (vgl. Kapitel 7.1.1.2) nachweisen.

ISO/IEC 27006-1 enthält nicht alle zu erfüllenden Anforderungen explizit. Sie verweist an zahlreichen Stellen darauf, dass die Anforderungen der (grundsätzlich für alle Managementsystem-Zertifizierungsstellen anzuwendenden) ISO/IEC 17021 ebenfalls umzusetzen sind.

Sollen die Zertifizierungsstellen neben ISO/IEC 27001-Zertifikaten auch ISO/IEC 27701-Zertifikate erteilen, d. h. auch Privacy Information Management Systems (PIMS) (vgl. Kapitel 2.4.2.4) auditieren und zertifizieren, so sind zusätzlich die Anforderungen der ISO/IEC 27006-2 zu erfüllen.

2.4.2.3 ISO/IEC 27009: Anforderungen an die branchenspezifische Anwendung von ISO/IEC 27001

Neben ISO/IEC 27001 und ISO/IEC 27006 gibt es mit ISO/IEC 27009 (*Sector-specific application of ISO/IEC 27001*) [ISO22g] noch einen weiteren normativen Standard in der ISO/IEC 27000-Standardfamilie. ISO/IEC 27009 legt Anforderungen fest, die bei der Entwicklung branchenspezifischer Standards auf Basis von ISO/IEC 27001 zu beachten sind. Dieser Teil des Standards richtet sich also an Organisationen oder Gremien, die selbst Standards im Bereich Informationssicherheit entwickeln. Dieser Anforderungsstandard hat für die praktische Anwendung von ISO/IEC 27001 bzw. für Einführung und Betrieb eines Informationssicherheitsmanagementsystems so gut wie keine Relevanz.

2.4.2.4 ISO/IEC 27701: Erweiterung zu Privacy Information Management Systems (PIMS)

Bei ISO/IEC 27701:2019 [ISO19a] handelt es sich um einen normativen Standard, der explizit die Standards ISO/IEC 27001 und ISO/IEC 27002 um Anforderungen an und Maßnahmen für Datenschutz-Managementsysteme (DSMS, auf Englisch *Privacy Information Management Systems*, PIMS) erweitert. Er kann in Organisationen parallel zu oder zeitlich nach, aber nicht unabhängig von ISO/IEC 27001 angewandt und zertifiziert werden.

Neben einigen Ergänzungen zum Hauptteil der ISO/IEC 27001 (Abschnitte 4–10), schwerpunktmäßig in Abschnitt 6 zur Planung, liefert ISO/IEC 27701 derzeit 31 Erweiterungen zu den Sicherheitsmaßnahmen in Anhang A der ISO/IEC 27001 und 49 zusätzliche, datenschutzspezifische Maßnahmen. Bei diesen wird zwischen Maßnahmen für verantwortliche Stellen und Maßnahmen für (Auftrags-)Verarbeiter von personenbezogenen Daten unterschieden. Anhang D der ISO/IEC 27701 nimmt eine Abbildung auf die Artikel der DSGVO vor, die mit ihrem Artikel 42 jedoch einen eigenen Zertifizierungsrahmen bereitstellt.

2.4.3 Allgemeine Leitfäden

Um die Einführung eines ISMS und die Erfüllung von Anforderungen der ISO/IEC 27001 mittels ergänzender Informationen und Vorschlägen zur praktischen Umsetzung zu erleichtern, stellen ISO und IEC mehrere allgemeine Leitfäden zur Verfügung.

2.4.3.1 ISO/IEC 27002: Informationssicherheitsmaßnahmen

Der Standard *Information security controls* ISO/IEC 27002 [ISO22e] hat gut den dreifachen Umfang von ISO/IEC 27001. Er liefert zu allen in Anhang A von ISO/IEC 27001 genannten Maßnahmen klare „Good Practices“ für deren praktische Umsetzung.

ISO/IEC 27002 ist neben der ISO/IEC 27001 und ISO/IEC 27000 der wohl am häufigsten verwendete Teil der Standardfamilie. Er basiert im Kern noch auf der ersten Fassung des britischen Standards BS 7799, der 1995 erschienen ist, wenngleich sich die Zusammenstellung der Maßnahmen natürlich weiterentwickelt hat und die Struktur 2022 stark gegenüber den früheren Fassungen verändert wurde. Der erste Teil von BS 7799 mit seinem Katalog an Maßnahmen[2] wurde im Jahr 2000 in den informativen Standard ISO/IEC 17799 überführt, der später wiederum die Basis für ISO/IEC 27002 wurde.

ISO/IEC 27002 ist somit der Teil der ISO/IEC 27000-Standardfamilie mit der längsten Historie, was sich bis heute in der eigenwilligen, mit Abschnitt 5 beginnenden Nummerierung von Anhang A der ISO/IEC 27001 widerspiegelt (vgl. Kapitel 5).

2.4.3.2 ISO/IEC 27003: Umsetzungsempfehlungen

Die *Information security management systems guidance* ISO/IEC 27003 [ISO17a] enthält, analog zu ISO/IEC 27002, Empfehlungen zur praktischen Umsetzung von ISO/IEC 27001. Allerdings liegt der Schwerpunkt hier nicht auf den Maßnahmen aus Anhang A, sondern auf der Umsetzung der Anforderungen aus den Abschnitten 4 bis 10 der Norm. Zu den Anforderungen dieses Teils – oft als das Kern-Managementsystem für Informationssicherheit bezeichnet – liefert die ISO/IEC 27003 Erläuterungen und Umsetzungsempfehlungen.

2.4.3.3 ISO/IEC 27004: Messungen

Für die Weiterentwicklung und kontinuierliche Verbesserung (vgl. Kapitel 3.3) eines ISMS sind Sicherheitskennzahlen unerlässlich. Es soll also gemessen bzw. quantitativ erfasst werden, wie wirksam die Umsetzung der Prozesse, Aktivitäten und Maßnahmen des ISMS tatsächlich ist beziehungsweise zu welchem Grad festgelegte Sicherheitsziele erreicht werden. ISO/IEC 27004 (*Information security management – Monitoring, measurement, analysis and evaluation*) [ISO16a] befasst sich mit den Grundlagen der Bestimmung von Sicherheitskennzahlen (*security metrics*) und listet in den Anhängen auch entsprechende Beispiele auf.

2.4.3.4 ISO/IEC 27005: Risikomanagement

ISO/IEC 27001 fordert im Rahmen der Planung, Umsetzung und Überwachung des ISMS neben zahlreichen anderen Aspekten explizit auch die umfassende Berücksichtigung von

[2] Das allgemeine Managementsystem, das den Einsatz der *Information Security Controls* steuert, wurde 1998 im zweiten Teil des Standards (*BS 7799 Part 2*) berücksichtigt.

Risiken. ISO/IEC 27005 (*Guidance on managing information security risks*) [ISO22f] gibt Empfehlungen zur Umsetzung eines kontinuierlichen Prozesses für das Management von Informationssicherheitsrisiken. ISO/IEC 27005 ist dabei mit dem allgemeinen ISO-Standard für Risikomanagement, ISO 31000 [ISO18a] (*Risk management – Guidelines*), abgestimmt.

2.4.3.5 ISO/IEC 27007 und ISO/IEC TS 27008: Audit-Leitfäden

ISO/IEC 27007 (*Guidelines for information security management systems auditing*) [ISO20a] und ISO/IEC TS 27008 sind Leitfäden, die interne und externe Auditoren bei der Durchführung von ISMS-Audits auf Basis von ISO/IEC 27001 unterstützen sollen. ISO/IEC 27007 ist dabei auf Audits des Managementsystems an sich fokussiert und wird durch die *Technical Specification* ISO/IEC TS 27008 (*Guidelines for the assessment of information security controls*) [ISO19d] ergänzt, die sich mit der Bewertung von ISMS-Maßnahmen im Rahmen von Audits befasst.

2.4.3.6 ISO/IEC 27013: Kombination mit dem IT Service Management

Der Leitfaden ISO/IEC 27013 (*Guidance on the integrated implementation of ISO/IEC 27001 and ISO/IEC 20000-1*) [ISO21b] behandelt die nahtlose Integration von ISMS mit Prozessen für professionelles IT Service Management (ITSM) auf Basis der Norm ISO/IEC 20000-1. Diese basiert ihrerseits auf der weitverbreitet genutzten Good-Practice-Sammlung ITIL, die in Kapitel 6.3.1 behandelt wird. Die Anwendung dieses Leitfadens bietet sich insbesondere für Organisationen an, die sich sowohl nach ISO/IEC 20000-1 [ISO18b] als auch nach ISO/IEC 27001 zertifizieren lassen wollen.

2.4.3.7 ISO/IEC 27014 und ISO/IEC 27016: Governance und Entscheidungen auf Vorstandsebene

ISO/IEC 27014 (*Governance of information security*) [ISO20b] setzt sich mit denjenigen Fragestellungen der IT-Governance auseinander, die spezifisch für das Thema Informationssicherheit sind. Vorrangiges Ziel ist dabei ein inhaltlicher Abgleich zwischen den Aktivitäten im Bereich Informationssicherheit und der übergeordneten Geschäftsstrategie. Beispielsweise sollen Investitionen in Sicherheitsmaßnahmen effektiv geplant und die Vorstandsebene über Entwicklungen in diesem Bereich auf dem Laufenden gehalten werden. In der Praxis findet häufig eine Kombination mit dem Framework COBIT statt.

Der Leitfaden ISO/IEC 27016 (*Organizational economics*) [ISO14b] wendet sich direkt an die Vorstandsebene einer Organisation, die letztlich die Verantwortung für Entscheidungen im Bereich Informationssicherheit trägt. Vor dem Hintergrund beschränkter Ressourcen, die wohlüberlegt auf alle Bereiche der Organisation aufgeteilt werden müssen, wird der Zielgruppe vermittelt, auf welcher Grundlage die unter Umständen weitreichenden Entscheidungen getroffen werden und welche ökonomischen Konsequenzen diese mit sich bringen können.

2.4.3.8 ISO/IEC 27018: Leitfaden zum Schutz personenbezogener Daten in öffentlichen Cloud-Diensten als Auftragsverarbeitung

ISO/IEC 27018 [ISO19c] enthält Empfehlungen zur Umsetzung von Maßnahmen, die helfen sollen, die Einhaltung von Datenschutzvorgaben beim Betrieb von öffentlichen

Clouds (*Public Cloud Computing*) – prominente Beispiele für solche Dienste sind Amazon Web Services, Microsoft Azure Cloud und Google Cloud Platform – sicherzustellen. Der Leitfaden nimmt dabei ISO/IEC 27002 als Basis, ergänzt und erweitert Empfehlungen dieser Norm, wobei die Ergänzungen tatsächlich nur eine relativ kleine Menge der in ISO/IEC 27002 definierten Maßnahmen betreffen.

Einige große Anbieter von Clouddiensten werben mittlerweile mit einer „ISO/IEC 27018 Zertifizierung". Die ISO/IEC 27018 hat jedoch als Leitfaden keinen normativen Charakter. Diese Zertifizierungen können also nicht unter dem Akkreditiv der DAkkS oder einer anderen nationalen Akkreditierungsstelle stehen. Was die jeweiligen Aussteller dieser Zertifikate unter „ISO/IEC 27018 Compliance" verstehen und wie sie das überprüfen, ist also alleine ihnen überlassen. Dementsprechend sind diese Zertifikate schwer vergleichbar und ihr Wert nicht ohne Weiteres einzuschätzen.

2.4.4 Sektor- und maßnahmenspezifische Leitfäden

Die oben diskutierten Leitfäden sind mit der Zielsetzung entstanden, universell anwendbar zu sein, also unabhängig von Branchenzugehörigkeit und Größe der sie einsetzenden Organisation. In der ISO/IEC 27000-Familie gibt es aber noch zahlreiche weitere Leitfäden, die sich mit recht spezifischen Fragestellungen befassen und daher in der Praxis nur in einem Teil aller Organisationen berücksichtigt werden.

Die bislang erschienenen Leitfäden dieser Art lassen sich grob in zwei Kategorien einteilen:

1. *Sektorspezifische* Leitfäden konkretisieren die Anforderungen bzw. Maßnahmen der ISO/IEC 27001 bzw. ISO/IEC 27002 für die Anwendung in bestimmten Branchen. Sie werden oft auch als fachspezifische Subnormen der ISO/IEC 27002 bezeichnet. Obwohl sie formal nur empfehlenden Charakter haben, werden sie doch oft als Basis für Audits in den entsprechenden Branchen herangezogen. Die Umsetzung bestimmter Empfehlungen wird sogar nicht selten von wichtigen Stellen, z. B. Regulierungsbehörden, gefordert.
2. *Maßnahmenspezifische* Leitfäden setzen sich mit bestimmten technischen Gebieten der Informationssicherheit bzw. einzelnen Technologien auseinander. Diese Leitfäden konkurrieren inhaltlich mit einer Menge anderer, oft noch aktuellerer Literatur und Handlungsempfehlungen. Sie spielen deshalb in der Praxis nicht immer eine große Rolle, werden aber ebenfalls bei Audits in ausgewählten Teilbereichen zunehmend hinzugezogen.

Die Anzahl dieser Leitfäden nimmt stetig weiter zu, sodass nachfolgend nicht alle, sondern nur ausgewählte Beispiele vorgestellt werden können. Manche Leitfäden wurden auch angekündigt, sind bislang aber nicht erschienen, und einige wurden sogar einige Zeit nach ihrer Veröffentlichung wieder zurückgezogen.

2.4.4.1 Ausgewählte sektorspezifische Leitfäden

Zu den sektorspezifischen Leitfäden gehören beispielsweise die folgenden:

- ISO/IEC 27010 (*Information security management for inter-sector and inter-organisational communications*) [ISO15a] behandelt den sicheren Informationsaustausch über Grenzen von Organisation und Ländern hinweg. Der Leitfaden ist deshalb beispielsweise für Behörden, diplomatische Einrichtungen und Unternehmen relevant, die in größerem Umfang schützenswerte Informationen im Rahmen von Lieferketten oder branchenspezifischen Communitys austauschen.

- ISO/IEC 27011 (*Information security controls based on ISO/IEC 27002 for telecommunications organizations*) [ISO24c] spricht Internet-, Telefonie- und Mobilfunkprovider an, die aufgrund der geografischen Verteilung der von ihnen betriebenen Infrastrukturen zusätzliche Risiken berücksichtigen und Schutzmaßnahmen umsetzen müssen.
- ISO/IEC 27017 (*Code of practice for information security controls based on ISO/IEC 27002 for cloud computing services*) [ISO15b] und ISO/IEC 27018 (*Code of practice for controls to protect personally identifiable information (PII) in public clouds acting as PII processors*) [ISO19c] richten sich an die Anbieter und Kunden von Cloud-Diensten und gehen dabei explizit auf die Zusammenhänge der Informationssicherheit mit dem Themenbereich Datenschutz und damit verbundene gesetzliche Auflagen ein.
- ISO/IEC 27019 (*Information security controls for the energy utility industry*) [ISO17b] wendet sich an Energieversorger. Sie wird unter anderem in den einschlägigen IT-Sicherkeitskatalogen der Bundesnetzagentur in Deutschland genutzt [Bun16].

2.4.4.2 Ausgewählte maßnahmenspezifische Leitfäden

Für die maßnahmenspezifischen Leitfäden wurden zunächst die Nummernbereiche *2703x* und *2704x* verwendet. Dabei haben insbesondere die folgenden bereits erschienenen Leitfäden eine durchaus nennenswerte Praxisrelevanz erzielt:

- ISO/IEC 27032 (*Cybersecurity – Guidelines for Internet security*) [ISO23a] geht näher auf Netz- und Internet-Sicherheit ein und behandelt dabei auch Schutzmaßnahmen in Organisationen verschiedener Branchen, die zu den KRITIS-Sektoren zählen.
- ISO/IEC 27034 (*Application Security*) [ISO16b] behandelt in mehreren Dokumenten das Thema Software- bzw. Anwendungssicherheit. Dieser Leitfaden ist insbesondere im Rahmen der Softwareentwicklung – innerhalb der eigenen Organisation oder für Dritte – relevant und fordert dabei einen Systems Development Life Cycle (SDLC), der eine herstellerneutrale Kombination aus dem verbreiteten Security Development Lifecycle der Firma Microsoft und dem Prüfansatz der Common Criteria (CC) darstellt, der wiederum produktspezifische IT-Sicherheitszertifizierungen ermöglicht.

Weitere maßnahmenspezifische Leitfäden vertiefen ausgewählte, von ISO/IEC 27001 geforderte Maßnahmen, beispielsweise:

- ISO/IEC 27031 [ISO11] das Notfallmanagement in Organisationen (u. a. Kapitel 5.1.29)
- ISO/IEC 27033 [ISO15c] das Themengebiet Netzsicherheit (u. a. Kapitel 5.4.20)
- ISO/IEC 27035 [ISO23b] den Umgang mit Informationssicherheitsvorfällen (u. a. Kapitel 5.1.24)
- ISO/IEC 27036 [ISO21c] die Handhabung von Lieferantenbeziehungen (u. a. Kapitel 5.1.19)

Abgerundet wird das Angebot an maßnahmenspezifischen Leitfäden durch Spezialthemen wie die Beweissicherung im Rahmen IT-forensischer Analysen (ISO/IEC 27037) [ISO12] und das Vornehmen von Schwärzungen in digitalen Dokumenten (ISO/IEC 27038) [ISO14a].

Über die letzten Jahre wurden auch die höheren Nummernkreise bis in den Bereich *277xx* erschlossen. Relativ viele dieser Dokumente haben aber noch den Status einer Technischen Spezifikation (TS) oder eines Technischen Reports (TR) bzw. liegen bislang nicht als deutschsprachige DIN-Norm vor. Gemäß der ISO behandelt eine Technische Spezifikation Themen, die sich technisch noch weiterentwickeln und somit noch nicht unmittelbar international standardisiert werden können. Ein Technischer Report enthält hingegen Informationen z. B. zum Stand der Technik oder solche, die durch Umfragen erhoben wurden, und stellt somit ebenfalls noch keinen verbindlichen internationalen Standard dar.

Beispielsweise befassen sich ISO/IEC 27102 mit Cyber-Versicherungen, ISO/IEC 27400 mit Sicherheit und Datenschutz im Internet of Things, ISO/IEC TR 27563 mit Sicherheit und Datenschutz beim Einsatz von künstlicher Intelligenz und ISO/IEC TS 27570 mit Datenschutz in Smart Cities.

2.5 Zusammenfassung

ISO/IEC 27000 ist eine Standardfamilie, die aus einer immer noch wachsenden Zahl einzelner Dokumente besteht. Einer dieser Standards hat ebenfalls die Bezeichnung ISO/IEC 27000 und ist ein Überblicksdokument über die gesamte Reihe, welches auch die zentralen Begriffe für die anderen Teile der Standardfamilie definiert. Zentraler Bestandteil der Standardfamilie ist die ISO/IEC 27001, die in diesem Buch behandelt wird. Die Ausführungen in der ISO/IEC 27001 sind, wie typisch für Anforderungs- bzw. normative Standards, sehr kurz und prägnant gehalten. Die allgemeinen Leitfäden ergänzen daher gezielt die ISO/IEC 27001. Der bei einer ISMS-Einführung in der Praxis wichtigste Leitfaden ist wohl die ISO/IEC 27002, die Anregungen zur Umsetzung der in ISO/IEC 27001 Anhang A genannten Maßnahmen liefert. Neben den allgemeinen Leitfäden existieren noch diverse branchen- und maßnahmenspezifische Leitfäden.

2.6 Beispiele für Prüfungsfragen zu diesem Kapitel

Nachfolgend finden Sie Beispiele für Prüfungsfragen, die sich thematisch mit den in diesem Kapitel erlernten Inhalten auseinandersetzen. Die richtigen Antworten inklusive Erläuterungen und Verweisen befinden sich in Anhang C.1 ab Seite 236.

Prüfungsfrage 2.4:
Für welche Zielgruppe wurde der branchenspezifische Standard ISO/IEC 27011 entwickelt?

A) ISO/IEC 27011 definiert verbindlich umzusetzende Anforderungen für öffentliche Einrichtungen.
B) Zielgruppe dieses Standards sind Unternehmen aus dem Gesundheitssektor.
C) Der Standard stellt einen Leitfaden für Telekommunikationsunternehmen dar.
D) Dieser Standard definiert Grundsätze für die Durchführung von Audits und ist damit für Zertifizierungsstellen relevant.

Prüfungsfrage 2.5:
Bei welchem der folgenden Standards handelt es sich *nicht* um einen allgemeinen Leitfaden?

A) ISO/IEC 27002
B) ISO/IEC 27003
C) ISO/IEC 27005
D) ISO/IEC 27019

Prüfungsfrage 2.6:
Wie verhält sich ISO/IEC 27002 zu ISO/IEC 27001?

A) ISO/IEC 27002 schreibt konkrete technische Maßnahmen zur Umsetzung der in ISO/IEC 27001 definierten Mindestanforderungen vor.
B) ISO/IEC 27002 enthält branchenspezifische Erweiterungen von ISO/IEC 27001.
C) ISO/IEC 27002 wird als Grundlage für Audits durch externe Zertifizierungsunternehmen herangezogen.
D) ISO/IEC 27002 ist ein Leitfaden zur Umsetzung der Maßnahmen (Controls) aus ISO/IEC 27001.

3 Grundlagen von Informationssicherheitsmanagementsystemen

In diesem Kapitel werden die Grundlagen von Informationssicherheitsmanagementsystemen (ISMS) erklärt. Zunächst werden das ISMS an sich und seine Bestandteile betrachtet. Darauf aufbauend werden die Plan-Do-Check-Act-Methodik und ihre Ausprägung in der Normenreihe ISO/IEC 27000 beschrieben.

3.1 Das ISMS und seine Bestandteile

Ein Managementsystem nach ISO/IEC 27000:2018-02 [ISO18c] ist ein Satz zusammenhängender Elemente einer Organisation, um Politiken (d. h. Richtlinien), Ziele und Prozesse, Verfahren, Regelungen sowie zugehörige Ressourcen festzulegen, die dazu dienen, die Ziele einer Organisation zu erreichen.[1] Es ist das System, in dem die verschiedenen Maßnahmen zum Management einer Organisation – u. a. Festlegen von Richtlinien, Definition und Umsetzung von Prozessen und Verfahren – zusammenwirken.

Das Informationssicherheitsmanagementsystem (ISMS) kann und sollte als Teil des gesamten Managementsystems einer Organisation angesehen werden. Sein Ziel ist die Sicherstellung einer angemessenen Informationssicherheit, also insbesondere die Aufrechterhaltung von Vertraulichkeit, Integrität und Verfügbarkeit von Informationen innerhalb der Organisation, in der es zur Anwendung kommt. Diese und weitere Teilaspekte der Informationssicherheit wurden bereits in Kapitel 1 erläutert.

Dieses Kapitel widmet sich nun der Frage, welche Elemente die Kernbestandteile eines ISMS ausmachen. Um diese Bestandteile besser zu verstehen, ist es hilfreich, sich die folgenden fünf Teilfragen zu stellen:

1. Was soll durch das ISMS eigentlich geschützt werden?
2. Welche Regeln und Vorgaben werden zu diesem Zweck eingerichtet?
3. Wie wird sichergestellt, dass dieses Regelwerk schriftlich fixiert und seine Einhaltung nachvollziehbar protokolliert wird?
4. Wer ist zuständig für die Planung und Durchführung der erforderlichen Aktivitäten?

[1] ISO 9000 definiert ein Managementsystem ebenso als „System zum Festlegen von Politik und Zielen sowie zum Erreichen dieser Ziele" (mit Politik sind in diesem Zusammenhang ebenfalls Richtlinien gemeint).

5. Durch welche konkreten Maßnahmen kann das erforderliche Sicherheitsniveau erreicht werden?

Diese Fragen werden nachfolgend beantwortet.

3.1.1 (Informations-)Werte

Auf die erste dieser fünf Fragen (Was soll durch das ISMS eigentlich geschützt werden?) lässt sich folgende Antwort geben: In erster Linie alle Informationen, die für die Organisation einen Wert darstellen, bzw. die Informationen, für welche die Nichteinhaltung der Schutzziele einen Schaden für die Organisation bedeuten würde. Dies sind die Informationswerte (*Information Assets*) der Organisation (siehe auch Kapitel 5.1.9 bis 5.1.14).

In zweiter Linie sind natürlich auch die Dinge, die mit der Verarbeitung der Information zu tun haben, zu schützen. Dies beinhaltet auch die klassischen Vermögenswerte einer Organisation wie Geräte und Einrichtungen – deren Wichtigkeit sich im Kontext eines ISMS aber nicht in ihrem Beschaffungs- oder Buchwert bemisst, sondern nach ihrer Rolle bei Speicherung, Verarbeitung usw. von Informationen.

Mögliche Kategorien von Werten (*Assets*) sind Informationen, Software bzw. Computerprogramme, physische Vermögenswerte wie Rechner oder Kommunikationsanlagen, Dienste (Services), Menschen und ihre Qualifikationen, Fähigkeiten und Erfahrungen sowie immaterielle Werte wie Reputation und Ansehen. Diese Liste zeigt auf, wie weit dieser Begriff zu verstehen ist.

3.1.2 Richtlinien, Prozesse und Verfahren

Nachdem sich eine Organisation Gedanken darüber gemacht hat, welche ihrer Werte zu schützen sind, muss ein generisches Regelwerk etabliert werden, welches das ablauforganisatorische Fundament für das ISMS bildet. Ein solches Regelwerk ist geprägt durch das Zusammenspiel von wohldefinierten Richtlinien, Prozessen und Verfahren. Diesen Begriffen liegt folgendes Verständnis zugrunde:

- Richtlinie (*Policy*): Generelle Zielsetzung und Richtung, formal dokumentiert und zum Ausdruck gebracht durch das Management.
- Prozess (*Process*): Satz von in Wechselbeziehungen stehenden Mitteln und Tätigkeiten, die Eingaben in Ergebnisse umwandeln.
- Verfahren (*Procedure*): Definierte Art und Weise, einen Prozess oder eine Aktivität auszuführen.

Wie diese Begriffe und die dahinter stehenden Konzepte genauer zusammenhängen, illustriert Abbildung 3.1. Sie zeigt, dass eine Richtlinie als ein definierendes Element in einem ISMS angesehen werden kann, sich also auf der Definitionsebene bewegt und damit den Prozessen und Verfahren übergeordnet ist. Ein Vergleich: Eine Richtlinie in einem Managementsystem hat in etwa den gleichen Stellenwert wie ein Gesetz in einem Staat. Doch das Gesetz allein ist wert- und wirkungslos, solange es nicht angewendet und durchgesetzt wird. Auch die Vorgaben aus einer Richtlinie müssen in kontrollierter Weise umgesetzt werden. Hierzu werden in der Regel Prozesse definiert, die bereits konkret festlegen, welche Eingaben (Inputs) benötigt werden, um bestimmte Teile einer Richtlinie umzusetzen, wie diese Inputs be- oder verarbeitet werden, wer dafür genau zuständig ist und was letzten

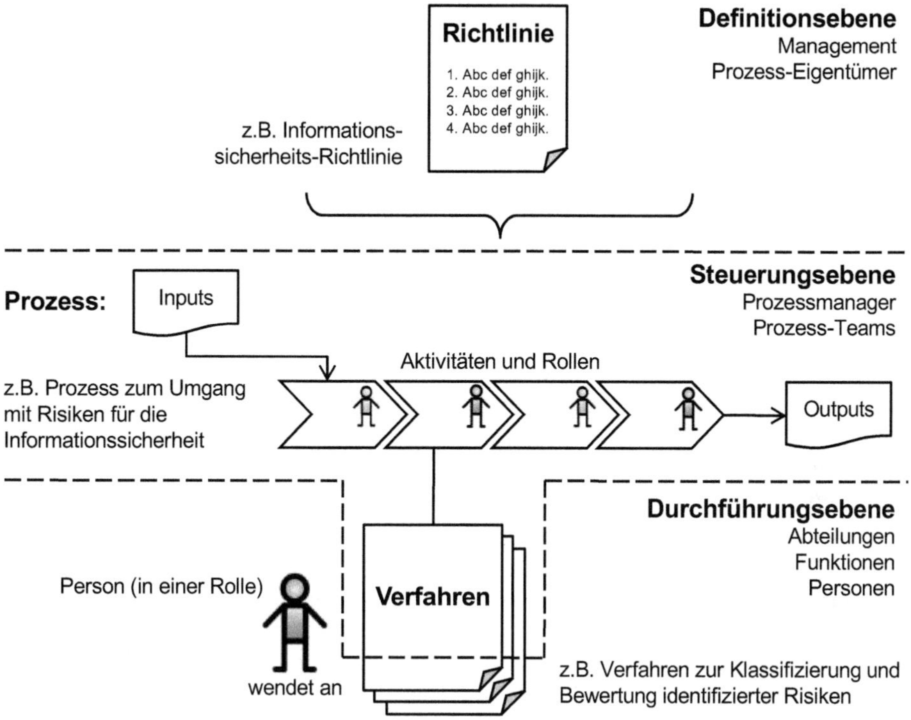

Abbildung 3.1 Zusammenhänge zwischen Richtlinien, Prozessen und Verfahren

Endes das Ergebnis ist bzw. sein soll. Prozesse dienen also dazu, bestimmte zielgerichtete Abläufe und Vorgänge zu steuern, bewegen sich damit auf der Steuerungsebene. Auf der Durchführungsebene werden nun die Instanzen (z. B. Personen, die zu bestimmten Abteilungen gehören) betrachtet, die einzelne Aktivitäten innerhalb eines Prozesses operativ ausführen und dazu bestimmte Verfahrensanweisungen umsetzen.

Diese Begriffe und Zusammenhänge erscheinen zum jetzigen Zeitpunkt vielleicht noch zu abstrakt. In den späteren Kapiteln wird die konkrete Ausprägung dieser Konzepte in einem ISMS, das der ISO/IEC 27000-Reihe folgt, erklärt.

3.1.3 Dokumente und Aufzeichnungen

Dokumentation spielt in jedem Qualitätsmanagementsystem eine bedeutende Rolle. Ein Dokument ist dabei als (irgendeine) Information zusammen mit dem Medium zu verstehen, auf dem sie gespeichert ist, wobei die Art des Mediums (z. B. Papierform oder elektronische Datei) dem Zweck angemessen ausgewählt werden sollte. Beispielsweise empfiehlt es sich wahrscheinlich nicht, die Beschreibung eines Verfahrens für die Umschaltung auf Notstromversorgung im Falle eines Stromausfalls ausschließlich in elektronischer Form vorzuhalten. Umgekehrt ist fraglich, ob Dokumente, die sich häufiger ändern und auf die beispielsweise über das Intranet einfach und schnell zugegriffen werden kann, zwangsläufig auch in ausgedruckter Form vorliegen müssen. Ziel muss es sein, alle relevanten Richtlinien, Prozesse und Verfahren im Rahmen des ISMS (siehe oben) in sinnvoller Weise zu dokumentieren und diese Dokumente auch geeignet zu lenken: Dokumentenlenkung bedeutet, dass der Umgang mit Dokumenten klar und eindeutig geregelt ist (siehe Kapitel 4.7.5).

Doch welches Ziel wird eigentlich mit Dokumentation verfolgt? Können Prozesse denn nicht auch funktionieren, wenn sie nicht dokumentiert wurden? Ist es nicht sinnvoller, wenn ein Mitarbeiter ein Verfahren intuitiv beherrscht statt in einem Dokument nachlesen zu müssen? Hierfür gibt es in der Praxis sicherlich Beispiele. Je komplexer bestimmte Abläufe jedoch werden, je mehr Personen in verschiedenen Rollen in diese Abläufe involviert sind, je häufiger diese Personen wechseln (Personalfluktuation) und je stärker Personen von den Ergebnissen der Arbeitsschritte anderer Personen abhängig sind, umso wichtiger wird es, diese Abläufe und Schnittstellen für alle Beteiligten nachvollziehbar zu dokumentieren. In welchem Detaillierungsgrad dies erfolgt, kann jedoch fallspezifisch sehr unterschiedlich sein. Gerade im Falle der für ein ISMS wichtigen Richtlinien, Prozesse und Verfahren sollte darauf geachtet werden, dass durch die Dokumentation primär ein Mehrwert für die Nutzer dieser Dokumente entsteht – und nicht nur ein unverhältnismäßiger Mehraufwand für diejenigen, die die Dokumente erstellen und pflegen.

Die Dokumentation von Richtlinien, Prozessen und Verfahren ist der erste wichtige Aspekt im Zusammenhang mit der ISMS-Dokumentation. Allerdings sollen natürlich nicht nur die relevanten Vorgabedokumente erstellt werden, sondern ein zweiter maßgeblicher Aspekt ist die Nachvollziehbarkeit und Rückverfolgbarkeit der tatsächlich erfolgten Handlungen. Zu diesem Zweck müssen Aufzeichnungen geführt werden. Unter einer Aufzeichnung versteht man ein Dokument, welches erreichte Ergebnisse beschreibt oder einen Nachweis für erfolgte Aktivitäten darstellt.

Dokumentierte Richtlinien, Prozesse und Verfahren sowie Aufzeichnungen erfolgter Aktivitäten oder erzielter Ergebnisse gelten in Reifegradmodellen als Indikator für eine hohe organisatorische Stabilität und Reife.

3.1.4 Zuweisung von Verantwortlichkeiten

Die besten Absichten und Vorgaben des Managements bringen nichts, wenn sich niemand angesprochen und zuständig fühlt. Die Definition von Verantwortlichkeiten – also die Festlegung, wer wofür im Kontext der Informationssicherheit zuständig ist – ist deshalb zwingend erforderlich. Weil einige Tätigkeiten möglicherweise so umfangreich sind, dass sie eine Einzelperson nicht bewältigen kann, werden üblicherweise *Rollen* definiert und deren Verantwortlichkeiten festgelegt. Wer diese Rollen dann einnimmt – beispielsweise eine Einzelperson, ein Gremium, eine Arbeitsgruppe oder z. B. eine Person pro Fachabteilung, wird in einem zweiten Schritt festgelegt.

Die Definition der Rollen und die Zuweisung der Rollen zu Personen ist nach DIN EN ISO/IEC 27001 eine Aufgabe des Managements. Dabei darf aber nicht vergessen werden, dass auch diejenigen Personen, die keine Rolle zugewiesen bekommen, für die Informationssicherheit sensibilisiert werden müssen; dies kann beispielsweise durch Informationsveranstaltungen und Fortbildungsprogramme erreicht werden.

Es kann durchaus auch vorkommen, dass Externe mit Aufgaben im Rahmen der Informationssicherheit betraut werden; neben Beratern und Sicherheitsspezialisten haben viele kleine und mittelständische Unternehmen beispielsweise externe Datenschutzbeauftragte. Prinzipiell können zugewiesene Aufgaben im Rahmen der Informationssicherheit auch an andere delegiert werden; dabei muss aber beachtet werden, dass sich dadurch nur der Ausführende für eine bestimmte Tätigkeit ändert, wohingegen die Gesamtverantwortung bei der ursprünglichen Person verbleibt. DIN EN ISO/IEC 27001 gibt diesbezüglich keine Einschränkungen vor, fordert jedoch, dass die entsprechenden Verfahren formal etabliert werden. Außerdem muss beachtet werden, dass bei Kooperationen zwischen Organisationen ebenfalls *Tätigkeiten*, aber nicht die *Verantwortung* delegiert werden können. Dies deckt sich auch mit der europäischen Rechtsprechung; wenn beispielsweise ein externes Unternehmen mit der Vernichtung großer Mengen an nicht mehr benötigten Papierakten beauftragt wird, bleibt die Gesamtverantwortung für die Einhaltung des Datenschutzes trotzdem beim Auftraggeber (siehe auch Kapitel 5.3.10).

DIN EN ISO/IEC 27001 schreibt nicht vor, welche Rollen es konkret geben muss oder sollte. Das hängt insbesondere damit zusammen, dass die Norm für alle möglichen Organisationen gelten soll, die Anzahl und die Ausprägung der Rollen aber stark von den Eigenschaften der jeweils konkreten Organisation abhängen, beispielsweise ihrer Größe, der Anzahl an Standorten und der Breite der eingesetzten Informationstechnologie. Generell empfiehlt sich jedoch, zumindest einen Gesamtverantwortlichen für die Informationssicherheit, also einen *Informationssicherheitsbeauftragten* (ISB), zu benennen. Diese Rolle wird häufig auch mit dem englischen Akronym CISO (*Chief Information Security Officer*) benannt. In größeren Organisationen werden die Informationssicherheitsbeauftragten bzw. CISOs häufig von einem Kreis von Informationssicherheitsfachkräften bzw. ISOs (*Information Security Officers*) unterstützt, welche für die Umsetzung der Informationssicherheitsmaßnahmen an ihren Standorten bzw. in ihren Abteilungen zuständig sind. Auch die oberste Leitung bzw. das (Top-)Management und alle Mitarbeitende sind Beispiele für Rollen, die im Kontext der Informationssicherheit relevant sind.

3.1.5 Maßnahmen

Nach Identifikation der zu schützenden Werte, Sicherheitsanforderungen, Risiken und nachdem entsprec hende Richtlinien, Prozesse, Verfahren und Zuständigkeiten festgelegt wurden, müssen passende Maßnahmen geplant und umgesetzt werden. Das Ziel ist dabei, *angemessene* Maßnahmen zu definieren und zu implementieren; es muss also nicht um jeden Preis ein möglichst perfektes Schutzniveau erreicht werden, die Maßnahmen dürfen aber auch nicht unzureichend ausfallen. DIN EN ISO/IEC 27001 unterstützt die Planung dadurch, dass es eine größere Menge an Maßnahmen zur Auswahl vorgibt. Jede einzelne davon trägt dazu bei, dass die Risiken auf ein akzeptables Niveau reduziert werden können.

Um organisationsspezifische Anforderungen zu erfüllen, können natürlich auch weitere, eigene Maßnahmen entwickelt werden. Häufig bietet es sich auch an, weitere Maßnahmenlisten wie z. B. aus dem IT-Grundschutz des BSI (siehe Kapitel 6) zur Auswahl heranzuziehen. Die Abstützung auf bereits vorhandene Standards und Good Practices ist ein guter Ausgangspunkt und spart eine Menge Arbeit, die erforderlich wäre, wenn man sich in jedem Unternehmen sämtliche Maßnahmen von Grund auf neu erarbeiten müsste. Allerdings muss auch beachtet werden, dass die eigentliche Umsetzung und der laufende Betrieb bzw. die Wartung und kontinuierliche Verbesserung trotzdem einen beträchtlichen Aufwand erfordern.

Da eine größere Anzahl an einzelnen Maßnahmen recht schnell unübersichtlich werden kann und viele Maßnahmen sehr eng mit anderen Maßnahmen zusammenhängen, gliedert DIN EN ISO/IEC 27001 die Maßnahmen in vier Kategorien. Die zur Auswahl stehenden Maßnahmen sind in Anhang A von DIN EN ISO/IEC 27001 beschrieben. Dieser Anhang ist allerdings keine Nebensache der Norm, sondern sowohl vom Umfang als auch von der Komplexität her ganz deutlich ein Schwerpunkt. Insbesondere ist Anhang A auch *normativ* und nicht nur *informativ*, das heißt, dass dort genauso verbindliche Mindestanforderungen spezifiziert werden wie in den vorderen Kapiteln der Norm. Wir gehen in Kapitel 5 ab Seite 81 sehr ausführlich auf die einzelnen Maßnahmen ein.

Im Laufe der Zeit haben sich die Maßnahmenkategorien in ISO/IEC 27001 (Anhang A) und ISO/IEC 27002 deutlich verändert – in der aktuellen Fassung sind es nur noch vier, in der Vorgängerversion aus dem Jahr 2013 waren es noch 14. Sehr häufig, beispielsweise auch im Kontext Datenschutz, wird recht grundlegend zwischen *technischen* und *organisatorischen* Maßnahmen unterschieden – in ihrer Kombination auch gerne als TOM (*technische und organisatorische Maßnahmen*) abgekürzt. So ist beispielsweise eine Firewall, durch entsprechende Software auf passender Hardware realisiert, eine *technische* Maßnahme im Bereich Netzsicherheit. Werden hingegen Beschäftigte einer Organisation im Rahmen einer Schulung in Bezug auf Phishing-E-Mails sensibilisiert, handelt es sich bei dieser Schulung um eine *organisatorische* Maßnahme.

Grundsätzlich ist also jede Sicherheitsmaßnahme in ihrer Umsetzung entweder technischer oder organisatorischer Natur. Die vierte Maßnahmenkategorie trägt in der aktuellen deutschen Fassung DIN EN ISO/IEC 27001:2024-01 die Überschrift „Technologische Maßnahmen“ (Anhang A.8). Darin sind Maßnahmen gebündelt, die technische Systeme und Daten schützen sollen, teilweise aber nicht rein technisch umgesetzt werden können– beispielsweise aufgrund der Erforderlichkeit dedizierter Richtlinien und Verantwortungszuweisungen.

Darüber hinaus können Maßnahmen auch danach klassifiziert werden, wo ihre Wirksamkeit im Verlauf eines Schadensereignisses ansetzt. Wenn eine Maßnahme beispielsweise dafür sorgt, dass ein Angriff auf ein System nicht erfolgreich ist, wirkt sie präventiv. Trägt eine Maßnahme hingegen dazu bei, einen erfolgreichen Angriff möglichst zeitnah zu erkennen, arbeitet sie detektierend. Eine weitere Maßnahme könnte dazu beitragen, geordnet auf einen erkannten Sicherheitsvorfall zu reagieren, um schnellstmöglich wieder zum Soll-Zustand zurückkehren zu können. Die ISO/IEC 27002 gibt seit ihrer Fassung aus dem Jahr 2022 deshalb zu jeder Maßnahme die sogenannte Maßnahmenart an, die in einer an Hashtags angelehnten Form einen oder mehrere der drei Werte *#Präventiv*, *#Detektiv* oder *#Korrektiv* annehmen kann. In den Anhang A der ISO/IEC 27001 wurde dies bislang jedoch noch nicht übernommen.

3.2 Was bedeutet Prozessorientierung?

ISO/IEC 27000, wie übrigens auch ISO/IEC 20000 oder ISO 9000, verfolgt einen prozessorientierten Ansatz. Der Fokus eines Managementsystems nach einem dieser Standards liegt also auf den Prozessen einer Organisation – und nicht beispielsweise auf deren hierarchischer Strukturierung.

Ein Prozess ist laut ISO 9000 ein „Satz von in Wechselbeziehung stehenden Tätigkeiten, der Eingaben (Inputs) in Ergebnisse (Outputs) umwandelt“ (vgl. auch Abbildung 3.1).

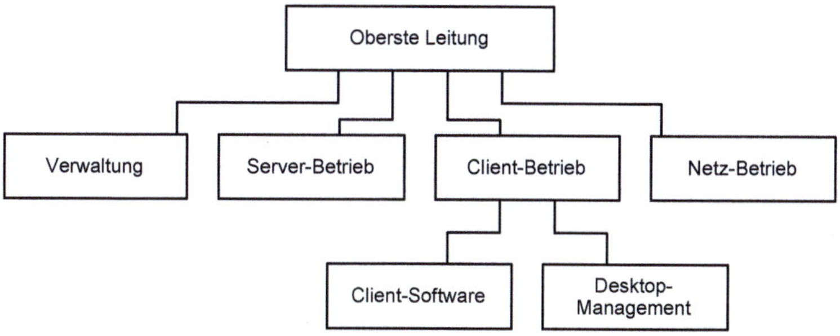

Abbildung 3.2 Aufbauorganisation eines IT-Service-Providers (einfaches Beispiel)

Welcher Zweck mit der Prozessorientierung bzw. dem Prozessmanagement verfolgt wird, lässt sich am besten an einem Beispiel erläutern: Abbildung 3.2 zeigt in einem Organigramm ein einfaches Beispiel einer hierarchischen Struktur (der sogenannten Aufbauorganisation) eines IT-Service-Providers. Unterhalb der Leitung besteht diese Organisation aus vier Hauptabteilungen (Verwaltung, Server-Betrieb, Client-Betrieb und Netz-Betrieb), die zum Teil jeweils wieder in Unterabteilungen gegliedert sind. Nehmen wir nun an, zu den wichtigen (weil auch wertschöpfenden) Abläufen bei diesem Service-Provider gehörte die Einrichtung neuer Bildschirmarbeitsplätze. Dieser Vorgang könnte typischerweise so ablaufen:

1. Der Kunde wendet sich an die Abteilung Client-Betrieb und dort die Unterabteilung Desktop-Management mit dem Wunsch nach einem neuen Bildschirmarbeitsplatz, an dem bestimmte Anwendungen, z. B. der Zugriff auf das CRM-System (Customer Relationship Management), genutzt werden können.
2. Das Desktop-Management überprüft bei der Verwaltung, ob der Kunde berechtigt ist, einen neuen Bildschirmarbeitsplatz zu beziehen.
3. Das Desktop-Management installiert einen Rechner vor Ort.
4. Die Abteilung Netz-Betrieb schaltet die Verbindung zum neuen Rechner frei.
5. Die Abteilung Client-Betrieb, Unterabteilung Client-Software, installiert über Fernwartung die erforderlichen Programme auf dem Rechner.
6. Die Abteilung Server-Betrieb vergibt die nötigen Berechtigungen.

Dieser Ablauf erstreckt sich über mehrere Abteilungsgrenzen. Wer in der skizzierten Aufbauorganisation ist aber verantwortlich für die Steuerung? Wer wäre z. B., wenn sich die Kunden unzufrieden über lange Verzögerungen bei der Bereitstellung neuer Arbeitsplätze zeigten, dafür zuständig, diesen Ablauf – durch Parallelisierung, Straffung oder Einsatz zusätzlicher Ressourcen – zu beschleunigen? In einer klassischen Aufbauorganisation lautet die Antwort: niemand. Oder: Die oberste Leitung, die sich aber natürlich nicht um Belange auf dieser Ebene kümmern kann.

Hier setzt das Prozessmanagement an. Es fordert, solche häufig wiederkehrenden, wichtigen, z. B. wertschöpfenden Abläufe als ergebnisorientierte Prozesse zu managen. Im obigen Beispiel würde es dann z. B. einen Prozessmanager geben, der für das Dokumentieren, Überwachen, Steuern und Optimieren des durchgängigen Prozesses verantwortlich wäre.

Auch und gerade die Informationssicherheit ist ein solches Querschnittsthema, welches nicht an typischen Abteilungsgrenzen haltmacht und deswegen mit einem prozessorientierten Ansatz gemanagt werden muss. Die dafür erforderlichen Prozesse unterliegen typischerweise einem bestimmten Lebenszyklus – von ihrer Planung über die Umsetzung und Überprüfung bis hin zur kontinuierlichen Verbesserung. Die wohl bekannteste lebenszyklusbasierte Methodik zur Anwendung auf Managementprozesse wird nachfolgend vorgestellt.

3.3 Die PDCA-Methodik: Plan-Do-Check-Act

Ein weiteres sehr wichtiges Prinzip, das auch der Standardfamilie ISO/IEC 27000 zugrunde liegt, ist das Prinzip der kontinuierlichen Verbesserung und ständigen Optimierung. Motiviert ist dieses Prinzip zunächst durch die einfache Feststellung, dass es nicht ausreicht, ein einziges Mal alle zu schützenden Werte (Assets) zu identifizieren, geeignete Richtlinien, Prozesse und Verfahren zu definieren, Verantwortlichkeiten zuzuweisen und Maßnahmen zu planen. Vielmehr unterliegt das gesamte ISMS – und somit auch alle eben genannten Bestandteile desselben – einer gewissen Dynamik. Sie müssen weiterentwickelt, verbessert und neuen oder geänderten Rahmenbedingungen und Anforderungen angepasst werden.

Eine aus der Disziplin des Qualitätsmanagements bekannte Methodik zur kontinuierlichen Verbesserung ist der Deming-Kreislauf [Dem86], der häufig auch als PDCA-Methodik (Plan-Do-Check-Act) bezeichnet wird. William Edwards Deming (1900–1993), der Urheber und Namensgeber dieser Methodik, galt als einer der Pioniere auf dem Gebiet des prozessorientierten Qualitätsmanagements.

Abbildung 3.3 illustriert die vier Phasen des Deming-Kreislaufs als Teil eines Rads, welches sich in ständiger Vorwärtsbewegung befindet, wodurch sich im Laufe der Zeit eine immer höhere Reife einstellt. Dabei ist diese Methodik so generisch und abstrakt, dass sie sich auf nahezu jedes Betrachtungsobjekt anwenden lässt – also etwa auf das ISMS als Ganzes oder auch auf einzelne Prozesse, Verfahren oder Maßnahmen. Die vier Phasen Plan (planen), Do (umsetzen), Check (überprüfen) und Act (handeln/verbessern) laufen dabei zyklisch, also wie in einer Endlosschleife ab: Was geplant wird, muss umgesetzt werden. Was umgesetzt wurde, muss überprüft und ggf. gemessen werden. Aus den Ergebnissen der Überprüfungen und Messungen muss man Handlungsbedarf in Form von Korrektur- oder Verbesserungsmaßnahmen ableiten und diese Maßnahmen ihrerseits wieder planen. Der Kreislauf beginnt von vorn.

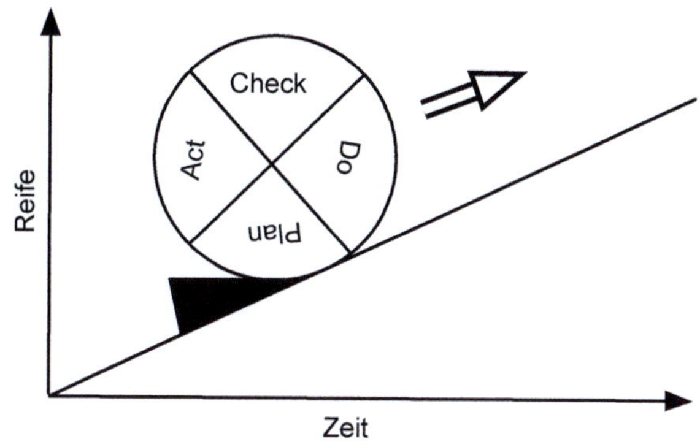

Abbildung 3.3 Plan-Do-Check-Act-Methodik (Deming-Kreislauf)

3.3.1 Planung (Plan)

Die Planungsphase des PDCA-Zyklus wird zu zwei unterschiedlichen Zwecken durchlaufen:

- Planung eines noch nicht existierenden ISMS
- Planung von Anpassungen eines bestehenden ISMS

In beiden Fällen müssen die neuen bzw. geänderten Bestandteile des ISMS geplant und das Ergebnis dieser Planung dokumentiert werden. Wichtig in diesem Zusammenhang sind klare Zielsetzungen und Zielvorgaben. Werden beispielsweise neue Maßnahmen zur Erhöhung der Informationssicherheit geplant, so könnte ein Ziel dieser Maßnahmen die signifikante Reduzierung der Eintrittswahrscheinlichkeit von Risiken sein. Weitere typische planungsrelevante Aspekte sind Ressourcen (z. B. Personal, Budgets) und Zeitfenster bzw. Zeitpunkte (z. B. Meilensteine und Implementierungstermine). Entscheidendes Merkmal einer guten Planung ist jedoch die gedankliche Vorwegnahme der Handlungsschritte, die in der Phase der Umsetzung (Do-Phase) zu vollziehen sind.

In DIN EN ISO/IEC 27001 werden die Mindestanforderungen an die Planung des ISMS in Abschnitt 6 (Planung) spezifiziert. Einen Überblick über diesen Abschnitt des Standards liefert Kapitel 4.6.

3.3.2 Umsetzung (Do)

Auf die Planungsphase folgt die Phase der Umsetzung oder auch Implementierung/Durchführung (Do-Phase). Konkret bedeutet dies beispielsweise, dass die Durchführung der zuvor bestimmten Maßnahmen geplant, verwirklicht und gesteuert wird. Pläne müssen umgesetzt und geplante Budgets auch tatsächlich bereitgestellt sowie die Verantwortlichkeiten für einzelne Handlungsschritte konkreten Personen zugewiesen, die Schritte von diesen Personen ausgeführt und in einem sinnvollem Maße aufgezeichnet werden.

3.3.3 Überprüfung (Check)

Wurden ein oder mehrere neue Bestandteile des ISMS umgesetzt bzw. Änderungen an bestehenden Bestandteilen vorgenommen, so folgt die Phase der Überwachung, Messung und Überprüfung (Check-Phase). Diese Phase kann nur erfolgreich sein, wenn auch die mit den implementierten Neuerungen oder Änderungen verbundenen Ziele im Rahmen der Planungsphase klar definiert wurden.

Die Mindestanforderungen an die Überprüfung des ISMS werden in Abschnitt 9 (Bewertung der Leistung) des Standards DIN EN ISO/IEC 27001 spezifiziert. Einen Überblick über diesen Abschnitt der Norm liefert Kapitel 4.9.

Grundsätzlich wird im Zusammenhang mit der Überwachung und Überprüfung fast immer zwischen drei wesentlichen Aspekten unterschieden: Konformität, Effektivität und Effizienz. Diese werden nachfolgend kurz erläutert.

3.3.3.1 Konformität

Frage: Werden Vorgaben eingehalten?

Bei einer Überprüfung der Konformität wird beurteilt, ob ein Prozess, ein Verfahren oder eine Maßnahme gemäß der Planung durchgeführt bzw. umgesetzt wurde oder ob die tatsächliche Umsetzung von den Planungsvorgaben abweicht. Ob auch die damit verbundenen Ziele erreicht wurden, ist nicht Gegenstand dieser Betrachtung.

Ein einfaches Beispiel aus dem Leben: Eine Autowäsche besteht aus verschiedenen Schritten: Einweichen/Vorwäsche, Hochdruckwäsche, Klarspülen, Heißwachsen und Trocknen. Konformität ist gewährleistet, wenn jede Autowäsche genau gemäß diesen Schritten durchgeführt, die Reihenfolge der Schritte eingehalten und kein Schritt ausgelassen wird.

3.3.3.2 Effektivität

Frage: Werden Ziele erreicht?

Bei einer Effektivitätsprüfung wird beurteilt, ob durch einen Prozess, ein Verfahren oder eine Maßnahme die damit verbundenen Ziele auch tatsächlich erreicht wurden. Dass ein Prozess konform zu den Vorgaben ist, bedeutet nicht automatisch, dass er auch effektiv ist. Ein anderes Wort für Effektivität ist Wirksamkeit.

Am Beispiel der Autowäsche: Vorrangiges Ziel der Autowäsche ist ein sauberes Auto am Ende des Waschvorgangs. Selbst wenn alle Schritte der Autowäsche planmäßig durchgeführt werden (also Konformität gegeben ist), stellt dies noch keine Garantie dafür dar, dass jedes Auto auch wirklich sauber wird.

3.3.3.3 Effizienz

Frage: Werden Ressourcen optimal eingesetzt?

Ein Prozess, ein Verfahren oder eine Maßnahme gilt als effizient, wenn die eingesetzten Ressourcen (z. B. Personal, Finanzmittel, Rohstoffe, Zeit) in einem möglichst optimalen (aber mindestens vertretbaren) Verhältnis zum Ergebnis stehen. Ein anderes Wort für Effizienz ist Wirkungsgrad.

Am Beispiel der Autowäsche: Sie kann als effizient angesehen werden, wenn zum Erreichen des Ziels (also zur Sicherstellung der Effektivität) so wenig Wasser, Reinigungsmittel, Energie und Personal wie möglich eingesetzt werden. Der erforderliche Ressourceneinsatz lässt sich in diesem Fall leicht in die damit verbundenen Kosten übersetzen, die sich wiederum auf die einzelne Autowäsche umlegen lassen. Die durchschnittlichen Kosten pro Autowäsche sind eine geeignete Kennzahl, um die Effizienz zu beurteilen.

3.3.4 Verbesserung (Act)

Die Check-Phase liefert also Informationen zur Konformität, Effektivität und Effizienz des ISMS. Diese Informationen liefern den wichtigsten Input in die Phase des Ergreifens von Verbesserungsmaßnahmen (Act-Phase). Häufig wird in diesem Zusammenhang zwischen korrigierenden (reaktiven) und vorbeugenden (proaktiven) Maßnahmen differenziert. Beide Arten von Verbesserungen werden in der Act-Phase identifiziert.

In DIN EN ISO/IEC 27001 werden die Mindestanforderungen an die Verbesserung des ISMS in Abschnitt 10 (Verbesserung) spezifiziert. Einen Überblick über diesen Abschnitt des Standards liefert Kapitel 4.10.

3.4 Zusammenfassung

Weil ein ISMS ein umfangreiches und komplexes System ist, lohnt es sich, seine einzelnen Bestandteile näher zu untersuchen.

Im Fokus aller Betrachtungen stehen die sogenannten Assets, also jegliche materiellen oder auch immateriellen Güter, die für eine Organisation von Wert sind. Um diese Assets und ihre Schutzbedarfe herum muss es Richtlinien, Prozesse und Verfahren geben. Diese sorgen in Kombination mit klaren Regeln zu Zuständigkeiten und Verantwortlichkeiten dafür, dass Maßnahmen auf organisatorischer und technischer Ebene wirksam gestaltet und umgesetzt werden können.

DIN EN ISO/IEC 27001 basiert auf der PDCA-Methodik, d. h., dass über Plan, Do, Check und Act eine kontinuierliche Verbesserung der ISMS-Reife und des Niveaus der Informationssicherheit realisiert wird. Der Standard beschreibt die Aufgaben in den einzelnen Schritten von der Planung des ISMS über seine Umsetzung bis hin zur Überprüfung und Einleitung von Verbesserungsmaßnahmen. Überprüft wird dabei beispielsweise, ob gelebte Prozesse konform zu ihrer Spezifikation sind, ob die gesteckten Ziele erreicht werden (Effektivität) und ob die dazu eingesetzten Ressourcen optimal genutzt werden (Effizienz).

3.5 Beispiele für Prüfungsfragen zu diesem Kapitel

Nachfolgend finden Sie Beispiele für Prüfungsfragen, die sich thematisch mit den in diesem Kapitel erlernten Inhalten auseinandersetzen. Die richtigen Antworten inklusive Erläuterungen und Verweisen befinden sich in Anhang C.1 ab Seite 236.

Prüfungsfrage 3.7:
Ein wichtiges Prinzip, das ISO/IEC 27001 zugrunde liegt, ist der PDCA-Zyklus. Welcher Zweck wird mit diesem Ansatz verfolgt?

A) Eindeutige Zuweisung von Verantwortlichkeiten, indem Rollen und Aktivitäten des ISMS in einer Matrix zugeordnet werden.
B) Kontinuierliche Verbesserung des ISMS, indem Prozesse und Maßnahmen geplant, nach ihrer Umsetzung überprüft und Verbesserungsmöglichkeiten identifiziert werden.
C) Festlegung des Umfangs des ISMS, indem der Anwendungsbereich definiert und eine Erklärung zur Anwendbarkeit erstellt werden.
D) Abgleich des ISMS mit dem übergeordneten Qualitätsmanagementsystem, indem Schnittmengen zwischen ISO/IEC 27000 und ISO 9001 betrachtet werden.

Prüfungsfrage 3.8:
Was beschreibt am besten die Assets, die im Rahmen eines ISMS schwerpunktmäßig betrachtet werden?

A) Alle technischen Geräte, die eine Inventarnummer haben.
B) Alle Informationen, die schützenswert sind, zusammen mit den Informationsträgern, Systemen und Diensten, die diese Informationen verarbeiten.
C) Alle Gegenstände, die zum Anlagevermögen der Organisation gehören.
D) Alles, was durch den Anhang A aus DIN EN ISO/IEC 27001 abgedeckt ist.

Prüfungsfrage 3.9:
Was bezeichnet ISO/IEC 27000 mit dem Begriff „dokumentierte Information" (documented information)?

A) Beschreibung dessen, was als Ergebnis umgesetzter Maßnahmen erzielt werden soll.
B) Information, die von einer Organisation gelenkt und aufrechterhalten werden muss, und das Medium, auf dem sie enthalten ist.
C) Satz von in Wechselbeziehungen stehenden Mitteln und Tätigkeiten, die Eingaben in Ergebnisse umwandeln.
D) Alles, was für eine Organisation von Wert ist.

Prüfungsfrage 3.10:
Was wird bei der Überprüfung der Konformität beurteilt?

A) Die Einhaltung ethischer Grundsätze.
B) Die Erfüllung einer oder mehrerer Anforderungen.
C) Die Effizienz eines Prozesses.
D) Der optimale Einsatz von Ressourcen, um ein Ziel zu erreichen.

Prüfungsfrage 3.11:
Was versteht man gemäß ISO/IEC 27000 unter einem Prozess?

A) Eine Maßnahme zur Veränderung eines Risikos.
B) Die Ausführung eines Computerprogramms durch eine informationsverarbeitende Einrichtung.
C) Ein Satz von zusammenhängenden und sich gegenseitig beeinflussenden Tätigkeiten, der Eingaben in Ergebnisse umwandelt.
D) Eine Gerichtsverhandlung.

4 DIN EN ISO/IEC 27001 – Spezifikationen und Mindestanforderungen

Im ersten Kapitel wurden die wichtigsten Aspekte der Informationssicherheit erläutert, in Kapitel 2 wurde ein Überblick über die ISO/IEC 27000-Reihe gegeben, und schließlich wurden die grundlegenden Ziele, Bestandteile und Prinzipien von Informationssicherheitsmanagementsystemen beschrieben.

In diesem Kapitel wird nun die Norm DIN EN ISO/IEC 27001 ausführlich vorgestellt. Sie gilt als das zentrale und wichtigste Element der ISO/IEC 27000-Reihe, da sie nach der Einleitung (Abschnitt 0 der Norm DIN EN ISO/IEC 27001) und einer Festlegung des Anwendungsbereichs (Abschnitt 1 der Norm), der Angabe normativer Verweisungen (Abschnitt 2 der Norm) und der Übernahme der Definitionen wichtiger Begriffe aus ISO/IEC 27000 (Abschnitt 3 der Norm) belastbare und auditierbare Mindestanforderungen an ein ISMS spezifiziert.

Die Abschnitte 4 bis 10 enthalten die Anforderungen an das Managementsystem an sich, welche für eine Zertifizierung unbedingt erfüllt werden müssen. Nach den Anforderungen zu *Kontext der Organisation* (Abschnitt 4) und *Führung* (Abschnitt 5) folgt der Rest der Norm – mit einem kleinen Zwischenstopp – weitgehend der PDCA-Methodik: Abschnitt 6 (*Planung*) befasst sich mit der Plan-Phase, Abschnitt 8 (*Betrieb*) kann der Do-Phase zugeordnet werden; Abschnitt 9 (*Bewertung der Leistung*) und Abschnitt 10 (*Verbesserung*) entsprechen den Phasen Check und Act des Deming-Kreislaufs. Unterbrochen ist dieser in der Gliederung des Standards nur durch Abschnitt 7 (*Unterstützung*).

Darüber hinaus liefert DIN EN ISO/IEC 27001 im normativen Anhang A eine umfassende Menge an grundsätzlich umzusetzenden Maßnahmen (*Controls*), die im nächsten Kapitel (Kapitel 5) beschrieben und erläutert werden.

Sämtliche Inhalte der Abschnitte 0 bis 10 der Norm DIN EN ISO/IEC 27001 sind in diesem Kapitel abgedruckt. Dabei entspricht der Aufbau des Kapitels exakt der Struktur von DIN EN ISO/IEC 27001. So sind beispielsweise die Anforderungen aus dem Abschnitt 4 der Norm (Kontext der Organisation) auch in diesem Buchkapitel im Teilkapitel 4.4 zu finden. Dieser Teil des Buches kann daher als kommentierte Version des Standards DIN EN ISO/IEC 27001 verwendet werden; die Norm ist zusätzlich im Wortlaut und im Originallayout in Anhang B abgedruckt.

Die nachfolgende Tabelle zeigt auf einen Blick die Struktur von DIN EN ISO/IEC 27001 und bildet diese auf die jeweiligen Kapitel in diesem Buch ab:

Abschnitt in DIN EN ISO/IEC 27001	**Thema**	**Seiten in DIN EN ISO/IEC 27001**	**Kapitel im Buch**	**ab Seite**
0	Einleitung	6	4.0	41
0.1	Allgemeines	6	4.0.1	41
0.2	Kompatibilität mit anderen Normen für Managementsysteme	6	4.0.2	42
1	Anwendungsbereich	7	4.1	43
2	Normative Verweisungen	7	4.2	43
3	Begriffe	7	4.3	44
4	Kontext der Organisation	7–8	4.4	44
4.1	Verstehen der Organisation und ihres Kontextes	7	4.4.1	45
4.2	Verstehen der Erfordernisse und Erwartungen interessierter Parteien	7	4.4.2	45
4.3	Festlegen des Anwendungsbereichs des Informationssicherheitsmanagementsystems	8	4.4.3	46
4.4	Informationssicherheits-managementsystem	8	4.4.4	48
5	Führung	8–9	4.5	48
5.1	Führung und Verpflichtung	8	4.5.1	48
5.2	Politik	9	4.5.2	50
5.3	Rollen, Verantwortlichkeiten und Befugnisse in der Organisation	9	4.5.3	51
6	Planung	9–12	4.6	52
6.1	Maßnahmen zum Umgang mit Risiken und Chancen	9–11	4.6.1	52
6.2	Informationssicherheitsziele und Planung zu deren Erreichung	11–12	4.6.2	58
6.3	Planung von Änderungen	12	4.6.3	59
7	Unterstützung	12–14	4.7	60
7.1	Ressourcen	12	4.7.1	60
7.2	Kompetenz	12	4.7.2	61
7.3	Bewusstsein	12	4.7.3	61
7.4	Kommunikation	13	4.7.4	62

Abschnitt in DIN EN ISO/IEC 27001	Thema	Seiten in DIN EN ISO/IEC 27001	Kapitel im Buch	ab Seite
7.5	Dokumentierte Information	13–14	4.7.5	63
8	Betrieb	14	4.8	65
8.1	Betriebliche Planung und Steuerung	14	4.8.1	65
8.2	Informationssicherheitsrisikobeurteilung	14	4.8.2	66
8.3	Informationssicherheitsrisikobehandlung	14	4.8.3	67
9	Bewertung der Leistung	14–16	4.9	67
9.1	Überwachung, Messung, Analyse und Bewertung	14–15	4.9.1	67
9.2	Internes Audit	15	4.9.2	70
9.3	Managementbewertung	16	4.9.3	73
10	Verbesserung	16–17	4.10	74
10.1	Fortlaufende Verbesserung	16	4.10.1	75
10.2	Nichtkonformität und Korrekturmaßnahmen	16–17	4.10.2	75
Anhang A *(normativ)*	Verweisung auf Informationssicherheitsmaßnahmen	18–26	5	81
	Literaturhinweise	27	Anhang B.1	229

4.0 Einleitung

DIN EN ISO/IEC 27001 beginnt mit einem einleitenden Kapitel 0, in dem zuerst eine allgemeine Einleitung (Kapitel 0.1 „Allgemeines") gegeben wird, bevor in Kapitel 0.2 („Kompatibilität mit anderen Normen für Managementsysteme") die Kompatibilität der DIN EN ISO/IEC 27001 insbesondere mit anderen Managementsystemen nach ISO/IEC festgestellt wird.

4.0.1 Allgemeines

Mindestanforderung aus DIN EN ISO/IEC 27001: Allgemeines
Dieses Dokument wurde erarbeitet, um Anforderungen für die Einrichtung, Umsetzung, Aufrechterhaltung und fortlaufende Verbesserung eines Informationssicherheitsmanagementsystems (ISMS) festzulegen. Die Einführung eines Informationssicher-

heitsmanagementsystems stellt für eine Organisation eine strategische Entscheidung dar. Erstellung und Umsetzung eines Informationssicherheitsmanagementsystems innerhalb einer Organisation richten sich nach deren Bedürfnissen und Zielen, den Sicherheitsanforderungen, den organisatorischen Abläufen sowie nach Größe und Struktur der Organisation. Es ist davon auszugehen, dass sich alle diese Einflussgrößen im Laufe der Zeit ändern.

Das Informationssicherheitsmanagementsystem wahrt die Vertraulichkeit, Integrität und Verfügbarkeit von Informationen unter Anwendung eines Risikomanagementprozesses und verleiht interessierten Parteien das Vertrauen in eine angemessene Steuerung von Risiken.

Es ist wichtig, dass das Informationssicherheitsmanagementsystem als Teil der Abläufe der Organisation in deren übergreifende Steuerungsstruktur integriert ist und die Informationssicherheit bereits bei der Konzeption von Prozessen, Informationssystemen und Maßnahmen berücksichtigt wird. Es wird erwartet, dass die Umsetzung eines Informationssicherheitsmanagementsystems entsprechend den Bedürfnissen der Organisation skaliert wird.

Dieses Dokument kann von internen und externen Parteien dazu eingesetzt werden, die Fähigkeit einer Organisation zur Einhaltung ihrer eigenen Informationssicherheitsanforderungen zu beurteilen.

Die Reihenfolge, in der die Anforderungen in diesem Dokument aufgeführt sind, spiegelt nicht deren Bedeutung wider noch die Abfolge, in der sie umzusetzen sind. Die Listeneinträge sind lediglich zu Referenzierungs- zwecken nummeriert.

ISO/IEC 27000 liefert einen Überblick und die Begrifflichkeiten von Informationssicherheitsmanagement- systemen und verweist auf die Informationssicherheitsmanagementsystem-Normenfamilie (einschließlich ISO/IEC 27003 [2], ISO/IEC 27004 [3] und ISO/IEC 27005 [4]), einschließlich deren Begriffe.

4.0.2 Kompatibilität mit anderen Normen für Managementsysteme

Mindestanforderung aus DIN EN ISO/IEC 27001:
0.2 Kompatibilität mit anderen Normen für Managementsysteme

Dieses Dokument wendet die übergeordnete Struktur, die identischen Unterabschnittsnummern, den einheitlichen Basistext, die gemeinsamen Benennungen und die Basisdefinitionen an, die in Anhang SL der ISO/IEC Directives, Teil 1, „Consolidated ISO Supplement“ festgelegt sind, und stellt so die Übereinstimmung mit anderen Managementsystemnormen her, die ebenfalls den Anhang SL anwenden.

Diese in Anhang SL festgelegte gemeinsame Herangehensweise nützt jenen Organisationen, die sich für den Betrieb eines einzigen Managementsystems entscheiden, das die Anforderungen von zwei oder mehr Normen für Managementsysteme erfüllt.

4.1 Anwendungsbereich

Nach den allgemein einleitenden Worten stellt Kapitel 1 von DIN EN ISO/IEC 27001 insbesondere fest, dass die Norm auf sämtliche Organisationen anwendbar sein soll, ungeachtet ihrer Art und Größe. Zudem wird festgehalten, dass die Kapitel 4 bis einschließlich 10 normativen Charakter haben, sodass eine Organisation, die Konformität mit der Norm für sich beansprucht, ohne Ausnahme sämtliche durch die Kapitel 4 bis einschließlich 10 gegebenen Anforderungen erfüllen muss.

Mindestanforderung aus DIN EN ISO/IEC 27001:
1 Anwendungsbereich
Dieses Dokument legt die Anforderungen an die Einrichtung, Umsetzung, Aufrechterhaltung und fortlaufende Verbesserung eines Informationssicherheitsmanagementsystems im Kontext der Organisation fest. Darüber hinaus beinhaltet dieses Dokument Anforderungen an die Beurteilung und Behandlung von Informationssicherheitsrisiken entsprechend den individuellen Bedürfnissen der Organisation. Die in diesem Dokument festgelegten Anforderungen sind allgemein gehalten und dazu vorgesehen, auf alle Organisationen, ungeachtet ihrer Art und Größe, anwendbar zu sein. Wenn eine Organisation Konformität mit diesem Dokument für sich beansprucht, darf sie keine der Anforderungen in Abschnitt 4 bis Abschnitt 10 ausschließen.

4.2 Normative Verweisungen

Der Standard ISO/IEC 27000 (nicht die ganze Standardfamilie) ist als Überblicksdokument konzipiert, innerhalb dessen u. a. auch Begrifflichkeiten festgelegt und definiert werden. Es ist zu beachten, dass ISO/IEC 27000 keinen normativen Charakter besitzt, im Rahmen der DIN EN ISO/IEC 27001 auf ISO/IEC 27000 jedoch normativ verwiesen wird.

Mindestanforderung aus DIN EN ISO/IEC 27001:
2 Normative Verweisungen
Die folgenden Dokumente werden im Text in solcher Weise in Bezug genommen, dass einige Teile davon oder ihr gesamter Inhalt Anforderungen des vorliegenden Dokuments darstellen. Bei datierten Verweisungen gilt nur die in Bezug genommene Ausgabe. Bei undatierten Verweisungen gilt die letzte Ausgabe des in Bezug genommenen Dokuments (einschließlich aller Änderungen).

ISO/IEC 27000, *Information technology – Security techniques – Information security management systems – Overview and vocabulary*

4.3 Begriffe

Eine besondere Bedeutung erlangt Abschnitt 2 aus ISO/IEC 27000, da die dort angeführten Begriffe und Definitionen Anwendung für DIN EN ISO/IEC 27001 finden.

> **Mindestanforderung aus DIN EN ISO/IEC 27001:**
> **3 Begriffe**
> Für die Anwendung dieses Dokuments gelten die Begriffe nach ISO/IEC 27000.
> ISO und IEC stellen terminologische Datenbanken für die Verwendung in der Normung unter den folgenden Adressen bereit:
> - ISO Online Browsing Platform: verfügbar unter *https://www.iso.org/obp*
> - IEC Electropedia: verfügbar unter *https://www.electropedia.org/*

ISO/IEC 27000 definiert insgesamt 77 Begriffe, die allesamt in ihrem deutschen Wortlaut in Anhang A ab Seite 179 abgedruckt sind. Der Standard verweist auch auf zwei terminologische Online-Datenbanken der ISO bzw. der IEC.

4.4 Kontext der Organisation

Ab Abschnitt 4 findet sich der eigentliche Inhalt der Norm: die Anforderungen an ein ISMS. Die Abschnitte 4 bis 10 werden daher manchmal auch als die Kernkapitel bzw. -abschnitte der DIN EN ISO/IEC 27001 bezeichnet. Diese Abschnitte sind dann auch die, auf deren Basis (neben dem normativen Anhang A) eine Auditierung und ggf. Zertifizierung erfolgt.

Im Folgenden werden daher, nach einer Erläuterung der Anforderungen, auch immer mögliche Auditnachweise für deren Erfüllung aufgeführt (wie sie im Rahmen der Dokumentenprüfung im Audit erfasst werden könnten). Es handelt sich hier natürlich nicht um eine vollständige Aufzählung. Genannt werden beispielhafte Dokumente und Aufzeichnungen, wie sie in vielen Organisationen und ISMS-Umsetzungen so oder so ähnlich zu finden sind.

Inhaltlich beginnt die Norm in Abschnitt 4 mit Anforderungen zur Bestimmung und Dokumentation des Kontextes der Organisation. Die Zielsetzung von DIN EN ISO/IEC 27001, für alle Organisationen unabhängig von ihrer Größe und Branche zu gelten, darf nicht darüber hinwegtäuschen, dass individuelle, organisationsspezifische Überlegungen zur Umsetzung der Norm angestellt werden müssen. Abschnitt 4 besteht aus vier Unterabschnitten:

- Verstehen der Organisation und ihres Kontextes (Kapitel 4.4.1),
- Verstehen der Erfordernisse und Erwartungen interessierter Parteien (Kapitel 4.4.2),
- Festlegen des Anwendungsbereichs des Informationssicherheitsmanagementsystems (Kapitel 4.4.3),
- Informationssicherheitsmanagementsystem (Kapitel 4.4.4).

Implizit ergibt sich daraus der klassische Ablauf, dass zunächst die Anforderungen ermittelt und bewertet werden müssen, bevor die genaue Zielsetzung für das ISMS festgelegt wird und dieses umgesetzt werden kann.

4.4.1 Verstehen der Organisation und ihres Kontextes

Zum Verstehen der Organisation und ihres Kontextes wird zwischen externen und internen Themen differenziert:

> **Mindestanforderung aus DIN EN ISO/IEC 27001:**
> **4.1 Verstehen der Organisation und ihres Kontextes**
> Die Organisation muss externe und interne Themen bestimmen, die für ihren Zweck relevant sind und sich auf ihre Fähigkeit auswirken, die beabsichtigten Ergebnisse ihres Informationssicherheitsmanagementsystems zu erreichen.
>
> ANMERKUNG Die Bestimmung dieser Themen bezieht sich auf die Festlegung des externen und internen Kontexts des Unternehmens, wie in ISO 31000:2018 [5], 5.4.1, beschrieben.

ISO 31000, die Norm zum Risikomanagement, führt dabei näher aus, welche Themen berücksichtigt werden können, ohne einen Anspruch auf Vollständigkeit zu erheben. Als externe Faktoren sind beispielsweise politische und juristische, kulturelle und soziale, technische und ökonomische sowie regionale und internationale Aspekte ebenso zu berücksichtigen wie Trends, welche die Gesamtausrichtung der Organisation beeinflussen, und Beziehungen zu externen Interessengruppen wie Partnerorganisationen und Kunden.

Analog dazu sind als interne Faktoren beispielsweise die allgemeine Unternehmenskultur, bereits etablierte Strukturen und Prozesse sowie die strategische Gesamtausrichtung zu berücksichtigen. Wie für die gesamte IT einer Organisation gilt somit auch für das ISMS, dass eine Ausrichtung an den Gesamtzielen der Organisation zu erfolgen hat. Dabei muss auf eine Integration mit bereits vorhandenen Organisations- und Führungsstrukturen sowie bereits definierten Rollen, Zuständigkeiten und Entscheidungsabläufen geachtet werden. Neu eingeführte Prozesse und Richtlinien müssen an vorhandene geeignet angepasst werden und im Sinne verfügbarer Ressourcen (wie Geld, Zeit, Personen und Wissen) auch real umsetzbar sein.

Inhaltlich findet sich das meiste, was hierzu in einem Audit erwartet wird, schon in einer bereits bestehenden Unternehmenspräsentation oder Ähnlichem. Da in diesen Organisationsporträts- bzw. -präsentationen manchmal Aspekte fehlen, die von der DIN EN ISO/IEC 27001 erwartet werden, lohnt es sich ggf. trotzdem, hierzu ein kurzes Dokument zu erstellen, das als zentraler Auditnachweis dienen kann. Dieses kann auf die Unternehmenspräsentation sowie die Ergebnisse der Umsetzung der Maßnahme 5.1.31 (juristische, gesetzliche, regulatorische und vertragliche Anforderungen an die Organisation) verweisen sowie ggf. noch fehlende Aspekte ergänzen.

4.4.2 Verstehen der Erfordernisse und Erwartungen interessierter Parteien

Neben den externen und internen Themen sind auch die relevanten Personengruppen und deren Anforderungen zu ermitteln:

Mindestanforderung aus DIN EN ISO/IEC 27001:
4.2 Verstehen der Erfordernisse und Erwartungen interessierter Parteien

Die Organisation muss Folgendes bestimmen:

a) die interessierten Parteien, die für ihr Informationssicherheitsmanagementsystem relevant sind;
b) die relevanten Anforderungen dieser interessierten Parteien;
c) welche dieser Anforderungen durch das Informationssicherheitsmanagementsystem behandelt werden.

ANMERKUNG Die Anforderungen interessierter Parteien können gesetzliche und regulatorische Vorgaben sowie vertragliche Verpflichtungen beinhalten.

Auch in diesem Bereich sind folglich sowohl von außen vorgegebene Aspekte als auch organisationsinterne zu betrachten. Während auf ausgewählte branchenspezifische Regelungen in anderen Normen der Normenreihe ISO/IEC 27000 eingegangen wird, müssen insbesondere die gesetzlichen Anforderungen ermittelt und geeignet berücksichtigt werden. In Deutschland sind diesbezüglich beispielsweise das IT-Sicherheitsgesetz und die Datenschutzgesetzgebung zu berücksichtigen. Insbesondere für multinationale Organisationen oder solche mit Kunden und Anwendern in verschiedenen Ländern kann sich die Komplexität drastisch erhöhen – zum Teil müssen aufgrund länderspezifischer Vorgaben auch zueinander konfliktäre Anforderungen geeignet abgebildet werden. Auch Partnerorganisationen, Zulieferer und Kunden haben im Kontext organisationsübergreifender, häufig global geprägter Geschäftsprozesse Anforderungen, die in den Anwendungsbereich des ISMS einfließen müssen.

Da sich das ISMS auf alle Organisationsangehörigen auswirkt, die in seinem Anwendungsbereich tätig sind, müssen auch die sie repräsentierenden Interessengruppen identifiziert und in die Anforderungsermittlung einbezogen werden. Hierzu sind beispielsweise die Organisationsleitung und das mittlere Management, Geschäftsprozessverantwortliche, interne IT-Dienstleister und die Beschäftigten der Fachabteilungen zu involvieren. Insbesondere bei Gruppen, die sich in ihrer täglichen Arbeit sonst nur wenig mit Informationssicherheit explizit auseinandersetzen, ist der Aufwand für die Bestimmung der Anforderungen mit Bezug zur Informationssicherheit nicht zu unterschätzen, aber eine ausschlaggebende Investition für die spätere Akzeptanz des gesamten ISMS.

Die dokumentierten Ergebnisse der Umsetzung dieser Maßnahme als Auditnachweis finden sich häufig Form einer Stakeholder-Analyse.

4.4.3 Festlegen des Anwendungsbereichs des Informationssicherheitsmanagementsystems

Auf Basis der ermittelten Themen und Anforderungen sowie des Zusammenspiels mit anderen Organisationen muss anschließend der ISMS-Anwendungsbereich festgelegt werden:

Mindestanforderung aus DIN EN ISO/IEC 27001:
4.3 Festlegen des Anwendungsbereichs des Informationssicherheitsmanagementsystems

Die Organisation muss die Grenzen und die Anwendbarkeit des Informationssicherheitsmanagementsystems bestimmen, um dessen Anwendungsbereich festzulegen.

Bei der Festlegung des Anwendungsbereichs muss die Organisation Folgendes berücksichtigen:

a) die unter 4.1 genannten externen und internen Themen;
b) die unter 4.2 genannten Anforderungen;
c) Schnittstellen und Abhängigkeiten zwischen Tätigkeiten, die von der Organisation selbst durchgeführt werden, und Tätigkeiten, die von anderen Organisationen durchgeführt werden.

Der Anwendungsbereich muss als dokumentierte Information verfügbar sein.

Da sich eine mögliche Zertifizierung des ISMS nach DIN EN ISO/IEC 27001 auf den definierten Anwendungsbereich beschränkt, kommt seiner schriftlichen Fixierung eine zentrale Bedeutung zu. Der Anwendungsbereich kann die gesamte Organisation, bestimmte Teile davon – beispielsweise einzelne Standorte – oder auch nur einzelne Abteilungen umfassen. Er muss durch die Festlegung von Grenzen in sich abgeschlossen sein, das heißt, die Einschränkung des Anwendungsbereichs darf nicht die Wirksamkeit des ISMS insgesamt infrage stellen. Somit ist auf eine klare Trennung zwischen dem, was Bestandteil des ISMS ist, und dem, was nicht dazugehört, zu achten. Aus den Grenzen ergeben sich nachfolgend auch klare Verantwortlichkeiten und die damit verbundenen Maßnahmen.

Bei einem bereits bestehenden ISMS können sich im Laufe der Zeit selbstverständlich Änderungen am Anwendungsbereich ergeben. Sie sind zwangsweise dann erforderlich, wenn sich die identifizierten externen und internen Themen, die Anforderungen der Interessengruppen oder die Schnittstellen zu anderen Organisationen derart verändern, dass sich daraus ein anderer Anwendungsbereich ergibt. Möglicherweise hat sich die Organisationsleitung aber anfangs auch entschlossen, ein ISMS zunächst nur für einen Teilbereich einzuführen und sukzessive zu erweitern. Auf Basis der bislang gesammelten Erfahrungswerte könnte dann eine Ausdehnung des Anwendungsbereichs, beispielsweise auf einen weiteren Standort oder die gesamte Organisation, erfolgen. Ebenso kann es vorkommen, dass der bisherige Anwendungsbereich zu groß gewählt wurde, um dauerhaft aufrechterhalten werden zu können, sodass eine Refokussierung vorzunehmen ist.

Der dokumentierte Anwendungsbereich wird in aller Regel in Form eines expliziten *Scope Statement* als Auditnachweis erwartet. Dieses wird gerade in Zertifzierungsaudits immer gründlich begutachtet, schon alleine weil der Inhalt, der dort definierte Anwendungsbereich, am Ende auch auf das Zertifikat gedruckt wird.

4.4.4 Informationssicherheitsmanagementsystem

Auf Basis des abgesteckten Anwendungsbereichs ist schließlich das ISMS zu realisieren:

> **Mindestanforderung aus DIN EN ISO/IEC 27001:**
> **4.4 Informationssicherheitsmanagementsystem**
> Die Organisation muss entsprechend den Anforderungen dieses Dokuments ein Informationssicherheitsmanagementsystem aufbauen, verwirklichen, aufrechterhalten und fortlaufend verbessern, einschließlich der benötigten Prozesse und ihrer Wechselwirkungen.

DIN EN ISO/IEC 27001 gibt damit an dieser Stelle nicht nur unmissverständlich vor, dass ihre Umsetzung unter Berücksichtigung aller im Normentext genannten Anforderungen zu erfolgen hat, sondern dass dies auch auf Basis der PDCA-Methodik (siehe Kapitel 3.3) durchzuführen und alle notwendigen Prozesse mit ihren Wechselwirkungen zu berücksichtigen sind. Ein ISMS bzw. die Umsetzung von DIN EN ISO/IEC 27001 ist damit kein Projekt, das beispielsweise mit seiner erfolgreichen Zertifizierung abgeschlossen wird, sondern Gegenstand eines kontinuierlichen Verbesserungsprozesses, auf dessen einzelne Phasen in den Abschnitten 6, 8, 9 und 10 in der Norm noch genauer eingegangen wird.

Hier ein einzelnes Dokument als Auditnachweis zu nennen ist schwer, umfasst die Umsetzung dieser Anforderung doch auch die aller folgenden Anforderungen der DIN EN ISO/IEC 27001. Formal wird hier bei „jüngeren" ISMS gerne die Dokumentation des, hoffentlich erfolgreichen, ISMS-Einführungsprojekts genommen, sonst die Umsetzungsdokumentation der fortlaufenden ISMS-Planung.

4.5 Führung

Ohne das Engagement und die volle Rückendeckung durch das Top-Level-Management einer Organisation wäre ein komplexes Vorhaben wie der Aufbau und Betrieb eines ISMS von Anfang an zum Scheitern verurteilt. In Abschnitt 5 der Norm wird der Verantwortungsbereich der Organisationsleitung deshalb explizit definiert. Er besteht aus den drei Unterabschnitten

- Führung und Verpflichtung (Kapitel 4.5.1),
- Politik (Kapitel 4.5.2) und
- Rollen, Verantwortlichkeiten und Befugnisse in der Organisation (Kapitel 4.5.3).

Insbesondere aus den ersten beiden geht wiederum eine starke Orientierung an der PDCA-Methodik hervor.

4.5.1 Führung und Verpflichtung

Die Verpflichtungen des Managements umfassen acht Aspekte:

Mindestanforderung aus DIN EN ISO/IEC 27001:
5.1 Führung und Verpflichtung

Die oberste Leitung muss in Bezug auf das Informationssicherheitsmanagementsystem Führung und Verpflichtung zeigen, indem sie

a) sicherstellt, dass die Informationssicherheitspolitik und die Informationssicherheitsziele festgelegt und mit der strategischen Ausrichtung der Organisation vereinbar sind;
b) sicherstellt, dass die Anforderungen des Informationssicherheitsmanagementsystems in die Prozesse der Organisation integriert werden;
c) sicherstellt, dass die für das Informationssicherheitsmanagementsystem erforderlichen Ressourcen zur Verfügung stehen;
d) die Bedeutung eines wirksamen Informationssicherheitsmanagements sowie die Wichtigkeit der Erfüllung der Anforderungen des Informationssicherheitsmanagementsystems vermittelt;
e) sicherstellt, dass das Informationssicherheitsmanagementsystem sein beabsichtigtes Ergebnis bzw. seine beabsichtigten Ergebnisse erzielt;
f) Personen anleitet und unterstützt, damit diese zur Wirksamkeit des Informationssicherheitsmanagementsystems beitragen können;
g) fortlaufende Verbesserung fördert; und
h) andere relevante Rollen unterstützt, um deren Führung in ihren jeweiligen Verantwortungsbereichen deutlich zu machen.

ANMERKUNG Wenn in diesem Dokument das Wort „Geschäft" (en: business) verwendet wird, kann dieses im weiteren Sinne verstanden werden und bezieht sich auf Tätigkeiten, die für die Existenz der Organisation entscheidend sind.

Der Organisationsleitung wird zum einen die Verantwortung für viele der Aktivitäten zugeteilt, die im übrigen Normentext mit der Formulierung „Die Organisation muss" eingeleitet werden. Durch die Verpflichtung, dass die oberste Leitung die erfolgreiche Umsetzung dieser Aktivitäten *sicherstellt*, wird verdeutlicht, dass der Aufbau und Betrieb eines ISMS kein Vorhaben ist, das an eine einzelne Fachabteilung oder eine Person wie den IT-Leiter delegiert werden kann.

Neben der Verantwortung erhält die Organisationsleitung jedoch auch eine tragende Rolle im Bereich der Kommunikation: Sie muss die Relevanz von Informationssicherheitsmanagement aktiv kommunizieren und alle beteiligten Personen in die Lage versetzen, zur Wirksamkeit des ISMS beizutragen. Darüber hinaus muss sie auf die kontinuierliche Verbesserung hinwirken und darf sich somit nach der Initiierung von Aktivitäten zur Planung und zum Aufbau eines ISMS nicht zurückziehen, um alle weiteren Aufgaben beispielsweise dem technischen Personal zu überlassen.

Nicht zu unterschätzen ist, dass ein ISMS Ressourcen wie Geld, Personal und Zeit erfordert und auch dauerhaft bindet. Die Verantwortung, die für das ISMS erforderlichen Ressourcen sicherzustellen, wird in Abschnitt 7.1 der Norm (siehe Kapitel 4.7.1) aufgegriffen.

Der Abschnitt definiert auch den Begriff „Geschäft", und damit auch „geschäftlich", in einem sehr weit gefassten Sinn, als *Alles, was entscheidend für die Existenz der Organisation sein kann.*

Die Anforderungen an die oberste Leitung sind recht vielfältig, entsprechend können viele Dokumente potenziell als Auditnachweis dienen. Die meisten davon spielen auch für in der Norm später folgende Anforderungen eine Rolle, z. B. die dokumentierte Informationssicherheitspolitik (bzw. allgemeine ISMS-Richtlinie). Einzig hier geht es aber um das allgemeine *Commitment* und die wirksame Kommunikation der obersten Leitung, weswegen gerne Aufzeichnungen zur Kommunikation des Top-Managements in Sachen ISMS nachgefragt werden – z. B. Protokolle und Präsentationen von Veranstaltungen, in denen die oberste Leitung sich bemüht hat, der Belegschaft die Wichtigkeit des ISMS für die Organisation zu vermitteln.

4.5.2 Politik

Analog zum Rahmen, den der Anwendungsbereich (vgl. Kapitel 4.4.3) für das ISMS als Ganzes vorgibt, regelt die von der obersten Leitung der Organisation festgelegte Informationssicherheitspolitik die inhaltliche Ausrichtung des Managementsystems. Ausgedrückt wird die Informationssicherheitspolitik als eine übergeordnete ISMS-Richtlinie, an welcher sich weitere ISMS-Bestandteile wie themenspezifische Richtlinien orientieren (vgl. Kapitel 5.1.1).

Mindestanforderung aus DIN EN ISO/IEC 27001:
5.2 Politik

Die oberste Leitung muss eine Informationssicherheitspolitik festlegen, die:

a) für den Zweck der Organisation angemessen ist;
b) Informationssicherheitsziele (siehe 6.2) beinhaltet oder den Rahmen zum Festlegen von Informationssicherheitszielen bietet;
c) eine Verpflichtung zur Erfüllung zutreffender Anforderungen mit Bezug zur Informationssicherheit enthält;
d) eine Verpflichtung zur fortlaufenden Verbesserung des Informationssicherheitsmanagementsystems enthält.

Die Informationssicherheitspolitik muss:

e) als dokumentierte Information verfügbar sein;
f) innerhalb der Organisation bekanntgemacht werden;
g) soweit angemessen für interessierte Parteien verfügbar sein.

Die Angemessenheit für den individuellen Zweck der Organisation ist dabei ein maßgebliches Instrumentarium. Ähnlich wie für einzelne technische Systeme eine Schutzbedarfsanalyse durchzuführen ist, muss für die Informationssicherheitspolitik der Organisation vermieden werden, zu kurz zu greifen oder über das Ziel weit hinauszuschießen. Gesteckte Informationssicherheitsziele müssen, wie in Kapitel 4.6.2 ausgeführt wird, machbar und messbar sein – ein hehres Ziel, dessen Erreichen nicht überprüft werden kann, würde im besten Fall noch eine leicht zu durchschauende hohle Phrase darstellen, oft aber zu Verunsicherung und Interpretationsspielraum führen, der zur vermeintlich stichhaltigen Begründung unpopulärer Maßnahmen herangezogen wird und sich somit kontraproduktiv auswirkt.

Demgegenüber mündet die Informationssicherheitspolitik in ein Dokument, das einen für alle im Anwendungsbereich des ISMS tätigen Personen verbindlichen Charakter hat. Damit geht einher, dass sein Inhalt allgemein verständlich formuliert und an alle direkt oder indirekt Betroffenen aktiv kommuniziert werden muss, wofür wiederum, wie in Kapitel 4.5.1 dargelegt, die Organisationsleitung verantwortlich ist.

Die dokumentierte Informationssicherheitspolitik bzw. allgemeine ISMS-Richtlinie ist dann naheliegenderweise auch der zentrale Auditnachweis, nach dem hier immer gefragt werden wird.

4.5.3 Rollen, Verantwortlichkeiten und Befugnisse in der Organisation

Zu den originären, in DIN EN ISO/IEC 27001 explizit genannten Aufgaben der Organisationsleitung gehört schließlich auch, das Festlegen von Rollen, Verantwortlichkeiten und Befugnissen sicherzustellen:

Mindestanforderung aus DIN EN ISO/IEC 27001:
5.3 Rollen, Verantwortlichkeiten und Befugnisse in der Organisation

Die oberste Leitung muss sicherstellen, dass die Verantwortlichkeiten und Befugnisse für Rollen mit Bezug zur Informationssicherheit zugewiesen und innerhalb der Organisation bekanntgemacht werden.

Die oberste Leitung muss die Verantwortlichkeit und Befugnis zuweisen für:

a) das Sicherstellen, dass das Informationssicherheitsmanagementsystem die Anforderungen dieses Dokuments erfüllt;

b) das Berichten an die oberste Leitung über die Leistung des Informationssicherheitsmanagementsystems.

ANMERKUNG Die oberste Leitung kann auch Verantwortlichkeiten und Befugnisse für das Berichten über die Leistung des Informationssicherheitsmanagementsystems innerhalb der Organisation zuweisen.

Mit dieser Regelung wird neben der unmittelbaren Auswirkung, dass Zuständigkeiten und damit einhergehende Befugnisse festgelegt werden, auch die Grundlage dafür geschaffen, organisationsinterne ISMS-Audits durchzuführen, die ein wesentlicher Baustein für die kontinuierliche Verbesserung des ISMS sind. Zudem wird das ISMS als Berichtsthema für die oberste Leitung definiert und gleichermaßen mit Verantwortung und Befugnis belegt: Die Leitung kann sich nicht nur auf eigenen Wunsch von definierten Verantwortlichen über die Leistung des ISMS informieren lassen, sondern kann sich auch der Kenntnisnahme und Eskalation möglicherweise berichteter Probleme nicht entziehen oder diese gar abstreiten. Mit dem durch die Anmerkung – für europäische Unternehmenskulturen naheliegend – zugelassenen, nicht strikt hierarchischen Berichtswesen können Kommunikationswege abgekürzt werden, die für eine effiziente kontinuierliche Verbesserung des ISMS benötigt werden.

Wie bei anderen Kernelementen des ISMS, beispielsweise der Informationssicherheitspolitik (siehe Kapitel 4.5.2), müssen die Rollen zusammen mit ihrer personellen Umsetzung und den damit verbundenen Verantwortlichkeiten und Befugnissen kommuniziert werden, was wiederum Aufgabe der Leitung ist (vgl. Kapitel 4.5.1, Punkt *h)*).

Idealerweise kann man in einem Audit ein von der obersten Leitung verabschiedetes grundlegendes ISMS-Rollenkonzept als Nachweis vorlegen. Gerne nachgefragt ist auch eine Ernennungsurkunde oder Ähnliches für den ISB (vgl. Kapitel 3.1.4).

4.6 Planung

Nachdem im Rahmen der Informationssicherheitspolitik übergeordnete Richtlinien für das Management der Informationssicherheit festgelegt und wesentliche Rollen und Verantwortlichkeiten definiert und zugewiesen wurden, können konkretere Schritte der Planung im Zusammenhang mit dem ISMS eingeleitet werden. Abschnitt 6 der Norm adressiert diesen Aspekt – sozusagen die erste Plan-Phase im Sinne des PDCA-Kreislaufs bei der Einführung eines ISMS – und betrachtet hierzu drei Themen:

- Maßnahmen zum Umgang mit Risiken und Chancen (Kapitel 4.6.1)
- Informationssicherheitsziele und Planung zu deren Erreichung (Kapitel 4.6.2)
- Planung von Änderungen (Kapitel 4.6.3)

4.6.1 Maßnahmen zum Umgang mit Risiken und Chancen

Risikomanagement ist ein wesentlicher Bestandteil jedes Managementsystems. Alle zertifizierbaren ISO-Normen für Managementsysteme enthalten entsprechend Anforderungen bezüglich des Umgangs der mit Einführung und Aufrechterhaltung eines Managementsystems verbundenen Risiken und Chancen. Diese Anforderungen finden sich in DIN EN ISO/IEC 27001 in Abschnitt 6.1.1.

Bei einem ISMS ist dies allerdings nur ein Teil des Risikomanagements. In vielerlei Hinsicht mindestens genauso entscheidend und im laufenden Betrieb eine zentralere Rolle spielend, ist das Management der Informationssicherheitsrisiken. Die Anforderungen hieran finden sich in den Abschnitten 6.1.2 und 6.1.3 der Norm.

4.6.1.1 Bestimmung allgemeiner Risiken und Chancen

Die Erfordernisse und Erwartungen interessierter Parteien sowie der Kontext der Organisation, wie zuvor identifiziert, müssen beim Aufbau des ISMS berücksichtigt werden. Dieser Teil der Planung des ISMS setzt sich allgemein mit Risiken und Chancen auseinander, die mit der Etablierung des Managementsystems verbunden sein können. Wichtig zu verstehen: Es erfolgt an dieser Stelle noch keine Betrachtung von Risiken speziell im Zusammenhang mit der Informationssicherheit.

Mindestanforderung aus DIN EN ISO/IEC 27001:
6.1.1 Allgemeines
Bei Planungen für das Informationssicherheitsmanagementsystem muss die Organisation die in 4.1 genannten Themen und die in 4.2 genannten Anforderungen berücksichtigen sowie die Risiken und Chancen bestimmen, die behandelt werden müssen, um

a) sicherzustellen, dass das Informationssicherheitsmanagementsystem seine beabsichtigten Ergebnisse erzielen kann;
b) unerwünschte Auswirkungen zu verhindern oder zu verringern; und
c) fortlaufende Verbesserung zu erreichen.

Die Organisation muss planen:

d) Maßnahmen zum Umgang mit diesen Risiken und Chancen; und
e) wie
   1) die Maßnahmen in die Informationssicherheitsmanagementsystemprozesse der Organisation integriert und dort umgesetzt werden; und
   2) die Wirksamkeit dieser Maßnahmen bewertet wird.

■

Typische Beispiele für Chancen, die mit einem ISMS verbunden sein können, sind:

- Professioneller und systematischer Umgang mit allen Aspekten der Informationssicherheit durch Anwendung der Prozesse und Methoden, die das Managementsystem bereitstellt.
- Möglichkeit der Nachweisführung über ein professionelles Informationssicherheitsmanagement über Audits und Zertifizierungen – etwa auch gegenüber interessierten Parteien.
- Erhöhung des erreichbaren Niveaus der Informationssicherheit durch funktionierende Prozesse zur Risikobeurteilung und -behandlung (siehe Abschnitte 6.1.2 und 6.1.3 der Norm, s. Kapitel 4.6.1.2 und 4.6.1.3), Ableitung zielgerichteter Maßnahmen zur effektiven Risikobehandlung und Anwendung von Referenzmaßnahmen.
- Erhöhung der Effizienz bzw. Wirtschaftlichkeit im Umgang mit Informationssicherheit, indem durch Kontrollmechanismen wie die Auswertung von Leistungskennzahlen mögliche Ineffizienzen aufgedeckt werden können.

Trotz aller potenzieller Chancen, die die Einführung eines ISMS einer Organisation eröffnen kann, sollte man nicht ausblenden, dass Managementsysteme und ihre Etablierung auch Risiken mit sich bringen können. Häufig stehen diese im direkten oder indirekten Zusammenhang mit den organisatorischen oder kulturellen Veränderungen, die ein Managementsystem erfordert. Hier einige Beispiele:

- Verlangsamung von Abläufen durch übermäßige Bürokratie und damit verbundene Aufwände.
- Verringerung der Motivation und Leistungsbereitschaft von Personen, die Rollen im Rahmen des ISMS übernehmen, wenn durch die Einführung des ISMS überwiegend nachteilige Auswirkungen auf das persönliche Arbeitsumfeld wahrgenommen werden.

Es ist also tatsächlich denkbar, dass die Einführung eines ISMS in der Wahrnehmung oder sogar tatsächlich nachweisbar zu negativen Auswirkungen für die Organisation führt, die die positiven Aspekte schnell in den Schatten stellen können. Gerade aus diesem Grund fordert die Norm die Auseinandersetzung damit. Letzten Endes ist entscheidend, dass aus diesen und weiteren zu identifizierenden Chancen und Risiken Maßnahmen abgeleitet werden, die das Ziel verfolgen, Chancen nutzbar zu machen und Risiken zu reduzieren – wie etwa die folgenden:

- Einführung des ISMS durch ein entsprechendes ISMS-Projekt unter Anwendung erprobter Methoden des Projektmanagements.

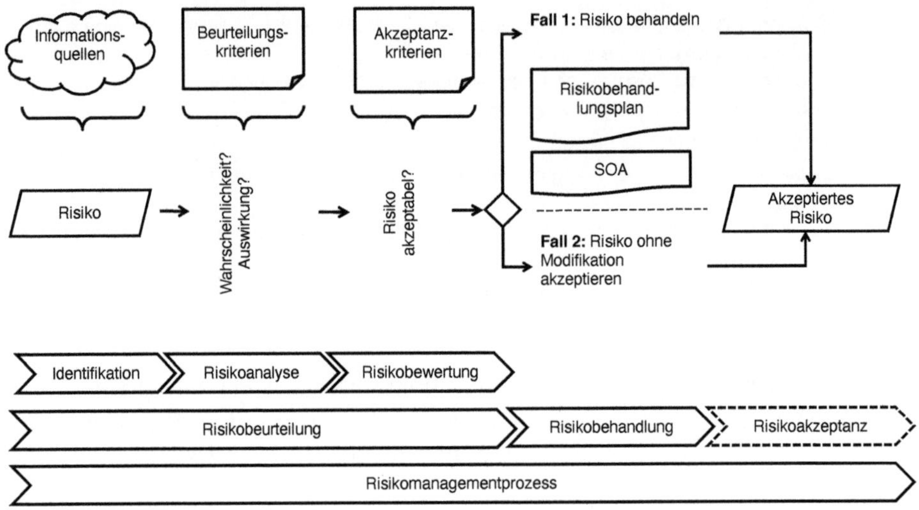

Abbildung 4.1 Phasen des Risikomanagements

- Begleitung der Einführung des ISMS durch ein organisatorisches Veränderungsmanagement; dies wiederum kann Einzelmaßnahmen wie die Formierung eines führungsstarken und handlungsfähigen Kernteams, effektive Kommunikationsplanung und Kommunikation oder die Sichtbarmachung von schnellen Erfolgen, sogenannten Quick-Wins, umfassen.
- Bereitstellung ausreichender (und ggf. zusätzlicher) finanzieller, personeller und technischer Ressourcen zur Unterstützung der Einführung und des späteren Betriebs des ISMS.

Als Auditnachweis kann hier bei erst kürzlich etablierten ISMS eine im Rahmen des Projektmanagements erfolgte Abschätzung der Risiken dienen. Diese Risiken und Chancen finden sich manchmal auch in einem organisationsweiten Risikomanagement, ansonsten genügt hier oft auch eine geordnete, aber nicht notwendigerweise streng formale Liste der Chancen und Risiken mit einer Auflistung der Vorkehrungen zur Minderung der Risiken.

4.6.1.2 Informationssicherheitsrisikobeurteilung

Neben dem Management von Risiken und Chancen des Managementsystems allgemein ist ein ISMS vor allem mit dem Management von Informationssicherheitsrisiken befasst. In gewisser Weise ist dieser Prozess für die Informationssicherheitsrisikobeurteilung und -behandlung der zentrale Prozess eines laufenden ISMS. Anforderungen hierzu finden sich in der Norm an zwei Stellen:

- Als Teil der Planung des ISMS (Abschnitte 6.1.2 und 6.1.3, hier behandelt): An dieser Stelle legt die DIN EN ISO/IEC 27001 fest, dass ein Prozess für Informationssicherheitsrisikomanagement zu definieren und wie dieser zu gestalten ist.
- Als Teil des Betriebs des ISMS (Abschnitte 8.2 und 8.3, in den Kapiteln 4.8.2 und 4.8.3 behandelt): Die Anforderungen der Norm an dieser Stelle beschränken sich weitge-

hend darauf, dass der festgelegte Prozess zum Informationssicherheitsrisikomanagement auch wirksam umgesetzt wird.

Beide Abschnitte behandeln aber den gleichen Prozess, dessen Struktur in Normabschnitt 6.1.2 und 6.1.3 vorgegeben wird. Diese Struktur lehnt sich an ISO/IEC 27005 und ISO 31000 an und unterteilt den Prozess in verschiedene Aktivitäten bzw. Phasen. Grundsätzlich gibt es die Phase der Beurteilung und die Phase der Behandlung von Informationssicherheitsrisiken, wobei die erstere weiter in Unteraktivitäten gegliedert ist. Abbildung 4.1 gibt einen Überblick über die Phasen und zentralen Elemente des Risikomanagementprozesses.

Mindestanforderung aus DIN EN ISO/IEC 27001:
6.1.2 Informationssicherheitsrisikobeurteilung

Die Organisation muss einen Prozess zur Informationssicherheitsrisikobeurteilung festlegen und anwenden, der:

a) Informationssicherheitsrisikokriterien festlegt und aufrechterhält, die Folgendes beinhalten:
   1) die Kriterien zur Risikoakzeptanz; und
   2) Kriterien für die Durchführung von Informationssicherheitsrisikobeurteilungen;
b) sicherstellt, dass wiederholte Informationssicherheitsrisikobeurteilungen zu konsistenten, gültigen und vergleichbaren Ergebnissen führen;
c) die Informationssicherheitsrisiken identifiziert:
   1) Anwendung des Prozesses zur Informationssicherheitsrisikobeurteilung, um Risiken im Zusammenhang mit dem Verlust der Vertraulichkeit, Integrität und Verfügbarkeit von Informationen innerhalb des Anwendungsbereichs des ISMS zu ermitteln; und
   2) Identifizierung der Risikoeigentümer;
d) die Informationssicherheitsrisiken analysiert:
   1) Abschätzung der möglichen Folgen bei Eintritt der nach 6.1.2 c) 1) identifizierten Risiken;
   2) Abschätzung der realistischen Eintrittswahrscheinlichkeiten der nach 6.1.2 c) 1) identifizierten Risiken; und
   3) Bestimmung der Risikoniveaus;
e) die Informationssicherheitsrisiken bewertet:
   1) Vergleich der Ergebnisse der Risikoanalyse mit den nach 6.1.2 a) festgelegten Risikokriterien; und
   2) Priorisierung der analysierten Risiken für die Risikobehandlung.

Die Organisation muss dokumentierte Information über den Informationssicherheitsrisikobeurteilungsprozess aufbewahren.

Die Anforderungen a) und b) zielen darauf ab, den Kontext der Risikobeurteilung festzulegen. Die Kriterien zur Risikoakzeptanz legen die Bedingungen fest, unter denen identifizierte Risiken grundsätzlich bewusst akzeptiert werden dürfen. Zum Beispiel: *Die Kosten/Aufwände der wirtschaftlichsten Risikobehandlungsmöglichkeit über einen definierten Zeitraum sind größer als der zu erwartende Schaden durch das Risiko in diesem Zeitraum (Schadenshöhe unter Berücksichtigung der Eintrittswahrscheinlichkeit).*

Die Kriterien zur Risikobeurteilung definieren üblicherweise, welche Faktoren in der Risikoanalyse zugrunde gelegt werden und wie daraus das Risikoniveau (zum Beispiel *unbedeutendes Risiko, minderes Risiko, signifikantes Risiko, erhebliches Risiko, kritisches Risiko*) abgeleitet wird.

Die Anforderungen c), d) und e) spiegeln die typischen Aktivitäten in der Phase der Risikobeurteilung wider:

- Risiko identifizieren: Ein Risiko wird erkannt und beschrieben. Hierzu werden häufig Schwachstellen und Bedrohungen im Kontext von Assets miteinander in Beziehung gesetzt (asset-basierter Ansatz). Aber auch andere Ansätze sind denkbar, wie etwa ein ereignisbasierter, im Rahmen dessen konkrete Ereignissen und deren negative Folgen auf die Geschäftstätigkeit der Organisation betrachtet werden.
- Risiko analysieren: Zum identifizierten Risiko werden eine realistische Eintrittswahrscheinlichkeit und mögliche Auswirkungen bei Risikoeintritt bestimmt. Dies kann in quantitativer (z. B. Prozent- und Euro-Angaben) oder qualitativer Weise (z. B. *gering, mittel, hoch*) erfolgen. Das zu bestimmende Risikoniveau leitet sich aus diesen beiden Faktoren ab. Bei einer quantitativen Analyse wird die Eintrittswahrscheinlichkeit einfach mit dem Auswirkungswert multipliziert – bei einer qualitativen Analyse verwendet man zur Bestimmung des Risikoniveaus meist eine Risikomatrix, wie sie exemplarisch in Abbildung 4.2 zu sehen ist. Auch bei einer qualitativen Analyse ist allerdings wichtig, dass die Kriterien für die Bestimmung der Auswirkung und Eintrittswahrscheinlichkeit konkret genug sind, um konsistente und wiederholbare Analyseergebnisse zu gewährleisten. Der wesentliche Nachteil der qualitativen Risikoanalyse ist, dass jedes Risiko einem von nur wenigen Risikoniveaus zugeordnet wird; alle Risiken mit demselben Niveau können untereinander nicht mehr verglichen oder priorisiert werden. Die einzelnen Möglichkeiten, um die Eintrittswahrscheinlichkeit und die Auswirkung zu beurteilen, sollten deshalb so gewählt werden, dass alle Niveaus gut genutzt werden.
- Risiko bewerten: Es wird geprüft, ob das analysierte Risiko die Akzeptanzkriterien erfüllt. Zudem wird eine Priorität vergeben, um die relative Wichtigkeit der Risikobehandlung im Vergleich mit weiteren identifizierten Risiken anzugeben.

Dieser Prozess wird in aller Regel zusammen mit den Anforderungen an seine Umsetzung in Normabschnitt 8.2 (vgl. Kapitel 4.8.2) auditiert. Auditnachweis ist naturgemäß die dokumentierte Definition dieses Prozesses und seiner Verfahren. Als Nachweis für die wirksame Umsetzung erwartet man eine Liste der beurteilten Risiken (in Form eines *Risk Register* o. Ä.), aus der in aller Regel noch eine Stichprobe bewerteter Risiken geprüft wird.

4.6.1.3 Informationssicherheitsrisikobehandlung

Hinsichtlich der Risikobehandlung formuliert die Norm folgende Anforderungen:

Mindestanforderung aus DIN EN ISO/IEC 27001:
6.1.3 Informationssicherheitsrisikobehandlung

Die Organisation muss einen Prozess für die Informationssicherheitsrisikobehandlung festlegen und anwenden, um:

a) angemessene Optionen für die Informationssicherheitsrisikobehandlung unter Berücksichtigung der Ergebnisse der Risikobeurteilung auszuwählen;
b) alle Maßnahmen, die zur Umsetzung der gewählten Option(en) für die Informationssicherheitsrisikobehandlung erforderlich sind, festzulegen;
ANMERKUNG 1 Organisationen können Maßnahmen nach Bedarf gestalten oder aus einer beliebigen Quelle auswählen.

Auswirkung katastrophal *Existenzgefahr für Organisation*	**Risikoniveau niedrig**	**Risikoniveau mittel**	**Risikoniveau hoch**	**Risikoniveau extrem**	**Risikoniveau extrem**
Auswirkung schwerwiegend *Signifikante Auswirkung auf Geschäftsziele und/oder dauerhafter Reputationsschaden*	**Risikoniveau minimal**	**Risikoniveau niedrig**	**Risikoniveau mittel**	**Risikoniveau hoch**	**Risikoniveau extrem**
Auswirkung tragbar *Überschaubarer Schaden für Reputation und/oder Geschäftsergebnis*	**Risikoniveau minimal**	**Risikoniveau minimal**	**Risikoniveau niedrig**	**Risikoniveau mittel**	**Risikoniveau hoch**
	Extrem selten *Eintritt seltener als einmal in 100 Jahren*	**Sehr selten** *Eintritt wenige Male pro Jahrhundert*	**Selten** *Eintritt wenige Male pro Jahrzehnt*	**Häufig** *Eintritt wenige Male pro Jahr*	**Sehr häufig** *Tritt mindestens monatlich ein*

Abbildung 4.2 Risikomatrix für eine qualitative Risikoanalyse

c) die nach 6.1.3 b) festgelegten Maßnahmen mit den Maßnahmen in Anhang A zu vergleichen und zu überprüfen, dass keine erforderlichen Maßnahmen ausgelassen wurden;

ANMERKUNG 2 Anhang A enthält eine Liste von möglichen Informationssicherheitsmaßnahmen. Anwender dieses Dokuments werden auf Anhang A verwiesen, um sicherzustellen, dass keine wichtigen Informationssicherheitsmaßnahmen übersehen wurden.

ANMERKUNG 3 Die in Anhang A aufgeführten Informationssicherheitsmaßnahmen sind nicht erschöpfend und können bei Bedarf durch zusätzliche Informationssicherheitsmaßnahmen ergänzt werden.

d) eine Erklärung zur Anwendbarkeit zu erstellen, die Folgendes enthält:
   - die erforderlichen Maßnahmen [siehe 6.1.3 b) und c)];
   - Gründe für deren Einbeziehung;
   - ob die erforderlichen Maßnahmen umgesetzt sind oder nicht; sowie
   - Gründe für die Nichteinbeziehung von Maßnahmen aus Anhang A;

e) einen Plan für die Informationssicherheitsrisikobehandlung zu formulieren; und

f) bei den Risikoeigentümern eine Genehmigung des Plans für die Informationssicherheitsrisikobehandlung sowie ihre Akzeptanz der Informationssicherheitsrestrisiken einzuholen.

Die Organisation muss dokumentierte Information über den Informationssicherheitsrisikobehandlungsprozess aufbewahren.

ANMERKUNG 4 Der in diesem Dokument genannte Prozess für die Informationssicherheitsrisikobeurteilung und -behandlung steht im Einklang mit den Grundsätzen und allgemeinen Leitlinien in ISO 31000 [5].

An dieser Stelle wird erstmals auf den Anhang A der Norm mit seinen Referenzmaßnahmen (Controls) zum Management der Informationssicherheit verwiesen (siehe Kapitel 5).

Die Referenzmaßnahmen werden im Kontext der Risikobehandlung als eine Art Checkliste verwendet, mit der die Maßnahmen, die zur Behandlung der Risiken ergriffen werden, abgeglichen werden. Dies geschieht mit dem Ziel, möglichst keine essenziellen Themen bei der Risikobehandlung zu vergessen.

Die wichtigsten Ergebnisse der Phase der Risikobehandlung sind die Erklärung zur Anwendbarkeit und der Risikobehandlungsplan. Bei der Erklärung zur Anwendbarkeit handelt es sich typischerweise um eine Liste der Referenzmaßnahmen aus dem Anhang A der Norm, in der für jede einzelne Maßnahme angegeben wird, ob diese im Rahmen des zu etablierenden ISMS anwendbar ist und entsprechend auch angewendet wird. Diese Festlegung muss in jedem Fall begründet werden. Beispielsweise kann es erforderlich sein, eine Maßnahme anzuwenden, weil sie zur Behandlung eines oder mehrerer zuvor identifizierter Risiken notwendig ist, weil sich ihre Anwendung aus der Informationssicherheitspolitik oder anderen Richtlinien ergibt oder weil gesetzliche, behördliche oder vertragliche Anforderungen an ihre Anwendung bestehen. Ein Ausschluss kann gerechtfertigt werden, wenn keine Assets oder Risiken identifiziert wurden, auf die die Maßnahme passen würde. Die Erklärung zur Anwendbarkeit zu erstellen kann recht aufwendig sein. Im Falle einer Zertifizierung des ISMS muss sie der Zertifizierungsstelle üblicherweise noch vor der Einleitung des Zertifizierungsverfahrens – zusammen mit der Erklärung zum Anwendungsbereich (siehe Kapitel 4.4.3) – vorgelegt werden. In den meisten Fällen werden nur sehr wenige, gut begründete Ausschlüsse in der Anwendbarkeit von Maßnahmen durch die Zertifizierer akzeptiert.

Den Risikobehandlungsplan kann man sich am besten als eine zusammenfassende chronologische Darstellung aller zur Risikobehandlung eingeplanten Maßnahmen vorstellen. Idealerweise referenziert er zu jeder Maßnahme auf das bzw. die zugeordneten Risiken. Er sollte neben dem vorgesehenen Termin für die Umsetzung jeder Maßnahme auch Informationen zum aktuellen Umsetzungsstatus und zu den Verantwortlichen darstellen. Die verantwortlichen Risikoeigentümer sollten ebenfalls daraus hervorgehen, wie auch Akzeptanzentscheidungen zu Risiken und Restrisiken.

Typische Auditnachweise sind hier der Risikobehandlungsplan, die Erklärung zur Anwendbarkeit/SOA (*Statement Of Applicability*), eine Stichprobe aus der Dokumentation behandelter Risiken sowie der dokumentierten Genehmigungen der Risikoeigentümer bzw. derer dokumentierten Akzeptanz der Restrisiken.

4.6.2 Informationssicherheitsziele und Planung zu deren Erreichung

Die Einführung eines Managementsystems ist immer mit bestimmten Zielen verbunden. Es empfiehlt sich, die konkreten Ziele für ein ISMS auf der Grundlage der zuvor identifizierten Chancen festzulegen.

Mindestanforderung aus DIN EN ISO/IEC 27001:
6.2 Informationssicherheitsziele und Planung zu deren Erreichung
Die Organisation muss Informationssicherheitsziele für relevante Funktionen und Ebenen festlegen.
Die Informationssicherheitsziele müssen:

a) im Einklang mit der Informationssicherheitspolitik stehen;
b) messbar sein (sofern machbar);
c) anwendbare Informationssicherheitsanforderungen sowie die Ergebnisse, der Risikobeurteilung und Risikobehandlung berücksichtigen;
d) überwacht werden;
e) vermittelt werden;
f) soweit erforderlich aktualisiert werden;
g) als dokumentierte Information verfügbar sein.

Die Organisation muss dokumentierte Information zu den Informationssicherheitszielen aufbewahren.

Bei der Planung, wie die Informationssicherheitsziele erreicht werden, muss die Organisation bestimmen:

h) was getan wird;
i) welche Ressourcen erforderlich sind;
j) wer verantwortlich ist;
k) wann es abgeschlossen wird; und
l) wie die Ergebnisse bewertet werden.

■

Bei der Formulierung von Zielen ist es nicht unüblich, zwischen eher übergeordneten Zielen und spezifischeren Zielen zu unterscheiden. Mögliche Beispiele für übergeordnete Ziele sind:

- ausreichende Verfügbarkeit informationsverarbeitender Einrichtungen und der verarbeiteten Informationen zur Erfüllung der Geschäftsanforderungen
- ausreichendes Maß an Vertraulichkeit der Informationen durch Schutz vor unautorisierten Zugriffen
- Einhaltung von gesetzlichen Bestimmungen, sonstiger rechtsverbindlicher Regelungen sowie relevanter interner Vorgaben

Spezifische Ziele sind häufig Konkretisierungen, die sich aus dem Kontext der Organisation oder auch aus identifizierten Schutzbedarfen und Risiken ergeben können. Für bestimmte informationsverarbeitende Systeme oder Dienste können Anforderungen an ihre Verfügbarkeit beispielsweise quantitativ konkretisiert werden – etwa durch Angabe eines prozentualen Mindesterwartungswerts oder einer maximal tolerierbaren Zeitspanne ungeplanter Nichtverfügbarkeit. Das Erreichen einer Zertifizierung für das ISMS nach DIN EN ISO/IEC 27001 kann übrigens auch als ein Ziel festgelegt werden, wenn beispielsweise gesetzliche oder vertragliche Rahmenbedingungen diese erfordern.

Auditnachweise finden sich hier oft in mehr als einem Dokument: Übergeordnete Ziele finden sich eher in Dokumenten mit Richtlinien-Charakter – spezifischere Ziele, die sich auch öfter ändern als die übergeordneten, oft direkt in einem „ISMS-Plan" o. Ä., der mindestens jährlich erneuert wird und die Aktivitäten zur Erreichung der Ziele skizziert.

4.6.3 Planung von Änderungen

In Abschnitt 6.3 fordert die Norm, dass jegliche Änderungen am Informationssicherheitsmanagementsystem, die nach Ansicht der Organisation notwendig sind, in geplanter und gesteuerter Art und Weise durchgeführt werden.

Nachweisen lässt sich die Umsetzung dieser Anforderung in einem Audit idealerweise durch ein kurze Regelung, welche bestimmt, dass etwa der „ISMS-Plan" das führende Dokument für grundlegende Änderungen am ISMS ist und wie neue Punkte ggf. in diesen, auch zwischen den regulären Planungsperioden, aufgenommen werden können.

> **Mindestanforderung aus DIN EN ISO/IEC 27001:**
> **6.3 Planung von Änderungen**
> Wenn die Organisation die Notwendigkeit von Änderungen am Informationssicherheitsmanagementsystem ermittelt, müssen diese in geplanter Weise durchgeführt werden.

4.7 Unterstützung

Im Abschnitt *Unterstützung* (*Support*) werden verschiedene allgemeine Vorgaben gemacht, die nicht nur für ein wirksames System zum Management der Informationssicherheit, sondern fast identisch für alle Managementsysteme gelten.

4.7.1 Ressourcen

Die erste Anforderung befasst sich mit der Bereitstellung der Ressourcen, die für ein wirksames ISMS über den gesamten PDCA-Zyklus benötigt werden:

> **Mindestanforderung aus DIN EN ISO/IEC 27001:**
> **7.1 Ressourcen**
> Die Organisation muss die erforderlichen Ressourcen für den Aufbau, die Verwirklichung, die Aufrechterhaltung und die fortlaufende Verbesserung des Informationssicherheitsmanagementsystems bestimmen und bereitstellen.

Die Norm stellt damit klar, dass es sich bei Investitionen in das Informationssicherheitsmanagement nicht um einmalige Aufwendungen handeln kann, sondern eine dauerhafte Sicherstellung der erforderlichen Ressourcen erzielt werden muss. Allerdings ist zu beachten, dass DIN EN ISO/IEC 27001 nicht explizit auf das Thema Budgetierung eingeht.

Auditnachweis ist grundsätzlich erst mal eine, ggf. auch recht einfache, Dokumentation der Ressourcenplanung für das ISMS. In der Praxis hakt es, vor allem in kleineren Organisationen, meist an den Personalressourcen. Dort steht oft nicht einmal für die ISB-Rolle eine eigene volle Stelle zur Verfügung. Als Nachweis wird in solchen Fällen daher auch gerne nach Stellenbeschreibungen, internen Vereinbarungen und Ähnlichem gefragt, aus denen hervorgeht, dass die Personen, die ISMS-Rollen wahrnehmen (insbesondere natürlich die des ISB), ausreichend viele Stunden pro Woche von ihren anderen Aufgaben freigestellt sind.

Die nächsten beiden Anforderungen drehen sich um Ausbildung, Training und Bewusstseinsschaffung für das in das ISMS involvierte Personal (Themen, die als Maßnahme A.6.3

auch in Anhang A der Norm, beschrieben in Kapitel 5.2.3, noch einmal angesprochen werden).

4.7.2 Kompetenz

Zunächst muss die Organisation sicherstellen, dass Personen – insbesondere die, die für Aspekte der Informationssicherheit Verantwortung übernehmen sollen – kompetent für die Durchführung der entsprechenden Aufgaben sind:

Mindestanforderung aus DIN EN ISO/IEC 27001:
7.2 Kompetenz
Die Organisation muss:

a) für Personen, die unter ihrer Aufsicht Tätigkeiten verrichten, welche die Informationssicherheitsleistung der Organisation beeinflussen, die erforderliche Kompetenz bestimmen;
b) sicherstellen, dass diese Personen auf Grundlage angemessener Ausbildung, Schulung oder Erfahrung kompetent sind;
c) sofern anwendbar, Maßnahmen einleiten, um die benötigte Kompetenz zu erwerben, und die Wirksamkeit der getroffenen Maßnahmen zu bewerten; und
d) angemessene dokumentierte Information als Nachweis der Kompetenz aufbewahren.

ANMERKUNG Geeignete Maßnahmen können zum Beispiel sein: Schulung, Mentoring oder Versetzung von gegenwärtig angestellten Personen, oder Anstellung oder Beauftragung kompetenter Personen.

Auditnachweise erstrecken sich hier in der Regel über mehrere Quellen bzw. Dokumente: Idealerweise sind schon in einem grundlegenden ISMS-Rolllenkonzept (vgl. Kapitel 4.5.3 zu Normabschnitt 5.3) die notwendigen Kompetenzen der zentralen ISMS-Rollen festgelegt. Zum Beispiel könnte hier für die Rolle des ISB u. a. fundierte Kenntnis der DIN EN ISO/IEC 27001 als notwendige Kompetenz und ein Foundation-Zertifikat als möglicher Kompetenznachweis hinterlegt sein. Es sollte ein Schulungsplan vorgelegt werden können, der geeignet ist, die Lücken zwischen geforderten und tatsächlichen Kompetenzen in angemessener Zeit zu schließen – und über die erfolgreiche Absolvierung der Schulungsmaßnahmen sollte es natürlich auch Aufzeichnungen geben, die in einem Audit gerne stichprobenmäßig geprüft werden (vgl. auch Kapitel 5.2.3 zu Maßnahme A.6.3).

4.7.3 Bewusstsein

Aber nicht nur Kompetenzen sind wichtig, sondern auch das richtige Bewusstsein zum Thema Informationssicherheit in allen Teilen der Organisation.

Mindestanforderung aus DIN EN ISO/IEC 27001:
7.3 Bewusstsein
Personen, die unter Aufsicht der Organisation Tätigkeiten verrichten, müssen sich des Folgenden bewusst sein:

a) der Informationssicherheitspolitik;
b) ihres Beitrags zur Wirksamkeit des Informationssicherheitsmanagementsystems, einschließlich der Vorteile einer verbesserten Informationssicherheitsleistung; und
c) der Folgen einer Nichterfüllung der Anforderungen des Informationssicherheitsmanagementsystems.

Für die Schaffung des Bewusstseins ist – neben der Förderung einer entsprechenden Kultur in der Organisation, beispielsweise indem das Management sich beständig an Fragen zur Informationssicherheit aktiv interessiert zeigt und bei der Einhaltung der Richtlinien mit gutem Beispiel voranschreitet – vor allem eine gute interne Kommunikation entscheidend.

Als mögliche Auditnachweise werden hier in der Regel die Inhalte von Awareness-Maßnahmen (z. B. Präsentationen, Online-Schulungen) geprüft sowie die Aufzeichnungen darüber, welche Teile des Personals diese Awareness-Maßnahmen wann absolviert haben (vgl. auch Kapitel 5.2.3 zu Maßnahme A.6.3).

4.7.4 Kommunikation

DIN EN ISO/IEC 27001 fordert, dass auch die interne und externe Kommunikation der Organisation zu Themen der Informationssicherheit geplant und gesteuert erfolgen muss:

Mindestanforderung aus DIN EN ISO/IEC 27001:
7.4 Kommunikation
Die Organisation muss die Erfordernis einer internen und externen Kommunikation in Bezug auf das Informationssicherheitsmanagementsystem bestimmen, einschließlich:
a) worüber kommuniziert wird;
b) wann kommuniziert wird;
c) mit wem kommuniziert wird;
d) wie kommuniziert wird.

Das Informationssicherheitsmanagementsystem umfasst also auch eine zumindest grundlegende Kommunikationsplanung, wie sie beispielsweise aus dem IT-Service-Management (ITSM) oder Projektmanagement bekannt ist. Neben regelmäßig stattfindender Kommunikation, etwa mit interessierten Parteien, z. B. Kunden und Lieferanten, sollte hier auch anlass- und ereignisbezogene Kommunikation, z. B. bei Eintritt eines Informationssicherheitsvorfalls, berücksichtigt werden. Manche Organisationen sind verpflichtet, in diesem Fall Aufsichtsbehörden zu informieren.

Idealerweise kann man hier in einem Audit einen tabellarischen Kommunikationsplan präsentieren, in dem sich typischerweise die Punkte a) bis d) Spaltenüberschriften zuordnen lassen. Zusätzliche Auditnachweise sind natürlich die Aufzeichnungen zu erfolgter interner (vgl. auch Kapitel 4.5.1 zu Normabschnitt 5.1) und externer Kommunikation.

4.7.5 Dokumentierte Information

In Kapitel 3.1.3 wurde bereits auf die Notwendigkeit der Dokumentation im Rahmen eines ISMS eingegangen. Dokumente und Aufzeichnungen gelten als wichtige Bestandteile eines ISMS, da sie Managemententscheidungen, geplante Prozesse, Verfahren und Maßnahmen schriftlich fixieren und die Nachvollziehbarkeit und Rückverfolgbarkeit von tatsächlich erfolgten Aktivitäten unterstützen. Abschnitt 7.5 der Norm legt fest, was die ISMS-Dokumentation mindestens beinhalten muss, was zu ihrer Erstellung und Aktualisierung zu regeln ist und dass sie einer Dokumentenlenkung zu unterliegen hat:

Mindestanforderung aus DIN EN ISO/IEC 27001:
7.5.1 Allgemeines

Das Informationssicherheitsmanagementsystem der Organisation muss beinhalten:

a) die von diesem Dokument geforderte dokumentierte Information; und
b) dokumentierte Information, welche die Organisation als notwendig für die Wirksamkeit des Managementsystems bestimmt hat.

ANMERKUNG Der Umfang dokumentierter Information für ein Informationssicherheitsmanagementsystem kann sich von Organisation zu Organisation unterscheiden, und zwar aufgrund:

1) der Größe der Organisation und der Art ihrer Tätigkeiten, Prozesse, Produkte und Dienstleistungen;
2) der Komplexität der Prozesse und deren Wechselwirkungen; und
3) der Kompetenz der Personen.

Zu den hier angesprochenen, von der Norm geforderten Informationen, die zu dokumentieren sind, zählen beispielsweise

- die ISMS-Richtlinie (vgl. Abschnitte 5.2 und A.5.1 der Norm);
- der Anwendungsbereich des ISMS (vgl. Abschnitt 4.3);
- eine Beschreibung des Prozesses zur Risikobeurteilung (vgl. Abschnitt 6.1.2);
- die Erklärung zur Anwendbarkeit der Maßnahmen aus Anhang A der Norm (vgl. Abschnitt 6.1.3);
- ein Risikobehandlungsplan (vgl. Abschnitt 6.1.3);
- Aufzeichnungen zu Managementbewertungen und Audits;
- weitere Beschreibungen bzw. Festlegungen von Richtlinien, Prozessen, Verfahren und Maßnahmen im ISMS sowie weitere Aufzeichnungen (u. a. zu Sicherheitsvorfällen).

Für ein wirksames Management der Informationssicherheit sollte die Dokumentation diese ISMS-Bestandteile nicht isoliert sehen, sondern auch ihre Beziehungen zueinander geeignet erfassen. Beispielsweise sollte es möglich sein, die Relationen zwischen Maßnahmen, Risikobehandlungsplan, Risikoeinschätzung und Werten nachvollziehen zu können.

Auditnachweise sind hier naturgemäß die geforderten Dokumente, die in einem vollständigen Managementsystem-Audit aber eh geprüft werden.

Während Abschnitt 7.5.1 sich mit der Frage beschäftigt, *was* dokumentiert werden muss, geben die Abschnitte 7.5.2 und 7.5.3 nun vor, *wie* mit diesen Dokumenten umgegangen werden muss.

Mindestanforderung aus DIN EN ISO/IEC 27001:
7.5.2 Erstellen und Aktualisieren

Beim Erstellen und Aktualisieren dokumentierter Information muss die Organisation Folgendes sicherstellen:

a) angemessene Kennzeichnung und Beschreibung (z. B. Titel, Datum, Autor oder Referenznummer);
b) angemessenes Format (z. B. Sprache, Softwareversion, Graphiken) und Medium (z. B. Papier, elektronisches Medium); und
c) angemessene Überprüfung und Genehmigung im Hinblick auf Eignung und Angemessenheit.

Diese Anforderung bezieht sich eigentlich schon auf Aspekte, die typischerweise dem Thema Dokumentenlenkung zugeordnet werden. Auditnachweise sind daher die gleichen wie für den direkt darauffolgenden Abschnitt von Anforderungen.

Unter Dokumentenlenkung oder auch -steuerung versteht man formale Grundsätze und Verfahrensweisen zum Umgang mit Dokumenten.

Mindestanforderung aus DIN EN ISO/IEC 27001:
7.5.3 Steuerung dokumentierter Information

Die für das Informationssicherheitsmanagementsystem erforderliche und von diesem Dokument geforderte dokumentierte Information muss gesteuert werden, um sicherzustellen, dass sie:

a) verfügbar und für die Verwendung geeignet ist, wo und wann sie benötigt wird; und
b) angemessen geschützt wird (z. B. vor Verlust der Vertraulichkeit, unsachgemäßem Gebrauch oder Verlust der Integrität).

Zur Steuerung dokumentierter Information muss die Organisation, falls zutreffend, folgende Tätigkeiten berücksichtigen:

c) Verteilung, Zugriff, Auffindung und Verwendung;
d) Ablage/Speicherung und Erhaltung, einschließlich Erhaltung der Lesbarkeit;
e) Überwachung von Änderungen (z. B. Versionskontrolle); und
f) Aufbewahrung und Verfügung über den weiteren Verbleib.

Dokumentierte Information externer Herkunft, die von der Organisation als notwendig für Planung und Betrieb des Informationssicherheitsmanagementsystems bestimmt wurde, muss angemessen gekennzeichnet und gesteuert werden.

ANMERKUNG Zugriff kann eine Entscheidung voraussetzen, mit der die Erlaubnis erteilt wird, dokumentierte Information lediglich zu lesen, oder die Erlaubnis und Befugnis zum Lesen und Ändern dokumentierter Information usw.

Verfahren zur Dokumentenlenkung sollten möglichst einheitlich auf alle Arten von Dokumenten angewendet werden. Dies erfordert sowohl ein hohes Bewusstsein für diese Verfahren bei denjenigen, die Dokumente erstellen und bearbeiten, als auch ein sinnvolles Maß an Automatisierung. Grundlage für eine effektive Lenkung von Dokumenten sind Metadaten, die in oder zusammen mit dem Dokument gespeichert werden. Typische für die Lenkung nutzbare Metadaten von Dokumenten sind beispielsweise Dokumenttyp, Versionsnummer, Erstellungsdatum, Autor/Erfasser, Status, Datum der letzten Überarbeitung usw.

Für ISMS-Dokumente sollten Dokumentenvorlagen (Templates) existieren, die auch eine einheitliche Erfassung der Metadaten erleichtern. Häufig, insbesondere in Organisationen, die auch andere Managementsysteme, z. B. nach ISO 9001, betreiben, kommen auch sogenannte Dokumentenmanagementsysteme (Dokumentenmanagementsoftware) zum Einsatz, die vielfältige Mechanismen zur Versionierung, Veröffentlichung oder Archivierung von Dokumentation bieten, aber auch Software für Enterprise-Wikis beinhaltet häufig bereits Funktionen, welche eine wirksame Steuerung von Dokumenten erheblich vereinfachen können.

Auditnachweis zur Dokumentenlenkung ist natürlich erst mal die Dokumentation der Verfahren. Aber natürlich ist jedes der sehr vielen gelenkten ISMS-Dokumente, die in einem Managementsystem-Audit betrachtet werden, auch ein potenzieller Auditnachweis zur Dokumentenlenkung. Häufig kommt es in einem Audit vor, dass in der Dokumentenprüfung zu einem völlig anderen ISMS-Thema eine Nichtkonformität zu den Dokumentenlenkungsverfahren auffällt, z. B. wenn ein Richtlinien-Dokument schon länger als vorgeschrieben nicht mehr geprüft worden ist.

4.8 Betrieb

Was für ein ISMS an Prozessen und Verfahren geplant ist, muss natürlich schließlich auch umgesetzt und betrieben werden. Abschnitt 8 befasst sich also mit der Umsetzung („Do“) dessen, was entsprechend Abschnitt 6 geplant wurde (was wiederum auch eine betriebliche Feinplanung umfassen kann). Dabei werden von der DIN EN ISO/IEC 27001 die drei Bereiche der Planung und Steuerung eines ISMS (s. Kapitel 4.8.1) sowie der Risikobeurteilung (4.8.2) und der Risikobehandlung (4.8.3) betrachtet.

4.8.1 Betriebliche Planung und Steuerung

Mindestanforderung aus DIN EN ISO/IEC 27001:
8.1 Betriebliche Planung und Steuerung

Die Organisation muss die notwendigen Prozesse zur Erfüllung der Anforderungen und zur Durchführung der in Abschnitt 6 bestimmten Maßnahmen planen, verwirklichen und steuern, indem sie

- Kriterien für die Prozesse festlegt;
- die Steuerung der Prozesse in Übereinstimmung mit den Kriterien verwirklicht.

Dokumentierte Information muss im erforderlichen Umfang verfügbar sein, damit darauf vertraut werden kann, dass die Prozesse wie geplant durchgeführt wurden.

Die Organisation muss geplante Änderungen steuern sowie die Folgen unbeabsichtigter Änderungen überprüfen und, falls notwendig, Maßnahmen ergreifen, um jegliche negativen Auswirkungen zu vermindern.

Die Organisation muss sicherstellen, dass extern bereitgestellte Prozesse, Produkte oder Dienstleistungen, die für das Informationssicherheitsmanagementsystem relevant sind, gesteuert werden.

Für ein produktiv einsetzbares ISMS reicht es nicht, Risiken und Chancen (vgl. Kapitel 4.6.1) zu identifizieren, daraus Informationssicherheitsanforderungen abzuleiten und Maßnahmen zur Umsetzung auszuwählen, sondern es müssen auch die betrieblichen Prozesse geplant, definiert, in den Betrieb überführt, überwacht und verbessert werden. Für die definierten Sicherheitsziele (vgl. Kapitel 4.6.2) sind Pläne und Verfahren festzulegen, wie diese Ziele zu erreichen sind. Die Prozesse und deren betriebliche Umsetzung sind in angemessenem Umfang zu dokumentieren. Das Kriterium für die Angemessenheit ist die planmäßige Umsetzung der Prozesse, d. h., die Dokumentation dient der Umsetzung der Prozesse und ermöglicht diese.

Das ISMS und die damit zusammenhängenden Prozesse sind kein statisches System, sondern es muss so dynamisch sein, dass negative Auswirkungen vermieden werden. Dazu ist das ISMS bei geplanten Änderungen (z. B. im Rahmen eines Change Managements) anzupassen; aber auch die Auswirkungen ungeplanter Änderungen sind zu beurteilen und dann angemessen zu behandeln.

All diese betrieblichen Maßnahmen gelten nicht nur für die Prozesse des unternehmensinternen ISMS, sondern auch Prozesse, die an Fremdfirmen oder Partnerunternehmen ausgegliedert wurden, sind entsprechend zu steuern.

Es geht, wie im gesamten Normabschnitt 8, primär um die Umsetzung von Planungen, für die in Normabschnitt 6 schon Anforderungen gestellt wurden. Beide Abschnitte werden daher meistens gemeinsam auditiert, und es gibt naturgemäß eine große Überschneidung bei den Auditnachweisen. Für obige Anforderungen sind diese meist die gleichen wie bei der Prüfung der Normabschnitte 6.2 (vgl. Kapitel 4.6.2) und 6.3 (vgl. Kapitel 4.6.3). Ergänzende Nachweise sind ggf. Dokumente zur Lieferantensteuerung (Vereinbarungen, Verfahren zu Kontrollmechanismen usw.), wie sie in einem kompletten Managementsystem-Audit, aber auch bei Prüfung der Maßnahmen A.5.19 (vgl. Kapitel 5.1.19), A.5.20 (vgl. Kapitel 5.1.20) und A.5.21 (vgl. Kapitel 5.1.21) erhoben werden,

4.8.2 Informationssicherheitsrisikobeurteilung

Neben den Betriebsprozessen, die regelmäßig überprüft und verbessert werden, ist auch die Beurteilung der Informationssicherheitsrisiken keine singuläre Aufgabe.

Mindestanforderung aus DIN EN ISO/IEC 27001:
8.2 Informationssicherheitsrisikobeurteilung

Die Organisation muss in geplanten Abständen Informationssicherheitsrisikobeurteilungen vornehmen oder immer dann, wenn erhebliche Änderungen vorgeschlagen werden oder auftreten. Dabei sind die in 6.1.2 a) festgelegten Kriterien zu berücksichtigen.

Die Organisation muss dokumentierte Information über die Ergebnisse der Informationssicherheitsrisikobeurteilungen aufbewahren.

Unternehmen und Systeme zur Nutzung und Verarbeitung von Informationen sind keine statischen Gebilde. Deshalb muss die Risikobeurteilung als eine der Grundlagen des ISMS in regelmäßigen Abständen überprüft und ggf. aktualisiert werden. Die Überprüfung hat sich dabei auf die bereits festgelegten Kriterien zur Bewertung von Risiken sowie die Kriterien zur Risikoakzeptanz (s. Kapitel 4.6.1) zu stützen und diese Kriterien anzuwenden. Diese Pflicht zur Überprüfung gilt auch, wenn erhebliche Änderungen geplant oder bereits eingetreten sind. Die Pflicht zur Dokumentation der Überprüfung sowie der Ergebnisse ist obligatorisch. Diese Dokumente sind aufzubewahren. Damit kann z. B. die angemessene Risikobeurteilung im Rahmen gesetzlicher Anforderungen nachgewiesen werden.

Auditnachweise sind in der Regel die gleichen wie bei der Prüfung von Normabschnitt 6.1.2 (vgl. Kapitel 4.6.1.2).

4.8.3 Informationssicherheitsrisikobehandlung

Die regelmäßige Überprüfung der Risiken erfordert dann natürlich auch deren angemessene Behandlung.

Mindestanforderung aus DIN EN ISO/IEC 27001:
8.3 Informationssicherheitsrisikobehandlung
Die Organisation muss den Plan für die Informationssicherheitsrisikobehandlung umsetzen.

Die Organisation muss dokumentierte Information über die Ergebnisse der Informationssicherheitsrisikobehandlung aufbewahren.

Für die Informationssicherheitsrisikobehandlung gibt es einen definierten Prozess (vgl. Kapitel 4.6.1), der dann entsprechend anzuwenden ist. Auch hier sind die Ergebnisse zu dokumentieren und aufzubewahren.

Auditnachweise sind in der Regel die gleichen wie bei der Prüfung von Normabschnitt 6.1.3 (vgl. Kapitel 4.6.1.3).

4.9 Bewertung der Leistung

Nach Planung und Umsetzung des Kern-Managementsystems und der zugehörigen Maßnahmen gilt es, den erreichten Stand und die Wirksamkeit des ISMS zu überprüfen („Check"). DIN EN ISO/IEC 27001 gibt hierzu drei verschiedene Methoden bzw. Werkzeuge zur Leistungsbewertung vor. Die Bewertung der Leistung des ISMS soll mittels kontinuierlicher Überwachung und Messung, Planung und Umsetzung eines Auditprogramms sowie *Management Reviews*, d. h. Überprüfungen durch die oberste Leitung der Organisation, umgesetzt werden.

4.9.1 Überwachung, Messung, Analyse und Bewertung

Abschnitt 9.1 legt zunächst recht allgemein gehaltene Anforderungen an *Überwachung, Messung, Analyse und Bewertung* fest, um die Wirksamkeit des ISMS und die Informationssicherheitsleistung zu bestimmen und damit eine faktenbasierte Grundlage für Entscheidungen zur Verbesserung und Weiterentwicklung des ISMS zu schaffen. Dies entspricht dem im Prozessmanagement üblichen Konzept der Erhebung und Auswertung von Kennzahlen bzw. *Key Performance Indicators* (KPIs), im Kontext Informationssicherheitsmanagement oft *Information Security Metrics* genannt.

Mindestanforderung aus DIN EN ISO/IEC 27001:
9.1 Überwachung, Messung, Analyse und Bewertung

Die Organisation muss bestimmen:

a) was überwacht und gemessen werden muss, einschließlich der Informationssicherheitsprozesse und Maßnahmen;
b) die Methoden zur Überwachung, Messung, Analyse und Bewertung, sofern zutreffend, um gültige Ergebnisse sicherzustellen. Die ausgewählten Methoden sollten zu vergleichbaren und reproduzierbaren Ergebnissen führen, um als gültig betrachtet zu werden.
c) wann die Überwachung und Messung durchzuführen ist;
d) wer überwachen und messen muss;
e) wann die Ergebnisse der Überwachung und Messung zu analysieren und zu bewerten sind;
f) wer diese Ergebnisse analysieren und bewerten muss.

Dokumentierte Information muss als Nachweis der Ergebnisse verfügbar sein.

Die Organisation muss die Informationssicherheitsleistung und die Wirksamkeit des Informationssicherheitsmanagementsystems bewerten.

DIN EN ISO/IEC 27001 fordert hier also bestimmte Festlegungen in Bezug auf den Überwachungs- und Messgegenstand, die anzuwendenden Methoden und macht Vorgaben zur Durchführung der Messung als auch Dokumentation von Ergebnissen. ISO/IEC 27004 [ISO16a] führt diese Aspekte in einem tieferen Detailgrad weiter aus und gibt Empfehlungen.

Im ersten Schritt müssen die mit der Überwachung bzw. Messung zu erreichenden Ziele festgelegt werden. Faktoren, die hier zu berücksichtigen sind, sind die Zielgruppe, für die die Ergebnisse der Messung bestimmt sind, und welche Detailtiefe diese aufweisen sollten. Danach ist festzulegen, was genau überwacht oder gemessen werden soll, um die festgelegten Ziele zu erreichen. Offensichtlich ist es ineffizient und in der Praxis kaum durchzuhalten, zu viele Aspekte zu überwachen, genauso können aber bei zu wenig Überwachung und Messung wichtige Aspekte übersehen werden. Als Faustregel hat es sich für kleine bis mittelgroße Organisationen bewährt, mit einer Anzahl von überwachten ISMS-Kennzahlen im niedrigen zweistelligen Bereich zu starten.

Generell spiegelt Überwachung den aktuellen Zustand eines Systems, eines oder mehrerer Prozesse innerhalb des Systems oder einzelner Aktivitäten wider. Sinnvoll im Rahmen eines ISMS zu überwachen sind beispielsweise Zahlen zum Umgang mit Schwachstellen auf Systemen oder Statistiken zu Security-Awareness- oder sicherheitsspezifischen Weiterbildungsmaßnahmen der Mitarbeiter. Im Gegensatz zu einer kontinuierlichen Überwachung beziehen sich gezielt durchgeführte Messungen auf die Bestimmung eines konkreten Wertes oder das Erkennen von Trends. Beispielsweise könnte eine Kennzahl die Mitarbeiter, die an einer bestimmten Schulung bereits teilgenommen haben, ins Verhältnis setzen zu den Mitarbeitern, die an dieser Maßnahme eigentlich teilnehmen sollten. Abbildung 4.3 zeigt ein Beispiel für eine mögliche Definition solch einer Kennzahl.

Kennzahlensteckbrief	
ID	KPI3(Awareness)
Bezeichnung	Durchdringung IS-Grundlagentraining
Ziel	• Messen, welcher Anteil der Mitarbeiter mit dem Programm für allgemeine Informationssicherheits-Awareness erreicht wird • Überprüfen, ob das in der Richtlinie für Personalsicherheit festgelegte Ziel für Informationssicherheits-Awareness erreicht wird
Verantwortlich	Prozess-Owner Personalsicherheit
Berechnung	$KPI3(Awareness) = \frac{Trainingsteilnehmer}{Zielgruppenumfang}$ wobei *Trainingsteilnehmer* = Anzahl der Mitarbeiter, die im Anwendungsbereich des ISMS arbeiten und in den letzten zwölf Monaten an einer Schulung für Informationssicherheit teilgenommen haben *Zielgruppenumfang* = Anzahl der Mitarbeiter, die im Anwendungsbereich des ISMS arbeiten
Zielbereiche	Grün: *KPI3(Awareness)* > 95 % Gelb: *KPI3(Awareness)* > 90 % Rot: *KPI3(Awareness)* ≤ 90 %
Datenbasis	• Aufzeichnungen und Teilnahmelisten des Trainingsprogramms „Grundlagen Informationssicherheit“ • Erklärung des ISMS-Anwendungsbereichs • Geschäftsverteilungsplan
Erhebungsverfahren und -intervall	Vierteljährlich, jeweils zu Ende des Quartals: 1. *Trainingsteilnehmer* bestimmen: Trainingsaufzeichnungen auswerten, Teilnehmer der letzen zwölf Monate zusammenstellen, Mehrfachteilnahmen entfernen 2. *Zielgruppenumfang* bestimmen: Anhand Geschäftsverteilungsplan Anzahl der Mitarbeiter im Anwendungsbereich des ISMS erheben 3. Kennzahl *KPI3(Awareness)* berechnen
Berichterstattung	• Dokumentation in ISMS-Wiki • Eingang in vierteljährliche ISMS-Status-Reports für Geschäftsleitung mit grafischer Aufbereitung der Entwicklung über die letzen acht Quartale (Bar Graph), gegebenenfalls mit Kommentierung, wenn Zielbereich „rot“

Abbildung 4.3 Beispiel für eine Kennzahlendefinition (Kennzahlensteckbrief)

Methoden gibt es ähnlich viele wie Messgegenstände. Einige sind effizienter als andere, sodass Ergebnisse sich schneller produzieren lassen. DIN EN ISO/IEC 27001 fordert als einzige Bedingung an die anzuwendende Methodik, dass diese vergleichbare und reproduzierbare Ergebnisse liefern muss.

Die weiteren Forderungen beziehen sich auf Festlegungen für die Durchführung der Überwachung oder einer bestimmten Messung. Um die zuvor festgelegten Ziele zu erreichen, ist es auch wichtig zu definieren, wann die Überwachung bzw. Messung durchzuführen ist. Typischerweise bedeutet das die Festlegung von Messintervallen oder -zeitpunkten. Hier spielt aber auch wiederum die Methodik eine Rolle. Eine manuelle Messung lässt sich in vielen Fällen nicht mit einer automatisch durchgeführten Messung vergleichen.

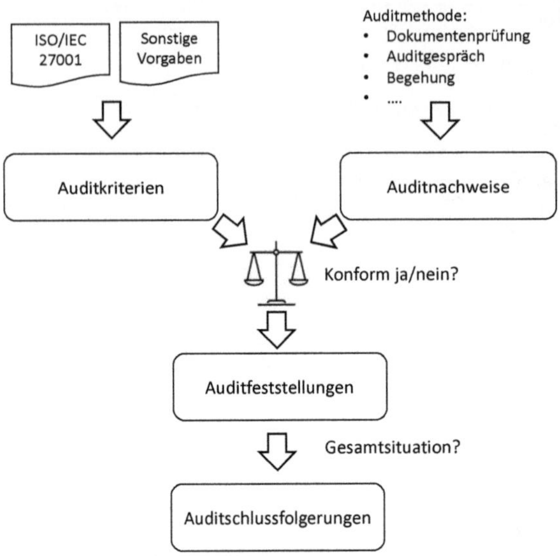

Abbildung 4.4 Audit-Begriffe

Bei der Beantwortung, wer die Überwachung bzw. Messung durchführt, unterscheidet ISO/IEC 27004 verschiedene Rollen, die sich einerseits auf die während der Messung verarbeitete Information (z. B. Eigentümer einer Information), andererseits auf die Messung (z. B. Empfänger der Messerergebnisse) selbst beziehen.

Die im Rahmen der Überwachung oder nach Durchführung einer Messung erzeugten Ergebnisse müssen analysiert und bewertet werden. Auch hierzu sind Festlegungen zu treffen, welche die Aspekte Zeitpunkt der Analyse als auch Verantwortlichkeit betreffen.

Primäre Auditnachweise sind hier naheliegenderweise die Dokumentation eines ISMS-Kennzahlensystems sowie dessen Ergebnisse, d. h. vor allem die erhobenen Kennzahlen.

4.9.2 Internes Audit

Um Konformität, d. h. die Einhaltung der im Standard enthaltenen oder in internen Richtlinien definierten Vorgaben, nachzuweisen bzw. zu prüfen, sind Audits ein wichtiges Instrument. Ein Audit ist nach ISO 19011 [DIN18a] ein systematischer, unabhängiger und dokumentierter Prozess. Auditnachweise und deren objektive Bewertung erlauben festzustellen, ob zuvor festgelegte Auditkriterien erfüllt sind oder nicht.

Angewendet auf interne ISMS-Audits heißt dies in der Praxis, dass ein Auditor oder ein Team von Auditoren mittels verschiedener Techniken – hauptsächlich Auditgespräche (Interviews mit ISMS-Beteiligten) sowie Sichtung von Dokumenten und Aufzeichnungen – überprüft, ob das ISMS entsprechend den Anforderungen der DIN EN ISO/IEC 27001 gestaltet und wirksam umgesetzt ist.

Man unterscheidet:

- **Interne Audits** erfolgen unter der Verantwortung der Organisation selbst und dienen vor allem der internen Leistungsüberprüfung. In der Regel werden sie von qualifizierten, vom zu auditierenden Bereich unabhängigen Mitarbeitern (z. B. aus der Revision oder dem Qualitätsmanagement) der Organisation selbst durchgeführt – es können aber auch externe Auditoren beauftragt werden.

- **Externe Audits** werden von einer unabhängigen externen Stelle (z. B. einer Zertifizierungsstelle) und von qualifizierten externen Auditoren durchgeführt.

Neben der Kontrolle des bereits erreichten Ist-Zustandes in einem bestimmten Bereich (z. B. zu einer Reihe von Maßnahmen) kann ein internes Audit auch zur Überprüfung des Umsetzungsgrades eines ISMS insgesamt oder zur Vorbereitung auf ein externes Zertifizierungsaudit dienen. So vielfältig die Zwecke für interne Audits sind, so vielfältig sind auch die Möglichkeiten, ein solches konkret durchzuführen. Das Audit kann sich beispielsweise auf das gesamte ISMS und die gesamte Organisation oder auch nur auf die Umsetzung eines ausgewählten Aspekts des ISMS in einem bestimmten Geschäftsbereich beziehen.

DIN EN ISO/IEC 27001 definiert allerdings nicht (ebenso wenig wie die anderen relevanten Normen) die Zwecke, Zeitpunkte oder Inhalte der internen Audits im Detail, sondern verpflichtet eine Organisation nur allgemein zur regelmäßigen Durchführung interner Audits:

Mindestanforderung aus DIN EN ISO/IEC 27001:
9.2.1 Allgemeines

Die Organisation muss in geplanten Abständen interne Audits durchführen, um Informationen darüber zur Verfügung zu stellen, ob das Informationssicherheitsmanagementsystem:

a) folgende Anforderungen erfüllt:
   1) die eigenen Anforderungen der Organisation an ihr Informationssicherheitsmanagementsystem;
   2) die Anforderungen dieses Dokuments;
b) wirksam verwirklicht und aufrechterhalten wird.

In einem Audit werden zunächst sogenannte Auditnachweise gesammelt, d. h., der Auditor sichtet die ISMS-Dokumentation (Richtlinien, Prozesse, Verfahren, sonstige Festlegungen, Aufzeichnungen), führt Gespräche mit Mitarbeitenden, begeht die Standorte der Organisation, nimmt Stichproben, macht Beobachtungen usw. und dokumentiert all dies. Aus dem Vergleich der gesammelten Auditnachweise zu den im Voraus festgelegten Auditkriterien (Anforderungen der Norm sowie ggf. interne Vorgaben, die im Rahmen dieses einzelnen Audits geprüft werden sollen) ergeben sich die Auditfeststellungen, siehe Abbildung 4.4. Feststellungen werden in der Regel danach klassifiziert, inwieweit Konformität mit den jeweils geprüften Auditkriterien erreicht wurde, z. B. als konform und nichtkonform, oder als Konformität, Verbesserungspotenzial geringfügige Abweichung, wesentliche Abweichung usw.

Das Gesamtergebnis auf Basis aller Feststellungen eines Audits bezeichnet man als die Auditschlussfolgerungen. Hier würde man, je nach Auditziel, beispielsweise eine Beurteilung finden, ob das auditierte ISMS Zertifizierungsreife erreicht hat oder nicht.

Für Auditnachweise zu diesem Normabschnitt, siehe folgenden Abschnitt zum internen Auditprogramm:

Mindestanforderung aus DIN EN ISO/IEC 27001:
9.2.2 Internes Auditprogramm

Die Organisation muss ein oder mehrere Auditprogramme planen, aufbauen, verwirklichen und aufrechterhalten einschließlich der Häufigkeit von Audits, Methoden, Verantwortlichkeiten, Anforderungen an die Planung sowie Berichterstattung.

Beim Aufbau des/der Auditprogramms/Auditprogramme muss die Organisation die Bedeutung der betroffenen Prozesse und die Ergebnisse vorheriger Audits berücksichtigen.

Die Organisation muss:

a) für jedes Audit die Auditkriterien sowie den Umfang festlegen;
b) Auditoren so auswählen und Audits so durchführen, dass die Objektivität und Unparteilichkeit des Auditprozesses sichergestellt sind;
c) sicherstellen, dass die Ergebnisse der Audits gegenüber der zuständigen Leitung berichtet werden.

Dokumentierte Information muss als Nachweis der Umsetzung des Auditprogramms/-der Auditprogramme und der Auditergebnisse verfügbar sein.

Ein Auditprogramm legt die allgemeinen Grundsätze für interne Audits wie die Häufigkeit, anzuwendende Methoden und Vorgehensweisen, Verantwortlichkeiten und Vorgaben zur Erstellung von Auditberichten fest. Es lohnt sich, sich sowohl bei der Gestaltung des Auditprogramms als auch bei der Planung und Durchführung einzelner Audits am etablierten und (für eine ISO-Norm) gut verständlichen Standard ISO 19011 (*Leitfaden zur Auditierung von Managementsystemen*) [DIN18a] zu orientieren.

Im Rahmen des Programms sollte jedes einzelne Audit frühzeitig und gewissenhaft geplant werden. Ergebnisse früherer Audits sollten hier genauso berücksichtigt werden wie besondere Eigenschaften der zu auditierenden Geschäftsprozesse oder -bereiche. Als Faustregel kann gelten, dass ein Auditprogramm jedes Jahr mindestens ein internes Audit vorsehen sollte und innerhalb eines Zeitraums von zwei Jahren jeder grundlegende Aspekt eines ISMS mindestens einmal überprüft wird. Auch der Zeitpunkt der Durchführung der einzelnen Audits muss festgelegt werden, wobei sich die Frage stellt, wie weit im Voraus sie den Beteiligten angekündigt werden sollte. Da bei Managementsystem-Audits meistens viele Interviews mit Verantwortlichen in einem begrenzten Zeitfenster zu organisieren sind, ist in der Praxis eine möglichst frühzeitige Planung und Information aller Beteiligten zu empfehlen.

Da es aus verschiedenen Gründen manchmal wünschenswert ist, dass interne Audits zumindest teilweise von eigenen Mitarbeitern durchgeführt werden, stellt sich in vielen Organisationen die Frage, welche Fähigkeiten diese Mitarbeiter besitzen sollten. Wichtig bei der Auswahl der Auditoren, das betont DIN EN ISO/IEC 27001 explizit, sind Objektivität und Unparteilichkeit. Ein für die Informationssicherheit verantwortlicher Mitarbeiter eignet sich demnach ebenso wenig für die Durchführung eines Audits wie Mitarbeiter der IT-Abteilung, die direkt an der Umsetzung ausgewählter Sicherheitsmaßnahmen beteiligt sind. In der Praxis haben sich erfahrene Mitarbeiter aus Revision oder Qualitätsmanagement bewährt, die über ausreichend gute Fachkenntnis der Informationssicherheit verfügen, aber bei Bedarf auch von IT-Spezialisten unterstützt werden können.

Den offiziellen Abschluss eines Audits bildet ein Audit-Bericht oder ein Audit-Protokoll, welches die Ergebnisse des Audits sowie Vorschläge zur Behebung von festgestellten Defiziten eines ISMS zusammenfasst. Ein solcher Bericht sollte der zuständigen Leitung übergeben werden und gleichzeitig als Nachweis der Durchführung interner Audits und der erfolgreichen Umsetzung des Audit-Programms dienen. Die Leitung ist aber darüber hinaus auch noch zuständig dafür, explizit Bewertungen des Managementsystems durchzuführen.

Auditnachweis zu den Anforderungen des Normabschnitts 9.2 ist zunächst das dokumentierte Auditprogramm, das sowohl allgemeine Regelungen zu Audits umfassen sollte wie auch die konkrete Planung künftiger Audits. Dass das Auditprogramm auch wirksam umgesetzt wird, wird anhand der Berichte zurückliegender interner Audits geprüft. Bisweilen wird auch nach einem Nachweis der Eignung und Kompetenz der eingesetzten Auditoren gefragt.

4.9.3 Managementbewertung

Eine Bewertung durch das Management (*Management Review*) stellt eine Prüfung der Konformität, Effektivität und Effizienz des ISMS durch die oberste Leitungsebene der betreffenden Organisation dar. Ziel ist es, zu ermitteln, inwieweit das bestehende ISMS und die geplanten und umgesetzten Maßnahmen zur Sicherung und Erhöhung der Informationssicherheit sowie zur Behandlung von Risiken plangemäß umgesetzt werden (Konformität), tatsächlich geeignet und wirksam sind (Effektivität) und das erzielte Ergebnis in einem vertretbaren Verhältnis zu den entstandenen Kosten bzw. dem personellen, technischen und organisatorischen Aufwand steht (Effizienz).

Mindestanforderung aus DIN EN ISO/IEC 27001:
9.3.1 Allgemeines
Die oberste Leitung muss das Informationssicherheitsmanagementsystem der Organisation in geplanten Abständen bewerten, um dessen fortdauernde Eignung, Angemessenheit und Wirksamkeit sicherzustellen.

Damit ist sichergestellt, dass die oberste Leitung in geplanten Abständen die Leistung des ISMS bewerten muss, hingegen aber noch nicht näher beschrieben, welche Themen dort typischerweise zu betrachten sind.

Mindestanforderung aus DIN EN ISO/IEC 27001:
9.3.2 Eingaben für die Managementbewertung
Die Managementbewertung muss folgende Aspekte behandeln:

a) den Status von Maßnahmen vorheriger Managementbewertungen;
b) Veränderungen bei externen und internen Themen, die das Informationssicherheitsmanagementsystem betreffen;
c) Veränderungen bei den Erfordernissen und Erwartungen von interessierten Parteien, die das Informationssicherheitsmanagementsystem betreffen;
d) Rückmeldung über die Informationssicherheitsleistung, einschließlich Entwicklungen bei:
   1) Nichtkonformitäten und Korrekturmaßnahmen;
   2) Ergebnissen von Überwachungen und Messungen;
   3) Auditergebnissen;
   4) Erreichung von Informationssicherheitszielen;

e) Rückmeldung von interessierten Parteien;
f Ergebnisse der Risikobeurteilung und Status des Risikobehandlungsplans;
g) Möglichkeiten zur fortlaufenden Verbesserung.

Regelmäßig (i. d. R. mindestens jährlich) durchzuführende Managementbewertungen sind ein wichtiger Faktor in einem ISMS, da sie die Verantwortung des leitenden Managements in Hinblick auf die kontinuierliche Verbesserung des ISMS und des Sicherheitsniveaus der Organisation weiter konkretisieren. DIN EN ISO/IEC 27001 fordert dabei die Einbeziehung einer Reihe von Aspekten, wie beispielsweise die Ergebnisse früherer Managementbewertungen, die in Audits festgestellten und dokumentierten Defizite und Nichtkonformitäten sowie Berichte und direkte Rückmeldungen im ISMS-Kontext involvierter Parteien, z. B. Kunden, Partnerunternehmen und Lieferanten.

Mindestanforderung aus DIN EN ISO/IEC 27001:
9.3.3 Ergebnisse der Managementbewertung
Die Ergebnisse der Managementbewertung müssen Entscheidungen zu Möglichkeiten der fortlaufenden Verbesserung sowie jeglichen Änderungsbedarf am Informationssicherheitsmanagementsystem enthalten.
Dokumentierte Information muss als Nachweis der Ergebnisse der Managementbewertungen verfügbar sein.

Deutlich macht DIN EN ISO/IEC 27001 in diesem Abschnitt, dass die oberste Leitung auf Basis der Berichterstattung im Rahmen der Managementbewertungen Entscheidungen zu treffen hat. Diese dienen einerseits der konkreten Verbesserung des ISMS, greifen aber auch als notwendig erachtete Änderungen dessen auf. In der Praxis fügt der Informationssicherheitsbeauftragte seinem Bericht in der Managementbewertung an die oberste Leitung (vgl. hierzu 4.5.3) meist bereits konkrete Vorschläge zur Verbesserung oder Änderung hinzu, über die die oberste Leitung entscheiden kann. Explizit sei an dieser Stelle darauf hingewiesen, dass die Ergebnisse aus der Managementbewertung und vor allem die Entscheidungen der obersten Leitung zu dokumentieren sind.
Gefragt als Nachweis in einem Audit sind hier vor allem eine allgemeine Planung der Managementbewertungen (z. B.: Wann finden die nächsten statt? In welchem Format und mit welchen Beteiligten? Welche Themen werden besprochen?) sowie die Protokolle zurückliegender Managementbewertungen.

4.10 Verbesserung

Der kontinuierliche Verbesserungsprozess nach dem Deming-Kreislauf (vgl. Kapitel 3.3) ist ein grundlegendes Prinzip des prozessorientierten Informationssicherheitsmanagements (vgl. ISO/IEC 27000) und wird gemeinhin besonders mit der Phase „Act“ in diesem assoziiert. Dieses Reagieren und Agieren auf Basis der im „Check“ erlangten Erkenntnisse umfasst nach Abschnitt 10 der DIN EN ISO/IEC 27001 die Umsetzung eines systematischen Verbesserungsprozesses und die Korrektur von Nichtkonformität.

4.10.1 Fortlaufende Verbesserung

Mindestanforderung aus DIN EN ISO/IEC 27001:
10.1 Fortlaufende Verbesserung
Die Organisation muss die Eignung, Angemessenheit und Wirksamkeit ihres Informationssicherheitsmanagementsystems fortlaufend verbessern.

Der Standard fordert in diesem Abschnitt explizit die fortlaufende Verbesserung. Die wesentlichen Kriterien sind dabei die Eignung des ISMS, seine Angemessenheit und Wirksamkeit im Hinblick auf die identifizierten Risiken und der Erfüllungsgrad der Anforderungen sowie der vorgegebenen Informationssicherheitsziele.

Auditnachweise können die Dokumentation eines organisationseigenen Verbesserungsmanagements umfassen, vor allem gefragt ist aber der Nachweis eines gesteuerten Umgangs mit Verbesserungs- und Korrekturmaßnahmen, für das der folgende Normabschnitt Anforderungen definiert:

4.10.2 Nichtkonformität und Korrekturmaßnahmen

Eine Nichtkonformität ist nach ISO/IEC 27000 die Nichterfüllung einer Anforderung. Anforderungen ergeben sich aus dem Standard DIN EN ISO/IEC 27001 selbst – aus gesetzlichen, regulatorischen und sonstigen Bestimmungen oder Verträgen (d. h. aus Compliance-Anforderungen) – oder auch organisationsintern, z. B. aus ISMS-Richtlinien oder festgelegten Verfahrensvorgaben. Das Erkennen von Nichtkonformitäten erfolgt in erster Linie durch Audits bzw. durch das Auditprogramm (vgl. Kapitel 4.9.2). Auf identifizierte Nichtkonformitäten muss reagiert werden:

Mindestanforderung aus DIN EN ISO/IEC 27001:
10.2 Nichtkonformität und Korrekturmaßnahmen
Wenn eine Nichtkonformität auftritt, muss die Organisation:

a) darauf reagieren, und falls zutreffend:
    1) Maßnahmen zur Überwachung und zur Korrektur ergreifen;
    2) mit den Folgen umgehen;
b) die Notwendigkeit von Maßnahmen zur Beseitigung der Ursachen von Nichtkonformitäten bewerten, damit diese nicht erneut oder an anderer Stelle auftreten, und zwar durch:
    1) Überprüfen der Nichtkonformität;
    2) Bestimmen der Ursachen der Nichtkonformität; und
    3) Bestimmen, ob vergleichbare Nichtkonformitäten bestehen, oder möglicherweise auftreten könnten;
c) jegliche erforderliche Maßnahme einleiten;
d) die Wirksamkeit jeglicher ergriffener Korrekturmaßnahme überprüfen; und
e) sofern erforderlich, das Informationssicherheitsmanagementsystem ändern.

Korrekturmaßnahmen müssen den Auswirkungen der aufgetretenen Nichtkonformitäten angemessen sein.
Dokumentierte Information muss verfügbar sein als Nachweis:
f) der Art der Nichtkonformität sowie jeder daraufhin getroffenen Maßnahme;
g) der Ergebnisse jeder Korrekturmaßnahme.

Falls eine Nichtkonformität auftritt, darf die Organisation diese nicht ignorieren, sondern muss darauf reagieren und alle notwendigen und erforderlichen Korrekturmaßnahmen ergreifen, um die Nichtkonformität abzustellen. Auch die Folgen, die durch die Nichtkonformität eingetreten sind, müssen behandelt werden. Die Korrekturmaßnahmen müssen im Verhältnis zu den Auswirkungen der Nichtkonformität angemessen sein, d. h., eine Überreaktion ist genauso zu vermeiden wie das Außerachtlassen. Je nach Auswirkung der Nichtkonformität kann sogar die Änderung des ISMS erforderlich sein. Die eingesetzten Maßnahmen sind auf ihre Wirksamkeit hin zu überprüfen, d. h., es ist zu prüfen, ob die Korrekturmaßnahmen geeignet und angemessen sind, um die Nichtkonformität zu beseitigen. Eine Nichtkonformität soll auch nicht wiederholt werden oder an anderer Stelle auftreten. Insofern ist die Nichtkonformität auch daraufhin zu untersuchen, und deren Ursachen sind zu ermitteln. Diese Analyse muss ausreichende Informationen liefern, um erkennen zu können, ob ähnliche Nichtkonformitäten in anderen Bereichen bestehen oder auftreten könnten. Auch dann sind angemessene Korrekturmaßnahmen geboten.

Die Umsetzung dieser Maßnahmen sollte man in einem Audit mit der Dokumentation eines entsprechenden Verfahrens belegen können. Als Auditnachweis wird aber auch eine Stichprobe von Aufzeichnungen der Umsetzung von Verbesserungs- und Korrekturmaßnahmen, welche häufig in einem Ticketsystem erfasst sind, genommen werden.

4.11 Zusammenfassung

Zur Anwendung einer Norm gehört ganz grundlegend, dass ihr Anwendungsbereich spezifisch für die jeweilige Organisation definiert wird (vgl. Abschnitt 4.3 der Norm). Standardkonformität kann dabei nur erreicht werden, wenn keine der in DIN EN ISO/IEC 27001 genannten Mindestanforderungen ausgeschlossen werden. Für die Zertifizierung einer Organisation nach DIN EN ISO/IEC 27001 müssen somit alle Vorgaben der Abschnitte 4 bis 10 eingehalten werden; begründete Einschränkungen können sich nur auf die in Anhang A von DIN EN ISO/IEC 27001 vorgesehenen Maßnahmen beziehen.

Der unternehmensspezifische Anwendungsbereich muss unter Berücksichtigung identifizierter externer und interner Themen und Anforderungen sowie Schnittstellen und Abhängigkeiten zu Tätigkeiten anderer Organisationen definiert werden. Er manifestiert sich in einer Informationssicherheitspolitik, die durch die oberste Leitung festgelegt und durch Informationssicherheitsrichtlinien dokumentiert wird. Da DIN EN ISO/IEC 27001 ein risikogetriebenes Vorgehen fordert, muss auch festgelegt werden, wie Risiken für die Informationssicherheit ermittelt und eingeschätzt werden und anhand welcher Kriterien entschieden wird, ob ein verbleibendes Restrisiko ohne das Ergreifen weiterer risikosenkender Maßnahmen akzeptiert wird. Als Umgang mit Risiken kommt neben deren bewusster

Akzeptanz infrage, geeignete (Gegen-)Maßnahmen zu ergreifen, die Risiken z. B. durch das Abschalten von Systemen zu vermeiden oder die Risiken vertraglich an Dritte – beispielsweise Versicherungen oder Zulieferer – zu übertragen. Den ermittelten Restrisiken müssen nach DIN EN ISO/IEC 27001 die sogenannten Risikoeigentümer zustimmen, die im Rahmen der Risikobeurteilung identifiziert wurden.

DIN EN ISO/IEC 27001 weist der obersten Leitung einer Organisation eine Reihe von Verpflichtungen zu, sodass zum einen sichergestellt wird, dass Informationssicherheit kein Thema nur der IT-Abteilung bleibt und dass zum anderen immer ausreichende Ressourcen u. a. zur Durchführung und kontinuierlichen Verbesserung des ISMS bereitgestellt werden. Die Norm sieht zudem interne Audits und Managementbewertungen vor, bei denen die wirksame Erreichung der mit dem ISMS verbundenen Ziele überprüft wird. Diese Audits und Managementbewertungen müssen in geplanten Abständen durchgeführt werden und umfassen beispielsweise die Kontrolle, ob die in der Norm genannten Anforderungen und die organisationsspezifisch identifizierten Anforderungen an die Informationssicherheit erfüllt werden. Erkannte Nichtkonformität muss im Rahmen der kontinuierlichen Verbesserung über Korrekturmaßnahmen behoben werden. Darüber hinaus muss auch laufend die Notwendigkeit von Präventionsmaßnahmen untersucht werden, weil sich beispielsweise Risiken oder Anforderungen geändert haben können.

4.12 Beispiele für Prüfungsfragen zu diesem Kapitel

Nachfolgend finden Sie Beispiele für Prüfungsfragen, die sich thematisch mit den in diesem Kapitel erlernten Inhalten auseinandersetzen. Die richtigen Antworten inklusive Erläuterungen und Verweisen befinden sich in Anhang C.1 ab Seite 237.

Prüfungsfrage 4.12:

Wann spricht man von einem ISMS, das zu DIN EN ISO/IEC 27001 konform ist?

A) Wenn alle Anforderungen aus den Abschnitten 4 bis 10 erfüllt und die Maßnahmen aus dem Anhang A in DIN EN ISO/IEC 27001 umgesetzt wurden, sofern anwendbar.

B) Wenn für alle Maßnahmen aus dem Anhang A in DIN EN ISO/IEC 27001 eine solide und nachvollziehbare Planung existiert.

C) Wenn alle Maßnahmen exakt nach den Vorgaben aus ISO/IEC 27002 umgesetzt wurden.

D) Wenn mindestens 80 % der identifizierten Risiken durch geeignete Maßnahmen behandelt wurden.

Prüfungsfrage 4.13:
Wobei handelt es sich *nicht* um einen relevanten Aspekt der Informationssicherheitsrisikobehandlung gemäß DIN EN ISO/IEC 27001?

A) Auswahl angemessener Optionen für die Risikobehandlung.
B) Erstellung einer Erklärung zur Anwendbarkeit.
C) Löschen von Restrisiken auf Basis der Risikokriterien.
D) Erstellung eines Risikobehandlungsplans.

Prüfungsfrage 4.14:
Wie definiert ISO/IEC 27000 den Begriff Risikoanalyse?

A) Koordinierte Aktivitäten zur Leitung und Kontrolle einer Organisation in Bezug auf Risiken.
B) Prozess für die Auswahl von Maßnahmen zur Behandlung identifizierter Risiken.
C) Festlegungen, um die Signifikanz eines Risikos zu bewerten.
D) Prozess, um die Beschaffenheit eines Risikos zu verstehen und das Risikoniveau zu bestimmen.

Prüfungsfrage 4.15:
Welche der folgenden Tätigkeiten ist *keine* von DIN EN ISO/IEC 27001 geforderte Verpflichtung des Managements?

A) Sicherstellung, dass interne ISMS-Audits durchgeführt werden.
B) Bestimmung der Aufgaben und Verantwortlichkeiten für Informationssicherheit.
C) Lenkung von Dokumenten und Aufzeichnungen.
D) Festlegen der ISMS-Leitlinie.

Prüfungsfrage 4.16:
Welche Arten von Audits sind in der Regel nach DIN EN ISO/IEC 27001 zu unterscheiden?

A) Vollständige und unvollständige.
B) Interne und externe.
C) Objektive und subjektive.
D) Angekündigte und unangekündigte.

Prüfungsfrage 4.17:
Im Verlauf der Festlegung des ISMS sind nach DIN EN ISO/IEC 27001 die Definition der ISMS-Leitlinie und der Vorgehensweise zur Risikoeinschätzung zu erstellen. Welcher Schritt muss nach DIN EN ISO/IEC 27001 bereits zuvor erfolgt sein?

A) Das Budget für das ISMS-Vorhaben muss geklärt werden.
B) Das Management muss die Umsetzung und Durchführung des ISMS genehmigen.
C) Im Rahmen eines Audits müssen Verbesserungsmöglichkeiten identifiziert werden.
D) Der Anwendungsbereich (*Scope*) des ISMS muss festgelegt werden.

Prüfungsfrage 4.18:
Welche Aufgabe hat ein Risikoeigentümer im Hinblick auf die Informationssicherheitsrisikobehandlung?

A) Der Risikoeigentümer muss alle Restrisiken identifizieren und beseitigen.
B) Der Risikoeigentümer muss den vorgeschlagenen Restrisiken zustimmen.
C) Der Risikoeigentümer ist für die (technische) Umsetzung der Maßnahmen zur Risikobehandlung zuständig.
D) Der Risikoeigentümer dokumentiert die Risiken in den internen Auditberichten.

Prüfungsfrage 4.19:
Welcher Schritt gehört *nicht* zur Beurteilung von Informationssicherheitsrisiken?

A) Identifizierung der Risiken und zugehörigen Risiokoeigentümer.
B) Analyse der Risiken einschließlich Bestimmung der Risikoniveaus.
C) Bewertung der Risiken einschließlich Priorisierung für die Risikobehandlung.
D) Festlegung der Maßnahmen zur Risikobehandlung.

Prüfungsfrage 4.20:
Worauf ist im Zusammenhang mit internen Audits des ISMS zu achten?

A) Dass in jedem internen Audit alle Anforderungen der Norm DIN EN ISO/IEC 27001 vollumfänglich geprüft werden.
B) Dass die Ergebnisse der Audits gegenüber der zuständigen Leitung berichtet werden.
C) Dass die Auditkriterien im Vorfeld gegenüber den auditierten Personen und Bereichen nicht offengelegt werden.
D) Dass als Auditoren nur Personen ausgewählt werden, die selbst in dem auditierten Bereich tätig sind.

Prüfungsfrage 4.21:
Wobei handelt es sich *nicht* um eine Aktivität, die gemäß DIN EN ISO/IEC 27001 umgesetzt werden muss, um ein ISMS zu planen oder zu betreiben?

A) Bestimmung von Chancen und Risiken in Verbindung mit dem ISMS.
B) Festlegung von Informationssicherheitszielen.
C) Etablierung eines Prozesses zur Ermittlung der Mitarbeiterzufriedenheit in Bezug auf die festgelegten Sicherheitsrichtlinien.
D) Erstellung einer Erklärung zur Anwendbarkeit des ISMS.

5 Maßnahmen im Rahmen des ISMS

Im normativen Anhang A *Verweisungen auf Informationssicherheitsmaßnahmen* (vgl. S. 220) beschreibt DIN EN ISO/IEC 27001 eine sehr umfangreiche Reihe von Maßnahmen, deren Umsetzung zur Reduzierung der Risiken für die Informationssicherheit beiträgt. Trotz des Umfangs ist diese Maßnahmenliste nicht in jedem Fall als vollständig und abschließend zu betrachten; jede Organisation muss sich überlegen, welche weiteren Maßnahmen in ihrem konkreten Fall benötigt werden. Die Maßnahmen wurden ursprünglich aus den Abschnitten 5 bis 15 der Norm ISO/IEC 17799 abgeleitet, woraus sich auch die Nummerierung des Anhangs A von DIN EN ISO/IEC 27001 beginnend mit A.5 ergibt. In der aktuellen Version der Norm wurde die Anzahl der Abschnitte drastisch auf nur noch vier reduziert. In der ersten Version von DIN EN ISO/IEC 27001 waren es elf und dann 14. Die Kapitel von ISO/IEC 27002 verwenden ebenfalls diese Struktur und Reihenfolge. Auch die Anzahl der Maßnahmen wurde von ursprünglich 133 über 114 auf mittlerweile 93 konsolidiert.

In diesem Kapitel gehen wir auf alle in Anhang A von DIN EN ISO/IEC 27001 aufgeführten Maßnahmen ein. Einige Maßnahmen sind dabei ausführlicher beschrieben als andere. Das bedeutet **nicht**, dass sie theoretisch oder in der Praxis wichtiger sind als die anderen, sondern spiegelt vielmehr die Schwerpunkte des DIN EN ISO/IEC 27001 Foundation-Kurses wider. Zu ausgewählten Maßnahmen werden in Anlehnung an ISO/IEC 27002 jeweils auch praktische Beispiele zur Umsetzung gegeben. An einigen Stellen wird auf typische Dokumente und Aufzeichnungen bzw. Ergebnisse der Maßnahmenumsetzung eingegangen, die bei der Durchführung interner oder externer Audits oft als Auditnachweise herangezogen werden.

Die ISO/IEC 27000-Normenreihe fasst die Maßnahmen in vier Kategorien zusammen (vgl. Abbildung 5.1). Nachfolgend werden die einzelnen Kategorien in der Reihenfolge, wie sie auch in DIN EN ISO/IEC 27001 genannt sind, besprochen:

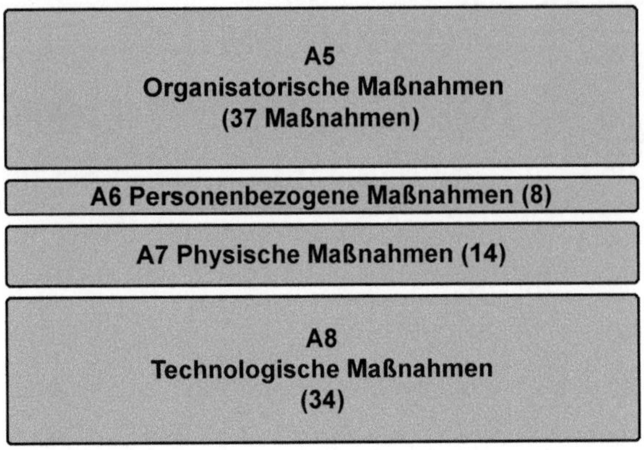

Abbildung 5.1 Struktur der Maßnahmen aus Anhang A von DIN EN ISO/IEC 27001

5.1 A.5 Organisatorisches Maßnahmen

5.1.1 [A.5.1] Informationssicherheitspolitik und -richtlinien

Maßnahme A.5.1 behandelt die Informationssicherheitspolitik und -richtlinien und ist eine präventive Maßnahme.

> Maßnahme **Informationssicherheitspolitik und -richtlinien** nach DIN EN ISO/IEC 27001:
> Informationssicherheitspolitik und themenspezifische Richtlinien müssen definiert, von der Geschäftsleitung genehmigt, veröffentlicht, dem zuständigen Personal und den interessierten Parteien mitgeteilt und von diesen zur Kenntnis genommen sowie in geplanten Abständen und bei wesentlichen Änderungen überprüft werden.

Korrespondiert mit **DIN EN ISO/IEC 27001:2017**:
A.5.1.1 Informationssicherheitsrichtlinien
A.5.1.2 Überprüfung der Informationssicherheitsrichtlinien

Wie bereits in Kapitel 3.1.2 und Kapitel 4.5.2 erläutert, sind die mit dem ISMS verbundenen Zielsetzungen – die Informationssicherheitspolitik der Organisation – von der höchsten Ebene des Managements der Organisation zu definieren. Dokumentiert wird dies in einer übergeordneten Informationssicherheitsrichtlinie, die eine organisationsweit kommunizierte Absichtserklärung des Topmanagements darstellt.

Berücksichtigt werden sollten in der übergeordneten Richtlinie allgemeine ISMS-Ziele und -Prinzipien (z. B. risikobasierter Ansatz, Schutz von Werten, kontinuierliche Verbesserung), aber auch vertragliche und gesetzliche Rahmenbedingungen sowie Strategien und allgemeine Ziele der Organisation. Die Richtlinie ist auch eine gute Stelle, um übergreifende Verantwortlichkeiten für die Informationssicherheit und deren Management zu definieren.

Die übergeordnete Informationssicherheitsrichtlinie (oder auch: ISMS-Richtlinie) wird durch themenspezifische Richtlinien ergänzt.

Themen für spezifische Richtlinien können beispielsweise sein:

- Umgang mit Informationen und Werten bzw. Assets (siehe Kapitel 5.1.10)
- Informationsklassifizierung (siehe Kapitel 5.1.12)
- Übertragung von Informationen (siehe Kapitel 5.1.14)
- Zugangssteuerung und Zugangsrechte (siehe Kapitel 5.1.15 und 5.1.18)
- Lieferantenbeziehungen (siehe Kapitel 5.1.19)
- Verwendung von Cloud-Diensten (siehe Kapitel 5.1.23)
- Schutz der Rechte an geistigem Eigentum (siehe Kapitel 5.1.32)
- Umgang mit Aufzeichnungen (siehe Kapitel 5.1.33)
- Privatsphäre und Schutz personenbezogener Daten (siehe Kapitel 5.1.34)
- Home Office und Remote-Arbeit (siehe Kapitel 5.2.7)
- Aufgeräumte Schreibtische und Gerätesperren (siehe Kapitel 5.3.7)
- Mobile Speichermedien (siehe Kapitel 5.3.10)
- Anwender-Endgeräte (siehe Kapitel 5.4.1)
- Management technischer Schwachstellen und Kommunikation dieser (siehe Kapitel 5.4.8)
- Aufbewahrung und Löschung von Informationen (siehe Kapitel 5.4.10)
- Datensicherung und Backups (siehe Kapitel 5.4.13)
- Protokollierung und Umgang mit Log-Files (siehe Kapitel 5.4.15)
- Einsatz von Kryptographie (siehe Kapitel 5.4.24)

Die themenspezifischen Richtlinien müssen nicht notwendigerweise von der obersten Leitung erlassen und freigegeben werden; dies kann auf einer niedrigeren, der Regelung des jeweiligen Themas angemessenen Ebene geschehen.

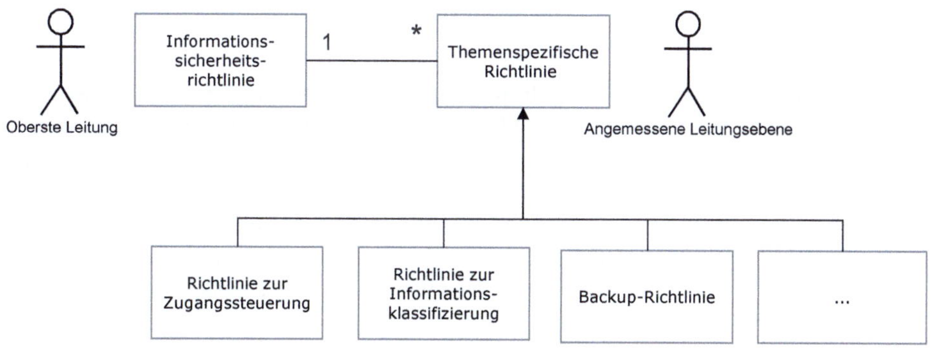

Abbildung 5.2 Informationssicherheitsrichtlinie und themenspezifische Richtlinien

Richtlinien adressieren meist nicht nur einen kleinen Kreis von Spezialisten, sondern ein relativ breites Publikum innerhalb (und teilweise auch außerhalb) der Organisation. Sie sollten immer relativ kurz gehalten werden sowie prägnant und verständlich formuliert sein. Regelungen zu Details finden gegebenenfalls ihren Platz besser in anderen Vorgabedokumenten wie Prozess- und Verfahrensdefinitionen, Arbeitsanweisungen und Ähnlichem.

Richtlinien sind allen maßgeblichen Parteien zu kommunizieren. Dabei ist natürlich darauf zu achten, dass es hierbei nicht zu einer unnötigen Verbreitung vertraulicher Informationen außerhalb der Organisation kommt.

Richtlinien als übergeordnete Zielvorgaben ändern sich in der Regel seltener als Prozess- und Verfahrensdefinitionen und andere konkretere Vorgabedokumente. Dennoch müssen auch sie einer regelmäßigen Überprüfung unterzogen und kontinuierlich weiter entwickelt werden. Für die Überprüfung, Weiterentwicklung und Freigabe der verschiedenen Richtlinien sollten jeweils geeignete Verantwortlichkeiten definiert und zugewiesen werden. Eine Überprüfung einer Richtlinie sollte spätestens in einem festgelegten Abstand (z. B. jährlich) erfolgen. Auch wenn sich neue Erkenntnisse oder Erfordernisse – z. B. aus Managementbewertungen, Audits, Änderungen im Geschäftsumfeld, neuen Gefahrenlagen oder der Analyse von Informationssicherheitsvorfällen – ergeben, kann eine Überprüfung angezeigt sein.

5.1.2 [A.5.2] Informationssicherheitsrollen und -verantwortlichkeiten

Maßnahme A.5.2 behandelt die Informationssicherheitsrollen und -verantwortlichkeiten und ist eine präventive Maßnahme.

> Maßnahme **Informationssicherheitsrollen und -verantwortlichkeiten** nach DIN EN ISO/IEC 27001:
> Die Aufgaben und Zuständigkeiten im Bereich der Informationssicherheit müssen entsprechend den Erfordernissen des Unternehmens definiert und zugewiesen werden.

Korrespondiert mit **DIN EN ISO/IEC 27001:2017**:
A.6.1.1 Informationssicherheitsrollen und -verantwortlichkeiten

Die wirksame Wahrnehmung von Verantwortlichkeiten im Kontext der Informationssicherheit ist die Basis für deren Erhalt und Management. Wichtig ist also, dass eine angemessene Struktur von Rollen und Funktionen mit zugewiesenen Verantwortlichkeiten (man sagt manchmal auch: eine Informationssicherheitsorganisation) definiert und innerhalb der Gesamtorganisation bekannt ist.

Die Rollen sollten so definiert sein, dass die Verantwortlichkeiten beim Schutz von Werten, bei der Ausführung der Informationssicherheitsprozesse sowie im Risikomanagement eindeutig festgelegt sind – bei Letzterem speziell auch die Rolle des Risikoeigentümers (vgl. Kapitel 4.6.1.2 und 4.6.1.3).

Für alle Rollen sind ihre jeweilige Verantwortung sowie ihre Zuweisung an eine konkrete Person, Funktion oder Stelle in der Organisation zu dokumentieren. Es empfiehlt sich, die Verantwortung für die übergreifende Koordination des Managements der Informationssicherheit einer Person bzw. Stelle zuzuweisen, welche diese Rolle als ihre Hauptfunktion erfüllt. Diese Rolle bzw. Funktion wird in der Praxis unterschiedlich benannt – gängige Bezeichnungen sind z. B. Chief Information Security Officer (CISO), Informationssicherheits-Beauftragte(r), Information Security Officer oder ISMS-Beauftragte(r).

5.1.3 [A.5.3] Aufgabentrennung

Maßnahme A.5.3 behandelt die Aufgabentrennung und ist eine präventive Maßnahme.

> Maßnahme **Aufgabentrennung** nach DIN EN ISO/IEC 27001:
> Sich widersprechende Aufgaben und Verantwortungsbereiche müssen voneinander getrennt werden.

Korrespondiert mit **DIN EN ISO/IEC 27001:2017**:
A.6.1.2 Aufgabentrennung

Bei der Zuweisung von Verantwortlichkeiten und Pflichten – im ISMS selbst, aber auch in anderen relevanten Bereichen wie z. B. der IT-Administration – sollte auf eine angemessene Trennung von Aufgaben geachtet werden.

Mit der Aufgabentrennung wird das Risiko eines Missbrauchs, sei er irrtümlich oder vorsätzlich, minimiert. Ein Ziel kann hierbei beispielsweise sein, dass Werte mit hohem Schutzbedarf nur unter Einhaltung eines Vieraugenprinzips verwendet und modifiziert werden dürfen.

Für kleine Organisationen, in denen eine Aufgabentrennung in allen Bereichen nur schwer umsetzbar ist, können andere Maßnahmen wie Überwachung der Tätigkeiten, Prüfpfade und Leitungsaufsicht etabliert werden.

5.1.4 [A.5.4] Verantwortlichkeiten der Leitung

Maßnahme A.5.4 behandelt die Verantwortlichkeiten der Leitung und ist eine präventive Maßnahme.

> Maßnahme **Verantwortlichkeiten der Leitung** nach DIN EN ISO/IEC 27001:
> Die Leitung muss vom gesamten Personal verlangen, dass es die Informationssicherheit im Einklang mit der eingeführten Informationssicherheitspolitik, und den themenspezifischen Richtlinien und Verfahren der Organisation umsetzt.

Korrespondiert mit **DIN EN ISO/IEC 27001:2017**:
A.7.2.1 Verantwortlichkeiten der Leitung

Das Engagement der obersten Leitung ist ein kritischer Erfolgsfaktor für ein wirksames ISMS. Insbesondere sollte die Leitung bei der Informationssicherheit innerhalb der Organisation eine Vorbildfunktion erfüllen. Sie muss die Informationssicherheit aktiv fördern sowie unterstützen und dafür sorgen, dass die Beschäftigten über ihre Rollen, Verantwortlichkeiten und über die Richtlinien, Regeln, Maßnahmen und Verfahren Bescheid wissen. Das Bewusstsein für Informationssicherheit sollte gestärkt und die Beschäftigten sollten dafür auch motiviert und kontinuierlich weitergebildet werden (siehe auch Kapitel 5.2.3).

5.1.5 [A.5.5] Kontakt mit Behörden

Maßnahme A.5.5 behandelt den Kontakt mit Behörden und ist eine präventive, korrigierende Maßnahme.

> Maßnahme **Kontakt mit Behörden** nach DIN EN ISO/IEC 27001:
> Die Organisation muss mit den zuständigen Behörden Kontakt aufnehmen und halten. ■

Korrespondiert mit **DIN EN ISO/IEC 27001:2017**:
A.6.1.3 Kontakt mit Behörden

Oft auch auf regelmäßiger Basis, insbesondere aber in besonderen Situationen wie beim Umgang mit schweren Informationssicherheitsvorfällen (vgl. Kapitel 5.1.24), ist eine angemessene Kommunikation mit Behörden notwendig.

Bereits vor einem solchen Kontakt werden Verfahren und Verantwortlichkeiten bestimmt und dokumentiert, die festlegen, wer wann mit welchen Behörden kommuniziert. Dies betrifft z. B. Strafverfolgungsbehörden oder auch Aufsichtsbehörden. Dabei ist auch festzulegen, wer berechtigt ist, Informationen über Sicherheitsvorfälle an Externe weiterzugeben und in welcher Art die Weitergabe solcher Informationen erfolgt. Gegebenenfalls besteht durch gesetzliche und behördliche Auflagen (vgl. Kapitel 1.3) sogar eine gesetzliche Verpflichtung zur Meldung.

5.1.6 [A.5.6] Kontakt mit speziellen Interessensgruppen

Maßnahme A.5.6 behandelt den Kontakt mit speziellen Interessensgruppen und ist eine präventive, korrigierende Maßnahme.

> Maßnahme **Kontakt mit speziellen Interessensgruppen** nach DIN EN ISO/IEC 27001:
> Die Organisation muss mit speziellen Interessensgruppen oder sonstigen sicherheitsorientierten Expertenforen und Fachverbänden Kontakt aufnehmen und halten. ■

Korrespondiert mit **DIN EN ISO/IEC 27001:2017**:
A.6.1.4 Kontakt mit speziellen Interessengruppen

Ein Austausch mit anderen Organisationen zum Thema Informationssicherheit kann vielfältige Vorteile haben. Mitgliedschaften in Interessengruppen können dazu dienen, besser über den aktuellen Stand allgemeiner und sektorspezifischer Gefährdungen sowie Good Practices informiert zu sein. Es können auch Vereinbarungen zur Kooperation und Koordination geschlossen werden. Als Beispiel für spezielle Interessengruppen sind hier CERTs (Computer Emergency Response Teams) oder deren Verbünde zu nennen. Diese können mit sachdienlichen Hinweisen die Schutzmaßnahmen unterstützen oder stetig verbessern helfen.

5.1.7 [A.5.7] Informationen über die Bedrohungslage

Maßnahme A.5.7 behandelt die Informationen über die Bedrohungslage und ist eine präventive, detektierende, korrigierende Maßnahme.

> Maßnahme **Informationen über die Bedrohungslage** nach DIN EN ISO/IEC 27001: Informationen über Bedrohungen der Informationssicherheit müssen erhoben und analysiert werden, um Erkenntnisse über Bedrohungen zu gewinnen. ■

Korrespondiert mit **DIN EN ISO/IEC 27001:2017**:
(neu)

Informationen zur allgemeinen Gefährdungs- bzw. Bedrohungslage (z. B. aus BSI-Lageberichten) können dazu genutzt werden, um Bedrohungen zu verhindern, zu erkennen oder besser darauf reagieren zu können. Insbesondere stellen solche Daten einen wichtigen Input für die Beurteilung von Informationssicherheitsereignissen (vgl. Kapitel 5.1.25) sowie für die angemessene Konfiguration von Antiviren-Software, Angriffserkennungssystemen und Webfiltern (vgl. Kapitel 5.4.7, 5.4.16 und 5.4.23) dar.

5.1.8 [A.5.8] Informationssicherheit im Projektmanagement

Maßnahme A.5.8 behandelt die Informationssicherheit im Projektmanagement und ist eine präventive Maßnahme.

> Maßnahme **Informationssicherheit im Projektmanagement** nach DIN EN ISO/IEC 27001: Die Informationssicherheit muss in das Projektmanagement integriert werden. ■

Korrespondiert mit **DIN EN ISO/IEC 27001:2017**:
A.6.1.5 Informationssicherheit im Projektmanagement
A.14.1.1 Analyse und Spezifikation von Informationssicherheitsanforderungen

Bei allen Projekten – insbesondere natürlich bei denen, durch die sich potenziell sicherheitsrelevante Änderungen für die Organisation oder ihre Werte ergeben – ist die Informationssicherheit von Anfang an zu berücksichtigen.

Informationssicherheitsziele sind also Teil der Projektziele, Anforderungen an das Projektergebnis beinhalten Sicherheitsanforderungen, Informationssicherheitsrisiken werden neben den anderen Projektrisiken bewertet und gemanagt und so weiter. Das heißt, die Berücksichtigung der Informationssicherheit ist fester Bestandteil der Projektmethodik der Organisation.

5.1.9 [A.5.9] Inventar der Informationen und anderen damit verbundenen Werte

Maßnahme A.5.9 behandelt ein Inventar der Informationen und anderen damit verbundenen Werten und ist eine präventive Maßnahme.

> Maßnahme **Inventar der Informationen und anderen damit verbundenen Werte** nach DIN EN ISO/IEC 27001:
> Ein Inventar der Informationen und anderen damit verbundenen Werte, einschließlich der Eigentümer, muss erstellt und gepflegt werden. ■

Korrespondiert mit **DIN EN ISO/IEC 27001:2017**:

A.8.1.1 Inventarisierung der Werte
A.8.1.2 Zuständigkeit für Werte

Ein Inventar der Assets bzw. Werte (vgl. Kapitel 3.1.1) dient dazu, einen vollständigen Überblick über die zu schützenden Werte der Organisation zu haben. Dies ist eine fundamentale Voraussetzung für das Risikomanagement (vgl. Kapitel 4.6.1), in dem die Risiken für diese Werte bestimmt und bewertet werden. Wie bei den Risiken sind auch allen Werten verantwortliche Eigentümer zuzuordnen.

In Anlehnung an die Empfehlungen der ISO/IEC 27005 [ISO22f] zur Risikoidentifikation unterscheidet man oft grundsätzlich zwischen primären Assets, also dem, was primär geschützt werden soll (Informationen oder auch Geschäftsprozesse), und den unterstützenden Assets, welche die primären Assets unterstützen, verarbeiten usw. (also z. B. informationsverarbeitende Systeme). Wichtig ist in diesem Fall eine saubere Dokumentation der Abhängigkeiten zwischen den Assets, da sich der Schutzbedarf an den primären Assets orientiert, Gefährdungen sich in der Regel aber auf unterstützende Assets beziehen.

5.1.10 [A.5.10] Zulässiger Gebrauch von Informationen und anderen damit verbundenen Werten

Maßnahme A.5.10 behandelt den zulässigen Gebrauch von Informationen und anderen damit verbundenen Werten und ist eine präventive Maßnahme.

> Maßnahme **Zulässiger Gebrauch von Informationen und anderen damit verbundenen Werten** nach DIN EN ISO/IEC 27001:
> Regeln für den zulässigen Gebrauch und Verfahren für den Umgang mit Informationen und anderen damit verbundenen Werten müssen aufgestellt, dokumentiert und angewendet werden. ■

Korrespondiert mit **DIN EN ISO/IEC 27001:2017**:

A.8.1.3 Zulässiger Gebrauch von Werten
A.8.2.3 Handhabung von Werten

Für den Umgang mit Informationen und anderen Werten sollte eine themenspezifische Richtlinie definiert werden. Diese sollte grundlegend regeln, was eine zulässige Verwendung, Speicherung, Herausgabe usw. von Information je nach deren Klassifizierung (vgl. Kapitel 5.1.12) darstellt.

Beispielsweise kann in solch einer Richtlinie geregelt sein, unter welchen Voraussetzungen und Auflagen als „intern" klassifizierte Information an externe Parteien (z. B. Kunden, Partner, Lieferanten) herausgegeben werden kann.

5.1.11 [A.5.11] Rückgabe von Werten

Maßnahme A.5.11 behandelt die Rückgabe von Werten und ist eine präventive Maßnahme.

> Maßnahme **Rückgabe von Werten** nach DIN EN ISO/IEC 27001:
> Das Personal und gegebenenfalls andere interessierte Parteien müssen alle Werte der Organisation, die sich in ihrem Besitz befinden, bei Änderung oder Beendigung ihres Beschäftigungsverhältnisses, Vertrags oder ihrer Vereinbarung zurückgeben. ■

Korrespondiert mit **DIN EN ISO/IEC 27001:2017**:
A.8.1.4 Rückgabe von Werten

Welche Schritte im Hinblick auf die Rückgabe von Werten bei Beendigung oder Änderung von Beschäftigungsverhältnissen und die damit verbundenen Verträge und Vereinbarungen durchzuführen sind, wird am besten in einem Prozess oder Verfahren definiert und dokumentiert. Ein zentrales Element dabei kann eine Checkliste sein, die idealerweise in digitalisierter Form im Rahmen der Abwicklung des jeweiligen Vorgangs abgearbeitet wird. Es sollte Klarheit darüber geschaffen werden, wie die Rückgabe physischer und elektronischer Werte, darunter Anwender-Endgeräte (Laptop, Smartphone), Datenträger, physische Schlüssel und Authentifizierungsmedien, durchgeführt wird. Das schließt auch die Fragen nach den Zuständigkeiten und Dokumentationsanforderungen zur Sicherstellung der Nachvollziehbarkeit ein. Typische Nachweise für die Umsetzung dieser Maßnahme im Rahmen von Audits sind neben dem festgelegten Verfahren vor allem ausgefüllte Checklisten (auch denkbar als Teil von Tickets in einem Ticketsystem) oder gegengezeichnete Rückgabe- bzw. Rücknahmeprotokolle.

Logische Werte im weiteren Sinne, wie etwa Zugänge zu IT-Diensten und -Systemen oder erworbenes Wissen, können nicht im eigentlichen Wortsinne „zurückgegeben" werden. Sie fallen entsprechend nicht unter diese Maßnahme. Allerdings werden Themen wie die Sicherstellung, dass Vertraulichkeit auch über eine Beendigung der Beschäftigung hinaus gewahrt wird, oder der Entzug von nicht mehr benötigten Zugangsrechten im Rahmen anderer Maßnahmen adressiert.

5.1.12 [A.5.12] Klassifizierung von Informationen

Maßnahme A.5.12 behandelt die Klassifizierung von Informationen und ist eine präventive Maßnahme.

> Maßnahme **Klassifizierung von Informationen** nach DIN EN ISO/IEC 27001: Informationen müssen entsprechend den Informationssicherheitserfordernissen der Organisation auf der Grundlage von Vertraulichkeit, Integrität, Verfügbarkeit und relevanten Anforderungen der interessierten Parteien klassifiziert werden.

Korrespondiert mit **DIN EN ISO/IEC 27001:2017**:
A.8.2.1 Klassifizierung von Informationen

Grundlage der Umsetzung dieser Maßnahme ist ein Klassifizierungssschema, das idealerweise als Teil einer themenspezifischen Richtlinie definiert wird. In der Anwendung wird es dann zunächst darum gehen, die Informationswerte im Asset-Inventar entsprechend ihrer Informationssicherheitserfordernisse bzw. ihres Schutzbedarfs zu klassifizieren. Dies erfolgt in der Praxis meistens auf Basis der drei „CIA“-Schutzziele, gegebenenfalls (z. B. wo durch behördliche Anforderungen verlangt) ergänzt um weitere Schutzziele wie die Authentizität.

Bei der Klassifizierung einzelner Dokumente (also z. B. Verträge, Protokolle, Präsentationen, E-Mails usw.) liegt der Fokus meistens auf der Vertraulichkeit. Ziel ist es dabei vor allem, den Umgang mit Kopien und Ausdrucken dieser Dokumente für alle Angehörigen der Organisation und ggf. auch für externe Parteien klar zu regeln. Hier erfolgt die Klassifizierung dann meistens mit nur einer Kategorie bzw. auf einer Achse, die dann beispielsweise von „0 – nicht klassifiziert/öffentlich“ über „1 – nur für den internen Gebrauch“ und „2 – geheim/vertraulich“ bis „3 – streng geheim/streng vertraulich“ reicht. Natürlich können auch nur mit einer Kategorie ab einer bestimmten Stufe Regelungen nicht nur hinsichtlich der Geheimhaltung, sondern auch der Sicherung von Verfügbarkeit und Integrität festgelegt werden.

In der deutschen Behördenlandschaft kommt im Regelfall die Verschlusssachenanweisung (VSA) des Bundesministeriums des Inneren und für Heimat zum Einsatz. Bei gegenüber *offenen* Informationen erhöhtem Schutzbedarf kommen dabei die vier Abstufungen *VS-NfD* (Verschlusssache, nur für Dienstgebrauch), *VS-vertraulich, geheim* und *streng geheim* zum Einsatz. In der organisationsübergreifenden, auch internationalen Kommunikation findet hingegen häufig das sogenannte Traffic Light Protocol (TLP) Anwendung. In Anlehnung an Ampelfarben mit ihrer englischen Bezeichnung werden dabei einerseits die Abstufungen *green* (Weitergabe an andere Organisationen, aber keine Veröffentlichung), *amber* (Weitergabe an Partner und Dritte gemäß dem Prinzip „Kenntnis nur, wenn nötig“) und *red* (persönlich, nur für bekannte Empfänger) verwendet. Andererseits wird *clear* (früher *white*) für die unbegrenzte Weitergabe verwendet, und *amber* kann in Form von *amber:strict* eine Weitergabe an Dritte, also einen über die direkt beteiligten Organisationen hinausgehenden Verteilerkreis, einschränken.

5.1.13 [A.5.13] Kennzeichnung von Informationen

Maßnahme A.5.13 behandelt die Kennzeichnung von Informationen und ist eine präventive Maßnahme.

> Maßnahme **Kennzeichnung von Informationen** nach DIN EN ISO/IEC 27001:
> Ein angemessener Satz von Verfahren zur Kennzeichnung von Informationen muss entsprechend dem von der Organisation eingesetzten Informationsklassifizierungsschema entwickelt und umgesetzt werden. ■

Korrespondiert mit **DIN EN ISO/IEC 27001:2017**:
A.8.2.2 Kennzeichnung von Information

Die Informationsklassifizierung entfaltet natürlich nur dann ihre Wirksamkeit, wenn man Informationen ihre zugewiesene Klasse auch ansehen kann. Eine Herausforderung bei der Kennzeichnung der Informationen ist, dass selten eine einzelne Methode ausreicht, um alle Formate und Trägermedien von Informationen abzudecken.

Beispielsweise könnte die Klassifizierung eines Vertragsdokuments als „geheim/vertraulich" direkt in die Fußzeile oder Kopfzeile auf jeder Seite geschrieben werden – sie könnte aber auch, wenn der Vertrag in einem elektronischen Dokumentenmanagementsystem verwaltet wird, in dort verwalteten Metadaten erfasst werden. Manche Information in anderen Formaten lässt sich eventuell nur indirekt (z. B. über eine Zuordnungsliste) oder implizit (über spezifizierte Ablageorte) einer Klasse zuordnen.

5.1.14 [A.5.14] Informationsübermittlung

Maßnahme A.5.14 behandelt die Informationsübermittlung und ist eine präventive Maßnahme.

> Maßnahme **Informationsübermittlung** nach DIN EN ISO/IEC 27001:
> Für alle Arten von Übermittlungseinrichtungen innerhalb der Organisation und zwischen der Organisation und anderen Parteien müssen Regeln, Verfahren oder Vereinbarungen zur Informationsübermittlung vorhanden sein. ■

Korrespondiert mit **DIN EN ISO/IEC 27001:2017**:
A.13.2.1 Richtlinien und Verfahren zur Informationsübertragung
A.13.2.2 Vereinbarungen zur Informationsübertragung
A.13.2.3 Elektronische Nachrichtenübermittlung

Zur Verarbeitung und Nutzung müssen Informationen und Daten oft zwischen verschiedenen internen und externen Stellen ausgetauscht werden. Auch hier bietet sich die Dokumentation grundlegender Vorgaben in einer themenspezifischen Richtlinie an. Bei der Definition der im Kontext dieses Themas verfolgten Informationssicherheitsziele spielen auch die in der Kommunikation und bei Transaktionen anzuwendenden Schutzziele Authentizität und Nichtabstreitbarkeit häufig eine Rolle.

Informationsübermittlung kann nicht nur zwischen vielen Stellen, sondern auch über unterschiedliche Arten – elektronisch, physisch oder mündlich – erfolgen. Entsprechend können die Regelungen ein breites Spektrum umfassen wie

- Vorgaben für den Abschluss von Vertraulichkeitsvereinbarungen,
- Regeln für Besprechungen an öffentlichen Orten,

- Anweisungen zur Verpackung von Kuriersendungen und Auswahl geeigneter Versandmethoden,
- Verwendung von elektronischen Signaturen und Verschlüsselung im E-Mail-Verkehr etc.,

um nur einige zu nennen.

5.1.15 [A.5.15] Zugangssteuerung

Maßnahme A.5.15 behandelt die Zugangssteuerung und ist eine präventive Maßnahme.

> Maßnahme **Zugangssteuerung** nach DIN EN ISO/IEC 27001:
> Regeln zur Steuerung des physischen und logischen Zugriffs auf Informationen und andere damit verbundene Werte müssen auf der Grundlage von Geschäfts- und Informationssicherheitsanforderungen aufgestellt und umgesetzt werden.

Korrespondiert mit **DIN EN ISO/IEC 27001:2017**:
A.9.1.1 Zugangssteuerungsrichtlinie
A.9.1.2 Zugang zu Netzwerken und Netzwerkdiensten

Als Basis für ein Zugangskonzept sollten in einem ersten Schritt die Anforderungen an die Zugangskontrolle von den Eigentümern der betroffenen Assets (vgl. Kapitel 5.1.9) erhoben werden. Auf dieser Basis sind dann Fragen des physischen Zugangs bzw. Zutritts (z. B.: „Wer darf in welchen Raum?“, „Wer hat die Schlüssel zu welchem Aktenschrank?“) und des logischen Zugangs bzw. Zugriffs (z. B.: „Wer darf auf welches Verzeichnis zugreifen?“, „Wer erhält Zugang zu welchem System?“, „Wer erhält welche Lese- und Schreibberechtigungen?“) zu klären.

Für schützenswerte Informationen sollten in diesem Zusammenhang Prinzipien wie „Need to know“ und „Least Privilege“ angewendet werden: Jeder erhält nur das Maß an Zugang, das er oder sie auch wirklich benötigt, und standardmäßig ist jeder Zugang zu Informationen verboten, der nicht explizit erlaubt wurde.

5.1.16 [A.5.16] Identitätsmanagement

Maßnahme A.5.16 behandelt das Identitätsmanagement und ist eine präventive Maßnahme.

> Maßnahme **Identitätsmanagement** nach DIN EN ISO/IEC 27001:
> Der gesamte Lebenszyklus von Identitäten muss verwaltet werden.

Korrespondiert mit **DIN EN ISO/IEC 27001:2017**:
A.9.2.1 Registrierung und Deregistrierung von Benutzern

Ziel dieser Maßnahme ist die Ermöglichung der eindeutigen Identifizierung und zuverlässigen Authentisierung von Personen und Systemen, die auf die Informationen der Organisation und andere zugehörige Assets ihren Berechtigungen entsprechend zugreifen.

Wenn möglich, sollte eine Identität immer nur genau einer natürlichen Person zugeordnet sein. Dieser Identität können dann entweder direkt oder, z. B. durch Gruppen- oder Rollenzuordnungen, indirekt Zugangsrechte (vgl. Kapitel 5.1.18) zugewiesen werden. Handlungen, die von dieser Identität mit den ihr zugewiesenen Zugangsrechten ausgeführt werden, lassen sich so wieder eindeutig zuordnen.

Neben natürlichen Personen können auch IT-Systeme, beispielsweise Server und Arbeitsplatz-PCs, oder Geräte wie Sensoren, z. B. in der Gebäudeleittechnik, eindeutige digitale Identitäten und Berechtigungen erhalten. Sofern sich mehrere Personen eine digitale Identität teilen, beispielsweise den *Administrator*-Account eines Systems oder ein funktionsbezogenes E-Mail-Postfach wie *support@domainname*, sollten weiterführende Maßnahmen ergriffen werden, um eine eindeutige Zuordnung durchgeführter Aktionen zu ermöglichen.

Als Oberbegriff für die Verwaltung von digitalen Identitäten und Zugangsrechten wird in der Praxis oft auch der Begriff „Identity and Access Management" (IAM) verwendet.

5.1.17 [A.5.17] Authentisierungsinformationen

Maßnahme A.5.17 behandelt Authentisierungsinformationen und ist eine präventive Maßnahme.

> Maßnahme **Authentisierungsinformationen** nach DIN EN ISO/IEC 27001:
> Die Zuweisung und Verwaltung von Authentisierungsinformationen muss durch einen Managementprozess gesteuert werden, der auch die Beratung des Personals über den angemessenen Umgang mit Authentisierungsinformationen umfasst.

Korrespondiert mit **DIN EN ISO/IEC 27001:2017**:

A.9.2.4 Verwaltung geheimer Authentisierungsinformation von Benutzern
A.9.3.1 Gebrauch geheimer Authentisierungsinformation
A.9.4.3 System zur Verwaltung von Kennwörtern

Bei den meisten IT-Systemen kommen nach wie vor Benutzername- und Passwort-Kombinationen für die Authentisierung zum Einsatz. Auch die Verwaltung zusätzlicher Authentisierungsmittel wie z. B. *security tokens* für eine Zwei-Faktor-Authentisierung sollte im Rahmen dieser Maßnahme geregelt werden.

Für die Verwaltung dieser Authentisierungsinformationen ist ein Prozess zu definieren. Dabei sollte klar festgelegt werden, wie Passwörter eingerichtet werden, welche Eigenschaften bzw. Qualitätsmerkmale sie haben müssen (Länge, enthaltene Sonderzeichen etc.), wann sie geändert werden müssen und so weiter.

Ein System zur Verwaltung von Passwörtern sollte insbesondere auch die Stärke des gewählten Passworts überprüfen. Von der früher geforderten regelmäßigen Passwortänderung wird mittlerweile Abstand genommen, da sie von vielen Personen nur minimalistisch umgesetzt wurde und somit als lästig gilt, ohne ihre ursprüngliche Intention zu erfüllen. Nur leicht variierte Passwörter könnten genauso gut durch systematisches Ausprobieren erraten werden wie die „Originale". Passwörter sind aber mindestens dann zu ändern, wenn aus konkretem Anlass davon auszugehen ist, dass sie kompromittiert wurden.

Für eine starke Authentisierung sollten laut ISO/IEC 27002 neben dem Einsatz von Kennwörtern auch kryptographische Verfahren, Smartcards, Token oder biometrische Verfahren Anwendung finden. Für die weiterhin eingesetzten Passwörter können auch dedizierte Software-Werkzeuge, sogenannte Passwort-Manager, eingesetzt werden, die qualitativ gute Passwörter zufällig generieren und das Ausfüllen von Login-Formularen in Webbrowsern und anderen Anwendungen automatisieren, sodass man sich keine Vielzahl von Passwörtern mehr auswendig merken und sie manuell eintippen muss.

5.1.18 [A.5.18] Zugangsrechte

Maßnahme A.5.18 behandelt die Zugangsrechte und ist eine präventive Maßnahme.

> Maßnahme **Zugangsrechte** nach DIN EN ISO/IEC 27001:
> Zugangsrechte zu Informationen und anderen damit verbundenen Werten müssen in Übereinstimmung mit der themenspezifischen Richtlinie und den Regeln der Organisation für die Zugangssteuerung bereitgestellt, überprüft, geändert und entfernt werden.

Korrespondiert mit **DIN EN ISO/IEC 27001:2017**:

A.9.2.2 Zuteilung von Benutzerzugängen
A.9.2.5 Überprüfung von Benutzerzugangsrechten
A.9.2.6 Entzug oder Anpassung von Zugangsrechten

Es soll sichergestellt werden, dass der Zugang zu Informationen und anderen Werten entsprechend den Geschäftsanforderungen definiert und autorisiert wird.

Hierzu bedarf es eines formalen Prozesses, der neben der Erteilung von Zugangsrechten auch deren regelmäßige Überprüfung sowie bedarfsorientierte Änderungen bzw. deren Entzug regelt. In diesen Prozess sollten die Eigentümer der Assets, zu denen Zugang gewährt wird (vgl. Kapitel 5.1.9), zumindest grundlegend autorisierend eingebunden werden.

In der Praxis wird schon in mittelgroßen Organisationen das Geflecht zwischen den Assets und den zu berechtigenden Entitäten (Mitglieder der Organisation, externe Arbeitskräfte, Systeme usw.) schnell sehr komplex. Um das Management der Zugangsrechte inklusive der notwendigen regelmäßigen Überprüfung bestehender Berechtigungen handhabbar zu halten, empfiehlt sich die Verwendung standardisierter Benutzer- bzw. Berechtigungsprofile. Häufig kommt dabei rollenbasierte Zugriffskontrolle (engl. *role-based access control*, RBAC) zum Einsatz, bei der die Berechtigungen an zu definierende Rollen vergeben werden, denen dann wiederum einzelne Accounts oder Gruppen von Personen zugewiesen werden. Ebenso können oftmals Berechtigungen automatisch aus Attributen bzw. Datenfeldern digitaler Identitäten, z. B. der Zugehörigkeit zu Abteilungen oder Projekten, abgeleitet werden und müssen dann nicht mehr zusätzlich manuell vergeben werden (engl. *attribute-based access control*, ABAC).

Typische Nachweise für die Umsetzung dieser Maßnahme im Rahmen von Audits sind die dokumentierten Nutzer- und Berechtigungsprofile, Informationen über konkret zugewiesene Berechtigungen aus den jeweiligen IT-Systemen und Verzeichnisdiensten sowie Aufzeichnungen über durchgeführte Überprüfungen von Berechtigungen, etwa in Form von Checklisten oder Tickets.

5.1.19 [A.5.19] Informationssicherheit in Lieferantenbeziehungen

Maßnahme A.5.19 behandelt die Informationssicherheit in Lieferantenbeziehungen und ist eine präventive Maßnahme.

> Maßnahme **Informationssicherheit in Lieferantenbeziehungen** nach DIN EN ISO/IEC 27001:
> Es müssen Prozesse und Verfahren festgelegt und umgesetzt werden, um die mit der Nutzung der Produkte oder Dienstleistungen des Lieferanten verbundenen Informationssicherheitsrisiken zu beherrschen.

Korrespondiert mit **DIN EN ISO/IEC 27001:2017**:
A.15.1.1 Informationssicherheit in Lieferantenbeziehungen

Die Organisation soll Prozesse und Verfahren identifizieren und umsetzen, um Risiken, die mit der Nutzung von Diensten oder Produkten von Lieferanten verbunden sind, zu adressieren. Dies umfasst u. a. die Dokumentation der Lieferanten, die Festlegung und Überprüfung angemessener Informationssicherheitsmaßnahmen bei den Lieferanten, ggf. notwendige Zertifizierungen, aber auch die Festlegung von Zugriffs- und Zugangsregelungen der Lieferanten auf Informationen und Werte des Unternehmens.

Unter Lieferanten sind in diesem Zusammenhang jegliche externe Organisationen zu verstehen, von denen Produkte oder Dienstleistungen bezogen werden. Aus Sicht der Aufrechterhaltung der Informationssicherheit haben nicht alle Lieferanten die gleiche Bedeutung. Besonders kritisch sind beispielsweise Lieferanten, die etwa Zugriff auf besonders schützenswerte Informationen der Organisation erhalten oder im Rahmen ihrer Leistungserbringung Zutritt zu Räumlichkeiten erhalten, in denen solche Informationswerte aufbewahrt oder verarbeitet werden. Typische Nachweise für die Umsetzung dieser Maßnahme im Rahmen von Audits sind eine Liste der Lieferanten, zusammen mit einer Bewertung ihrer Kritikalität für die Informationssicherheit. In der Praxis werden diese Informationen idealerweise als Teil des Lieferantenmanagements (Supplier Management) oder beim (zentralen) Einkauf gepflegt.

5.1.20 [A.5.20] Behandlung von Informationssicherheit in Lieferantenvereinbarungen

Maßnahme A.5.20 behandelt die Informationssicherheit in Lieferantenvereinbarungen und ist eine präventive Maßnahme.

> Maßnahme **Behandlung von Informationssicherheit in Lieferantenvereinbarungen** nach DIN EN ISO/IEC 27001:
> Je nach Art der Lieferantenbeziehung müssen die entsprechenden Anforderungen an die Informationssicherheit festgelegt und mit jedem Lieferanten vereinbart werden.

Korrespondiert mit **DIN EN ISO/IEC 27001:2017**:
A.15.1.2 Behandlung von Sicherheit in Lieferantenvereinbarungen

Verträge mit jedem Lieferanten dienen dem klaren Verständnis zwischen dem Lieferanten und der Organisation. Darin werden die Rechte und Pflichten zur Erfüllung der Anforderungen sowie der Maßnahmen der Informationssicherheit, die für beide Parteien gelten, festgelegt. Eine solche Vereinbarung umfasst z. B. neben rechtlichen, regulatorischen, datenschutzrechtlichen, urheberrechtlichen u. ä. Regelungen auch die Mindestanforderungen der Informationssicherheit, die zu erfüllen sind. Der Lieferant muss regelmäßig die Effektivität seiner Maßnahmen gegenüber der Organisation belegen.

Typische Nachweise für die Umsetzung dieser Maßnahme im Rahmen von Audits sind informationssicherheitsrelevante Klauseln in Verträgen mit Lieferanten, gegebenenfalls entsprechende Vertragsanlagen oder auch Informationssicherheitsrichtlinien, die speziell für (unterschiedliche Kategorien von) Lieferanten erstellt wurden und die organisatorischen, personellen, physischen und technischen Anforderungen beschreiben, die durch Lieferanten umzusetzen sind – zusammen mit Aufzeichnungen darüber, dass, wann und durch wen die Lieferanten die Anforderungen zur Kenntnis genommen bzw. ihre Einhaltung bestätigt haben.

5.1.21 [A.5.21] Umgang mit der Informationssicherheit in der Lieferkette der Informations- und Kommunikationstechnologie (IKT)

Maßnahme A.5.21 behandelt den Umgang mit der Informationssicherheit in der Lieferkette der Informations- und Kommunikationstechnologie (IKT) und ist eine präventive Maßnahme.

> Maßnahme **Umgang mit der Informationssicherheit in der Lieferkette der Informations- und Kommunikationstechnologie (IKT)** nach DIN EN ISO/IEC 27001:
> Es müssen Prozesse und Verfahren festgelegt und umgesetzt werden, um die mit der IKT-Produkt- und Dienstleistungslieferkette verbundenen Informationssicherheitsrisiken zu beherrschen.

Korrespondiert mit **DIN EN ISO/IEC 27001:2017**:
A.15.1.3 Lieferkette für Informations- und Kommunikationstechnologie

Die mit den Lieferanten geschlossenen Vereinbarungen sollen die zugrunde liegenden IKT-Dienste sowie die gesamte Lieferkette berücksichtigen. Nutzt ein Lieferant zur Erbringung seiner Dienste Unterauftragnehmer, dann müssen die mit dem Lieferanten vereinbarten Sicherheitsmaßnahmen und Regelungen auch für die Zulieferer gelten. Die Organisation muss auch wissen, welche Zulieferer an der IKT-Lieferkette beteiligt sind und wie die nachgelagerte *supply chain* auf die mit der Organisation vereinbarten Regelungen verpflichtet wurde. Nur durch die Einbeziehung der gesamten Lieferkette lässt sich ein angemessenes Sicherheitsniveau erreichen.

5.1.22 [A.5.22] Überwachung, Überprüfung und Änderungsmanagement von Lieferantendienstleistungen

Maßnahme A.5.22 behandelt die Überwachung, Überprüfung und das Änderungsmanagement von Lieferantendienstleistungen und ist eine präventive Maßnahme.

> Maßnahme **Überwachung, Überprüfung und Änderungsmanagement von Lieferantendienstleistungen** nach DIN EN ISO/IEC 27001:
> Die Organisation muss regelmäßig die Informationssicherheitspraktiken der Lieferanten und die Erbringung von Dienstleistungen überwachen, überprüfen, bewerten und Änderungen steuern.

Korrespondiert mit **DIN EN ISO/IEC 27001:2017**:

A.15.2.1 Überwachung und Überprüfung von Lieferantendienstleistungen
A.15.2.2 Handhabung der Änderungen von Lieferantendienstleistungen

DIN EN ISO/IEC 27001 spricht hier drei Aufgaben der Organisation bei ihren Lieferanten an:

- „Überwachen" (*monitor*): Erfassung und ggf. Zusammenstellung von Kennzahlen, die in der Regel automatisiert und in Echtzeit gemessen werden.
- „Überprüfen" (*review*): Allgemeine Überprüfung, beispielsweise durch Auswertung von Service-Reports, bzw. die Evaluierung von Lieferanten mittels (Lieferanten-)Audits.
- „Änderungsmanagement" (*change management*): Auch die Dienste der Lieferanten unterliegen einem Änderungsmanagement, das von der Organisation überwacht werden muss. Hierbei zu berücksichtigende Änderungen liegen also nicht nur vor, wenn sich an der Dienstleistung selbst etwas ändert, sondern auch, wenn sich z. B. sicherheitsrelevante Verfahren oder Maßnahmen in der eigenen Organisation oder beim Dritten verändern.

Die Leistungen der Lieferanten werden also mit den gleichen Ansätzen überprüft, die in einem Managementsystem im „Check" des PDCA-Zyklus zum Einsatz kommen. Der Standard empfiehlt, für das Management der Lieferantenbeziehungen einen Verantwortlichen bzw. ein verantwortliches Team zu benennen und mit den notwendigen Ressourcen auszustatten.

Typische Nachweise für die Umsetzung dieser Maßnahme im Rahmen von Audits sind Aufzeichnungen darüber, mithilfe welcher konkreter Mechanismen die Einhaltung der Informationssicherheitsanforderungen, die durch Lieferanten erfüllt werden müssen, überprüft wurden.

5.1.23 [A.5.23] Informationssicherheit für die Nutzung von Cloud-Diensten

Maßnahme A.5.23 behandelt die Informationssicherheit für die Nutzung von Cloud-Diensten und ist eine präventive Maßnahme.

> Maßnahme **Informationssicherheit für die Nutzung von Cloud-Diensten** nach DIN EN ISO/IEC 27001:
> Die Verfahren für den Erwerb, die Nutzung, die Verwaltung und den Ausstieg aus Cloud-Diensten müssen in Übereinstimmung mit den Informationssicherheitsanforderungen der Organisation festgelegt werden. ■

Korrespondiert mit **DIN EN ISO/IEC 27001:2017**:
(neu)

In der Regel sind Cloud-Serviceverträge vordefiniert und bieten wenig Spielraum für individuelle Verhandlungen oder Vereinbarungen. Die Organisation sollte eine Cloud-Strategie entwickeln und an alle relevanten Parteien kommunizieren. Die Serviceverträge sollten einer Risikoanalyse im Hinblick auf Informationssicherheit unterzogen werden. Etwaige verbleibende Risiken, die mit der Nutzung von Cloud-Diensten verbunden sind, müssen klar identifiziert und von der Leitung akzeptiert werden.

Die Nutzung von Clouds kann mit geteilten Verantwortlichkeiten und kooperativen Leistungen zwischen Cloud-Provider und Cloud-Kunde einhergehen. Entscheidend hierbei ist wieder, dass die Verantwortlichkeiten klar definiert und angemessen umgesetzt werden.

Typische Nachweise für die Umsetzung dieser Maßnahme im Rahmen von Audits sind etwa ausgefüllte Checklisten über die Evaluation (Bewertung) eingesetzter Cloud-Dienste im Hinblick auf die relevanten Aspekte der Informationssicherheit, Aufzeichnungen über die getroffenen Entscheidungen für oder gegen den Einsatz von Cloud-Diensten auf Basis dieser Evaluationen sowie Dokumentationen über bewertete Risiken im Zusammenhang mit Cloud-Diensten, wenn diese bestimmte Anforderungen nicht erfüllen oder Schwachstellen aufweisen.

5.1.24 [A.5.24] Planung und Vorbereitung der Handhabung von Informationssicherheitsvorfällen

Maßnahme A.5.24 behandelt die Planung und Vorbereitung der Handhabung von Informationssicherheitsvorfällen und ist eine reagierende Maßnahme.

> Maßnahme **Planung und Vorbereitung der Handhabung von Informationssicherheitsvorfällen** nach DIN EN ISO/IEC 27001:
> Die Organisation muss die Handhabung von Informationssicherheitsvorfällen planen und vorbereiten, indem sie Prozesse, Rollen und Verantwortlichkeiten für die Handhabung von Informationssicherheitsvorfällen definiert, einführt und kommuniziert. ■

Korrespondiert mit **DIN EN ISO/IEC 27001:2017**:
A.16.1.1 Verantwortlichkeiten und Verfahren

Im Einklang mit dem Prinzip des prozessorientierten Ansatzes, der durch ein Managementsystem verfolgt wird, müssen vor allem diese zwei Fragen klar beantwortet werden: Wer ist in welcher Rolle involviert, wenn es um Informationssicherheitsvorfälle geht? Was ist in Abhängigkeit von der jeweiligen Situation konkret zu tun?

Der entsprechende Prozess zur Behandlung eines Informationssicherheitsvorfalls wird vorab festgelegt. Abbildung 5.3 stellt ein Beispiel eines möglichen Ablaufdiagramms dar.

Eindeutige und wirksam an die betroffenen Personenkreise kommunizierte Festlegungen sind hier wichtig, um den Aspekt der Konsistenz zu adressieren. Verantwortlichkeiten werden typischerweise festgelegt, indem Rollen definiert und (dauerhaft oder temporär/situationsabhängig) Personen oder Gruppen zugewiesen werden. Denkbare Rollen sind ein Prozessverantwortlicher für den *Security Incident Response-(SIR-)*Prozess sowie ein Manager, auch als *Security Incident Coordinator (SIC)* bezeichnet, der für jeden identifizierten Informationssicherheitsvorfall bestimmt wird. Der SIC stellt ein aus festen und variablen Mitgliedern bestehendes Expertenteam zusammen, das schnell und konzentriert jeden Informationssicherheitsvorfall behandelt (siehe Kapitel 5.1.26). Zusammen bilden diese Personen, ggf. zusammen mit dem Vorfallsmelder, das SIR-Team, das den konkreten Informationssicherheitsvorall (SI) bearbeitet. In der Literatur findet man hierfür häufig auch den Begriff *Computer Security Incident Response Team (CSIRT)*. Aus dem Team wird ein *CSIRT-Hotliner* bestimmt, der in Abstimmung mit dem SIC die externe ebenso wie die interne Kommunikation übernimmt und damit den Experten den Rücken frei hält. Bei schwerwiegenden Sicherheitsvorfällen wird die Leitung beteiligt und mit ihr die Vorfallsbearbeitung ebenso wie die Kommunikationsstrategie abgestimmt. Sowohl die Aufgaben als auch die Befugnisse, wie etwa (temporäre) Weisungsbefugnisse gegenüber anderen Personen im Falle eines Informationssicherheitsvorfalls, sollten als Teil von Rollenbeschreibungen klar definiert werden.

Bevor man auf Informationssicherheitsvorfälle reagieren kann, stellt sich die Frage, auf Basis welcher Informationen diese eigentlich erkannt werden können. Die wichtigste Quelle zur Identifikation von Informationssicherheitsvorfällen sind Informationssicherheitsereignisse. Informationssicherheitsereignisse müssen einzeln betrachtet nicht notwendigerweise besorgniserregend sein. Häufig entsteht erst in einer bestimmten Korrelation, etwa einer Häufung in einem bestimmten Zeitintervall, ein Verdacht auf eine Verletzung von Informationssicherheitsregeln oder -maßnahmen. Ein fehlgeschlagener Authentisierungsversuch aufgrund eines falschen Passworts ist ein Beispiel dafür. Während in vielen Fällen ein großer Teil der Informationssicherheitsereignisse durch ein technisches Monitoring der IT- und Kommunikationsinfrastruktur identifiziert und aufgezeichnet werden kann, darf nicht außer Acht gelassen werden, dass sich manche Anhaltspunkte für mögliche Verletzungen der Informationssicherheit frühzeitiger oder sogar ausschließlich aus dem Wissen und der Erfahrung von Personen in Verbindung mit der entsprechenden Aufmerksamkeit im täglichen Betrieb ergeben. Hierfür müssen entsprechende Meldewege und Dokumentationsmöglichkeiten geschaffen werden.

5.1.25 [A.5.25] Beurteilung und Entscheidung über Informationssicherheitsereignisse

Maßnahme A.5.25 behandelt die Beurteilung und Entscheidung über Informationssicherheitsereignisse und ist eine detektierende Maßnahme.

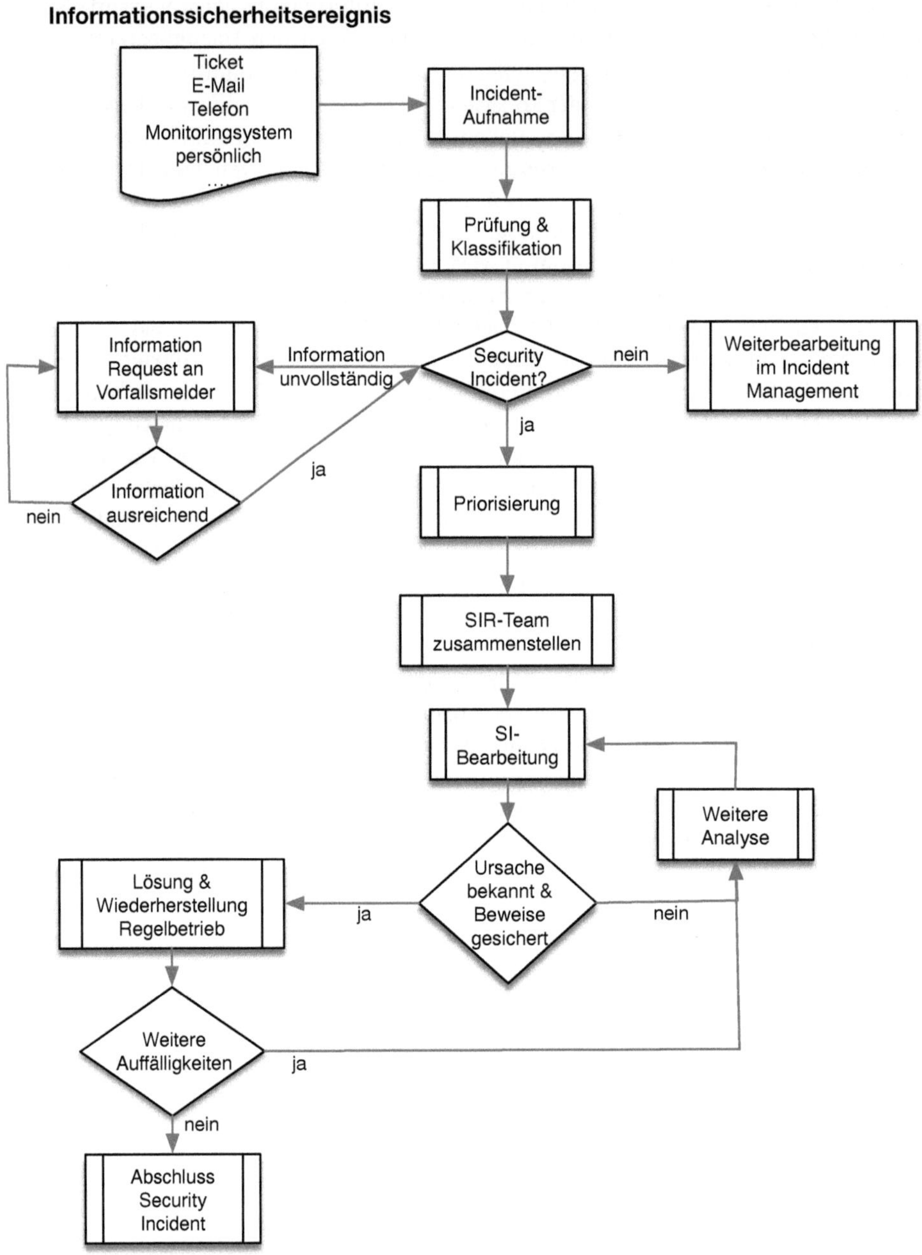

Abbildung 5.3 Prozess zur Behandlung von Informationssicherheitsvorfällen

> Maßnahme **Beurteilung und Entscheidung über Informationssicherheitsereignisse** nach DIN EN ISO/IEC 27001:
> Die Organisation muss Informationssicherheitsereignisse beurteilen und entscheiden, ob sie als Informationssicherheitsvorfälle eingestuft werden müssen.

Korrespondiert mit **DIN EN ISO/IEC 27001:2017**:
A.16.1.4 Beurteilung von und Entscheidung über Informationssicherheitsereignisse

Nicht jedes Informationssicherheitsereignis stellt auch einen Informationssicherheitsvorfall dar, der entsprechend zu behandeln ist. Damit die Feststellung eines Informationssicherheitsvorfalls getroffen werden kann, muss die Organisation ein Klassifizierungs- und Priorisierungsschema für Informationssicherheitsereignisse und entsprechende Konsequenzen festlegen. Aus dieser Klassifizierung soll auch hervorgehen, wann Ereignisse als Informationssicherheitsvorfall zu klassifizieren sind. In der Regel wird sich diese Festlegung an den Informationssicherheitswerten Vertraulichkeit, Integrität und Verfügbarkeit sowie einem möglichen Schaden orientieren.

Typische Nachweise für die Umsetzung dieser Maßnahme im Rahmen von Audits sind Aufzeichnungen darüber, welche Informationssicherheitsereignisse wann und durch wen dahingehend untersucht wurden, ob ein Informationssicherheitsvorfall vorliegt.

5.1.26 [A.5.26] Reaktion auf Informationssicherheitsvorfälle

Maßnahme A.5.26 behandelt die Reaktion auf Informationssicherheitsvorfälle und ist eine reagierende Maßnahme.

> Maßnahme **Reaktion auf Informationssicherheitsvorfälle** nach DIN EN ISO/IEC 27001:
> Auf Informationssicherheitsvorfälle muss entsprechend den dokumentierten Verfahren reagiert werden.

Korrespondiert mit **DIN EN ISO/IEC 27001:2017**:
A.16.1.5 Reaktion auf Informationssicherheitsvorfälle

Typischerweise folgt die Reaktion auf Informationssicherheitsvorfälle der folgenden generischen Schrittfolge, die jedoch von Organisation zu Organisation auch variieren kann:

- Feststellung (zum Beispiel anhand der zuvor definierten Kriterien, siehe Kapitel 5.1.25), dass es sich um einen Informationssicherheitsvorfall handelt.
- Einleitung der erforderlichen Sofortmaßnahmen, um den (potenziellen) Schaden der Kompromittierung zu begrenzen bzw. zu reduzieren.
- Aufzeichnung des Informationssicherheitsvorfalls in einheitlicher Art und Weise.
- Ausübung von Meldepflichten (gemäß vertraglicher oder gesetzlicher Vorgaben), falls erforderlich.
- Beweissicherung für eventuelle disziplinarische oder rechtliche Schritte, falls erforderlich (siehe Kapitel 5.1.28).

- Analyse der Ursachen und möglicher Maßnahmen zur Vermeidung künftiger Sicherheitsvorfälle (siehe Kapitel 5.1.27).

Typische Nachweise für die Umsetzung dieser Maßnahme im Rahmen von Audits sind Aufzeichnungen mit Angaben zu den durchgeführten Aktivitäten in Verbindung mit jedem einzelnen Sicherheitsvorfall – etwa als Teil von Tickets in einem workflow-basierten Ticket-Tool, gegebenenfalls auch unter Anwendung von Checklisten. Das schließt Aufzeichnungen über die erfolgte Kommunikation, ausgefüllte Meldeformulare und Ergebnisberichte der Ursachenanalysen ein.

5.1.27 [A.5.27] Erkenntnisse aus Informationssicherheitsvorfällen

Maßnahme A.5.27 behandelt die Erkenntnisse aus Informationssicherheitsvorfällen und ist eine präventive Maßnahme.

> Maßnahme **Erkenntnisse aus Informationssicherheitsvorfällen** nach DIN EN ISO/IEC 27001:
> Aus Informationssicherheitsvorfällen gewonnene Erkenntnisse müssen zur Verstärkung und Verbesserung der Informationssicherheitsmaßnahmen genutzt werden. ■

Korrespondiert mit **DIN EN ISO/IEC 27001:2017**:
A.16.1.6 Erkenntnisse aus Informationssicherheitsvorfällen

Nach jedem Informationssicherheitsvorfall ist ein abschließendes Review zwingend erforderlich. Es verfolgt das Ziel, aus dem Vorfall zu lernen und künftige vergleichbare Vorfälle zu verhindern. So ist zu überlegen, ob der Incident-Management-Plan (siehe Kapitel 5.1.24) angepasst und verbessert werden muss. Ergänzend, oder falls eine vollständige Vermeidung schlicht nicht möglich ist, können auch Maßnahmen abgeleitet werden, die im Falle des Wiederauftretens eines ähnlich gelagerten Vorfalls eine noch schnellere, bessere und zielgerichtetere Reaktion ermöglichen. Im Rahmen der Überprüfung sollte zudem besprochen werden, ob es sich beim zurückliegenden Informationssicherheitsvorfall auch tatsächlich um einen solchen gehandelt hat oder ob die Einschätzung unzutreffend war.

Manche Informationssicherheitsvorfälle können neben einer Sofortreaktion und ursächlichen Analyse auch eine juristische Aufarbeitung oder die Einleitung disziplinarischer Maßnahmen erfordern. In diesen Fällen ist die Sicherung belastbaren Beweismaterials unverzichtbar.

5.1.28 [A.5.28] Sammeln von Beweismaterial

Maßnahme A.5.28 behandelt das Sammeln von Beweismaterial und ist eine reagierende Maßnahme.

> Maßnahme **Sammeln von Beweismaterial** nach DIN EN ISO/IEC 27001:
> Die Organisation muss Verfahren für die Ermittlung, Sammlung, Beschaffung und Aufbewahrung von Beweismaterial im Zusammenhang mit Informationssicherheitsereignissen einführen und umsetzen. ■

Korrespondiert mit **DIN EN ISO/IEC 27001:2017**:
A.16.1.7 Sammeln von Beweismaterial

Im Rahmen des ISMS sollten vor allem Vorkehrungen getroffen werden, die verhindern, dass mögliches Beweismaterial absichtlich oder unabsichtlich vernichtet oder unverwertbar gemacht wird – etwa durch das Löschen oder Überschreiben von Daten oder auch durch verfrühte bzw. übereilte Maßnahmen zur Wiederherstellung kompromittierter Systeme. Es muss auch festgelegt werden, wie entsprechendes Beweismaterial gerichtsverwertbar gesichert und ggf. Strafverfolgungsbehörden oder Dritten zugänglich gemacht werden kann.

5.1.29 [A.5.29] Informationssicherheit bei Störungen

Maßnahme A.5.29 behandelt die Informationssicherheit bei Störungen und ist eine präventive, korrigierende Maßnahme.

> Maßnahme **Informationssicherheit bei Störungen** nach DIN EN ISO/IEC 27001:
> Die Organisation muss planen, wie die Informationssicherheit während einer Störung auf einem angemessenen Niveau gehalten werden kann.

Korrespondiert mit **DIN EN ISO/IEC 27001:2017**:
A.17.1.1 Planung zur Aufrechterhaltung der Informationssicherheit
A.17.1.2 Umsetzen der Aufrechterhaltung der Informationssicherheit
A.17.1.3 Überprüfen und Bewerten der Aufrechterhaltung der Informationssicherheit

Bei einer Betriebsunterbrechung oder -störung sind immer auch die Auswirkungen auf die Informationssicherheit zu berücksichtigen. Es stellt sich die Frage, ob hinsichtlich der Informationssicherheit in Ausnahmesituationen dieselben Anforderungen wie unter normalen Umständen gelten. Und, falls dem so ist, ob diese Maßnahmen dann überhaupt noch anwendbar sind. Im Rahmen eines Business Continuity Plans (BCP) (siehe auch nächster Abschnitt) sind Anforderungen und Pläne für die Anpassung von Sicherheitsmaßnahmen während einer Betriebsunterbrechung festzulegen. Diese Pläne sind ebenso wie der BCP nicht nur zu entwickeln und zu implementieren, sondern auch regelmäßig zu testen, zu evaluieren und zu pflegen. Das Ziel ist die (Wieder-)Herstellung des erforderlichen Sicherheitsniveaus.

5.1.30 [A.5.30] IKT-Bereitschaft für Business-Continuity

Maßnahme A.5.30 behandelt die IKT-Bereitschaft für Business-Continuity und ist eine reagierende Maßnahme.

> Maßnahme **IKT-Bereitschaft für Business-Continuity** nach DIN EN ISO/IEC 27001:
> Die IKT-Bereitschaft muss auf der Grundlage von Business-Continuity-Zielen und IKT-Kontinuitätsanforderungen geplant, umgesetzt, aufrechterhalten und geprüft werden.

Korrespondiert mit **DIN EN ISO/IEC 27001:2017**:
(neu)

Eine Business-Impact-Analyse (BIA) dient dazu, die Folgen eines Notfalles im Hinblick auf die Unterbrechung oder Störung der Geschäftsaktivitäten zu bewerten. Dazu werden die möglichen Auswirkungen eines Notfalls betrachtet und Kriterien im Hinblick auf das Ausmaß und die Dauer einer Unterbrechung festgelegt. Diese werden verwendet, um die Priorisierung von Wiederherstellungsmaßnahmen sowie einen Zielwert für die Wiederherstellungszeit (engl. *Recovery Time Objective*, RTO) festzulegen. Auf Basis der BIA und des Risikomanagements wird ein Kontinuitätsplan für IKT festgelegt, der Maßnahmen vor, während und nach einer Unterbrechung festlegt.

Der IKT-Kontinuitätsplan ist regelmäßig zu evaluieren, mittels Übungen zu überprüfen und weiterzuentwickeln. Der Plan wird von der Leitung genehmigt.

5.1.31 [A.5.31] Juristische, gesetzliche, regulatorische und vertragliche Anforderungen

Maßnahme A.5.31 behandelt juristische, gesetzliche, regulatorische und vertragliche Anforderungen und ist eine präventive Maßnahme.

> Maßnahme **Juristische, gesetzliche, regulatorische und vertragliche Anforderungen** nach DIN EN ISO/IEC 27001:
> Rechtliche, gesetzliche, behördliche und vertragliche Anforderungen, die für die Informationssicherheit relevant sind, und die Vorgehensweise der Organisation zur Erfüllung dieser Anforderungen müssen ermittelt, dokumentiert und auf dem neuesten Stand gehalten werden. ■

Korrespondiert mit **DIN EN ISO/IEC 27001:2017**:
A.18.1.1 Bestimmung der anwendbaren Gesetzgebung und der vertraglichen Anforderungen
A.18.1.5 Regelungen bezüglich kryptographischer Maßnahmen

Für diese Maßnahme ist es essenziell, alle relevanten einzuhaltenden Gesetze und vertraglichen Verpflichtungen klar zu identifizieren.

In der Praxis bietet es sich meistens an, tabellarische Compliance-Übersichten zu erstellen, in denen die jeweiligen Gesetze, Verordnungen und Verträge aufgelistet werden. Zu jeder identifizierten Vorgabe sollte dann angegeben werden, welche Schritte die Organisation ergriffen hat oder noch ergreifen wird, um die Erfüllung der jeweiligen Anforderungen sicherstellen zu können. Denkbare Optionen sind die Adressierung bestimmter Themen als Teil der Informationssicherheitsrichtlinien oder die Implementierung technischer Maßnahmen. Ebenso ist es legitim, mögliche Verstöße gegen Gesetze und Verträge auch als Risiken zu erfassen und ihre Behandlung oder Akzeptanz über die etablierten Risikomanagementprozesse als Teil des ISMS zu steuern.

Spezielle rechtliche Regelungen, Vereinbarungen und Verträge erfordern Richtlinien zur Kryptographie. Dies kann Import- oder Exportbeschränkungen für Hard- und Software mit kryptographischen Funktionen, gesetzliche Beschränkungen für die Nutzung von Kryptographie, aber auch die Verwendung und Gültigkeit von Zertifikaten, digitalen Signaturen u. Ä. beinhalten. Entsprechende Richtlinien sind zu spezifizieren und ggf. über Verträge an Kunden und Lieferanten weiterzugeben.

5.1.32 [A.5.32] Geistige Eigentumsrechte

Maßnahme A.5.32 behandelt geistige Eigentumsrechte und ist eine präventive Maßnahme.

> Maßnahme **Geistige Eigentumsrechte** nach DIN EN ISO/IEC 27001:
> Die Organisation muss geeignete Verfahren zum Schutz der Rechte an geistigem Eigentum einführen.

Korrespondiert mit **DIN EN ISO/IEC 27001:2017**:
A.18.1.2 Geistige Eigentumsrechte

Die Achtung von Urheber- und Verwertungsrechten scheint aus Sicht der Informationssicherheit auf den ersten Blick eher ein Randthema zu sein. Allerdings verbirgt sich hinter diesem Compliance-Aspekt auch der gesamte Themenkomplex des Lizenzmanagements. Der Einsatz unlizenzierter oder nicht ausreichend lizenzierter Softwareprodukte könnte im schlimmsten Fall Auswirkungen auf die Fähigkeit haben, Informationssysteme im erforderlichen Umfang (weiter) zu betreiben.

5.1.33 [A.5.33] Schutz von Aufzeichnungen

Maßnahme A.5.33 behandelt den Schutz von Aufzeichnungen und ist eine präventive Maßnahme.

> Maßnahme **Schutz von Aufzeichnungen** nach DIN EN ISO/IEC 27001:
> Aufzeichnungen müssen vor Verlust, Zerstörung, Fälschung, unbefugtem Zugriff und unbefugter Veröffentlichung geschützt sein.

Korrespondiert mit **DIN EN ISO/IEC 27001:2017**:
A.18.1.3 Schutz von Aufzeichnungen

Gesetzliche Vorgaben im Zusammenhang mit Aufzeichnungen sind häufig etwa durch Mindestaufbewahrungsdauern für buchhalterische bzw. steuerrechtlich relevante Dokumente gegeben. Daraus resultieren entsprechende Anforderungen an die Verfügbarkeit der betreffenden Informationswerte, aber auch an ihre Integrität und Vertraulichkeit.

5.1.34 [A.5.34] Datenschutz und Schutz von personenbezogenen Daten (PbD)

Maßnahme A.5.34 behandelt den Datenschutz und Schutz von personenbezogenen Daten und ist eine präventive Maßnahme.

> Maßnahme **Datenschutz und Schutz von personenbezogenen Daten (PbD)** nach DIN EN ISO/IEC 27001:
> Die Organisation muss die Anforderungen an die Wahrung der Privatsphäre und den Schutz personenbezogener Daten nach den geltenden Gesetzen und Vorschriften sowie den vertraglichen Anforderungen ermitteln und erfüllen. ■

Korrespondiert mit **DIN EN ISO/IEC 27001:2017**:
A.18.1.4 Privatsphäre und Schutz von personenbezogenen Informationen

Der Schutz personenbezogener Daten ist in vielen Ländern ebenfalls gesetzlich geregelt – in der Europäischen Union durch die Datenschutz-Grundverordnung [DSG16], die für alle Mitgliedstaaten der EU bindend ist (vgl. Kapitel 1.4). Die Verordnung gilt für alle automatisierten ebenso wie nichtautomatisierten Verarbeitungsverfahren personenbezogener Daten und ist im Rahmen des ISMS zu unterstützen bzw. einzuhalten.

5.1.35 [A.5.35] Unabhängige Überprüfung der Informationssicherheit

Maßnahme A.5.35 behandelt die unabhängige Überprüfung der Informationssicherheit und ist eine präventive, korrigierende Maßnahme.

> Maßnahme **Unabhängige Überprüfung der Informationssicherheit** nach DIN EN ISO/IEC 27001:
> Die Vorgehensweise der Organisation für die Handhabung der Informationssicherheit und deren Umsetzung einschließlich der Mitarbeiter, Prozesse und Technologien müssen auf unabhängige Weise in planmäßigen Abständen oder jeweils bei erheblichen Änderungen überprüft werden. ■

Korrespondiert mit **DIN EN ISO/IEC 27001:2017**:
A.18.2.1 Unabhängige Überprüfung der Informationssicherheit

Diese unabhängigen Überprüfungen stellen im Rahmen des ISMS in der Regel interne und externe Managementsystem-, Prozess- oder Maßnahmenaudits dar, die bereits in Kapitel 4.9.2 thematisiert wurden. Durch ein entsprechendes umfassendes Auditprogramm lässt sich diese Maßnahme also umsetzen. Zusätzlich müssen aber insbesondere Führungskräfte dafür Sorge tragen, dass ihre Mitarbeiter die geltenden Informationssicherheitsrichtlinien jederzeit einhalten.

5.1.36 [A.5.36] Einhaltung von Richtlinien, Vorschriften und Normen für die Informationssicherheit

Maßnahme A.5.36 behandelt die Einhaltung von Richtlinien, Vorschriften und Normen für die Informationssicherheit und ist eine präventive Maßnahme.

> Maßnahme **Einhaltung von Richtlinien, Vorschriften und Normen für die Informationssicherheit** nach DIN EN ISO/IEC 27001:
> Die Einhaltung der Informationssicherheitspolitik der Organisation und ihrer themenspezifischen Richtlinien, Regeln und Normen muss regelmäßig überprüft werden. ■

Korrespondiert mit **DIN EN ISO/IEC 27001:2017**:
A.18.2.2 Einhaltung von Sicherheitsrichtlinien und -standards
A.18.2.3 Überprüfung der Einhaltung von technischen Vorgaben

Natürlich geht es dabei nicht um eine engmaschige Überwachung, sondern in erster Linie um das Vorleben und Einfordern einer verantwortlichen Handlungsweise bei allen Aktivitäten, die eine Relevanz für die Informationssicherheit haben und durch entsprechende Vorgaben geregelt sind. Die Ergebnisse von Audits und Überprüfungen dienen der Verbesserung von Maßnahmen und Prozessen mit dem Ziel, die Einhaltung von Richtlinien, Regeln und Standards zu erleichtern und zu verbessern.

5.1.37 [A.5.37] Dokumentierte Betriebsabläufe

Maßnahme A.5.37 behandelt dokumentierte Betriebsabläufe und ist eine präventive, reagierende Maßnahme.

> Maßnahme **Dokumentierte Betriebsabläufe** nach DIN EN ISO/IEC 27001:
> Die Betriebsverfahren für Informationsverarbeitungsanlagen müssen dokumentiert und dem Personal, das sie benötigt, zur Verfügung gestellt werden. ■

Korrespondiert mit **DIN EN ISO/IEC 27001:2017**:
A.12.1.1 Dokumentierte Betriebsabläufe

Tagtäglich werden auf unterschiedlichsten IT-Systemen, z. B. Arbeitsplatzsystemen von Mitarbeitern, mobilen Endgeräten oder dem Webauftritt einer Organisation schützenswerte Informationen verarbeitet. Insofern muss auch den im Alltag auftretenden Gefahren, etwa ein unvorsichtiger Klick auf einen in einer E-Mail angezeigten Link, im Hinblick auf die drei Schutzziele adäquat begegnet werden. Systeme und dort installierte Software weisen aufgrund von Programmierfehlern Lücken auf, nach denen Angreifer gezielt suchen, um diese auszunutzen, Schadsoftware auf dem System zu installieren oder dort gespeicherte sensible Informationen auszuspähen. Sicherheit der täglichen Nutzung einzelner IT-Systeme sowie des Betriebs der kompletten IT-Infrastruktur ist daher essenziell. Verfahren und Verantwortlichkeiten müssen festgelegt werden, um einen sicheren und zuverlässigen Betrieb der IT-Systeme zu ermöglichen. Dazu fordert die Norm zunächst grundlegend, dass nicht nur das ISMS als Ganzes, sondern auch die Abläufe im technisch-operativen Sicherheitsmanagement dokumentiert werden. Diese Maßnahme fordert dokumentierte Betriebsanweisungen für die im Arbeitsalltag häufig auftretenden Situationen. Dies umfasst die Installation und Konfiguration von Systemen, Umgang mit Fehlern und die Benennung von zuständigen Personen als Ansprechpartner in Unterstützungsfragen oder Eskalationsinstanz. Diese Dokumentation ist nicht nur immer aktuell zu halten, sondern deren Inhalte sollten auch an alle Betroffenen kommuniziert werden.

Als Schnittstelle zum IT Service Management, z. B. nach ISO/IEC 20000-1, wird auch ein Change Management gefordert, d. h. der Umgang mit Veränderungen, die sowohl die ganze Organisation oder lediglich einzelne informationsverarbeitende Einrichtungen betreffen können. Ziel ist es, beispielsweise Sicherheitsvorfälle, die durch unkontrollierte Änderungen verursacht wurden, zu vermeiden.

5.2 A.6 Personenbezogene Maßnahmen

Der Normenabschnitt A.6 bündelt acht Maßnahmen rund um Menschen, insbesondere das in der eigenen Organisation eingesetzte Personal. Sie beziehen sich einerseits auf die eigenen Mitarbeitenden von der Planung zur Einstellung bis über die Beendigung des Arbeitsverhältnisses hinaus und gelten dabei auch für Personen, die z. B. über Zeitarbeitsfirmen ausgeliehen werden. Andererseits müssen einige Maßnahmen wie Vertraulichkeitsvereinbarungen auch auf bei Dritten eingestellte Mitarbeitende angewandt werden.

5.2.1 [A.6.1] Sicherheitsüberprüfung

Maßnahme A.6.1 behandelt die Sicherheitsüberprüfung und ist eine präventive Maßnahme.

> Maßnahme **Sicherheitsüberprüfung** nach DIN EN ISO/IEC 27001:
> Alle Personen, die in die Belegschaft aufgenommen werden, müssen vor dem Eintritt in die Organisation und fortlaufend unter Berücksichtigung geltender Gesetze, Vorschriften und ethischer Grundsätze einer Sicherheitsüberprüfung unterzogen werden und diese Überprüfung muss in einem angemessenen Verhältnis zu den geschäftlichen Anforderungen, der Einstufung der einzuholenden Informationen und den wahrgenommenen Risiken stehen.

Korrespondiert mit **DIN EN ISO/IEC 27001:2017**:
A.7.1.1 Sicherheitsüberprüfung

Die Maßnahme dient der Sicherstellung, dass Mitarbeitende für die ihnen zugedachten Aufgabengebiete unter Berücksichtigung der geschäftlichen Anforderungen und Risiken geeignet sind. Im Rahmen eines Auswahlverfahrens im Einstellungsprozess sind beispielsweise die Bewerbungsunterlagen auf Vollständigkeit und Richtigkeit zu überprüfen. Hierzu gehören vorgelegte Zeugnisse genauso wie angegebene berufliche bzw. akademische Qualifikationen; je nach Stelle kann auch die Vorlage eines Führungszeugnisses verlangt werden. Viele Mitarbeitende werden zudem längerfristig für sicherheitsempfindliche Tätigkeiten eingesetzt, oder ihr Aufgabenspektrum entwickelt sich z. B. durch Beförderungen oder Umstrukturierungen weiter. In solchen Fällen sollten die Überprüfungen, ggf. unter Berücksichtigung inzwischen erfolgreich absolvierter Weiterqualifizierungsmaßnahmen, erneut durchgeführt werden.

Naheliegend müssen sich alle Überprüfungsschritte im Einklang mit relevanten gesetzlichen Vorgaben und Vorschriften befinden und verhältnismäßig sein. Festzulegen ist deshalb auch, wie damit umgegangen werden soll, dass eventuell nicht alle Überprüfungen zeitnah abgeschlossen werden können. Dies kann beispielsweise im Behördenumfeld eintreten, wenn eine Tätigkeit nur mit erweiterter Sicherheitsüberprüfung mit Sicherheitsermittlungen gemäß Sicherheitsüberprüfungsgesetz (SÜG) ausgeübt werden darf. Sofern eine verzögerte Einstellung nicht praktikabel erscheint, können beispielsweise zunächst eingeschränkte Zugriffsberechtigungen oder vertragliche Regelungen für den Fall, dass bestimmte Überprüfungen nicht bestanden werden, vorgesehen werden.

Typische Nachweise für die Umsetzung dieser Maßnahme im Rahmen von Audits sind dokumentierte Kriterien dazu, wann welche Form der Sicherheitsüberprüfung durchzuführen ist, sowie Aufzeichnungen über die Durchführung und Ergebnisse solcher Sicherheitsüberprüfungen – etwa als Teil der (digitalen) Personalakten.

5.2.2 [A.6.2] Beschäftigungs- und Vertragsbedingungen

Maßnahme A.6.2 behandelt die Beschäftigungs- und Vertragsbedingungen und ist eine präventive Maßnahme.

> Maßnahme **Beschäftigungs- und Vertragsbedingungen** nach DIN EN ISO/IEC 27001:
> In den arbeitsvertraglichen Vereinbarungen müssen die Verantwortlichkeiten des Personals und der Organisation für die Informationssicherheit festgelegt werden. ■

Korrespondiert mit **DIN EN ISO/IEC 27001:2017**:
A.7.1.2 Beschäftigungs- und Vertragsbedingungen

Arbeitsverträge und Einstellungsunterlagen müssen das Thema Informationssicherheit so widerspiegeln, dass die Mitarbeitenden ihre eigenen Verantwortlichkeiten im Gesamtkontext verstehen und sich zur Einhaltung entsprechender Regelungen verpflichten. Neben dem Einbezug der Informationssicherheitsrichtlinie und tätigkeitsspezifischer Vorgaben können beispielsweise Geheimhaltungsvereinbarungen getroffen, auf gesetzliche Vorgaben zum Datenschutz- und Urheberrecht hingewiesen und Maßnahmen für den Fall von Verstößen gegen die Auflagen vorgesehen werden.

Da sich im Laufe der Zeit Änderungen z. B. an relevanten Gesetzen ergeben können, sollten die vertraglich festgehaltenen Verantwortlichkeiten nicht nur bereits früh an Bewerberinnen und Bewerber kommuniziert, sondern auch regelmäßig überprüft und bei Bedarf in bestehenden Vereinbarungen aktualisiert werden. Übereinkünfte wie Vertraulichkeitsvereinbarungen können dabei auch über die Beendigung des Arbeitsverhältnisses hinaus wirksam bleiben. Zudem sollten mit anderen Organisationen, die eigenes Personal stellen oder ausleihen, vergleichbare vertragliche Regelungen vorgesehen werden.

5.2.3 [A.6.3] Informationssicherheitsbewusstsein, -ausbildung und -schulung

Maßnahme A.6.3 behandelt das Informationssicherheitsbewusstsein sowie die Informationssicherheitsausbildung und -schulung und ist eine präventive Maßnahme.

> Maßnahme **Informationssicherheitsbewusstsein, -ausbildung und -schulung** nach DIN EN ISO/IEC 27001:
> Das Personal der Organisation und relevante interessierte Parteien müssen ein angemessenes Bewusstsein für die Informationssicherheit, eine entsprechende Ausbildung und Schulung sowie regelmäßige Aktualisierungen der Informationssicherheitspolitik der Organisation, themenspezifischer Richtlinien und Verfahren erhalten, die für ihr berufliches Arbeitsgebiet relevant sind.

Korrespondiert mit **DIN EN ISO/IEC 27001:2017**:
A.7.2.2 Informationssicherheitsbewusstsein, -ausbildung und -schulung

Sensibilisierung sowie Aus- und Weiterbildung rund um das Thema Informationssicherheit sind eine offenkundige Voraussetzung dafür, dass sich die Mitarbeitenden ihrer diesbezüglichen Aufgaben und Verantwortlichkeiten stets bewusst sind und verstehen, was von ihnen erwartet wird. Entsprechende Schulungen und Trainings sollten einerseits nicht nur allgemeine Grundlagen, sondern auch Besonderheiten der eigenen Organisation behandeln. Andererseits sollten nicht nur Aufgaben im Sinne von Geboten und Verboten, sondern auch die Hintergründe und Ziele vermittelt werden, um ein tiefer gehendes Verständnis zu erreichen. Wesentlich für den anhaltenden Erfolg ist, dass die entsprechenden Schulungen nicht nur einmalig, sondern regelmäßig und abwechslungsreich durchgeführt werden sowie einen konkreten Mehrwert für das Tagesgeschäft bringen, damit der Transfer von der Theorie in die Praxis effektiv gelingt.

Wie bei vielen anderen Themenbereichen wäre wünschenswert, dass die Mitarbeitenden aus ihrer Ausbildung oder bisherigen beruflichen Tätigkeit bereits einschlägige Vorkenntnisse mitbringen oder zumindest ein großes Eigeninteresse an Fortbildungsangeboten haben. Die Realität sieht häufig anders aus: Zeit fehlt, andere Aufgaben warten auf Bearbeitung, und das persönliche Interesse ist oft begrenzt. Umso wichtiger sind verschiedene Kanäle und Medien, um die zu sensibilisierende Zielgruppe zu erreichen und zur kontinuierlichen Beschäftigung mit der manchmal trockenen Materie zu bewegen: Neben Schulungen mit einem großen Anteil an Frontalunterricht können beispielsweise Poster, Flyer, Newsletter, Intranet-Webseiten mit kurzen Videos und E-Learning-Module mit Quizfragen eingesetzt werden. Von Behörden wie der amerikanischen CISA (Cybersecurity and Infrastructure Security Agency), der europäischen ENISA (European Union Agency for Cybersecurity) und vielen weiteren Stellen sind Ablaufpläne und inhaltliche Vorlagen verfügbar, die zwar eine umfassende Orientierungshilfe bieten, aber immer möglichst auch mit eigenen Inhalten angereichert werden sollten.

Typische Nachweise für die Umsetzung dieser Maßnahme im Rahmen von Audits sind Teilnahmeaufzeichnungen zu durchgeführten Schulungen – sowohl in Form physischer Unterschriftenliste als auch in digitaler Form, insbesondere im Falle von E-Learnings. Auch ein Bericht mit Kennzahlen über Teilnahme- und Erfolgsquoten können ein Indikator für die Wirksamkeit dieser Maßnahme und somit sinnvolle Auditnachweise darstellen.

5.2.4 [A.6.4] Maßregelungsprozess

Maßnahme A.6.4 behandelt den Maßregelungsprozess und ist eine präventive, korrigierende Maßnahme.

> Maßnahme **Maßregelungsprozess** nach DIN EN ISO/IEC 27001:
> Ein Maßregelungsprozess muss formalisiert und kommuniziert werden, um Schritte gegen Mitarbeiter und andere interessierte Parteien zu ergreifen, die einen Verstoß gegen die Informationssicherheitspolitik begangen haben. ■

Korrespondiert mit **DIN EN ISO/IEC 27001:2017**:
A.7.2.3 Maßregelungsprozess

Verstöße gegen Richtlinien und Regeln sind auch im Bereich Informationssicherheit über Disziplinarverfahren organisationsintern zu ahnden. Diese Verfahren sollen selbstverständlich eine faire Behandlung sicherstellen und nicht ohne vorherige Überprüfung des vermeintlichen Verstoßes gestartet werden. Entsprechend ist bei der individuellen Festlegung von Konsequenzen zu berücksichtigen, wie schwer der nachgewiesene Verstoß war, ob er vorsätzlich oder versehentlich begangen wurde, ob es sich um den ersten oder einen wiederholten Verstoß derselben Person handelt und ob diese bereits an Sensibilisierungsmaßnahmen teilgenommen hatte.

Fehlen jegliche disziplinarische Maßnahmen für einschlägige Verstöße, so droht die Gefahr, dass das Thema insgesamt nicht ausreichend ernst genommen wird. Die bloße Existenz entsprechender Disziplinarverfahren erzielt somit immer auch eine abschreckende Wirkung, die fahrlässigem oder absichtlichem Fehlverhalten vorbeugen kann. Um einer Arbeitsatmosphäre vorzubeugen, in der nur mit Strafen gedroht wird, kann im Umkehrschluss auch ein Belohnungssystem für vorbildliches Verhalten und aktives Engagement eingeführt werden, das zur nachhaltigen Motivation der Mitarbeitenden beiträgt.

Typische Nachweise für die Umsetzung dieser Maßnahme im Rahmen von Audits sind dokumentierte Kriterien darüber, welche disziplinarischen Maßnahmen in welchen Fällen jeweils zu ergreifen sind, zusammen mit Aufzeichnungen über Situationen, in denen diese in der Praxis auch tatsächlich angewendet wurden.

5.2.5 [A.6.5] Verantwortlichkeiten bei Beendigung oder Änderung der Beschäftigung

Maßnahme A.6.5 behandelt die Verantwortlichkeiten bei der Beendigung oder Änderung der Beschäftigung und ist eine präventive Maßnahme.

> Maßnahme **Verantwortlichkeiten bei Beendigung oder Änderung der Beschäftigung** nach DIN EN ISO/IEC 27001:
> Verantwortlichkeiten und Pflichten im Bereich der Informationssicherheit, die auch nach Beendigung oder Änderung von Beschäftigungsverhältnissen bestehen bleiben, müssen festgelegt, durchgesetzt und den betreffenden Mitarbeitern und anderen interessierten Parteien mitgeteilt werden. ■

Korrespondiert mit **DIN EN ISO/IEC 27001:2017**:
A.7.3.1 Verantwortlichkeiten bei Beendigung oder Änderung der Beschäftigung

Wenn sich die Aufgabenbereiche von Mitarbeitenden im Sinne ihrer beruflichen Weiterentwicklung verändern oder diese die Organisation verlassen, müssen die Eigeninteressen der Organisation weiterhin gewahrt bleiben. Hierzu gehört insbesondere, dass Vertraulichkeitsvereinbarungen und Verschwiegenheitspflichten auch über das Ende der bisherigen Tätigkeiten hinaus gelten. Darüber hinaus dürfen durch Personalfluktuation keine Lücken z. B. in sicherheitsrelevanten Rollen und Verantwortlichkeiten entstehen; diesbezügliche Aufgaben sind entsprechend an nachfolgende oder andere verbleibende Personen zu verteilen. Ändern sich durch das Ausscheiden einer Person Zuständigkeiten, sollten die neuen Kontaktinformationen auch zeitnah entsprechend organisationsintern und an relevante Dritte kommuniziert werden.

In vielen Organisationen kümmert sich eine zentrale Personalabteilung darum, dass ausscheidende Mitarbeitende einen definierten und geregelten Prozess durchlaufen. Oft sind analog zum Einstellungsvorgang Checklisten oder Laufzettel abzuarbeiten, die sicherstellen sollen, dass keine wesentlichen Schritte von der Rückgabe von Geräten über das Entfernen von Zugangs- und Zutrittsberechtigungen bis hin zur Erstellung eines Arbeitszeugnisses übersehen werden. Dieser Prozess und Hilfsmittel wie Checklisten sind entsprechend um Punkte anzureichern, die auch die über die Beendigung des Arbeitsverhältnisses hinausgehenden Sicherheitsaspekte abdecken. Insbesondere bei langjährigen Mitarbeitenden, die den Wortlaut ihrer Einstellungsunterlagen mutmaßlich nicht mehr im Kopf haben, bietet es sich entsprechend an, an Vertraulichkeitsvereinbarungen und Ähnliches zu erinnern.

5.2.6 [A.6.6] Vertraulichkeits- oder Geheimhaltungsvereinbarungen

Maßnahme A.6.6 behandelt Vertraulichkeits- oder Geheimhaltungsvereinbarungen und ist eine präventive Maßnahme.

> Maßnahme **Vertraulichkeits- oder Geheimhaltungsvereinbarungen** nach DIN EN ISO/IEC 27001:
> Vertraulichkeits- oder Geheimhaltungsvereinbarungen, welche den Bedarf der Organisation am Schutz von Informationen widerspiegeln, müssen identifiziert, dokumentiert, regelmäßig überprüft und von den Mitarbeitern und anderen interessierten Parteien unterzeichnet werden.

Korrespondiert mit **DIN EN ISO/IEC 27001:2017**:
A.13.2.4 Vertraulichkeits- oder Geheimhaltungsvereinbarungen

Vertraulichkeitsvereinbarungen können mit Mitarbeitenden, aber auch mit Dritten abgeschlossen werden, um der Weitergabe von Informationen rechtlich bindende Grenzen zu setzen. Sie sollten wie andere Dokumente regelmäßig überprüft und im Bedarfsfall inhaltlich überarbeitet werden. Da diese Verträge bei mutmaßlichen Verstößen letztlich der Durchsetzung der eigenen Interessen vor Gericht dienen, enthalten sie typischerweise eine Vielzahl von präzisierenden Angaben, die von Juristen z. B. bei internationalen Kooperationen auch an die Gesetzgebung der relevanten Länder angepasst werden. Im Regelfall wird mindestens festgelegt, welche Informationen zu schützen sind bzw. zu welchen Zwecken sie eingesetzt werden dürfen, wie lange die Vereinbarung gilt, welche Maßnahmen in diesem Zeitraum oder darüber hinaus umzusetzen sind und wie Verstöße zu melden und behandeln sind.

Die Klassifizierung von Informationen (vgl. Kapitel 5.1.12) trägt dazu bei, einfacher zwischen beliebig weiterzugebenden und geschützten Informationen unterscheiden zu können. Bei Geheimhaltungsvereinbarungen mit Dritten steht oft der Umgang mit Geschäftsgeheimnissen und geistigem Eigentum im Rahmen einer Kooperation im Vordergrund. Demgegenüber dienen die vertraglichen Regelungen mit Mitarbeitenden häufig auch dazu, einer Weiterverwendung von Wissen vorzubeugen, wenn diese beispielsweise zu einem anderen Unternehmen in derselben Branche wechseln. Daraus resultiert auch die Gültigkeit über das Ende des aktuellen Beschäftigungsverhältnisses hinaus.

5.2.7 [A.6.7] Remote-Arbeit

Maßnahme A.6.7 behandelt Remote-Arbeit und ist eine präventive Maßnahme.

> Maßnahme **Remote-Arbeit** nach DIN EN ISO/IEC 27001:
> Es müssen Sicherheitsmaßnahmen ergriffen werden, wenn Mitarbeiter aus der Ferne arbeiten, um Informationen zu schützen, die außerhalb der Räumlichkeiten des Unternehmens abgerufen, verarbeitet oder gespeichert werden. ■

Korrespondiert mit **DIN EN ISO/IEC 27001:2017**:
A.6.2.2 Telearbeit

Informationssicherheit muss nicht nur sichergestellt werden, wenn Tätigkeiten im Büro oder am gestellten Arbeitsplatz ausgeführt werden. Die Verwendung von online zugänglichen oder ausgedruckten Informationen im Rahmen von Telearbeit, Homeoffice, mobilem Arbeiten, Dienstreisen oder Außendienst ist, soweit diese überhaupt möglich und auch gesetzlich zulässig sind, ebenfalls zu regeln. Hierzu kann beispielsweise gehören, dass eingesetzte PCs und Notebooks mit vollständig verschlüsselten Speichermedien arbeiten und Familienmitglieder bzw. private Gäste keinen Zugriff auf die Daten erhalten. Für die Aufbewahrung papiergebundener Unterlagen kann z. B. der Einsatz abschließbaren Mobiliars gefordert werden. Dank günstiger und schneller werdender Internetzugänge für Privathaushalte und vergleichbarer Entwicklungen in Mobilfunknetzen werden verstärkt auch virtuelle Desktop-Umgebungen eingesetzt, bei denen von zu Hause oder unterwegs auf organisationsintern betriebene Arbeitsumgebungen zugegriffen werden kann, sodass die bearbeiteten Daten nicht mehr auf den dezentralen Geräten gespeichert werden müssen.

Sowohl rechtlich als auch bezüglich der Umsetzung von Maßnahmen zur Informationssicherheit ist der Einsatz privater Geräte für berufliche Aufgaben anhaltend kritisch zu bewerten. Organisationen sollten deshalb für die einzelnen Tätigkeitsgebiete festlegen, welche Aufgaben außerhalb der organisationseigenen Räumlichkeiten erledigt werden dürfen, und nach Möglichkeit die dafür benötigten Geräte und Hilfsmittel stellen. Für gestellte mobile Geräte wie Notebooks können beispielsweise einfache technische Maßnahmen wie passwortgeschützte Bildschirmschoner und eine Löschung aus der Ferne bei Abhandenkommen des Geräts zentral eingerichtet werden. Auch beispielsweise die Übernahme von Reparaturkosten oder das Löschen von Daten bei Beendigung des Arbeitsverhältnisses sind wesentlich einfacher umzusetzen, wenn die Geräte nicht im Privatbesitz der Mitarbeitenden sind.

5.2.8 [A.6.8] Meldung von Informationssicherheitsereignissen

Maßnahme A.6.8 behandelt die Meldung von Informationssicherheitsereignissen und ist eine detektierende Maßnahme.

> Maßnahme **Meldung von Informationssicherheitsereignissen** nach DIN EN ISO/IEC 27001:
> Die Organisation muss einen Mechanismus bereitstellen, der es den Mitarbeitern ermöglicht, beobachtete oder vermutete Informationssicherheitsereignisse über geeignete Kanäle rechtzeitig zu melden. ■

Korrespondiert mit **DIN EN ISO/IEC 27001:2017**:

A.16.1.2 Meldung von Informationssicherheitsereignissen
A.16.1.3 Meldung von Schwächen in der Informationssicherheit

Für die umgehende und effektive Meldung möglicherweise sicherheitsrelevanter Vorkommnisse oder vermuteter Sicherheitslücken werden geeignete Kontaktstellen benötigt, die eine zügige Untersuchung und Bearbeitung anstoßen und somit weiteren Schaden abwenden können. Meldungen dieser Art können sich beispielsweise auf unzureichende Sicherheitsmaßnahmen, eingetretene Sicherheits- oder Datenschutzvorfälle, erkannte menschliche Fehler, ungewöhnliches Verhalten von IT-Systemen bzw. IT-Diensten oder vermutete Kompromittierungen durch Schadsoftware wie Ransomware beziehen. Der Umgang mit Sicherheitsvorfällen wird dabei in ISO/IEC 27035 und Kapitel 5.1.24 weiter ausgeführt.

Mitarbeitende sind typischerweise durch vertragliche Vereinbarungen und Sensibilisierungsmaßnahmen dazu gehalten, relevante Vorkommnisse zu melden statt sie zu ignorieren oder klare Fälle gar zu verschweigen. Eine durchaus heikle Gratwanderung stellt dabei dar, wenn eine vermutete Sicherheitslücke auf eigene Faust ausgelotet wird, um ein eindeutiges Ergebnis präsentieren und beweisen zu können. Nehmen Systeme oder Daten durch eigenen Forschungsdrang Schaden oder wird beispielsweise digitales Beweismaterial dadurch verfälscht, kann dies auch individuelle juristische Konsequenzen mit sich bringen. Die Mitarbeitenden sollten entsprechend dazu aufgefordert werden, Vorkommnisse zwar schnell zu melden, die weiteren Schritte aber den dafür zuständigen Personen zu überlassen bzw. mit diesen abzustimmen.

5.3 A.7 Physische Maßnahmen

Dieser Normenabschnitt umfasst 14 Maßnahmen zur physischen Sicherheit, die sich von der Einrichtung verschiedener räumlich abgegrenzter Sicherheitsbereiche bis hin zur sicheren Entsorgung von Datenträgern und anderen Betriebsmitteln erstrecken. Während einige Maßnahmen wie ein aufgeräumter Schreibtisch von allen Mitarbeitenden umzusetzen sind, müssen beispielsweise gegebenenfalls erforderliche bauliche Maßnahmen in der Regel von der Organisation zentraler koordiniert werden.

5.3.1 [A.7.1] Physische Sicherheitsperimeter

Schützenswerte Komponenten sollen in definierten Sicherheitsbereichen platziert werden. Die Grundlage bildet dabei ein Zonenmodell, das die Standorte und Räumlichkeiten der Organisation in unterschiedliche Sicherheitsbereiche einteilt; jeder dieser Bereiche wird durch die Festlegung seiner Grenzen, also des jeweiligen Sicherheitsperimeters, definiert.

Maßnahme A.7.1 behandelt physische Sicherheitsperimeter und ist eine präventive Maßnahme.

> Maßnahme **Physische Sicherheitsperimeter** nach DIN EN ISO/IEC 27001:
> Zum Schutz von Bereichen, in denen sich Informationen und andere damit verbundene Werte befinden, müssen Sicherheitsperimeter festgelegt und verwendet werden.

Korrespondiert mit **DIN EN ISO/IEC 27001:2017**:
A.11.1.1 Physischer Sicherheitsperimeter

Festgelegte physische Sicherheitsperimeter dienen dazu, unbefugten Zutritt und schädliche Umwelteinflüsse, z. B. durch Wasser und Schmutz, sowie daraus resultierende Schäden und Störungen zu verhindern. Die am Perimeter, also am Übergang zwischen zwei Bereichen, umgesetzten Maßnahmen müssen zum Schutzbedarf der Assets im jeweiligen Bereich passen. So kann beispielsweise der gesamte Standort umzäunt sein, um von öffentlichen Bereichen abzugrenzen; Außenwände und -türen sowie Fenster müssen hinreichenden Schutz gegen Einbrüche bieten und sind bei Abwesenheit insbesondere im Erdgeschoß zu schließen. Auch Brandschutztüren, Fluchtwege und damit verbundene Überwachungsmechanismen sind in die Konzeption einzubeziehen.

Da sich die Betrachtungen von Sicherheitsbereichen und deren Perimetern von öffentlich zugänglichen Bereichen wie Besucherparkplätzen bis hin zu besonders sensiblen Betriebsräumen, in denen z. B. zentrale Server betrieben oder Backups gelagert werden, erstrecken, sind jeweils geeignete physische Barrieren vorzusehen. Mechatronische oder elektronische Schließsysteme für Büros und Türen, die Gebäudeteile voneinander abtrennen, können – ein entsprechendes Datenschutzkonzept vorausgesetzt – Bewegungen auch protokollieren und dazu beitragen, ungewöhnliche Vorkommnisse automatisiert zu erkennen und zu alarmieren. Ebenso können Überlegungen angestellt werden, wie physische Sicherheitsmaßnahmen beim Eintreten akuter Gefährdungen kurzfristig verschärft werden können.

Bei der Planung von Neu- und Umbauten für Rechenzentren und andere IT-Betriebsumgebungen empfiehlt sich im Kontext dieser Maßnahme zudem eine Orientierung an der

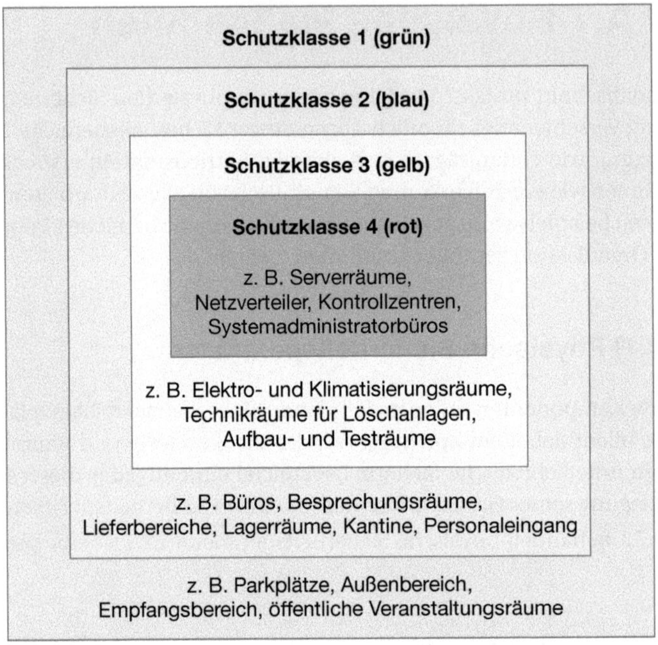

Abbildung 5.4 Exemplarische Zuordnung von Räumlichkeiten zu Schutzklassen nach DIN EN 50600-5-2

europäischen Normenfamilie DIN EN 50600 [DIN19, DIN14] bzw. der Norm ISO/IEC 22237 [ISO21a], die deren Nachfolger darstellt und eine Zertifizierung ermöglicht. Im Bezug auf den Schutz vor unberechtigtem physischem Zutritt definiert DIN EN 50600-2-5 [DIN16] vier Schutzklassen, denen wie in Abbildung 5.4 exemplarisch gezeigt Räumlichkeiten – vom Außenbereich bis zum Serverraum – auf Basis einer Risikoanalyse zugeordnet werden können. Dabei geht mit einer höheren Schutzklasse auch ein höherer Schutzbedarf einher:

- Schutzklasse 1 (grün) umfasst öffentliche und halböffentliche Räume wie Parkplätze und Außenbereiche von Gebäuden.
- Schutzklasse 2 (blau) charakterisiert Bereiche, zu denen alle autorisierten Mitarbeitenden und Gäste Zutritt erhalten, beispielsweise Anlieferbereiche und Besprechungsräume.
- Schutzklasse 3 (gelb) beinhaltet Räumlichkeiten, die nur ausgewählten Personen zugänglich sind; wer keine entsprechende Berechtigung hat, muss von einer autorisierten Person begleitet werden. In diese Klasse werden üblicherweise technische Betriebsräume für Klimatechnik und Stromversorgung eingeteilt.
- Schutzklasse 4 (rot) ist für besonders sensible Räume vorbehalten, die nur vom erforderlichen Minimum an Personen zu betreten sind, beispielsweise Serverräume und Büros für Netz- und Systemadministratoren, die an den Komponenten in diesen IT-Betriebsräumen arbeiten. Wie in Schutzklasse 3 sind nicht dauerhaft Berechtigte im Bedarfsfall zu begleiten.

Bei der baulichen Umsetzung ist dabei idealerweise das Zwiebelschalen-Prinzip anzuwenden: Zugänge zu einem Raum der Schutzklasse 4 existieren nur in Räumlichkeiten der

Schutzklasse 3, die wiederum nur über einen Zugang in Räumlichkeiten der Schutzklasse 2 betreten werden können, usw. Auch wenn diese Empfehlung der DIN EN 50600-2-5 in der Praxis nicht immer mit vertretbarem Aufwand vollständig umsetzbar ist: Sprünge zwischen den Schutzklassen sollten soweit wie möglich vermieden werden. Wo sie dennoch auftreten, also beispielsweise wenn ein Serverraum nur durch eine Außenwand vom öffentlichen Bereich getrennt ist, sollte dieser Umstand bei der Risikobeurteilung berücksichtigt werden.

Typische Nachweise für die Umsetzung dieser Maßnahme im Rahmen von Audits sind organisationseigene Vorgaben zu den wesentlichen Sicherheitsmerkmalen (z. B. Zutrittssteuerung, Zutrittsüberwachung, Schutz vor Einsichtnahme und Besuchermanagement) der definierten Zonen- bzw. Schutzklassen sowie Dokumentationen zur physischen Sicherheit an einzelnen Standorten, die die Umsetzung dieser Vorgaben sowie mögliche Abweichungen vom festgelegten Standard konkret beschreiben.

5.3.2 [A.7.2] Physischer Zutritt

Maßnahme A.7.2 behandelt den physischen Zutritt und ist eine präventive Maßnahme.

> Maßnahme **Physischer Zutritt** nach DIN EN ISO/IEC 27001:
> Sicherheitsbereiche müssen durch eine angemessene Zutrittssteuerung und Zutrittsstellen geschützt werden.

Korrespondiert mit **DIN EN ISO/IEC 27001:2017**:

A.11.1.2 Physische Zutrittssteuerung

A.11.1.6 Anlieferungs- und Ladebereiche

Physischer Zugang zu Assets durch Zutritt zu den entsprechenden Sicherheitsbereichen darf nur autorisiert erfolgen. Entsprechende Berechtigungen, welche Personen sich wo aufhalten dürfen, sind somit festzulegen, regelmäßig zu überprüfen und beispielsweise bei Änderungen am Aufgabengebiet von Mitarbeitenden anzupassen. Besonderes Augenmerk ist auch auf durch Dritte zugängliche Bereiche, beispielsweise für Materialanlieferungen oder den Empfang von Gästen, zu legen. Für besonders sensible Bereiche sind beispielsweise eine Mehrfaktor-Authentisierung und Zutrittsprotokollierung vorzusehen. Von Mitarbeitenden, Lieferanten und Gästen gut erkennbar zu tragende unterschiedliche Ausweise können dabei helfen, Unbekannte zu identifizieren und zu melden. Insbesondere in Bürogebäuden, die von mehreren Organisationen genutzt werden, muss eine klare Zuordnung der einzelnen Personen möglich sein.

Für Gäste ist üblicherweise vorzusehen, dass ihnen nur nach Anmeldung und für einen bestimmten Zweck Zutritt gewährt wird, nachdem ihre Identität z. B. durch Vorlage eines amtlichen Lichtbildausweises geprüft wurde. Die Zeitpunkte von Ankunft und Abreise sind festzuhalten. Im Regelfall sind Gäste für die Dauer ihres Aufenthalts zu begleiten und sollten sich nur in Ausnahmen frei auf dem Gelände bzw. in den Räumlichkeiten der Organisation bewegen können. Anliefer- und Ladebereiche sind dahingehend räumlich abzugrenzen, dass kein unkontrollierter Zutritt zu anderen Räumlichkeiten möglich ist. Angelieferte Gegenstände sind auf Beschädigungen und andere Manipulationen zu prüfen; gegebenenfalls müssen z. B. Postsendungen und Pakete auch auf Gefahrstoffe untersucht werden, bevor sie im Rahmen des Asset Managements weiterverarbeitet werden.

Typische Nachweise für die Umsetzung dieser Maßnahme im Rahmen von Audits sind Spezifikationen der eingesetzten Schließsysteme, Konfigurationen der Parameter und Berechtigungen bei elektronischen Schließanlagen oder auch Aufzeichnungen der (legitimen) Zutritte sowie Besucherlisten.

5.3.3 [A.7.3] Sichern von Büros, Räumen und Einrichtungen

Maßnahme A.7.3 behandelt das Sichern von Büros, Räumen und Einrichtungen und ist eine präventive Maßnahme.

> Maßnahme **Sichern von Büros, Räumen und Einrichtungen** nach DIN EN ISO/IEC 27001:
> Die physische Sicherheit von Büros, Räumen und Einrichtungen muss konzipiert und umgesetzt werden.

Korrespondiert mit **DIN EN ISO/IEC 27001:2017**:
A.11.1.3 Sichern von Büros, Räumen und Einrichtungen

Zur physischen Sicherung aller nicht explizit dafür vorgesehenen Räume und Betriebsstätten gehört naheliegend, dass sie nicht öffentlich zugänglich gestaltet werden. Die Maßnahme geht aber darüber hinaus und sieht vor, dass je nach Schutzbedarf beispielsweise sensible Gebäude von außen unauffällig gestaltet werden; in diesem Kontext sollte gegebenenfalls auch darauf verzichtet werden, beispielsweise den Weg zu einem Serverraum deutlich erkennbar auszuschildern. Bauliche Maßnahmen und die Nutzung von Räumen müssen auch sicherstellen, dass vertrauliche Tätigkeiten nicht von außen beobachtet oder Gespräche durch geöffnete Fenster belauscht werden können; auch zusätzliche elektromagnetische Abschirmungen sollten in Erwägung gezogen werden.

Zur physischen Sicherung gehört auch ein sorgfältiger Umgang mit damit verbundenen Informationen. Beispielsweise sollten interne Telefonverzeichnisse und Lagepläne mit genauen Standorten z. B. von Serverräumen keinen unautorisierten Personen zugänglich gemacht werden.

5.3.4 [A.7.4] Physische Sicherheitsüberwachung

Maßnahme A.7.4 behandelt die physische Sicherheitsüberwachung und ist eine präventive, detektierende Maßnahme.

> Maßnahme **Physische Sicherheitsüberwachung** nach DIN EN ISO/IEC 27001:
> Die Räumlichkeiten müssen ständig auf unbefugten physischen Zugang überwacht werden.

Korrespondiert mit **DIN EN ISO/IEC 27001:2017**:
(neu)

Zur Umsetzung dieser Maßnahme können beispielsweise Alarmanlagen mit Einbruchserkennung sowie Bewegungsmeldern, Wachpersonal und Kameras eingesetzt werden. Kritische Gebäude und Räumlichkeiten sollten dabei rund um die Uhr überwacht werden. Die Ausgestaltung der Überwachungssysteme muss Lücken im überwachten Bereich vermeiden und sollte nicht offengelegt werden, um ein Identifizieren möglicher Schwachpunkte nicht zu vereinfachen. Insbesondere beim Einsatz von Videoüberwachung sind datenschutzrechtliche Aspekte zu berücksichtigen, unter anderem hinsichtlich der Auswertung und Speicherdauer der anfallenden Daten.

Beim Einsatz technischer Systeme wie Bewegungs- oder Glasbruchmelder sollten regelmäßige Funktionstests durchgeführt werden, insbesondere wenn sie batteriebetrieben arbeiten. Alle eingesetzten Sensoren und zentralen Überwachungssysteme sollten manipulationssicher betrieben werden: Physische Einwirkungen auf die Geräte, das Durchtrennen ihrer Strom- oder Datenkabel und das Stören von Funkverbindungen sollten zur Alarmierung führen.

Typische Nachweise für die Umsetzung dieser Maßnahme im Rahmen von Audits sind Spezifikationen der eingesetzten Überwachungssysteme sowie deren Parameterkonfigurationen, ebenso wie Aufzeichnungen über mögliche bzw. versuchte unautorisierte Zutritte und deren Handhabung.

5.3.5 [A.7.5] Schutz vor physischen und umweltbedingten Bedrohungen

Maßnahme A.7.5 behandelt den Schutz vor physischen und umweltbedingten Bedrohungen und ist eine präventive Maßnahme.

> Maßnahme **Schutz vor physischen und umweltbedingten Bedrohungen** nach DIN EN ISO/IEC 27001:
> Der Schutz vor physischen und umweltbedingten Bedrohungen wie Naturkatastrophen und anderen absichtlichen oder unabsichtlichen physischen Bedrohungen der Infrastruktur muss geplant und umgesetzt werden.

Korrespondiert mit **DIN EN ISO/IEC 27001:2017**:
A.11.1.4 Schutz vor externen und umweltbedingten Bedrohungen

Sowohl bei der initialen Erschließung eines Standorts als auch in regelmäßigen Abständen sind Gefährdungen und Elementarschäden unter anderem durch Feuer oder Hochwasser bzw. starken Niederschlag zu berücksichtigen. Je nach geografischer Lage des Standorts können auch weitere Bedrohungen durch Naturkatastrophen wie Erdbeben oder Menschen relevant sein, beispielsweise in Gegenden mit hoher Kriminalität oder wenn die Organisation Ziel eines terroristischen Anschlags werden könnte. Gegenmaßnahmen zu Bränden stellen typischerweise automatische Löschanlagen mit geeigneten Löschmitteln dar. Droht Wassereinbruch in Gebäuden, so sollte z. B. das Rechenzentrum bzw. der Serverraum nicht im Keller oder Erdgeschoß eingerichtet werden, oder es sollte zumindest von vornherein eine geeignete Abpumpeinrichtung vorgesehen werden.

Zu berücksichtigen ist auch, dass die Energieversorgung beispielsweise in Gegenden mit häufigeren Stromausfällen oder Überspannungen geeignet stabilisiert werden muss. Wasserdichte und feuerresistente Tresore können beispielsweise zur Lagerung von Backups eingesetzt werden. Soweit ein Schutz vor Anschlägen erforderlich ist, können beispielsweise Fahrzeuge auf den vorgesehenen Zufahrten kontrolliert werden. Durch Poller sowie bepflanzte oder mit Wasser gefüllte Gräben können andere Zufahrtswege, durch die Angreifer mit Fahrzeugen physisch nahe an Gebäude gelangen können, unterbunden werden.

5.3.6 [A.7.6] Arbeiten in Sicherheitsbereichen

Maßnahme A.7.6 behandelt Arbeiten in Sicherheitsbereichen und ist eine präventive Maßnahme.

> Maßnahme **Arbeiten in Sicherheitsbereichen** nach DIN EN ISO/IEC 27001:
> Es müssen Sicherheitsmaßnahmen für die Arbeit in Sicherheitsbereichen konzipiert und umgesetzt werden.

Korrespondiert mit **DIN EN ISO/IEC 27001:2017**:
A.11.1.5 Arbeiten in Sicherheitsbereichen

Das Arbeiten in Sicherheitsbereichen ist grundsätzlich auf Personen zu beschränken, die sich dort aufgrund definierter Zuständigkeiten aufhalten. Nicht nur, um unerlaubte Eingriffe erkennen zu können, sondern auch zur Sicherstellung der Betriebssicherheit und körperlichen Unversehrtheit der Mitarbeitenden ist in Erwägung zu ziehen, dass Tätigkeiten nur in Anwesenheit weiterer Personen ausgeführt werden dürfen. Sicherheitsbereiche, in denen sich im Regelfall keine Personen aufhalten, sind abzuschließen und regelmäßig zu inspizieren.

In Sicherheitsbereichen kann darüber hinaus die Verwendung von Geräten eingeschränkt werden: Beispielsweise kann das Anfertigen von Fotos bzw. Video- oder Tonaufnahmen genauso untersagt werden wie das Mitführen von Notebooks, Mobiltelefonen oder Smart Watches. Um die Sicherheitsbereiche im Notfall geordnet verlassen zu können, sollten z. B. einfach zu verstehende Hinweise für das Verhalten bei Bränden gut sichtbar angebracht werden.

5.3.7 [A.7.7] Aufgeräumte Arbeitsumgebung und Bildschirmsperren

Maßnahme A.7.7 behandelt die aufgeräumte Arbeitsumgebung und Bildschirmsperren und ist eine präventive Maßnahme.

> Maßnahme **Aufgeräumte Arbeitsumgebung und Bildschirmsperren** nach DIN EN ISO/IEC 27001:
> Es müssen klare Regeln für eine aufgeräumte Arbeitsumgebung hinsichtlich Unterlagen und Wechseldatenträgern und klare Regeln für Bildschirmsperren für informationsverarbeitende Einrichtungen festgelegt und angemessen durchgesetzt werden. ■

Korrespondiert mit **DIN EN ISO/IEC 27001:2017**:
A.11.2.9 Richtlinie für eine aufgeräumte Arbeitsumgebung und Bildschirmsperren

Nicht nur in Großraumbüros ist darauf zu achten, dass andere nicht einfach das eigene Arbeitsgerät, Speichermedien und papiergebundene Unterlagen verwenden können, wenn jemand nicht am Arbeitsplatz ist. Dabei spielt es keine Rolle, ob der Arbeitsplatz nur kurzzeitig z. B. zur Nutzung der Kaffeemaschine, zur Teilnahme an einer Besprechung bzw. für die Mittagspause verlassen wird oder abends, am Wochenende oder im Urlaub längere Zeit nicht genutzt wird. Sensible Unterlagen auf Papier oder portablen Speichermedien wie USB-Sticks und -Festplatten sind in geeignetem Mobiliar wegzuschließen. Bei elektronischen Geräten ist eine Bildschirmsperre zu aktivieren, die nach Rückkehr zwingend eine Authentisierung wie das Einstecken einer Smartcard oder die Eingabe eines Passworts bzw. einer PIN erfordert. Entsprechende Sperren sollten sich auch automatisch aktivieren, wenn das Gerät mehrere Minuten lang nicht verwendet wurde, da davon auszugehen ist, dass vergessen wurde, sie von Hand zu aktivieren.

Um Diebstahl vorzubeugen, können beispielsweise Notebooks auch mit einem Schloss gesichert angekettet werden. Für den Ausdruck sensibler Dokumente unterstützen viele Etagendrucker eine separate Authentisierung am Gerät; für die Vernichtung sind entsprechend z. B. Shredder vorzusehen. In Büros und Besprechungsräumen sollten Whiteboards gereinigt oder Flipcharts entfernt werden, wenn die notierten Informationen nicht mehr benötigt werden. Bei Präsentationen oder beim Teilen des eigenen Bildschirminhalts z. B. per Beamer oder Videokonferenz ist zu vermeiden, dass Hinweisfenster etwa auf neu eingegangene E-Mails oder Messaging-Nachrichten auftauchen und interne Informationen preisgeben.

5.3.8 [A.7.8] Platzierung und Schutz von Geräten und Betriebsmitteln

Maßnahme A.7.8 behandelt die Platzierung und den Schutz von Geräten und Betriebsmitteln und ist eine präventive Maßnahme.

> Maßnahme **Platzierung und Schutz von Geräten und Betriebsmitteln** nach DIN EN ISO/IEC 27001:
> Geräte und Betriebsmittel müssen sicher und geschützt aufgestellt werden. ■

Korrespondiert mit **DIN EN ISO/IEC 27001:2017**:
A.11.2.1 Platzierung und Schutz von Geräten und Betriebsmitteln

Insbesondere elektronische Geräte mit Bildschirmen oder Server sollten so platziert werden, dass unnötiger Zutritt oder unautorisierter Zugang möglichst vermieden werden und z. B. unautorisierte Personen im Vorbeigehen keinen Einblick erhalten. Gefährdungen durch Diebstahl, Feuer, Rauch, Wasser, Vibrationen, Chemikalien und andere Störeinflüsse sind zu vermeiden; hierzu gehören auch Regelungen wie für das Essen, Trinken und Rauchen in der Nähe der Geräte. Umgebungsbedingungen wie die Raumtemperatur und die relative Luftfeuchtigkeit sind insbesondere in Betriebsräumen durchgängig zu überwachen und müssen innerhalb der Toleranzbereiche der eingesetzten Geräte und Speichermedien liegen.

In raueren Betriebsumgebungen können beispielsweise besonders robuste Notebooks oder Tastaturen, die mit zusätzlichen Folien gegen Schmutz geschützt sind, eingesetzt werden. Zur Vorbeugung von Schäden durch Blitzeinschläge in der Umgebung sind gegebenenfalls Überspannungsfilter für Stromversorgungen und Kommunikationsleitungen vorzusehen. Darüber hinaus empfiehlt es sich, Geräte, die von der eigenen Organisation verwaltet werden, auch physisch von Geräten zu trennen, die durch Dritte verwaltet und gewartet werden.

5.3.9 [A.7.9] Sicherheit von Assets außerhalb der Standorte der Organisation

Maßnahme A.7.9 behandelt die Sicherheit von Werten außerhalb der Räumlichkeiten und ist eine präventive Maßnahme.

> Maßnahme **Sicherheit von Werten außerhalb der Räumlichkeiten** nach DIN EN ISO/IEC 27001:
> Werte außerhalb des Standorts müssen geschützt werden. ■

Korrespondiert mit **DIN EN ISO/IEC 27001:2017**:
A.11.2.6 Sicherheit von Geräten, Betriebsmitteln und Werten außerhalb der Räumlichkeiten

Für mobile Geräte wie Notebooks und Speichermedien sowie die Bring-your-own-Device-Thematik steht diese Maßnahme im Zusammenhang mit A.6.7 (vgl. S. 113). Beispielsweise ist in der Regel strikt zu vermeiden, dass Betriebsmittel an öffentlichen oder ungesicherten Orten unbeaufsichtigt zurückgelassen oder in ungeeigneten Umgebungen betrieben werden. Bei Betriebsmitteln, die zwischen Mitarbeitenden untereinander oder mit Dritten ausgetauscht werden, ist einerseits zu dokumentieren, wem sie wann übergeben wurden; andererseits sollten vom Empfänger nicht benötigte Daten vor der Übergabe sicher gelöscht werden. Bildschirme von Geräten, die z. B. in öffentlichen Verkehrsmitteln verwendet werden, sollten mindestens durch Blickschutzfolien gesichert werden. Sicherheitsmechanismen, um den aktuellen Standort von mobilen Geräten zu erfassen und im Bedarfsfall eine Löschung aus der Ferne anzustoßen, sollten unter Berücksichtigung der damit verbundenen Datenschutzaspekte und weiteren rechtlichen Randbedingungen genutzt werden.

Unter Umständen müssen jedoch auch stationäre Anlagen wie Antennen oder Satellitenempfangsanlagen außerhalb der eigentlichen Standorte betrieben werden. Für diese ist analog zu den Maßnahmen A.7.4 und A.7.5 (vgl. S. 118 f.) vorzusehen, dass die physische Sicherheit überwacht wird und umweltbedingte Gefährdungen ausgeschlossen werden. Der physische Zutritt sollte ebenso eingeschränkt werden.

5.3.10 [A.7.10] Speichermedien

Maßnahme A.7.10 behandelt Speichermedien und ist eine präventive Maßnahme.

> Maßnahme **Speichermedien** nach DIN EN ISO/IEC 27001:
> Speichermedien müssen während ihres gesamten Lebenszyklus – Erwerb, Verwendung, Transport und Entsorgung – in Übereinstimmung mit dem Klassifizierungsschema und den Handhabungsanforderungen der Organisation verwaltet werden. ■

Korrespondiert mit **DIN EN ISO/IEC 27001:2017**:

- A.8.3.1 Handhabung von Wechseldatenträgern
- A.8.3.2 Entsorgung von Datenträgern
- A.8.3.3 Transport von Datenträgern
- A.11.2.5 Entfernen von Werten

Grundsätzlich ist zwischen Wechseldatenträgern wie USB-Sticks bzw. externen Festplatten und fest in Geräten verbauten Speichermedien zu unterscheiden. Die Nutzung von Wechseldatenträgern kann, beispielsweise aufgrund des Risikos durch Infektionen mit Schadsoftware oder zur Vorbeugung von unerwünschtem Datenabfluss aus der Organisation, untersagt und an den Geräten technisch verhindert werden. Bei regulärem Einsatz kann vorgeschrieben werden, Daten nur verschlüsselt auf mobilen Speichermedien zu verwenden. Sowohl die sichere physische Aufbewahrung als auch die Integration in Konzepte zur Erstellung von Backups sind entsprechend zu bedenken.

Für alle Speichermedien ist festzulegen, wie sie zu entsorgen bzw. zur Nachnutzung an Dritte zu übergeben sind, wenn sie nicht mehr benötigt werden oder durch einen Defekt unbrauchbar geworden sind. Als minimaler Regelfall sollte eine sichere Datenlöschung per Software oder dedizierte Festplatten-Löschgeräte vorgesehen werden. Nur einmalig beschreibbare oder defekte Speichermedien können eine physische Zerstörung erforderlich machen. Dafür kann beispielsweise auf zertifizierte Dienstleister mit mobilen Festplattenvernichtern in der Größe von kommunalen Abfallentsorgungslastwagen zurückgegriffen werden; diese können auch mehrere Hundert gesammelte Festplatten auf einmal vernichten und entsprechende Nachweise erstellen. Nicht vergessen werden sollten Verfahren für die Rückgabe von Geräten wie Multifunktionsdruckern im Rahmen von Leasing oder Recycling; enthaltene Festplatten, auf denen sich die letzten Druckaufträge und eingescannten Dokumente befinden, können oder dürfen im Allgemeinen nicht ausgebaut und sicher gelöscht werden. Wie beim Austausch defekter Speichermedien im Rahmen von Herstellergarantie oder Wartungsverträgen, bei denen technisch kein Zugriff zum Löschen mehr möglich ist, gleichzeitig aber auch keine physische Zerstörung infrage kommt, muss der Lieferant in die Pflicht genommen werden, die Daten im Rahmen der Wiederaufbereitung und Weitergabe an Dritte sicher zu löschen.

5.3.11 [A.7.11] Versorgungseinrichtungen

Maßnahme A.7.11 behandelt Versorgungseinrichtungen und ist eine präventive, detektierende Maßnahme.

> Maßnahme **Versorgungseinrichtungen** nach DIN EN ISO/IEC 27001:
> Informationsverarbeitungseinrichtungen müssen vor Stromausfällen und anderen Störungen, die durch Ausfälle von unterstützenden Versorgungseinrichtungen verursacht werden, geschützt werden. ■

Korrespondiert mit **DIN EN ISO/IEC 27001:2017**:
A.11.2.2 Versorgungseinrichtungen

Ausfälle und Störungen bei Stromversorgung, Kommunikationsanbindungen für Telefonie und Internet, Klimatechnik für Serverräume oder auch Wasserversorgung und Sanitärtechnik können von kleineren Unannehmlichkeiten über lokal begrenzte Betriebsunterbrechungen bis hin zu Datenverlusten und vollständigen Dienstausfällen mit unmittelbaren Umsatzeinbußen führen. Alle Versorgungseinrichtungen müssen deshalb bezüglich ihrer Kapazität an den sich wandelnden Bedarf angepasst und regelmäßig gewartet und getestet werden.

Zu einem gewissen Grad können redundante Versorgungseinrichtungen wie mehrere unabhängige Stromzuführungen ins Gebäude oder Internet-Anbindungen über verschiedene Provider mit entsprechenden Mehrkosten zumindest vorhersehbaren Ausfällen vorbeugen. Für die Betriebssicherheit sind neben Not-Ausschaltern auch von externer Stromversorgung unabhängige Beleuchtungen, insbesondere von Fluchtwegen, und Notruf-Kommunikation vorzusehen. Sich abzeichnende Fehlfunktionen sollten zu einer Alarmierung führen, um möglichst bereits gegensteuern zu können, bevor ein Ausfall eintritt.

5.3.12 [A.7.12] Sicherheit der Verkabelung

Maßnahme A.7.12 behandelt die Sicherheit der Verkabelung und ist eine präventive Maßnahme.

> Maßnahme **Sicherheit der Verkabelung** nach DIN EN ISO/IEC 27001:
> Kabel, die Strom, Daten oder unterstützende Informationsdienste transportieren, müssen vor Abhören, Störung oder Beschädigung geschützt werden. ■

Korrespondiert mit **DIN EN ISO/IEC 27001:2017**:
A.11.2.3 Sicherheit der Verkabelung

Manipulationen an der Verkabelung können die Funktionsfähigkeit der eingesetzten Geräte sabotieren und mindestens bei Telefonie- und Datenkabeln die Vertraulichkeit von Informationen gefährden. Für Kabelstrecken sollten deshalb möglichst keine öffentlich zugänglichen Bereiche genutzt werden; Zuführungen zu Gebäuden sollten, soweit möglich, unterirdisch erfolgen, bei Bauarbeiten im Außenbereich berücksichtigt werden und in physisch gesicherten Übergabepunkten münden. Kabelkanäle und andere Verteilmechanismen sollten regelmäßig technisch und im Rahmen von Begehungen auf unautorisiert eingebrachte Geräte überprüft werden.

Zwischen Stromkabeln und zur Datenübertragung eingesetzten Kupferkabeln kann es durch elektromagnetische Abstrahlungen zu Störungen durch Übersprechen kommen. Soweit zur Datenübertragung nicht auf Lichtwellenleiter bzw. Glasfaserkabel, die dafür nicht anfällig sind, ausgewichen werden kann oder separate Kabeltrassen zur Verfügung stehen, sind geeignete Abschirmungen vorzusehen. Kabel sollten an ihren beiden Endpunkten beschriftet werden, um sie zuordnen zu können, insbesondere wenn z. B. in Verteilerschränken viele gleichartige Kabel ankommen. Besondere Sorgfalt ist notwendig, wenn sich verschiedene Organisationen ein Gebäude oder eine Etage mit teilweise gemeinsamer Verkabelungsinfrastruktur teilen.

5.3.13 [A.7.13] Instandhaltung von Geräten und Betriebsmitteln

Maßnahme A.7.13 behandelt die Instandhaltung von Geräten und Betriebsmitteln und ist eine präventive Maßnahme.

> Maßnahme **Instandhaltung von Geräten und Betriebsmitteln** nach DIN EN ISO/IEC 27001:
> Geräte und Betriebsmittel müssen ordnungsgemäß gewartet werden, um die Verfügbarkeit, Integrität und Vertraulichkeit der Informationen sicherzustellen.

Korrespondiert mit **DIN EN ISO/IEC 27001:2017**:
A.11.2.4 Instandhalten von Geräten und Betriebsmitteln

Nur weniges ist ärgerlicher als ein Ausfall von Geräten, dem durch vorgesehene Wartungsarbeiten hätte vorgebeugt werden können. Neben IT-Geräten zählen hierzu beispielsweise auch Batterien von unterbrechungsfreien Stromversorgungen (USVs), Rauchmelder und Einbruchserkennungssensoren, Klimatechnik und Aufzüge. Hersteller geben empfohlene Wartungsintervalle vor und stellen die Qualifikation dafür eingesetzten Personals sicher. Die Organisation muss entsprechend dafür sorgen, dass Reparatur- und Wartungsarbeiten nur von autorisiertem Personal durchgeführt und diese Personen beispielsweise gemäß Maßnahme A.7.2 (s. S. 122) bei Tätigkeiten vor Ort begleitet werden; auch Fernwartungszugänge sind geeignet abzusichern.

Vermutete und eingetretene Störfälle sowie präventiv oder reagierend durchgeführte Wartungsarbeiten sollten protokolliert werden. Wenn Wartungsarbeiten nicht vor Ort durchgeführt werden können, sind die betroffenen Assets analog zu Maßnahme A.7.9 (s. S. 122) zu schützen und nach Rückgabe vor der Wiederinbetriebnahme auf Funktionsfähigkeit zu überprüfen. Soweit keine Instandsetzung mehr möglich ist, greift auch die nachfolgende Maßnahme.

5.3.14 [A.7.14] Sichere Entsorgung oder Wiederverwendung von Geräten und Betriebsmitteln

Maßnahme A.7.14 behandelt die sichere Entsorgung oder Wiederverwendung von Geräten und Betriebsmitteln und ist eine präventive Maßnahme.

> Maßnahme **Sichere Entsorgung oder Wiederverwendung von Geräten und Betriebsmitteln** nach DIN EN ISO/IEC 27001:
> Arten von Geräten und Betriebsmitteln, die Speichermedien enthalten, müssen überprüft werden, um sicherzustellen, dass jegliche sensiblen Daten und lizenzierte Software vor ihrer Entsorgung oder Wiederverwendung entfernt oder sicher überschrieben worden sind.

Korrespondiert mit **DIN EN ISO/IEC 27001:2017**:
A.11.2.7 Sichere Entsorgung oder Wiederverwendung von Geräten und Betriebsmitteln

Auch bei dieser Maßnahme steht die Entfernung vertraulicher Informationen und Assets wie Softwarelizenzen von betroffenen Betriebsmitteln im Vordergrund. Darüber hinaus sind aber vor der Rückgabe, dem Verkauf oder dem Verschenken bzw. Spenden von Geräten beispielsweise Aufkleber mit Inventarnummern oder andere Zuordnungsmerkmale zur Organisation, dem genauen Einsatzort oder einzelnen Personen zu entfernen. Insbesondere für beschädigte Betriebsmittel, die entsprechend nicht mehr löschbare fest verbaute Speichermedien enthalten, ist die Zerstörung statt einer Wiederverwendung zu erwägen.

5.4 A.8 Technologische Maßnahmen

Dieser Abschnitt im Anhang der Norm umfasst insgesamt 34 Maßnahmen mit technologischem Fokus.

5.4.1 [A.8.1] Endpunktgeräte des Benutzers

Maßnahme A.8.1 behandelt Endpunktgeräte des Benutzers und ist eine präventive Maßnahme.

> Maßnahme **Endpunktgeräte des Benutzers** nach DIN EN ISO/IEC 27001:
> Informationen, die auf Endpunktgeräten der Benutzer gespeichert sind, von ihnen verarbeitet werden oder über sie zugänglich sind, müssen geschützt werden.

Korrespondiert mit **DIN EN ISO/IEC 27001:2017**:

A.6.2.1 Richtlinie für Mobilgeräte

A.11.2.8 Unbeaufsichtigte Benutzergeräte

Angestellte und externe Auftragnehmer nutzen für den Zugriff auf organisationsinterne Informationen unterschiedlichste Endgeräte. Dazu zählen der am Arbeitsplatz stationär installierte PC, das Notebook, aber auch kleinere mobile Endgeräte wie Smartphones oder Tablets. In einer themenspezifischen Richtlinie sollte beispielsweise festgelegt werden, dass Festplatten mobiler Geräte zu verschlüsseln sind und Updates installierter Software trotz mobilem Arbeiten zeitnah erfolgen sollen. Die Anwendung sicherer Authentisierungsverfahren oder auch Regelungen zu Verbindungen zu im Hotel angebotenen WLANs oder kabelgebundenen Netzen sind vorzuschreiben. Die Festlegungen alleine reichen natürlich nicht aus. So sind die Anwender regelmäßig auch auf existierende Gefahren im Umgang mit den von ihnen genutzten Endgeräten hin zu sensibilisieren. Auch das Thema Bring your own Device (BYOD) ist an dieser Stelle zu nennen. In vielen Organisationen ist die Nutzung privater Endgeräte für dienstliche Zwecke, wenn auch mit Einschränkungen, erlaubt. Dies birgt nicht nur sicherheitsrelevante, sondern auch rechtliche Risiken, etwa wenn beim Remote-Wiping (entferntes Löschen) des Endgeräts auch private Daten des Anwenders gelöscht werden.

5.4.2 [A.8.2] Privilegierte Zugangsrechte

In manchen Fällen benötigen Beschäftigte zur Ausübung ihrer Tätigkeiten weitreichendere Berechtigungen. Diese sollten in einem von der normalen Benutzerregistrierung entkoppelten Prozess beantragt, genehmigt, der betreffenden Person zugeteilt und verwaltet werden.

Maßnahme A.8.2 behandelt privilegierte Zugangsrechte und ist eine präventive Maßnahme.

> Maßnahme **Privilegierte Zugangsrechte** nach DIN EN ISO/IEC 27001:
> Zuteilung und Gebrauch von privilegierten Zugangsrechten müssen eingeschränkt und verwaltet werden.

Korrespondiert mit **DIN EN ISO/IEC 27001:2017**:

A.9.2.3 Verwaltung privilegierter Zugangsberechtigungen

Der Verwaltungsprozess umfasst demnach alle Phasen des Lebenszyklus von Zugangsrechten. Beginnend mit der Identifikation und Festlegung der Personen, die solche privilegierten Zugangsrechte benötigen, folgt die formalisierte Antragstellung, die Genehmigung durch einen Vorgesetzten, System- oder Dienstverantwortlichen und letztlich die Zuteilung der Rechte. Im Genehmigungsschritt spielt neben der Prüfung, dass die Aufgabe diese Art von Zugangsrecht tatsächlich erfordert, auch die Kompetenz der Personen eine Rolle. Generelle Zielsetzung ist, diese Art von Zugangsrechten auf das nötige Maß zu beschränken und Überlegungen zu einer zeitlich befristeten Zuteilung anzustellen. Die regelmäßige Durchführung von Zugangsrechte-Reviews, insbesondere nach organisatorischen Veränderungen, rundet die Anforderungen ab.

5.4.3 [A.8.3] Informationszugangsbeschränkung

Maßnahme A.8.3 behandelt Informationszugangsbeschränkung und ist eine präventive Maßnahme.

> Maßnahme **Informationszugangsbeschränkung** nach DIN EN ISO/IEC 27001:
> Der Zugang zu Informationen und anderen damit verbundenen Werten muss in Übereinstimmung mit der festgelegten themenspezifischen Richtlinie zur Zugangssteuerung eingeschränkt werden.

Korrespondiert mit **DIN EN ISO/IEC 27001:2017**:
A.9.4.1 Informationszugangsbeschränkung

In Übereinstimmung mit einer themenspezifischen Richtlinie, die den Zugang zu Informationen allgemein regelt, sind spezifische Regelungen für die Beschränkung dieses Zugangs zu treffen. Dies schließt etwa den Zugang zu Informationen in Anwendungen oder auf die jeweiligen Rollen eines Anwenders zugeschnittene Sichten auf in Datenbanken abgelegten Daten genauso ein wie die Beschränkung der zugeteilten Lese- oder Schreibrechte. Auch Einschränkungen, ob Dokumente ausgedruckt werden dürfen, zählen hier hinzu. Allgemein gilt es, Zugriffe geeignet zu überwachen, um Unregelmäßigkeiten und insbesondere eine missbräuchliche Nutzung von Informationen frühzeitig erkennen und darauf reagieren zu können.

5.4.4 [A.8.4] Zugriff auf den Quellcode

Maßnahme A.8.4 behandelt den Zugriff auf den Quellcode und ist eine präventive Maßnahme.

> Maßnahme **Zugriff auf den Quellcode** nach DIN EN ISO/IEC 27001:
> Lese- und Schreibzugriff auf den Quellcode, die Entwicklungswerkzeuge und die Softwarebibliotheken müssen angemessen verwaltet werden.

Korrespondiert mit **DIN EN ISO/IEC 27001:2017**:
A.9.4.5 Zugangssteuerung für Quellcode von Programmen

Organisationen, die Software und Anwendungsprogramme entwickeln, müssen den zugehörigen Programmquellcode und Designspezifikationen schützen, um zu verhindern, dass nach Übersetzung mithilfe von Compilern noch nicht freigegebener, schlimmstenfalls fehlerbehafteter oder schadhafter Code in die Produktionsumgebung gelangt. Der Zugang soll auch hier wiederum auf denjenigen Personenkreis beschränkt sein, der diesen tatsächlich benötigt, wobei zwischen lesenden und schreibenden Zugriffen unterschieden werden kann. Der Einsatz zentraler Quellcode-Repositorys oder Code-Managementsysteme eignet sich hierfür. Auch sollte den Entwicklern nicht direkt der Zugang zum Quellcode, sondern ausschließlich über freigegebene Entwicklungswerkzeuge und -umgebungen gewährt werden. Aber nicht nur der Zugang zum Quellcode selbst sollte eingeschränkt werden, sondern in gleichem Maße auch der Zugang zu den im Entwicklungsprozess eingesetzten Hilfsmitteln und Werkzeugen, beispielsweise Compiler und Testsuiten.

5.4.5 [A.8.5] Sichere Authentisierung

Maßnahme A.8.5 behandelt die sichere Authentisierung und ist eine präventive Maßnahme.

> Maßnahme **Sichere Authentisierung** nach DIN EN ISO/IEC 27001:
> Sichere Authentisierungstechnologien und -verfahren müssen auf der Grundlage von Informationszugangsbeschränkungen und der themenspezifischen Richtlinie zur Zugangssteuerung implementiert werden. ■

Korrespondiert mit **DIN EN ISO/IEC 27001:2017**:
A.9.4.2 Sichere Anmeldeverfahren

Damit nur berechtigten Personen der Zugang zu einem System oder einer Anwendung gestattet ist, müssen sich diese zunächst erfolgreich dort anmelden. Man spricht in diesem Zusammenhang von Authentisierung. Den Anmeldevorgang sollte man möglichst sicher gestalten, etwa dadurch, dass dabei so wenige Informationen wie möglich zum System oder zur Anwendung selbst offenbart oder andere Hilfestellung, etwa bei fehlerhafter Eingabe der Anmeldedaten, gegeben werden. Passwörter sollen bei ihrer Eingabe natürlich nicht angezeigt und keinesfalls im Klartext über das Netz übertragen werden. Die Limitierung der Anzahl fehlgeschlagener Anmeldeversuche und sogenannter Captchas in Form vom Anwender einzugebender verzerrt dargestellter Buchstaben- und Ziffernfolgen, Bilderrätsel etc., helfen dabei, automatisierten Brute-Force-Angriffen vorzubeugen. Eine Protokollierung des Anmeldevorgangs ist ebenso wichtig. Hierbei sollten neben den erfolgreichen auch die fehlerhaft durchgeführten Anmeldeversuche aufgezeichnet werden, um eine spätere Analyse zu erleichtern. Hat eine Anwendung oder haben auf einem IT-System verarbeitete Daten erhöhte Sicherheitsanforderungen, reichen Passwörter alleine als effektiver Zugangsschutz nicht aus. Abhilfe schaffen hier starke Authentisierungsverfahren, die mehrere Faktoren und Merkmale in Kombination einsetzen. So wird die Eingabe des Passworts in der Praxis häufig mit Smartcards, speziellen Tokens oder Apps, die zeitbasierte Einmalpasswörter generieren, oder auch biometrischen Verfahren wie dem Fingerabdruck kombiniert.

5.4.6 [A.8.6] Kapazitätssteuerung

Maßnahme A.8.6 behandelt die Kapazitätssteuerung und ist eine präventive, detektierende Maßnahme.

> Maßnahme **Kapazitätssteuerung** nach DIN EN ISO/IEC 27001:
> Die Nutzung von Ressourcen muss überwacht und entsprechend den aktuellen und erwarteten Kapazitätsanforderungen angepasst werden.

Korrespondiert mit **DIN EN ISO/IEC 27001:2017**:
A.12.1.3 Kapazitätssteuerung

Die Kapazitätssteuerung im Informationssicherheitsmanagement hat zum Ziel, der Gefahr von Ressourcenengpässen zu begegnen, da diese oftmals negative Folgen für die Verfügbarkeit von Diensten und Daten mit sich bringen. Dazu notwendig ist einerseits die kontinuierliche Überwachung des aktuellen Systemzustandes, um Engpässe frühzeitig erkennen zu können, und andererseits darauf aufbauend die Abschätzung des zukünftig erwarteten Ressourcenbedarfs sowie die Ableitung von Trends. Der Begriff Ressourcen ist in diesem Zusammenhang sehr weit zu fassen und schließt neben IT-Systemen, Infrastrukturkomponenten, verwendeten Speichermedien, Netzverbindungen auch Personal und Gebäude mit ein. Um nun Ressourcenengpässen wirksam zu begegnen, gibt es im Wesentlichen die zwei Möglichkeiten, entweder vorhandene Kapazitäten zu erhöhen, z. B. zusätzliches Personal einzustellen und weitere IT-Systeme zu beschaffen, oder ausgewählte Dienste an geeignete Dienstleister wie z. B. Cloud-Service-Provider auszulagern bzw. die Bedarfe zu reduzieren, etwa durch das Löschen nicht mehr benötigter Daten oder die Optimierung von Prozessen.

5.4.7 [A.8.7] Schutz gegen Schadsoftware

Maßnahme A.8.7 behandelt den Schutz gegen Schadsoftware und ist eine präventive, detektierende, korrigierende Maßnahme.

> Maßnahme **Schutz gegen Schadsoftware** nach DIN EN ISO/IEC 27001:
> Schutz gegen Schadsoftware muss umgesetzt und durch angemessene Sensibilisierung der Benutzer unterstützt werden.

Korrespondiert mit **DIN EN ISO/IEC 27001:2017**:
A.12.2.1 Maßnahmen gegen Schadsoftware

Die auf IT-Systemen verarbeiteten Informationen können durch Kompromittierung etwa nach der Installation von Schadsoftware wie etwa Viren, Würmern, trojanischen Pferden und Ähnlichem verändert oder durch diese offengelegt werden. Der Schutz davor ist im Zusammenwirken technischer und organisatorischer Maßnahmen zu sehen. Endpoint-Protection-Lösungen, welche die Infektion erkennen, verdächtige Dateien in gesicherte Quarantänebereiche verschieben oder nachträglich die Schadsoftware vom System wieder entfernen, sind hier genauso zu erwähnen wie Filtermechanismen, die Schutz vor mit einem Schadprogramm verseuchten E-Mail-Anhängen oder beim Zugriff auf kompromittierte Webseiten bieten. Gleichzeitig ist wesentlich, die Beschäftigten für die Gefahren durch Schadsoftware zu sensibilisieren. Besonders wichtig sind hierbei die E-Mail-Kommunikation oder Installation von aus dem Internet von möglicherweise wenig vertrauenswürdigen Quellen heruntergeladener Software. Sollte es dennoch zu einem durch Schadsoftware verursachten Vorfall kommen, ist über Verfahren aus dem Security Incident Management (vgl. Abb. 5.3) und Business Continuity Management, etwa durch Neuinstallation der Systeme und Wiederherstellen gesicherter Daten, darauf zu reagieren.

Typische Nachweise für die Umsetzung dieser Maßnahme im Rahmen von Audits sind ein dokumentiertes Virenschutzkonzept und Aufzeichnungen über erkannte Informationssicherheitsereignisse in Verbindung mit Schadsoftware.

5.4.8 [A.8.8] Handhabung von technischen Schwachstellen

Maßnahme A.8.8 behandelt die Handhabung von technischen Schwachstellen und ist eine präventive Maßnahme.

> Maßnahme **Handhabung von technischen Schwachstellen** nach DIN EN ISO/IEC 27001:
> Es müssen Informationen über technische Schwachstellen verwendeter Informationssysteme eingeholt, die Gefährdung der Organisation durch derartige Schwachstellen bewertet und angemessene Maßnahmen ergriffen werden. ■

Korrespondiert mit **DIN EN ISO/IEC 27001:2017**:
A.12.6.1 Handhabung von technischen Schwachstellen
A.18.2.3 Überprüfung der Einhaltung von technischen Vorgaben

Diese Maßnahme setzt sich mit dem Risiko durch bekannte und veröffentlichte technische Schwachstellen auseinander, also z. B. mit der Gefährdung durch Sicherheitslücken in Betriebssystemen oder Anwendungssoftware. Voraussetzung für eine effektive Umsetzung ist ein vollständiges und gepflegtes Inventar für IT-Systeme und dort installierter Software. Der Umgang mit technischen Schwachstellen beginnt mit der Festlegung von Rollen und Zuständigkeiten, gefolgt von der Identifikation vorhandener Lücken. Dafür stehen unterschiedliche Möglichkeiten zur Verfügung, etwa die vertraglich vereinbarte Benachrichtigung durch den Hersteller oder die aktive Suche nach Verwundbarkeiten mithilfe von Schwachstellenscans oder Penetration Tests. Auf die Identifikation folgen die Bewertung und die Abschätzung des mit der Lücke verbundenen Risikos, ehe mit der Planung der Behebung der Schwachstelle begonnen werden sollte. Schließt ein Software-Update die Lücke, sollten vor dessen Rollout in der Produktivumgebung in ausreichendem Maße Tests erfolgen, ohne dass es dazu zu erheblichen Verzögerungen kommt. Stellt der Hersteller hingegen kein Update zur Verfügung, besteht möglicherweise die Option, in Abwägung des Risikos Workarounds anzuwenden, etwa die Deaktivierung vulnerabler Funktionen bzw. die Abschottung oder gar die (temporäre) Abschaltung betroffener Systeme.

5.4.9 [A.8.9] Konfigurationsmanagement

Maßnahme A.8.9 behandelt das Konfigurationsmanagement und ist eine präventive Maßnahme.

> Maßnahme **Konfigurationsmanagement** nach DIN EN ISO/IEC 27001:
> Konfigurationen, einschließlich Sicherheitskonfigurationen, von Hardware, Software, Diensten und Netzwerken müssen festgelegt, dokumentiert, umgesetzt, überwacht und überprüft werden. ■

Korrespondiert mit **DIN EN ISO/IEC 27001:2017**:
(neu)

Der sichere Betrieb von IT-Systemen beginnt mit deren Konfiguration. Organisationen sollten sich bereits bei der Installation zur Absicherung Gedanken machen und sich, sofern die Systeme nicht mit maximalen Sicherheitseinstellungen ausgeliefert werden, an Best Practices zur Systemhärtung (Hardening) orientieren und insbesondere auch Regelungen eigener themenspezifischer Richtlinien berücksichtigen. Exemplarisch sei die Einschränkung der Systemerreichbarkeit durch lokal installierte Firewalls, die Deaktivierung nicht benötigter Dienste oder die Änderung von Zugangsdaten herstellerseitig verwendeter Nutzer genannt. Dies lässt sich in Form definierter Systemkonfigurationstemplates oder Images erreichen. Im laufenden Betrieb ist anschließend darauf zu achten, auf die sich stetig ändernden Rahmenbedingungen zu reagieren, Konfigurationen regelmäßig zu überprüfen und bei Bedarf anzupassen.

5.4.10 [A.8.10] Löschung von Informationen

Maßnahme A.8.10 behandelt die Löschung von Informationen und ist eine präventive Maßnahme.

> Maßnahme **Löschung von Informationen** nach DIN EN ISO/IEC 27001:
> Informationen, die in Informationssystemen, Geräten oder auf anderen Speichermedien gespeichert sind, müssen gelöscht werden, wenn sie nicht mehr benötigt werden. ■

Korrespondiert mit **DIN EN ISO/IEC 27001:2017**:
(neu)

Von der Organisation nicht mehr benötigte Informationen sollten gelöscht werden, um etwa gesetzlichen, regulatorischen oder vertraglichen Pflichten nachzukommen oder der Gefahr einer Offenlegung dieser Daten entgegenzuwirken. Für das Löschen der Daten können unterschiedliche Methoden eingesetzt werden. Eine Vielzahl an Anwendungssoftware ermöglicht hierfür eine automatische Löschung nach Überschreiten eines zuvor vom Administrator festgelegten Zeitraums. Schützenswerte Daten finden sich aber auch auf Geräten, etwa einem Drucker mit eingebauten Speichermedien, und sollten auch dort gelöscht werden, bevor diese zur Reparatur oder zum Austausch an den Hersteller zurückgegeben werden. Sämtliche Löschvorgänge sollten für das Führen eines späteren Nachweises protokolliert werden.

5.4.11 [A.8.11] Datenmaskierung

Maßnahme A.8.11 behandelt Datenmaskierung und ist eine präventive Maßnahme.

> Maßnahme **Datenmaskierung** nach DIN EN ISO/IEC 27001:
> Die Datenmaskierung muss in Übereinstimmung mit den themenspezifischen Richtlinien der Organisation zur Zugangssteuerung und anderen damit zusammenhängenden themenspezifischen Richtlinien sowie den geschäftlichen Anforderungen und unter Berücksichtigung der geltenden Rechtsvorschriften eingesetzt werden. ■

Korrespondiert mit **DIN EN ISO/IEC 27001:2017**:
(neu)

Der unberechtigten Offenlegung insbesondere von personenbezogenen Daten kann in vielerlei Hinsicht effektiv begegnet werden. So können sehr einfach Zugriffsberechtigungen entsprechend restriktiv vergeben oder die Daten selbst durch die Anwendung von Pseudonymisierung und Anoymisierung geschützt werden. Während die Pseudonymisierung den Rückschluss auf und damit die Zuordnung zu einer bestimmten Person nach wie vor zulässt, erlaubt dies die Anonymisierung nicht mehr. Aufgrund der nicht vorhandenen Umkehrbarkeit der Anonymisierung werden in der Praxis Informationen häufig in pseudonymisierter Form gespeichert und verarbeitet, etwa um statistische Berechnungen und Auswertungen durchzuführen. In Abhängigkeit vom Einsatzzweck und vom mit dem unerlaubten Zugriff verbundenen Risiko sollte die Organisation also abwägen, welches Verfahren zum Einsatz kommen soll.

5.4.12 [A.8.12] Verhinderung von Datenlecks

Maßnahme A.8.12 behandelt die Verhinderung von Datenlecks und ist eine präventive, detektierende Maßnahme.

> Maßnahme **Verhinderung von Datenlecks** nach DIN EN ISO/IEC 27001:
> Maßnahmen zur Verhinderung von Datenlecks müssen auf Systeme, Netzwerke und alle anderen Geräte angewendet werden, die sensible Informationen verarbeiten, speichern oder übermitteln. ■

Korrespondiert mit **DIN EN ISO/IEC 27001:2017**:
(neu)

Häufig versuchen Angreifer, ausgespähte schützenswerte Daten durch Exfiltration aus der Organisation zu transportieren. Grundvoraussetzungen, um solchen als Datenleck (engl. Data Leakage) bezeichneten Szenarien wirkungsvoll begegnen zu können, sind die Identifikation und Klassifikation der Daten sowie die Kenntnis zu und die Überwachung existierender Kommunikationskanäle. Der Versand wichtiger Geschäftsunterlagen als E-Mail-Anhang an eine private E-Mail-Adresse eines Beschäftigten sollte ebenso unterbunden werden wie der Upload eines geschäftskritischen Dokuments zu einem Cloud-Service-Provider. In der Praxis werden hierfür Data Leakage Prevention Tools eingesetzt, die Kommunikationsverhalten überwachen und verdächtige Aktivitäten als Alarm melden oder den Transfer blockieren. Der Einsatz solcher Tools unterliegt jedoch aufgrund ihrer Funktionsweise gesetzlichen und arbeitsrechtlichen Regelungen und sollte daher vorher mit den betreffenden Stellen, etwa dem Betriebs- oder Personalrat, abgestimmt sein. Im Kontext der Innentäterprävention ist beispielsweise auch der Umgang mit Speichermedien wie USB-Sticks und Ausdrucken sensibler Dokumente zu betrachten.

5.4.13 [A.8.13] Sicherung von Informationen

Maßnahme A.8.13 behandelt die Sicherung von Informationen und ist eine korrigierende Maßnahme.

> Maßnahme **Sicherung von Informationen** nach DIN EN ISO/IEC 27001: Sicherungskopien von Informationen, Software und Systemen müssen in Übereinstimmung mit der vereinbarten themenspezifischen Richtlinie zu Datensicherungen aufbewahrt und regelmäßig geprüft werden.

Korrespondiert mit **DIN EN ISO/IEC 27001:2017**:
A.12.3.1 Sicherung von Informationen

Ein probates Mittel, um die Verfügbarkeit von Informationen generell oder im Falle einer Beschädigung von Dateien nach einer Schadsoftwareinfektion zu gewährleisten, ist deren Sicherung (Backup).

Organisationen sollten hierzu eine themenspezifische Richtlinie erstellen und für die zu schützenden Daten eine konkrete Planung anfertigen. Diese sollte wichtige Fragen beantworten, etwa welche Daten mit welcher Methode zu sichern sind, wie häufig die Sicherung durchzuführen ist, an welchem Speicherort die Backups abgelegt werden, ob die Backups zu verschlüsseln sind und wie Tests zur Wiederherstellung (Restore) durchgeführt werden.

Gerade die Wiederherstellung zu prüfen ist wichtig. Dadurch lässt sich einerseits nachweisen, dass die Sicherung tatsächlich erfolgreich war, und andererseits, welche Zeitspanne die Wiederherstellung in Anspruch nimmt. Letzteres ist auch, im Rahmen des Continuity-Managements der Organisation, ein wichtiger Input bei der Gestaltung von Wiederanlaufplänen.

Mögliche Nachweise für die wirksame Umsetzung dieser Maßnahme umfassen beispielsweise eine Backup-Richtlinie, konkrete Pläne für das Backup von Informationen und Protokolle von testweisen Backup-Wiederherstellungen.

5.4.14 [A.8.14] Redundanz von informationsverarbeitenden Einrichtungen

Maßnahme A.8.14 behandelt die Redundanz von informationsverarbeitenden Einrichtungen und ist eine präventive Maßnahme.

> Maßnahme **Redundanz von informationsverarbeitenden Einrichtungen** nach DIN EN ISO/IEC 27001:
> Informationsverarbeitende Einrichtungen müssen mit ausreichender Redundanz für die Einhaltung der Verfügbarkeitsanforderungen realisiert werden.

Korrespondiert mit **DIN EN ISO/IEC 27001:2017**:
A.17.2.1 Verfügbarkeit von informationsverarbeitenden Einrichtungen

Die redundante Auslegung informationsverarbeitender Systeme gehört zweifelsohne zu den wichtigsten Methoden zur Verbesserung ihrer Verfügbarkeit.

Redundanz bedeutet den Einsatz gleicher oder vergleichbarer Ressourcen über die Anforderungen des Normalbetriebs hinaus. Konkret sollten Organisationen über mehrfache Netzanbindungen, die Verteilung von Rechenkapazitäten auf räumlich getrennte Systeme, lastverteilte Dienste oder die Ausstattung von Serversystemen mit mehr als einem Netzteil, CPUs oder Festplatten nachdenken.

In der Praxis wird zwischen „heißem" und „kaltem" Stand-by für informationsverarbeitende Einrichtungen unterschieden. Während ein Setup mit heißem Stand-by im Falle einer Störung an einer Komponente idealerweise vollständig autonom und von den Anwendern nahezu unbemerkt in der Lage ist, die gewünschte Funktionalität des Gesamtsystems aufrechtzuerhalten, erfordert eine Lösung mit kaltem Stand-by in der Regel einen manuellen Eingriff wie zum Beispiel ein Umschalten, was mit kurzzeitigen, von Anwenderseite wahrnehmbaren Ausfällen verbunden ist.

Auditnachweise können hier in verschiedenen Quellen vorhanden sein, z. B. in einer IT-Architektur-Dokumentation. Wo es kein übergreifendes IT-Architektur-Management gibt, würde man zumindest eine grobe Analyse der Abhängigkeiten in der IT-Infrastruktur – z. B. mittels einer CFIA (Component Failure Impact Analysis) oder einem vergleichbaren Ansatz – und eine grundlegende Planung zur Schaffung und zum Erhalt von Redundanzen bzw. zur Minimierung von Single Points Of Failure (SPOFs) erwarten.

5.4.15 [A.8.15] Protokollierung

Maßnahme A.8.15 behandelt Protokollierung und ist eine detektierende Maßnahme.

> Maßnahme **Protokollierung** nach DIN EN ISO/IEC 27001:
> Protokolle, die Aktivitäten, Ausnahmen, Fehler und andere relevante Ereignisse aufzeichnen, müssen erstellt, gespeichert, geschützt und analysiert werden.

Korrespondiert mit **DIN EN ISO/IEC 27001:2017**:

A.12.4.1 Ereignisprotokollierung
A.12.4.2 Schutz der Protokollinformation
A.12.4.3 Administratoren- und Bedienerprotokolle

Die meisten in der Norm beschriebenen Maßnahmen haben einen primär präventiven oder korrektiven Charakter. Die Maßnahme A.8.15, und die folgenden Maßnahmen A.8.16 und A.8.17 dienen aber primär der Detektion, d. h. der Erkennung sicherheitsrelevanter Vorfälle.

Das Aufzeichnen von Ereignissen und deren Auswertung können schon für einzelne Systeme sinnvoll sein, um z. B. routinemäßig oder im Rahmen der Untersuchung von Vorfällen feststellen zu können, ob ungewöhnliche oder unautorisierte Zugriffe auf dem System erfolgt sind.

Die Protokollierung (Logging) von Ereignissen über mehrere Systeme hinweg ist die Basis für die Überwachung (vgl. Maßnahme A.8.16) der IT-Infrastruktur bzw. die frühzeitige Erkennung von Angriffen und anderen unerwünschten Zuständen. Die aufgezeichneten Ereignisse können hierfür, vorausgesetzt eine wirksame Uhrensynchronisation (vgl. Maßnahme A.8.17), miteinander korreliert (in Zusammenhang gesetzt) und analysiert werden, was beispielsweise eine Erkennung von Angriffsmustern ermöglichen kann.

Bei der Protokollierung sollte auch die Aufzeichnung von Aktivitäten administrativer Accounts nicht vergessen werden. Mittels der privilegierten Rechte solcher Accounts kann nicht nur mehr Schaden angerichtet werden. Unter Umständen lassen sich damit auch Logging-Mechanismen abschalten und Logdaten nachträglich manipulieren, um Spuren eines Angriffs zu verwischen. Die mit der Protokollierung erhobenen Daten umfassen also Account-Kennungen, aber auch häufig Netzadressen und andere datenschutzrechtlich relevante Informationen. Zweck der Erhebung der Daten, ihr Detailgrad, Zugriff und ihre Speicherdauer sollten daher auch unter diesem Gesichtspunkt geregelt werden.

Da die Protokollierung (A.8.15) meist in engem Zusammenhang mit der Überwachung von Aktivitäten (A.8.16) steht, ist zwischen diesen beiden Maßnahmen auch die Schnittmenge der erwarteten Auditnachweise groß. Dazu gehört z. B. eine Planung, welche Teile der Infrastruktur primär zu überwachen sind bzw. wo am dringendsten Ereignisse zu protokollieren sind (z. B. Netzübergänge, kritische Systeme, Systeme, die aufgrund bestehender Schwachstellen besonders anfällig sind und/oder sich besonders als Sprungbrett für eine weitere Kompromittierung der Infrastruktur eignen). Es ist sinnvoll, die zentralen Punkte der Protokollierung auch in einem grafischen Netzstrukturplan oder Ähnlichem zu erfassen. Die wirksame Umsetzung lässt sich dann meist am einfachsten anhand von Stichproben der Protokolle bzw. derer Auswertung zeigen.

5.4.16 [A.8.16] Überwachung von Aktivitäten

Maßnahme A.8.16 behandelt die Überwachung von Aktivitäten und ist eine detektierende, korrigierende Maßnahme.

> Maßnahme **Überwachung von Aktivitäten** nach DIN EN ISO/IEC 27001:
> Netze, Systeme und Anwendungen müssen auf Anomalien überwacht werden, und es müssen geeignete Maßnahmen ergriffen werden, um potenzielle Informationssicherheitsvorfälle zu bewerten.

Korrespondiert mit **DIN EN ISO/IEC 27001:2017**:
(neu)

Die Sammlung von Protokolldaten erlaubt es, die IT-Infrastruktur zu überwachen. Dazu werden erkannte anomale Betriebszustände – z. B. ungewöhnlich viele Anmeldeversuche an bestimmten Systemen, irreguläre Verkehrsmuster im Netz, eine Kombination hiervon – ausgewertet, um so Informationssicherheitsvorfälle zu erkennen.

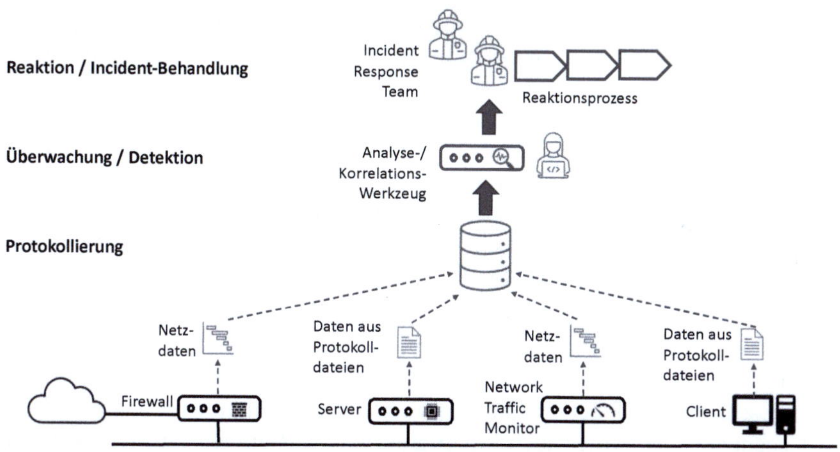

Abbildung 5.5 Grundlegender Aufbau eines SIEM-Systems bzw. SzA

Die Kombination von Protokollierung, Detektion von Vorfällen und Reaktion auf diese wird oft auch als System zur Angriffserkennung (SzA) bezeichnet, z. B. vom BSI. Hiermit ist grundlegend erst einmal ein allgemeines, auch organisatorisches System gemeint. In der Praxis fallen aber schon bei einer relativ geringen Anzahl von IT-Systemen schnell so viele Protokolldaten an, dass der Aufwand für eine manuelle Auswertung zu groß wird und als technische Basis für ein SzA ein Intrusion-Detection-System (IDS) oder gleich ein *Security Information & Event Management System* (SIEM) eingesetzt wird. SIEMs führen, wie in Abbildung 5.5 dargestellt, alle Protokolldaten zusammen, können diese systemübergreifend korrelieren und dabei Anomalien erkennen sowie auch hinterlegte oder gelernte (Angriffs-)Muster. Zum Funktionsumfang von SIEMs gehört typischerweise, anders als bei reinen IDS, auch eine Unterstützung der (teil-)automatisierten Reaktion auf erkannte Vorfälle.

Neben dem, was schon zur Protokollierung als Nachweis dient, wäre bei einem Audit hier vor allem die Dokumentation des Betriebskonzepts des SIEM-Systems interessant, aus der die Methoden zur Anomalieerkennung hervorgehen, sowie Stichproben der Ergebnisse der Angriffserkennung.

5.4.17 [A.8.17] Uhrensynchronisation

Maßnahme A.8.17 behandelt die Uhrensynchronisation und ist eine detektierende Maßnahme.

> Maßnahme **Uhrensynchronisation** nach DIN EN ISO/IEC 27001:
> Die Uhren der von der Organisation verwendeten Informationsverarbeitungssysteme müssen mit zugelassenen Zeitquellen synchronisiert werden.

Korrespondiert mit **DIN EN ISO/IEC 27001:2017**:
A.12.4.4 Uhrensynchronisation

Exakte Zeitangaben sind insbesondere dann notwendig, wenn Ereignismeldungen systemübergreifend, wie in Kapitel 5.4.16 beschrieben, mithilfe eines SIEM-Systems zentral gesammelt und korreliert werden sollen.
Für eine Erkennung von Anomalien – und in Folge Informationssicherheitsvorfällen – ist es von entscheidender Wichtigkeit, dass die protokollierten Zeiten in einen verlässlichen Bezug zueinander gebracht werden können. Unpräzise Zeitangaben können die durchgeführten Untersuchungen behindern oder gar das Ergebnis komplett verfälschen, was letztlich das Ziehen falscher Schlüsse bedeuten kann. Zur technischen Realisierung der Uhrensynchronisation wird heutzutage meist auf Atomuhren oder GPS-Uhren als Referenzquelle zurückgegriffen und die von dort erhaltene Zeit mithilfe des *Network Time Protocol* (NTP) [MBKM10] oder des *Precision Time Protocol* (PTP) [IEE19] an die IT-Systeme übermittelt.

Als Auditnachweis reicht hier meist eine kurze technische Dokumentation zur technischen Umsetzung, z. B. zum NTP-Server, und Regelungen zur Anbindung relevanter Systeme an diesen. Gegebenenfalls können auch Stichproben von Zeitstempeln (aus Protokolldateien) verschiedener Typen von Systemen herangezogen werden.

5.4.18 [A.8.18] Gebrauch von Hilfsprogrammen mit privilegierten Rechten

Maßnahme A.8.18 behandelt den Gebrauch von Hilfsprogrammen mit privilegierten Rechten und ist eine präventive Maßnahme.

> Maßnahme **Gebrauch von Hilfsprogrammen mit privilegierten Rechten** nach DIN EN ISO/IEC 27001:
> Der Gebrauch von Hilfsprogrammen, die fähig sein können, System- und Anwendungsschutzmaßnahmen zu umgehen, muss eingeschränkt und streng überwacht werden.

Korrespondiert mit **DIN EN ISO/IEC 27001:2017**:
A.9.4.4 Gebrauch von Hilfsprogrammen privilegierten Rechten

Aktionen mit privilegierten Zugriffsrechten können nicht nur durch Anwender erfolgen, auch Hilfsprogramme laufen oft mit solchen Rechten, mit denen, beabsichtigt oder versehentlich, hoher Schaden verursacht werden kann. Zur Nutzung solcher Programme sollte daher nur ein minimaler Anwenderkreis berechtigt sein.

Auch Komponenten von Netz-und Systemmanagement-Werkzeugen, mit denen z. B. Änderungen von Konfigurationen oder Software-Installationen in großen Systemlandschaften erleichtert werden sollen, laufen bisweilen mit privilegierten Rechten auf zahlreichen Systemen der Organisation. Solche Programme – und deren Hersteller – sind aber naturgemäß beliebte Ziele von Angreifern, öffnen sich bei deren Kompromittierung doch potenziell auf einen Schlag Hintertüren in Hunderten oder Tausenden von Organisationen, die diese Programme einsetzen.

Der Einsatz aller solchen Programme sollte daher im Voraus gut abgewogen und geplant werden. Wo sie zum Einsatz kommen, sollte dies, zusammen mit den daher eventuell einhergehenden Risiken, gut dokumentiert sein.

Bei einer wirksamen Umsetzung dieser Maßnahme würde man erwarten, dass sich als Auditnachweis mindestens eine Regelung zum Einsatz von Programmen mit privilegierten Rechten finden ließe (z. B. als Teil übergreifender Regelungen zum Management der IT-Architektur) sowie eine Liste der tatsächlich eingesetzten Programme dieser Art.

5.4.19 [A.8.19] Installation von Software auf Systemen im Betrieb

Maßnahme A.8.19 behandelt die Installation von Software auf Systemen im Betrieb und ist eine präventive Maßnahme.

> Maßnahme **Installation von Software auf Systemen im Betrieb** nach DIN EN ISO/IEC 27001:
> Es müssen Verfahren und Maßnahmen umgesetzt werden, um die Installation von Software auf in Betrieb befindlichen Systemen sicher zu verwalten ■

Korrespondiert mit **DIN EN ISO/IEC 27001:2017**:
A.12.5.1 Installation von Software auf Systemen im Betrieb
A.12.6.2 Einschränkung von Softwareinstallation

Durch Installation von Software auf einem IT-System können neue Schwachstellen in die IT-Infrastruktur eingebracht werden.

Dokumentierte Regelungen sollten Anwender dazu anhalten, keine unerprobte, nicht freigegebene oder nicht für die eigene Arbeit notwendige Software zu installieren. Anwendern von IT-Systemen sollten auch, bekannten Sicherheitsprinzipien wie z. B. *least privilege* folgend, nur solche Berechtigungen eingeräumt werden, die sie auch benötigen. Eine Berechtigung, welche die Installation beliebiger Software erlaubt, gehört für normale Anwender in den wenigsten Fällen dazu.

In der Praxis wird es meist unterschiedliche Ausprägungen der Regeln für unterschiedliche Systeme und Anwendergruppen geben. Für Entwicklungssysteme, falls sie von der

Live-Infrastruktur angemessen abgeschottet sind, können die Regelungen eventuell weniger streng sein. Für kritische Systeme hingegen wird die Einbringung neuer Software am besten sehr restriktiv gehandhabt. Hier dürfen oft nur wenige Mal pro Jahr Releases, die durch aufwendige Freigabeverfahren gegangen sind, installiert werden.

Regelungen als Auditnachweise könnten sich hier, je nach Organisation, unter anderem in verpflichtenden Nutzerreglungen, in Verfahren zum Change Management (siehe Kapitel 5.4.32) oder Release And Deployment Management finden.

5.4.20 [A.8.20] Netzwerksicherheit

Maßnahme A.8.20 behandelt die Sicherheit von Netzen und ist eine präventive, detektierende Maßnahme.

> Maßnahme **Netzwerksicherheit** nach DIN EN ISO/IEC 27001:
> Netzwerke und Netzwerkgeräte müssen gesichert, verwaltet und kontrolliert werden, um Informationen in Systemen und Anwendungen zu schützen.

Korrespondiert mit **DIN EN ISO/IEC 27001:2017**:
A.13.1.1 Netzsteuerungsmaßnahmen

Die Maßnahme A.8.20 und die folgenden Maßnahmen A.8.21 bis A.8.23 befassen sich mit der Sicherheit von Kommunikationsnetzen.

Es empfiehlt sich zuallererst, Verantwortlichkeiten und Verfahren für die Verwaltung des Netzes und der Netzkomponenten festzulegen und zu dokumentieren. Dies kann auch eine Trennung zwischen den beiden Bereichen Systemdministration und Netzadministration beinhalten. Insbesondere für öffentliche oder drahtlose Netze sollten Vorkehrungen ergriffen werden, um die Vertraulichkeit und Integrität der übertragenen Informationen sicherzustellen. Systeme ans Netz anzuschließen sollte eingeschränkt und nur für der Organisation bekannte Geräte möglich sein. Eine technische Maßnahme, die das gewährleistet, sind Network-Access-Control-(NAC-)Lösungen.

Typische Auditnachweise zu dieser Maßnahme wären eine themenspezifische Richtlinie zur Netzsicherheit, ein allgemeines Netzbetriebskonzept (u. a. mit einer Regelung von Verantwortlichkeiten), ein Netzstrukturplan und gegebenenfalls weitere allgemeine Dokumentation zum Netzmanagement.

5.4.21 [A.8.21] Sicherheit von Netzwerkdiensten

Maßnahme A.8.21 behandelt die Sicherheit von Netz-basierten Diensten und ist eine präventive Maßnahme.

> Maßnahme **Sicherheit von Netzwerkdiensten** nach DIN EN ISO/IEC 27001: Sicherheitsmechanismen, Dienstgüte und Dienstanforderungen für Netzwerkdienste müssen ermittelt, umgesetzt und überwacht werden.

Korrespondiert mit **DIN EN ISO/IEC 27001:2017**:
A.13.1.2 Sicherheit von Netzwerkdiensten

Anforderungen an die verschiedenen genutzten Netze bzw. Netzdienste sind zu definieren, dokumentieren und ihre Erfüllung mit dem jeweiligen Betreiber, z. B. in einem Service Level Agreement (SLA), zu vereinbaren. Die Anforderungen können, abhängig davon, um welche Arten von Netzen es sich handelt und wozu sie genutzt werden sollen, verschiedenster Art sein. Grundlegend zu berücksichtigen wären unter anderem der Netzzugang (physisch wie logisch), verwendete Netztypen und -protokolle, Einsatz von Verschlüsselung, allgemeine Vorkehrungen zum Schutz des Netzes (z. B. Firewalls, Filter, IDS) usw.

Typische Dokumentation, wie sie in einem Audit als Nachweis dienen könnte, wäre hier beispielsweise ein SLA oder Operational Level Agreement (OLA) mit dem externen oder auch organisationsinternen Netzbetreiber. Auch Aufzeichnungen, welche belegen, dass die in den SLAs/OLAs vereinbarten Ziele vom Netzbetreiber erfüllt werden (Auditberichte, Service-Reviews o. Ä.), sollten in einer Organisation mit einem höheren Reifegrad vorhanden sein.

5.4.22 [A.8.22] Trennung von Netzwerken

Maßnahme A.8.22 behandelt die Trennung von Netzen und ist eine präventive Maßnahme.

> Maßnahme **Trennung von Netzwerken** nach DIN EN ISO/IEC 27001: Informationsdienste, Benutzer und Informationssysteme müssen in Netzwerken der Organisation gruppenweise voneinander getrennt gehalten werden.

Korrespondiert mit **DIN EN ISO/IEC 27001:2017**:
A.13.1.3 Trennung in Netzwerken

Physisch wie logisch sollten Netze so getrennt werden, dass eine angemessene Separation unter Informationssicherheitsaspekten erfolgt. Grundsätzlich ist natürlich zunächst das interne Netz der Organisation vom öffentlichen Netz bzw. Internet zu trennen. Für Systeme im internen Netz, die vom Internet aus erreichbar sein sollen, wird häufig ein Netz bzw. Netzsegment separiert, die sogenannten DMZ (Demilitarised Zone).

Eine weitere Trennung des internen Netzes kann nach Benutzergruppen erfolgen, z. B. indem man das Beschäftigten-WLAN vom Gäste-WLAN trennt. Auch der Schutzbedarf der erreichbaren Systeme kann ein Aspekt bei der Netztrennung sein. Besonders schützenswerte Systeme werden oftmals in einem gesonderten Netz untergebracht und sind so vom normalen Büroarbeitsplatz (im Büronetz) aus nicht direkt erreichbar. Aktuelle Technologien ermöglichen im Rechenzentrumsbetrieb eine immer feingranularere Aufteilung von Netzen bei noch vertretbarem Aufwand.

In einem Audit würde man Regelungen zur Trennung von Netzen in einem Netzbetriebskonzept erwarten, eine grundlegende Dokumentation der bestehenden Netze sowie dass man die wichtigsten Netze und ihre Übergänge zwischeneinander anhand eines Netzstrukturplans oder ähnlichen Dokuments nachvollziehen kann.

5.4.23 [A.8.23] Webfilterung

Maßnahme A.8.23 behandelt die Webfilterung und ist eine präventive Maßnahme.

> Maßnahme **Webfilterung** nach DIN EN ISO/IEC 27001:
> Der Zugang zu externen Websites muss verwaltet werden, um die Gefährdung durch bösartige Inhalte zu verringern. ■

Korrespondiert mit **DIN EN ISO/IEC 27001:2017**:
(neu)

Ein ungeregelter Webzugriff durch die Mitarbeiter kann verschiedene Risiken mit sich bringen. Dies können einerseits Compliance-Risiken sein (z. B. Webseiten, die illegale Dateien zum Download anbieten) oder andererseits klassische IT-Sicherheitsrisiken (Webseiten, die Malware verbreiten). Zunehmend ist aber auch der ungeregelte Einsatz von Webapplikationen ein Problem, z. B. wenn Mitarbeiter vertrauliche Informationen in ein kostenloses Webtool zum Projektmanagement einpflegen oder Ähnliches.

Obwohl hier die Webfilterung als technologische Maßnahme aufgeführt ist, hat eine wirksame Regelung des Webzugriffs auch eine organisatorische Komponente – es sollte für das Personal Regelungen für die sichere Nutzung von Webressourcen und Schulungen hierzu geben. Aber es dreht sich bei diesem Thema natürlich viel um technische Vorkehrungen, also das Blockieren des Zugriffs auf bestimmte Webseiten (sog. „Blacklisting"-Ansatz) mittels Webfilter oder sogar das Blockieren aller Zugriffe, die nicht explizit erlaubt sind (sog. „Allowlisting"-Ansatz).

Eine weitere Maßnahme ist eine *Response Policy Zone* (RPZ), auch als DNS-Firewall bezeichnet, die verhindert, dass DNS-Anfragen zu bösartigen Sites aufgelöst werden. Klickt der Nutzer bspw. auf einen Phishing-Link, wird er auf einer Landing-Page über die Gefahr informiert, kann die Schadseite aber gar nicht erreichen.

Neben Nutzerreglungen würde man Auditnachweise primär in Form der Dokumentation des grundlegenden Filter-Ansatzes (z. B. als Teil eines Netzbetriebskonzepts) sowie der Dokumentation der tatsächlich eingesetzten Filter erwarten.

5.4.24 [A.8.24] Verwendung von Kryptographie

Maßnahme A.8.24 behandelt die Verwendung von Kryptographie und ist eine präventive Maßnahme.

> Maßnahme **Verwendung von Kryptographie** nach DIN EN ISO/IEC 27001:
> Es müssen Regeln für den wirksamen Einsatz von Kryptographie, einschließlich der Verwaltung kryptographischer Schlüssel, festgelegt und umgesetzt werden.

Korrespondiert mit **DIN EN ISO/IEC 27001:2017**:
A.10.1.1 Kryptographische Maßnahmen
A.10.1.2 Schlüsselverwaltung

Der Einsatz von Kryptographie sollte in einer themenspezifischen Richtlinie geregelt werden. Wie in jeder Richtlinie sind dabei zunächst organisatorische Aspekte, insbesondere Rollen und Verantwortlichkeiten sowie die Verzahnung mit dem Risikomanagement, zu regeln. Darüber hinaus müssen aber auch Arten, Qualitäten und Stärken der einzusetzenden Kryptoalgorithmen festgelegt werden. Diese müssen dann regelmäßig auf Grundlage des aktuellen Stands der Technik ausgewählt und angepasst werden.

Die Komplexität des Einsatzes kryptographischer Verfahren liegt nur zum Teil in der Auswahl geeigneter Algorithmen, da der „Markt“ für bewährte, verbreitete und aktuell als sicher geltende Verfahren relativ übersichtlich ist. Vor wesentliche Herausforderungen stellt dabei die Migration auf *Post-Quantum-Cryptography* (PQC), die vor Angriffen mittels zukünftiger leistungsfähiger Quantencomputer schützen soll, in ihrer Erforschung und Standardisierung aber große Fortschritte macht. Vielmehr erfordern alle modernen Algorithmen eine Parametrisierung, die von passwortähnlichen Schlüsseln über Public-/Private-Key-Paare bei asymmetrischen Verschlüsselungsverfahren bis hin zur Festlegung reicht, aus welchen Quellen erforderliche Zufallszahlen genommen werden sollen oder wie oft ein bestimmter Teil eines Kryptoverfahrens durchlaufen werden soll, um weitere Steigerungen der Sicherheitsqualitäten gegenüber der Minimalrundenanzahl zu erzielen.

Daraus ergibt sich direkt die Notwendigkeit einer Schlüsselverwaltung. Der Lebenszyklus des kryptographischen Schlüsselmaterials umfasst dabei Aspekte wie die Erzeugung von Schlüsseln, ihre Speicherung und Archivierung, ihren Abruf bzw. die Verteilung auf die entsprechenden technischen Systeme und schließlich die Deaktivierung und Löschung. Im Rahmen der Kommunikation einer Organisation nach außen, beispielsweise über Webserver oder E-Mails, kommen typischerweise Server- bzw. Benutzerzertifikate nach dem Standard X.509v3 zum Einsatz, die in die globale *Public-Key-Infrastruktur* (PKI) integriert sind. Sich daraus ergebende externe Vorgaben, die teils auch spezifisch für den jeweiligen PKI-Anbieter sind, müssen in der Richtlinie geeignet berücksichtigt werden, da beispielsweise das Ausstellen und Widerrufen solcher Schlüssel nur im Zusammenspiel mit einem externen Dienstleister, also nicht rein organisationsintern durchgeführt werden kann.

Weitere weitaus detailliertere Informationen zur Verwaltung digitaler Schlüssel enthält beispielsweise die mehrteilige Norm ISO/IEC 11770 [ISO10].

Basis des Nachweises einer wirksamen Umsetzung dieser Maßnahme wird in den meisten Fällen zunächst die themenspezifische Richtlinie sein. Ergänzt werden kann dies durch eine Stichprobenprüfung, inwieweit konkretere Umsetzungsdokumentation, z. B. eine Liste zulässiger Verschlüsselungsverfahren und wo diese einzusetzen sind, zu dieser Richtlinie konform ist.

5.4.25 [A.8.25] Lebenszyklus einer sicheren Entwicklung

Maßnahme A.8.25 behandelt den Lebenszyklus einer sicheren Entwicklung und ist eine präventive Maßnahme.

> Maßnahme **Lebenszyklus einer sicheren Entwicklung** nach DIN EN ISO/IEC 27001:
> Regeln für die sichere Entwicklung von Software und Systemen müssen festgelegt und angewendet werde

Korrespondiert mit **DIN EN ISO/IEC 27001:2017**:
A.14.2.1 Richtlinie für sichere Entwicklung

Entwicklung spielt ab einer bestimmten Organisationsgröße fast immer eine bedeutende Rolle. Der Begriff Entwicklung bezieht sich hier nicht nur auf die klassische Programmierung – auch die Anpassung komplexer Anwendungssysteme (z. B. Ticketsysteme, ERP- oder CRM-Systeme) ist als Entwicklung zu sehen, aus der sich schnell Sicherheitsrisiken ergeben können.

Im Zentrum der Regelung dieses Themas steht wieder die Festlegung einer themenspezifischen Richtlinie, die den gesamten Lebenszyklus der sicheren Entwicklung abdeckt. In dieser sollten auch die grundlegenden Leitlinien für die Umsetzung der folgenden Maßnahmen A.8.25 bis A.8.31, die sich mit verschiedenen weiteren Aspekten der Anwendungssicherheit befassen, definiert sein.

Diese Richtlinie ist erwartungsgemäß dann auch der Output, der in Audittätigkeiten zu dieser Maßnahme meist als Erstes geprüft werden wird.

5.4.26 [A.8.26] Anforderungen an die Anwendungssicherheit

Maßnahme A.8.26 behandelt die Anforderungen an die Anwendungssicherheit und ist eine präventive Maßnahme.

> Maßnahme **Anforderungen an die Anwendungssicherheit** nach DIN EN ISO/IEC 27001:
> Die Anforderungen an die Informationssicherheit müssen bei der Entwicklung oder Beschaffung von Anwendungen ermittelt, spezifiziert und genehmigt werden.

Korrespondiert mit **DIN EN ISO/IEC 27001:2017**:
A.14.1.2 Sicherung von Anwendungsdiensten in öffentlichen Netzwerken
A.14.1.3 Schutz der Transaktionen bei Anwendungsdiensten

Zunächst sollte im Rahmen des Anforderungsmanagements für Informationssysteme die Informationssicherheit berücksichtigt werden.

Entwicklung, aber auch Beschaffung von Systemen unterliegt idealerweise der Steuerung eines Anforderungsmanagements bzw. *Requirements Engineering* der Organisation. In diesem sind, neben den üblichen funktionalen und nichtfunktionalen Anforderungen, Informationssicherheitsanforderungen zu erheben, zu analysieren und zu spezifizieren. Die Klassifizierung der Anforderungen sollte die Bewertung der mit ihnen verbundenen Risiken, d. h. den möglichen geschäftlichen Schaden durch nicht geschlossene Sicherheitslücken, berücksichtigen. Besondere Anforderungen hinsichtlich der Vertraulichkeit, Integrität und Authentizität sollten an Systeme, die die Geschäftstransaktionen verarbeiten oder allgemein über öffentliche Netze Informationen übertragen, gestellt werden. Sollen kritische Informationssysteme aus externen Quellen beschafft werden, kann es sinnvoll sein, auf durch dritte Parteien beurteilte oder zertifizierte Produkte zurückzugreifen. Evaluationskriterien für IT-Sicherheitsprodukte finden sich z. B. in der Norm ISO/IEC 15408 (vgl. Kapitel 6.1.5).

Als Auditnachweis können hier zunächst die Regelungen zum Anforderungsmanagement genutzt werden. Typischerweise wird in einem Audit aber auch, zur Prüfung der wirksamen Umsetzung der Maßnahme, eine Stichprobe der Dokumentation zurückliegender Beschaffungen oder Entwicklungsprojekte dahingehend überprüft werden, welche Anforderungen dort definiert und genehmigt wurden.

5.4.27 [A.8.27] Sichere Systemarchitektur und Entwicklungsgrundsätze

Maßnahme A.8.27 behandelt sichere Systemarchitekturen und Entwicklungsgrundsätze und ist eine präventive Maßnahme.

> Maßnahme **Sichere Systemarchitektur und Entwicklungsgrundsätze** nach DIN EN ISO/IEC 27001:
> Grundsätze für die Entwicklung sicherer Systeme müssen festgelegt, dokumentiert, aufrechterhalten und bei allen Aktivitäten der Informationssystemsentwicklung angewendet werden.

Korrespondiert mit **DIN EN ISO/IEC 27001:2017**:

A.14.2.5 Grundsätze für die Analyse, Entwicklung und Pflege sicherer Systeme

Die Organisation sollte Grundsätze bzw. Prinzipien festlegen, die bei der Entwicklung und Pflege der Systeme oder auch der IT-Architektur insgesamt anzuwenden sind. Gängige Grundsätze sind z. B. das Prinzip des *Least Privilege* oder *Security By Design*. Die definierten Grundsätze sollten unter anderem auch dazu dienen, die Entscheidung zum Einsatz neuer Technologien oder Architekturansätze zu unterstützen. Grundsätze für die Entwicklung vertrauenswürdiger und sicherer Systeme finden sich beispielsweise in der „Special Publication 800-160" [NIS22b] des NIST.[1]

In einem Audit wird nach entsprechenden dokumentierten Regelungen gefragt werden, wie sie z. B. in Form einer themenspezifischen Richtlinie vorliegen könnten. Außerdem sollte man natürlich, z. B. anhand der Dokumentation zurückliegender Entwicklungsprojekte oder der bestehenden IT-Architektur, erklären können, welchen Einfluss diese Regelungen auf die Gestaltung der Systemlandschaft haben.

---

1 *National Institute of Standards and Technology* der Vereinigten Staaten

5.4.28 [A.8.28] Sichere Codierung

Maßnahme A.8.28 behandelt die sichere Codierung und ist eine präventive Maßnahme.

> Maßnahme **Sichere Codierung** nach DIN EN ISO/IEC 27001:
> Bei der Softwareentwicklung müssen die Grundsätze der sicheren Codierung angewandt werden.

Korrespondiert mit **DIN EN ISO/IEC 27001:2017**:
(neu)

Prinzipien zur sicheren Codierung bzw. zur sicheren Programmierung beschränken sich nicht notwendigerweise auf Vorgaben zur eigentlichen Programmiertätigkeit, wie z. B. zu zulässigen Techniken, zur Einbindung externer Programmbibliotheken, zur Dokumentation bzw. Kommentierung von Code usw. Sie sollten sich gegebenenfalls (d. h., falls diese Aspekte nicht schon an anderer Stelle geregelt sind) auch mit den Rahmenbedingungen (z. B. *welche Qualifikationen sollten Programmierer haben*), grundlegenden Entwicklungsansätzen (z. B. *Einsatz von Test-driven Development*) und Ähnlichem befassen.

Dokumentierte Prinzipien zur sicheren Codierung, wie sie als Auditnachweis benötigt werden, finden sich in vielen größeren Organisationen in Dokumenten wie Entwicklungshandbüchern, die von den Development-Teams bzw. -Abteilungen gepflegt werden.

5.4.29 [A.8.29] Sicherheitsprüfung bei Entwicklung und Abnahme

Maßnahme A.8.29 behandelt die Sicherheitsprüfung bei Entwicklungen und deren Abnahme und ist eine präventive Maßnahme.

> Maßnahme **Sicherheitsprüfung bei Entwicklung und Abnahme** nach DIN EN ISO/IEC 27001:
> Sicherheitsprüfverfahren müssen definiert und in den Entwicklungslebenszyklus integriert werden.

Korrespondiert mit **DIN EN ISO/IEC 27001:2017**:
A.14.2.8 Testen der Systemsicherheit
A.14.2.9 Systemabnahmetest

Auch wenn während der Entwicklung schon getestet wird: Neu entwickelte oder geänderte Systeme müssen Abnahmetests unterzogen werden, bevor sie in die Live- bzw. Betriebsumgebung eingebracht werden dürfen. In diesen Tests wird die Erfüllung sogenannter Akzeptanzkriterien (*Acceptance Criteria*) überprüft. Diese Kriterien basieren auf allgemeinen sowie für das jeweilige System definierten Anforderungen. Entsprechende Verfahren existieren meist bereits in softwareorientierten Organisationen im Rahmen eines Prozesses zum *Release and Deployment Management*.

Typische Auditnachweise wären, neben der Dokumentation einer allgemeinen Regelung und allgemeinen Plänen für Tests, Aufzeichnungen zu durchgeführten Abnahmetests.

5.4.30 [A.8.30] Ausgegliederte Entwicklung

Maßnahme A.8.30 behandelt die ausgegliederte Entwicklung und ist eine präventive, detektierende Maßnahme.

> Maßnahme **Ausgegliederte Entwicklung** nach DIN EN ISO/IEC 27001:
> Die Organisation muss die Aktivitäten im Zusammenhang mit der ausgegliederten Systementwicklung leiten, überwachen und überprüfen.

Korrespondiert mit **DIN EN ISO/IEC 27001:2017**:
A.14.2.7 Ausgegliederte Entwicklung

Die hier geforderte Überwachung beschränkt sich nicht nur auf die Qualitätsüberprüfung des gelieferten Codes, sondern umfasst auch die Klärung rechtlicher Fragen (Lizenzvereinbarungen etc.) sowie Regelungen bei Eventualitäten wie etwa der Insolvenz des Herstellers. Diese Maßnahme steht naturgemäß in einem engen Zusammenhang mit Maßnahme A.5.19 (Informationssicherheit in Lieferantenbeziehungen, s. S. 95).

Auditnachweise wären auch hier die Vereinbarungen mit den externen Entwicklungsorganisationen sowie Aufzeichnungen darüber, ob und wie die Einhaltung dieser Vereinbarungen überprüft wird.

5.4.31 [A.8.31] Trennung von Entwicklungs-, Test- und Produktionsumgebungen

Maßnahme A.8.31 behandelt die Trennung von Entwicklungs-, Test- und Produktionsumgebungen und ist eine präventive Maßnahme.

> Maßnahme **Trennung von Entwicklungs-, Test- und Produktionsumgebungen** nach DIN EN ISO/IEC 27001:
> Entwicklungs-, Test- und Produktionsumgebungen müssen getrennt und gesichert werden

Korrespondiert mit **DIN EN ISO/IEC 27001:2017**:
A.12.1.4 Trennung von Entwicklungs-, Test- und Betriebsumgebungen
A.14.2.6 Sichere Entwicklungsumgebung

Insbesondere soll mit dieser Maßnahme die Produktionsumgebung geschützt werden, indem Entwickler (oder auch Tester) von Software keinen unkontrollierten Zugriff erhalten. Die unkontrollierte Einbringung nicht ausreichend getesteter Änderungen in die Produktionsumgebung, egal ob versehentlich, nachlässig oder gar mit böser Absicht, stellt immer ein hohes Risiko, nicht nur für die Verfügbarkeit, dar. Die drei Umgebungen sollten daher unbedingt physisch oder logisch (bzw. virtuell) getrennt werden. Wie neue oder um zusätzliche Funktionen von der Entwicklungs- in die Testumgebung – und von dieser wiederum in die Produktionsumgebung – eingebracht werden können, muss geregelt sein.

Betriebskonzepte für die jeweiligen Umgebungen sowie, falls vorhanden, Prozessdefinition und Verfahren zum *Release and Deployment Management* sind oft angetroffene Dokumente, die für Auditnachweise herangezogen werden können.

5.4.32 [A.8.32] Änderungssteuerung

Maßnahme A.8.32 behandelt die Änderungssteuerung und ist eine präventive Maßnahme.

> Maßnahme **Änderungssteuerung** nach DIN EN ISO/IEC 27001:
> Änderungen an Informationsverarbeitungseinrichtungen und Informationssystemen müssen Gegenstand von Änderungsmanagementverfahren sein.

Korrespondiert mit **DIN EN ISO/IEC 27001:2017**:

A.12.1.2 Änderungssteuerung
A.14.2.2 Verfahren zur Verwaltung von Systemänderungen
A.14.2.3 Technische Überprüfung von Anwendungen nach Änderungen an der Betriebsplattform
A.14.2.4 Beschränkung von Änderungen an Softwarepaketen

Hier ist ein Prozess zur Änderungssteuerung bzw. zum Change Management gefordert, wie man ihn auch aus dem IT Service Management (s. Kapitel 6.3), also z. B. ITIL (Kap. 6.3.1), ISO/IEC 20000 (Kap. 6.3.2) oder FitSM (Kap. 6.3.3), kennt.

Systemadministratoren sollten also nicht einfach Änderungen bzw. Changes an IT-Diensten und Systemkonfigurationen vornehmen. Vielmehr soll durch einen abgestimmten Prozess, der unter anderem Kategorisierung, Planung und Genehmigung der Changes umfasst, sichergestellt werden, dass die Einbringung neuer Risiken oder Schwachstellen in die Produktionsumgebung minimiert wird. Genehmigung von Changes bedeutet, dass Chancen und Risiken anhand festgelegter Kriterien gegeneinander abzuwägen sind. Ohne einen erkennbaren und dokumentierten Nutzen, der klar schwerer wiegt als die Kosten und Risiken der Änderung, sollte der Grundsatz „never change a running system" beherzigt werden.

Durch die Umsetzung dieser Maßnahme wird in der Regel für bestimmte Kategorien von Changes die Durchführung eines Test- und Überprüfungsverfahrens ausgelöst. Bei dieser Überprüfung sollten auch Auswirkungen auf andere Prozesse und Verfahren berücksichtigt werden, beispielsweise auf Business-Continuity-Pläne (vgl. Maßnahme A.5.29 und A.5.30, Kapitel 5.1.29 und 5.1.30) oder das Management bekannter technischer Schwachstellen (vgl. Maßnahme A.8.8, Kapitel 5.4.8).

Naheliegende Auditnachweise sind die Definitionen des Change-Management-Prozesses und seiner Verfahren. Es wird beim Audit dieser Maßnahme auch immer eine Stichprobe von Change-Aufzeichnungen begutachtet werden.

5.4.33 [A.8.33] Testdaten

Maßnahme A.8.33 behandelt Testdaten und ist eine präventive Maßnahme.

> Maßnahme **Testdaten** nach DIN EN ISO/IEC 27001:
> Die Testdaten müssen in geeigneter Weise ausgewählt, geschützt und verwaltet werden.

Korrespondiert mit **DIN EN ISO/IEC 27001:2017**:
A.14.3.1 Schutz von Testdaten

Um möglichst realistische Testbedingungen zu schaffen, werden in der Praxis Softwaretests häufig mit realen Datensätzen durchgeführt. Diese können aber auch personenbezogene oder vertrauliche Daten enthalten.

Idealerweise werden also nur Daten zum Testen ausgewählt, die keine persönlichen oder vertraulichen Informationen enthalten. Gegebenenfalls können die gewählten Daten für Testzwecke überarbeitet, z. B. personenbezogene Informationen aus den Datensätzen entfernt oder unkenntlich gemacht werden. Auch der Zugriff auf Testdaten muss kontrolliert und gesteuert werden. Es sollte also beispielsweise geregelt sein, wann und wie Testdaten kopiert werden dürfen oder wann sie wieder zu löschen sind.

Nachweise zur wirksamen Umsetzung dieser Maßnahme sollten sich in der Dokumentation der Testverfahren finden, ggf. können auch verwendete Testdaten stichprobenmäßig geprüft werden.

5.4.34 [A.8.34] Schutz der Informationssysteme während Tests im Rahmen von Audits

Maßnahme A.8.34 behandelt den Schutz der Informationssysteme während Tests im Rahmen von Audits und ist eine präventive Maßnahme.

> Maßnahme **Schutz der Informationssysteme während Tests im Rahmen von Audits** nach DIN EN ISO/IEC 27001:
> Tests im Rahmen von Audits und andere Sicherheitstätigkeiten, die eine Beurteilung der in Betrieb befindlichen Systeme beinhalten, müssen zwischen dem Prüfer und dem zuständigen Management geplant und vereinbart werden.

Korrespondiert mit **DIN EN ISO/IEC 27001:2017**:
A.12.7.1 Maßnahmen für Audits von Informationssystemen

Auch Audits und andere Überprüfungen (z. B. Penetration Tests) stellen einen Eingriff in den regulären Betriebsablauf dar und können negative Auswirkungen haben, z. B. Systemausfälle oder eine Offenlegung vertraulicher Informationen.

Technische Überprüfungen und Audits von Informationssystemen sowie deren Umfang sollten also geplant und mit den Verantwortlichen vorher abgestimmt werden. Bei regulären Audits ist es in den seltensten Fällen notwendig, größere Mengen an streng vertraulichen oder personenbezogenen Daten begutachten zu lassen. Bei technischen Prüfungen sollte geklärt werden, in welchen Umgebungen sie erfolgen und mit welchen Berechtigungen Tests ausgeführt werden sind.

Hier sollte es entsprechende Regelungen, z. B. Verfahren, zu den jeweiligen Arten der Prüfungen geben, die dann auch als Auditnachweise dienen können.

5.5 Beispiele für Prüfungsfragen zu diesem Kapitel

Nachfolgend finden Sie Beispiele für Prüfungsfragen, die sich thematisch mit den in diesem Kapitel erlernten Inhalten auseinandersetzen. Die richtigen Antworten inklusive Erläuterungen und Verweisen befinden sich in Anhang C.1 ab Seite 238.

Prüfungsfrage 5.22:
Durch welche Maßnahme gemäß Anhang A aus DIN EN ISO/IEC 27001 wird am ehesten vermieden, dass beispielsweise Entwickler von Software versehentlich oder absichtlich produktive Systeme kompromittieren?

A) Sichere Authentisierung
B) Redundanz von informationsverarbeitenden Einrichtungen
C) Trennung von Netzwerken
D) Trennung von Entwicklungs-, Test- und Produktivumgebungen

Prüfungsfrage 5.23:
Welche der folgenden Aspekte und Anforderungen sind im Zusammenhang mit Betriebsmitteln und unterstützenden Versorgungseinrichtungen *nicht* Teil der Maßnahmen zur physischen Sicherheit gemäß Abschnitt A.7 in DIN EN ISO/IEC 27001?

A) Betriebsmittel müssen sicher und geschützt platziert werden.
B) Die Konfigurationen, einschließlich der Sicherheitskonfigurationen, von Hardware, Software, Diensten und Netzwerken müssen festgelegt, dokumentiert, umgesetzt, überwacht und überprüft werden.
C) Kabel zur Stromversorgung, Datenübertragung oder Anbindung an Informationsdienste müssen vor Abhören, Manipulation oder Beschädigung geschützt werden.
D) Betriebsmittel müssen sachgerecht gewartet werden, um die Verfügbarkeit, Integrität und Vertraulichkeit von Informationen zu gewährleisten.

Prüfungsfrage 5.24:
Was muss gemäß Maßnahme A.6.5 aus DIN EN ISO/IEC 27001 im Zusammenhang mit Beendigung oder Wechsel des Beschäftigungsverhältnisses festgelegt werden?

A) Kennungen der Nutzerendgeräte, die nach Beendigung oder Wechsel des Beschäftigungsverhältnisses zurückgegeben werden müssen
B) Verantwortlichkeiten und Pflichten im Zusammenhang mit der Informationssicherheit, die nach Beendigung oder Wechsel des Beschäftigungsverhältnisses fortbestehen
C) Verträge, die nach Beendigung oder Wechsel des Beschäftigungsverhältnisses neu ausgehandelt werden müssen
D) Gültigkeitsdauer von digitalen Identitäten, Benutzerkennungen und Zertifikaten, die auch nach Beendigung oder Wechsel des Beschäftigungsverhältnisses noch verwendet werden

Prüfungsfrage 5.25:
Wobei handelt es sich um eine technologische Maßnahme gemäß DIN EN ISO/IEC 27001, Anhang A.8?

A) Aufgabentrennung
B) Sicherheitsüberprüfung
C) Sicherung von Informationen
D) Remote-Arbeit

Prüfungsfrage 5.26:
Was ist Gegenstand der Maßnahme *Überwachung von Aktivitäten (A.8.16)* gemäß Anhang A in DIN EN ISO/IEC 27001?

A) Überwachung des Personals im Hinblick auf vorsätzliche Verletzungen der Informationssicherheit
B) Überwachung des Umsetzungsstands von Maßnahmen zur Risikobehandlung
C) Überwachung von Netzwerken, Systemen und Anwendungen im Hinblick auf Anomalien
D) Überwachung von Sicherheitsbereichen mithilfe von Videokameras

Prüfungsfrage 5.27:
Wobei handelt es sich um eine organisatorische Maßnahme gemäß DIN EN ISO/IEC 27001, Anhang A.5?

A) Aufgeräumter Schreibtisch und Gerätesperre
B) Schutz vor Schadsoftware
C) Reaktion auf Informationssicherheitsvorfälle
D) Einsatz von Kryptographie

Prüfungsfrage 5.28:
Wodurch muss eine übergeordnete Informationssicherheitsrichtlinie gemäß der Maßnahme A.5.1. aus DIN EN ISO/IEC 27001 ergänzt werden?
A) Durch den Risikobehandlungsplan
B) Durch eine Erklärung zur Anwendbarkeit der Richtlinie
C) Durch themenspezifische Informationssicherheitsrichtlinien
D) Durch eine validierte Kostenplanung

Prüfungsfrage 5.29:
Welche Schutzziele müssen bei der Klassifizierung von Informationen gemäß Anhang A.5.12 aus DIN EN ISO/IEC 27001 berücksichtigt werden?
A) Keine, da die Organisation selbst festlegen kann, auf welcher Grundlage Informationen klassifiziert werden
B) Nur Vertraulichkeit und Verfügbarkeit
C) Nur Vertraulichkeit und Integrität
D) Vertraulichkeit, Integrität und Verfügbarkeit

Prüfungsfrage 5.30:
Wobei handelt es sich *nicht* um eine der Maßnahmen, die DIN EN ISO/IEC 27001 im Anhang A im Zusammenhang mit Informationssicherheitsvorfällen fordert?
A) Planung und Vorbereitung des Managements von Informationssicherheitsvorfällen
B) Reaktion auf Informationssicherheitsvorfälle
C) Analyse von Informationssicherheitsvorfällen durch unabhängige externe Forensik-Dienstleister
D) Lernen aus Informationssicherheitsvorfällen

Prüfungsfrage 5.31:
Was ist *kein* geforderter Bestandteil der Maßnahme A.8.13 (Sicherung von Informationen) gemäß DIN EN ISO/IEC 27001, Anhang A?
A) Vorhalten von Sicherungskopien von Informationen
B) Vorhalten von Sicherungskopien von Software und Systemen
C) Regelmäßiges Testen der Sicherungskopien
D) Hinreichend redundante Auslegung informationsverarbeitender Systeme

Prüfungsfrage 5.32:
Was ist neben Regeln für den wirksamen Einsatz von Kryptographie ebenfalls Gegenstand der Maßnahme *Verwendung von Kryptographie (A.8.24)* gemäß Anhang A in DIN EN ISO/IEC 27001?
A) Löschung unverschlüsselter Aufzeichnungen zu Transaktionen
B) Penetrationstests der eingesetzten Verschlüsselungstechniken
C) Verwaltung kryptographischer Schlüssel
D) Filterung des Netzverkehrs über einen Proxy

6 Verwandte Standards und Rahmenwerke

Für das Verständnis, aber auch für die praktische Umsetzung von ISO/IEC 27000 ist es hilfreich zu verstehen, in welchem Zusammenhang diese Standardfamilie zu anderen Standards und Rahmenwerken steht. Dies ist nicht auf Werke für die Bereiche IT-Sicherheit oder Informationssicherheit beschränkt. Auch Standards für allgemeine Aspekte des Qualitätsmanagements, für Risikomanagement oder Rahmenwerke für IT-Governance und IT-Service-Management können in ISMS-Projekten Unterstützung bieten oder das Verständnis zur Umsetzung bestimmter Aspekte der ISO/IEC 27000-Standards fördern.

Im Folgenden werden ausgewählte relevante und etablierte Standards und Rahmenwerke kurz vorgestellt.

6.1 Standards und Rahmenwerke für IT- und Informationssicherheit

6.1.1 IT-Grundschutz-Kompendium

Herausgeber: *Deutsches Bundesamt für Sicherheit in der Informationstechnik (BSI)*

Kurzbeschreibung: *Dokumentensammlung mit Anregungen sowohl für den technischen Schutz als auch für organisatorische Maßnahmen zur Absicherung von IT-Infrastrukturen*

Aufbau & Inhalte

Das *IT-Grundschutz-Kompendium* wird vom BSI in HTML- und PDF-Form zur Verfügung gestellt [BSI23b]. Es enthält, neben einer Liste von knapp unter 50 Gefährdungen, umfassende Vorgaben und Empfehlungen zur IT-Sicherheit, die in ca. 100 „Bausteine" gegliedert sind:

- Prozess-Bausteine: Sicherheitsmanagement („ISMS"), Organisation und Personal („ORP"), Konzepte und Vorgehensweisen („CON"), Betrieb („OPS"), Detektion & Reaktion („DER")
- System-Bausteine: Anwendungen („APP"), IT-Systeme („SYS"), Industrielle IT („IND"), Netze und Kommunikation („NET"), Infrastruktur („INF")

Weiterführende Informationen

Im Modell des IT-Grundschutzes bilden die Prozess-Bausteine die Klammer um die System-Bausteine, siehe Abbildung 6.1.

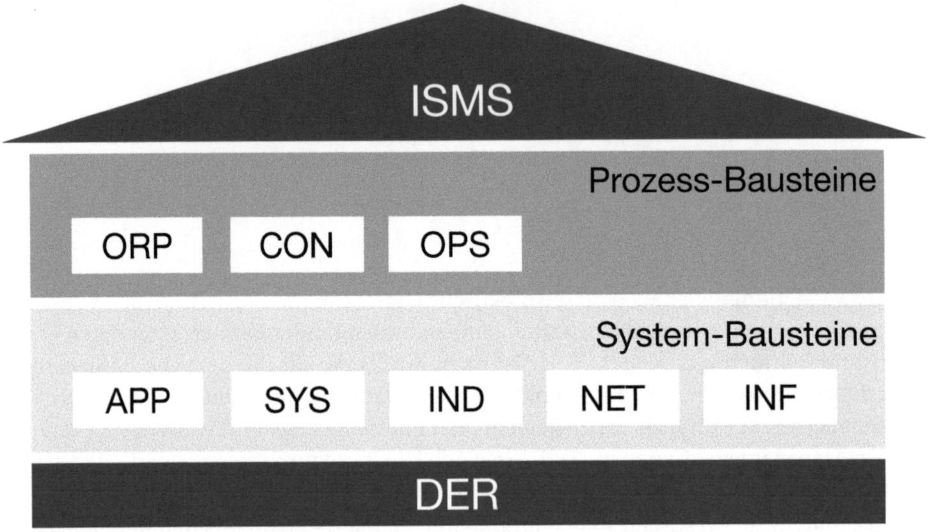

Abbildung 6.1 Schichten-Modell der Grundschutz-Bausteine [BSI23b]

Die Bausteine an sich enthalten neben unbedingten Anforderungen („MUSS“) auch bedingte Anforderungen („SOLLTE“) bzw. Empfehlungen. Letztere müssen erwogen werden, können aber auch begründet nicht umgesetzt werden.

Zudem gibt das Kompendium Empfehlungen zur Umsetzungsreihenfolge der Bausteine, indem es diese in einer Tabelle in eine Bearbeitungsreihenfolge – „R1“, „R2“ und „R3“ – einteilt.

Der BSI IT-Grundschutz bildet in Verbindung mit DIN EN ISO/IEC 27001 und dem nachfolgend erläuterten BSI-Standard 200-2 die Basis für die *Zertifizierung nach ISO 27001 auf der Basis von IT-Grundschutz* [BSI23c]. Einzelne Grundschutzbausteine werden aber auch in andere BSI-Prüfverfahren integriert.

Erhältlich ist das IT-Grundschutz-Kompendium als kostenloser Download von der Webseite des BSI: *https://www.bsi.bund.de.*

6.1.2 BSI-Standards

Herausgeber: *Deutsches Bundesamt für Sicherheit in der Informationstechnik (BSI)*

Kurzbeschreibung: *Beschreibung der IT-Grundschutz-Methodik*

Aufbau & Inhalte

- **BSI-Standard 200-1: Managementsysteme für Informationssicherheit** [BSI17a]
  Anforderungen an ein ISMS, die zu DIN EN ISO/IEC 27001 kompatibel sind und Empfehlungen aus ISO/IEC 27002 berücksichtigen.

- **BSI-Standard 200-2: IT-Grundschutz-Methodik** [BSI17b]
  Beschreibung von drei Ansätzen zur Umsetzung des IT-Grundschutzes, die als Basis-, Standard- und Kernabsicherung bezeichnet werden.
- **BSI-Standard 200-3: Risikoanalyse auf Basis von IT-Grundschutz** [BSI17c]
  Gefährdungsmodell und risikobezogene Arbeitsschritte bei der Umsetzung des IT-Grundschutzes.
- **BSI-Standard 200-4: Business Continuity Management** [BSI23a]
  Praxisnahe Anleitung, um ein Business Continuity Management System (BCMS) in einer Organisation aufzubauen, wobei verwandte Themen der Informationssicherheit und des Krisenmanagements einbezogen werden.

Weiterführende Informationen

Die BSI-Standards befassen sich mit der Gestaltung, Einführung und dem Betrieb eines ISMS, wobei konzeptionell eine weitgehende Kompatibilität mit der ISO/IEC 27000-Familie erreicht wird. Dabei stehen insbesondere die Standards 200-1 und 200-3 gewissermaßen parallel zu DIN EN ISO/IEC 27001 und ISO/IEC 27005. Ergänzend dazu bietet der Standard 200-4 Unterstützung beim Aufbau eines Business Continuity Managements.

Erhältlich sind die BSI-Standards als kostenloser Download von der Webseite des BSI: *https://www.bsi.bund.de.*

6.1.3 CISIS12

Herausgeber: *IT-Sicherheitscluster e.V.*

Kurzbeschreibung: *An BSI-Grundschutz und ISO/IEC 27000 angelehntes Informationssicherheitsmanagement für kleine bis mittelgroße Organisationen*

Aufbau & Inhalte

- **CISIS12-Norm** Vorgaben und Mindestanforderungen zu Aufbau und Aufrechterhaltung eines Informationssicherheitsmanagementsystems
- **CISIS12-Handbuch** Modell zur Einführung eines ISMS in zwölf Schritten
- **CISIS12-Katalog** Auf BSI-Grundschutz und DIN EN ISO/IEC 27001 basierender Katalog von 87 ISMS-Bausteinen

Weiterführende Informationen

CISIS12 ist eine Weiterentwicklung von ISIS12, welches ursprünglich vom Netzwerk Informationssicherheit im Mittelstand (NIM) des Bayerischen IT-Sicherheitsclusters speziell für kleine bis mittelgroße öffentliche Einrichtungen (z. B. kommunale Verwaltungen) und mittelständische Unternehmen entwickelt wurde. Das CISIS12-Handbuch bietet einen pragmatischen Ansatz zur Strukturierung eines ISMS-Projektes. Der CISIS12-Katalog orientiert sich an den Bausteinen des BSI IT-Grundschutz-Kompendiums. Die Umsetzung von CISIS12 kann daher auch ein guter Einstieg für ein eventuell auf längere Sicht angestrebtes Informationssicherheitsmanagement nach BSI IT-Grundschutz sein.

Organisationen können ihr ISMS nach CISIS12 zertifizieren lassen. Dieses Zertifizierungsverfahren ist – anders als das für die DIN EN ISO/IEC 27001– nicht akkreditiert, erfolgt aber durch angesehene und (für DIN EN ISO/IEC 27001) bei der DAkkS (Deutsche Akkreditierungsstelle) akkreditierte Organisationen. Dieses vergleichsweise wenig komplexe Zertifizierungsverfahren bietet damit für kleine bis mittelgroße Organisationen einen guten und kosteneffektiven Weg, sich die Wirksamkeit des eigenen ISMS von einer unabhängigen Stelle bestätigen zu lassen.

CISIS12 ist bestellbar über die durch den IT-Sicherheitscluster betriebene Webseite: *https://cisis12.de/* für ca. 170 Euro. Für bestimmte öffentlich-rechtliche Institutionen (z. B. Kommunen) ist der Bezug kostenfrei.

6.1.4 Cybersecurity Framework

Herausgeber: *National Institute of Standards and Technology (NIST) der Vereinigten Staaten von Amerika*

Kurzbeschreibung: *Informationssicherheitsmanagement und Umgang mit Cybersecurityrisiken für Unternehmen in den USA*

Aufbau & Inhalte

Ein Dokument [NIS24], das drei grundlegende Rahmenwerk-Komponenten umfasst:

- **Framework Core** Anforderungen an Cybersecurity-Aktivitäten und deren Ergebnisse, geordnet nach den sechs Grundfunktionen „Govern", „Identify", „Protect", „Detect", „Respond", „Recover"
- **Framework Tiers** Einfaches Modell für die Reife einer Organisation in Bezug auf Cybersecurity
- **Framework Organizational Profiles** Ausprägung der Cybersecurity in einer Organisation, z. B. Profil der aktuellen Situation oder Zielprofil

Weiterführende Informationen

Der Framework Core ist in sechs Grundfunktionen („Govern", „Identify", „Protect", „Detect", „Respond", „Recover") gegliedert. Zu jeder Grundfunktion gehören drei bis fünf Kategorien von Aktivitäten, denen wiederum jeweils drei bis sechs Unterkategorien zugeordnet sind. Diese Unterkategorien (von Cybersecurity-Aktivitäten) entsprechen in etwa der Ebene der Maßnahmen in der DIN EN ISO/IEC 27001. Zu jeder dieser Unterkategorien gibt es Verweise auf verschiedene andere Rahmenwerke, u. a. auch auf passende Maßnahmen in der DIN EN ISO/IEC 27001.

Umgekehrt ordnet die aktuelle Version der ISO/IEC 27002 jeder Maßnahme eine oder mehrere der Grundfunktionen des NIST Framework Core zu, allerdings wird dies nicht so explizit genannt, sondern geschieht mit dem Attribut „Cybersecurity Concepts".

Erhältlich ist das Cybersecurity Framework als kostenloser Download von der Webseite des NIST: *https://www.nist.gov/cyberframework*.

6.1.5 ISO/IEC 15408

Herausgeber: *International Organization for Standardization (ISO) & International Electrotechnical Commission (IEC)*

Kurzbeschreibung: *Zertifizierbarer Standard für sicherere IT-Produkte auf Basis der „Common Criteria"*

Aufbau & Inhalte

- **ISO/IEC 15408-1 – Introduction and general model** [ISO22a] Einführung, Terminologie und allgemeines Evaluationsmodell
- **ISO/IEC 15408-2 – Security functional components** [ISO22b] Anforderungen an die sicherheitsrelevante Funktionalität der Produkte
- **ISO/IEC 15408-3 – Security assurance components** [ISO22c] Festlegung von Stufen der Vertrauenswürdigkeit der Produkte auf Basis von Anforderungen an die Hersteller- bzw. Entwicklungsorganisation

Weiterführende Informationen

Auf Basis ISO/IEC 15408 lässt sich die Einhaltung eines bestimmten Niveaus an Sicherheit und Vertrauenswürdigkeit durch ein IT-Produkt (z. B. Drucker, Betriebssysteme) zertifizieren. Die Prüfung ist jedoch recht aufwendig, und selbst große Hersteller lassen meist nur eine kleine Auswahl ihrer Produkte zertifizieren.

Alle Teile von ISO/IEC 15408 können bei der ISO oder beim Beuth-Verlag kostenpflichtig bezogen werden. Die „Common Criteria"-Dokumente, auf denen ISO/IEC 15408 basiert, sind auf *https://www.commoncriteriaportal.org* kostenfrei zum Download verfügbar.

6.1.6 VDA ISA (TISAX)

Herausgeber: *Verband der Automobilindustrie (VDA)*

Kurzbeschreibung: *Branchenspezifischer Informationssicherheitsstandard der Automobilindustrie*

Aufbau & Inhalte

Hinter VDA ISA (Information Security Assessment) verbirgt sich ein Fragenkatalog zur Informationssicherheit, der vom VDA entwickelt wurde und laufend aktualisiert wird. Die Hauptprüfung zur Informationssicherheit besteht dabei aus ca. 50 Fragen und kann durch sogenannte Zusatzprüfungen ergänzt werden. Derzeit sind folgende Zusatzprüfungen Teil des Fragenkatalogs:

- Anbindung Dritter
- Prototypenschutz
- Datenschutz

Ablauf und Inhalt der Haupt- und Zusatzprüfungen hängen dabei auch von der Schutzbedarfsstufe ab, nach der die Prüfungen durchgeführt werden. Drei verschiedene Stufen können betrachtet werden: normaler, hoher und sehr hoher Schutzbedarf. Zudem wird im

Rahmen einer Prüfung nicht nur die Erfüllung (Ja oder Nein) beurteilt, sondern auch der Grad der erzielten organisatorischen Reife auf Basis eines fünfstufigen Reifegradmodells.

Der Name TISAX steht für Trusted Information Security Assessment Exchange und bezeichnet nicht den Fragenkatalog selbst, sondern eine webbasierte Plattform zum Austausch von Prüfergebnissen nach VDA ISA, die von der ENX Association (früher: European Network Exchange Association) betrieben wird. Ziel dieser Plattform ist die unternehmensübergreifende Anerkennung der Ergebnisse von Prüfungen auf Basis von VDA ISA. Prüfungen nach VDA ISA werden allerdings häufig einfach als TISAX-Prüfungen bezeichnet, die resultierende Bestätigung über eine erfolgreiche Prüfung wird nicht als Zertifikat, sondern als „Label" vergeben.

Weiterführende Informationen

Der häufigste Anwendungsfall von VDA ISA besteht darin, dass sich ein Unternehmen, das als Dienstleister oder Zulieferer eines Automobilherstellers agiert, nach dem Branchenstandard prüfen lässt. Hintergrund ist dabei meistens eine konkrete vertragliche Anforderung nach einer „TISAX-Zertifizierung" oder eine entsprechende Anforderung im Rahmen einer Ausschreibung. Die erforderlichen Zusatzprüfungen sowie die Schutzbedarfsstufe ergeben sich typischerweise ebenfalls aus dem Vertrag bzw. der Ausschreibung, werden also aus Sicht des Dienstleisters vom Auftraggeber festgelegt. Der Ablauf einer Prüfung nach VDA ISA lässt sich grob wie folgt skizzieren:

1. Umfang, Schutzbedarfsstufe und erforderliche Zusatzprüfungen festlegen
2. Selbsteinschätzung durchführen und Fragenkatalog ausfüllen (unter Angabe von Nachweisen)
3. Prüfdienstleister auswählen (muss durch ENX akkreditiert sein)
4. Ausgefüllten Fragenkatalog einschließlich relevanter Nachweise beim Prüfdienstleister einreichen
5. Audit (remote oder vor Ort), Umfang/Dauer abhängig von der Schutzbedarfsstufe
6. Nach Erhalt der Ergebnisse: Maßnahmenplan zur Abstellung identifizierter Abweichungen und Nebenabweichungen erstellen
7. Review und Abnahme des Maßnahmenplans durch den Auditor/Prüfdienstleister
8. Erteilung vorläufiges Label (Veröffentlichung auf der TISAX-Plattform)
9. Umsetzung der Maßnahmen aus dem Maßnahmenplan (Zeit für Umsetzung: maximal neun Monate)
10. Folge-Audit mit Prüfung der Wirksamkeit der umgesetzten Maßnahmen
11. Erteilung finales Label (Veröffentlichung auf der TISAX-Plattform)

Die Fragen in der Hauptprüfung basieren durchgängig auf den Anforderungen und Maßnahmen (Controls) aus ISO/IEC 27001, auf die auch entsprechend referenziert wird. Zu jeder Frage (wie zum Beispiel: „Inwieweit sind die Verantwortlichkeiten für Informationssicherheit definiert und zugewiesen?") gibt es einen erläuternden Text, und es werden konkretere Anforderungen aufgelistet. Hierbei wird zwischen Muss- und Sollte-Anforderungen unterschieden (s. Abbildung 6.2). Ähnlich wie bei den BSI IT-Grundschutzbausteinen sind Muss-Anforderungen unbedingt zu erfüllen – bei Sollte-Anforderungen ist zu begründen, wenn sie nicht umgesetzt werden. Für bestimmte Fragen gibt es auch noch zusätzliche Anforderungen für den Fall eines hohen oder eines sehr hohen Schutzbedarfs.

6.2 Standards und Rahmenwerke für Qualitätsmanagement, Auditierung und Zertifizierung

6.2.1 ISO 9000

Herausgeber: *International Organization for Standardization (ISO)*

Kurzbeschreibung: *Standardfamilie für Qualitätsmanagementsysteme auf der Grundlage von Prinzipien wie Kundenorientierung, Prozessorientierung und kontinuierlicher Verbesserung*

Aufbau & Inhalte

- **ISO 9000: Qualitätsmanagementsysteme – Grundlagen und Begriffe** [DIN15a]
  Definition der wichtigsten Begriffe im Qualitätsmanagement
- **ISO 9001: Qualitätsmanagementsysteme – Anforderungen** [DIN15b]
  Zertifizierbare Anforderungen an ein Qualitätsmanagementsystem
- **ISO 9004: Quality of an organization – Guidance to achieve sustained success** [DIN18b]
  Allgemeine Prinzipien und Werkzeuge für ein funktionierendes und nachhaltiges Qualitätsmanagement

Weiterführende Informationen

ISO 9000 befasst sich branchenunabhängig und allgemein mit Managementsystemen. ISO 9001 ist sozusagen Urvater der normativen Managementsystemstandards, dessen Einhaltung weltweit mehr als eine Million Mal zertifiziert wurde. Die Grundprinzipien, die der ISO 9000-Standardfamilie zugrunde liegen, finden auch in allen anderen ISO bzw. ISO/IEC-Managementsystemstandards, einschließlich ISO/IEC 27000, Anwendung. ISO 9000 wird häufig mit diesen Standards zu einem integrierten Managementsystem kombiniert.

6.2.2 ISO 19011

Herausgeber: *International Organization for Standardization (ISO)*

Kurzbeschreibung: *Leitfaden zur Auditierung von Managementsystemen*

Aufbau & Inhalte

Der Standard ISO 19011 (*Leitfaden zur Auditierung von Managementsystemen*) [DIN18a] definiert wichtige Begriffe und die sechs Grundprinzipien der Auditierung: Integrität, sachliche Darstellung, Sorgfalt, Vertraulichkeit, Unabhängigkeit und nachweisbasiertes Vorgehen. Darüber hinaus liefert er Anleitungen zu folgenden Schwerpunktthemen:

- **Auditprogramm-Management** Angelehnt an den Deming-Kreislauf (Plan-Do-Check-Act) beschreibt der Leitfaden, was bei der Etablierung und Anwendung eines Auditprogramms beachtet werden sollte. Als Auditprogramm bezeichnet man eine Reihe einzelner (z. B. interner) Audits, die über einen bestimmten Zeitraum (häufig ein oder drei Jahre) geplant und durchgeführt werden.

Kontrollnummer	Kontrollfrage	Ziel	Anforderungen (muss)	Anforderungen (sollte)	Verweisung auf andere Normen
1	**Richtlinien und Organisation der**				
1.1	**Richtlinien zur**				
1.1.1	**Inwieweit sind Richtlinien zur Informationssicherheit vorhanden?**	Die Organisation benötigt mindestens eine Richtlinie für Informationssicherheit. Diese spiegelt die Wichtigkeit und Bedeutung der Informationssicherheit wider und ist an die Organisation angepasst. Zusätzliche Richtlinien können je nach Größe und Aufbau der Organisation sinnvoll sein.	+ Die Anforderungen an die Informationssicherheit wurden festgelegt und dokumentiert: – Die Anforderungen sind an die Ziele der Organisation angepasst, – Eine Richtlinie ist erstellt und von der Organisation freigegeben. + Die Richtlinie enthält Ziele und den Stellenwert der Informationssicherheit innerhalb der Organisation.	+ Die Anforderungen an die Informationssicherheit auf der Grundlage der Organisationsstrategie, Gesetzen und Verträgen sind in der Richtlinie berücksichtigt. + Die Richtlinie weist auf Konsequenzen bei Nichtbeachtung hin. + Weitere relevante Sicherheitsrichtlinien sind erstellt. + Eine regelmäßige Prüfung und, falls notwendig, Überarbeitung der Richtlinien sind etabliert. + Die Richtlinien werden Mitarbeitern in geeigneter Form (z. B. Intranet) zur Verfügung gestellt. + Mitarbeiter und externe Geschäftspartner werden über alle für sie relevanten Änderungen informiert.	ISO 27001:2013: A.5.1.1, A.5.1.2 ISO 27001:2022: A.5.1 ISA/IEC 62443: 1.1.1 NIST CSF 1.1: ID.GV-1

Abbildung 6.2 Auszug aus dem VDA-ISA-Katalog Version 5.1 (*https://www.vda.de/*)

- **Planung und Durchführung von Audits** Der Auditprozess, von der Initiierung und Planung eines Audits über die Vorbereitung und Durchführung der (Vor-Ort-)Auditaktivitäten bis hin zu Berichterstellung und Abschluss wird ausführlich dargestellt, und es werden Hinweise für eine effektive und an den grundlegenden Auditprinzipien orientierte Anwendung gegeben.
- **Kompetenz und Evaluation von Auditoren** Dieser Teil des Leitfadens richtet sich speziell an Zertifizierungsstellen oder andere Organisationen, die mehrere Auditoren beschäftigen oder beauftragen.

Weiterführende Informationen

Nahezu alle Ausbildungen für Auditoren von Managementsystemen basieren auf ISO 19011. Dieser Standard liefert sehr hilfreiche und durchaus praxisnahe Hilfestellung und Tipps für diejenigen, die Auditprogramme managen oder Audits planen und durchführen. Er kann bei der ISO kostenpflichtig bezogen werden.

6.2.3 ISO/IEC 17020

Herausgeber: *International Organization for Standardization (ISO) & International Electrotechnical Commission (IEC)*

Kurzbeschreibung: *Standards für Konformitätsbewertungs- bzw. Zertifizierungsstellen*

Aufbau & Inhalte

Zur Standardfamilie der ISO/IEC 17020 (*Conformity assessment – Requirements for the operation of various types of bodies performing inspection*) gehören noch mehr Dokumente, aber interessant im Zusammenhang mit Informationssicherheit sind vor allem folgende:

- **ISO/IEC 17021-1 – Conformity assessment – Requirements for bodies providing audit and certification of management systems – Part 1: Requirements** [DIN15c] Anforderungen an Stellen, die Managementsysteme zertifizieren – also beispielsweise Konformität zu DIN EN ISO/IEC 27001 überprüfen und mit einem Zertifikat bestätigen. Weitere Teile der ISO/IEC 17021 befassen sich mit der Auditierung und Zertifizierung spezifischer Arten von Managementsystemen.
- **ISO/IEC 17024 – Conformity assessment – General requirements for bodies operating certification of persons** [DIN12] Anforderungen an Stellen, die Kompetenzzertifikate für Personen ausstellen, wie z. B. ein ISO/IEC 27000-Foundation-Zertifikat.
- **ISO/IEC 17025 – General requirements for the competence of testing and calibration laboratories** [DIN18c] Anforderungen an Test- und Kalibrierungsstellen, z. B. Stellen, die Produkte nach ISO/IEC 15408 zertifizieren.

Weiterführende Informationen

Die oben genannten Standards beinhalten alle Anforderungen an Konformitätsbewertungsstellen. Besonderen Stellenwert im Zusammenhang mit Managementsystemen für Informationssicherheit hat natürlich die ISO/IEC 17021-1, auf die in der ISO/IEC 27006 mehrfach verwiesen wird und die mit dieser zusammen für die Akkreditierung der ISMS-

Zertifizierungsstellen (siehe auch Kapitel 7.1) herangezogen wird. Die Standards können bei der ISO oder beim Beuth-Verlag kostenpflichtig bezogen werden.

6.3 Standards und Rahmenwerke für Governance und Management in der IT

6.3.1 ITIL

Herausgeber: *AXELOS*

Kurzbeschreibung: *Sammlung etablierter Praktiken („Good Practice") im IT-Service-Management (ITSM)*

Aufbau & Inhalte

Eine Reihe von Büchern zum IT-Service-Management

Weiterführende Informationen

ITIL ist das älteste und etablierteste Rahmenwerk für IT-Service-Management. Über die vergangenen 25 Jahre haben weltweit Hunderttausende Menschen mindestens eine Schulung zu (einer früheren Version von) ITIL besucht und dabei Grundlagen des IT-Service-Managements vermittelt bekommen.

Frühere Versionen der ITIL und Vorgänger der ISO/IEC 20000 (vgl. nächster Abschnitt) wurden in ihrer Entwicklung aufeinander abgestimmt, wodurch es immer noch viele Übereinstimmungen im grundlegenden Rahmenwerk gibt, das in der ITIL mittlerweile allerdings erheblich umfangreicher geworden ist. Wie die ISO/IEC 20000 befasst sich auch die ITIL in einer Praktik bzw. einem Prozess mit *Information Security Management.* Die „Good Practices" der ITIL-Bücher haben einen großen Gesamtumfang, eignen sich aber aufgrund ihrer schwächeren, allgemein fachbuchartigen Struktur und Konsistenz nicht als Grundlage für Organisations- oder Managementsystemzertifizierung.

6.3.2 ISO/IEC 20000

Herausgeber: *Internationale Organisation für Normung (ISO)*

Kurzbeschreibung: *Standards zum Thema (IT) Service Management*

Aufbau & Inhalte

- **ISO/IEC 20000-1 – Service management systems requirements** [ISO18b] Anforderungen an Organisationen bzw. Teile von Organisationen, die mithilfe eines Service-Management-Systems (SMS) IT-gestützte Services an (interne oder externe) Kunden erbringen und dabei einen prozessorientierten und systematischen Ansatz verfolgen möchten.

- **ISO/IEC 20000-2 – Guidance on the application of service management systems** [ISO19b] Empfehlungen und Erläuterungen in Ergänzung der Anforderungen aus ISO/IEC 20000-1.

Weiterführende Informationen

Der Standard ISO/IEC 20000-1 ist auf der Grundlage eines britischen Standards (BS 15000) entstanden, dessen Motivation darin bestand, belastbare Mindestanforderungen für wirksames IT-Service-Management festzulegen, die als Prüfgrundlage für ein Audit oder eine Selbstbewertung herangezogen werden können. In der ersten Fassung der ISO/IEC 20000, die 2005 erschien, war das Prozessmodell dieses Standards noch mit dem der damaligen Version der ITIL weitgehend übereinstimmend. Mittlerweile haben sich diese beiden Rahmenwerke ein wenig voneinander entfernt.

Dafür ist die letzte Version der ISO/IEC 20000-1 von 2018 nach der aktuellen „High Level Structure" der ISO für Managementsystemstandards [ISO19e] gegliedert. Das heißt, dass die Abschnitte 1 bis 10 der ISO/IEC 20000-1 in dieser letzten Version die beinahe gleiche Struktur haben wie die Abschnitte 1 bis 10 in der ISO/IEC 27001. Dies erleichtert die gemeinsame Anwendung beider Standards, die in vielen Fällen sinnvoll sein kann.

Das Management der Informationssicherheit ist aus Sicht der ISO/IEC 20000 nur einer von ca. 20 Prozessen, die für den Betrieb eines wirksamen Service-Management-Systems (SMS) erforderlich sind, s. 6.3.

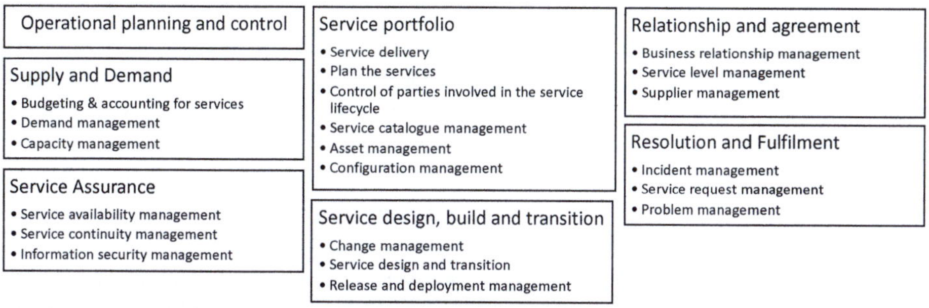

Abbildung 6.3 Rahmenwerk der SMS-Betriebsprozesse nach ISO/IEC 20000 [ISO18b]

Die an diesen Prozess gestellten Anforderungen zu Informationssicherheits-Richtlinien, -Maßnahmen und -Vorfällen sind im Vergleich zur DIN EN ISO/IEC 27001 entsprechend allgemein und kurz gehalten. Die ISO/IEC 20000-1 verweist in einer Fußnote entsprechend hier auf die DIN EN ISO/IEC 27001 und auch die ISO/IEC 27013 (vgl. Kapitel 2.4.3.6). Umgekehrt kann es sich lohnen, beim Design bestimmter von der DIN EN ISO/IEC 27001 geforderten Controls – z. B. Change Management – einen Blick auf die Anforderungen und Empfehlungen zu den entsprechenden Prozessen in der ISO/IEC 20000-1 und ISO/IEC 20000-2 zu werfen.

ISO/IEC 20000-Standards können bei der ISO oder beim Beuth-Verlag kostenpflichtig bezogen werden.

6.3.3 FitSM

Herausgeber: *ITEMO e.V.*

Kurzbeschreibung: *Standards für leichtgewichtiges IT-Service-Management und Aufbau eines Service-Management-Systems (SMS).*

Aufbau & Inhalte

- **FitSM-0 – Overview and vocabulary** Begriffe des IT-Service-Managements
- **FitSM-1 – Requirements** Anforderungen an ein Service-Management-System mit 14 festgelegten ITSM-Prozessen
- **FitSM-2 – Activities** Beschreibung der Aktivitäten für Einführung und laufenden Betrieb der FitSM-Prozesse
- **FitSM-3 – Role model** Definition der grundlegenden Rollen im ITSM sowie der konkreten Rollen für jeden Prozess
- **FitSM-4 – Templates and samples** Eine Sammlung von Beispielen und Vorlagen für SMS-Dokumentation
- **FitSM-5 – Guides** Eine Sammlung von Leitfäden für ausgewählte ITSM-Aspekte
- **FitSM-6 – Maturity assessment** Excel-basiertes Werkzeug zur Bewertung des ITSM-Reifegrads einer Organisation

Weiterführende Informationen

Wie schon bei ISO/IEC 20000 steht auch bei FitSM im Kern ein Dokument mit klar formulierten und auditierbaren Mindestanforderungen an ein Service-Management-System (SMS) – hier in FitSM-1 [ITE16]. Das Prozessmodell mit seinen 14 Prozessen ist eng an das von ISO/IEC 20000 angelehnt und umfasst ebenfalls einen Prozess *Information Security Management.*

Die weiteren Teile des Standards ergänzen FitSM-1 um ausführlichere Empfehlungen und Hilfen zur Umsetzung, s. Abbildung 6.4.

Ein zentrales Design-Paradigma hinter FitSM ist die Fokussierung auf eine möglichst pragmatische und schlanke Umsetzung von IT-Service-Management mithilfe einfach anzuwendender Beschreibungen der Aktivitäten und Rollen sowie anpassbarer Dokumentationsvorlagen. FitSM richtet sich vor allem an kleine bis mittelgroße Organisationen, für die andere ITSM-Ansätze zu komplex und aufwendig sind – es steht dabei zu ISO/IEC 20000 und ITIL in einem ähnlichen Verhältnis wie CISIS12 zu ISO/IEC 27000 und BSI Grundschutz.

Die erste Version von FitSM wurde im Rahmen eines Projekts aus dem siebten Forschungsrahmenprogramm (Seventh Framework Programme, FP7) der Europäischen Kommission entwickelt, an dem auch Autoren dieses Buches beteiligt waren. Heute wird FitSM durch den in Deutschland ansässigen Verein ITEMO e. V. gepflegt und weiterentwickelt, wodurch mittlerweile einige FitSM-Dokumente auch auf Deutsch verfügbar sind. Die Weiterentwicklung von FitSM erfolgt unter der Maßgabe, dass FitSM für jedermann frei verfügbar bleibt. Das schließt alle Bestandteile des Standards sowie das Standard-Schulungsmaterial ein. Alle Teile von FitSM sind unter Varianten von *Creative Commons* lizenziert und kostenfrei auf *http://fitsm.eu* verfügbar.

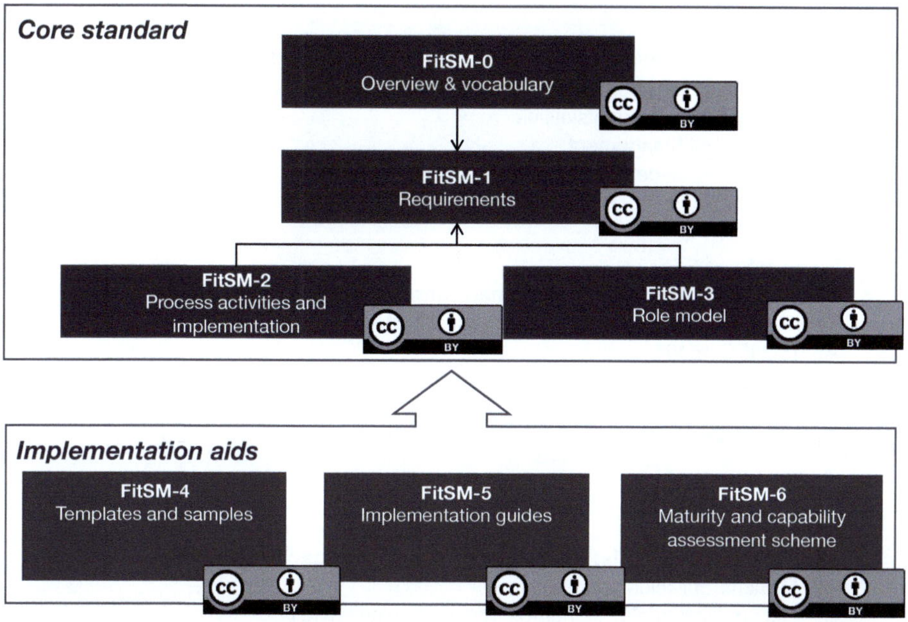

Abbildung 6.4 Aufbau von FitSM (*https://www.fitsm.eu/*)

6.4 Beispiele für Prüfungsfragen zu diesem Kapitel

Nachfolgend finden Sie Beispiele für Prüfungsfragen, die sich thematisch mit den in diesem Kapitel erlernten Inhalten auseinandersetzen. Die richtigen Antworten inklusive Erläuterungen und Verweisen befinden sich in Anhang C.1 ab Seite 240.

Prüfungsfrage 6.33:
Wie hängen die drei Standards ISO 9000, ISO/IEC 20000 und ISO/IEC 27001 zusammen?

A) ISO/IEC 27001 ist eine Kombination aus ISO 9000 und ISO/IEC 20000.
B) Diese drei Normen behandeln Managementsysteme in zum Teil überlappenden Anwendungsbereichen.
C) Diese drei Normen behandeln Management und Qualitätssicherung für drei unterschiedliche Branchen.
D) Die Zertifizierungen für diese Standards bauen aufeinander auf, d. h. eine Zertifizierung nach ISO/IEC 27001 ist nur möglich, wenn das Unternehmen auch nach ISO 9000 zertifiziert wurde.

Prüfungsfrage 6.34:
Mit welchem Themengebiet befasst sich die Norm ISO 9000 schwerpunktmäßig?
A) Bewertung der Informationssicherheit
B) Informationssicherheitsleitlinie
C) IT-Service-Management
D) Qualitätsmanagement

Prüfungsfrage 6.35:
Welcher der nachfolgend genannten Standards behandelt *nicht* den Themenbereich IT- oder Informationssicherheit?
A) ISO/IEC 15408
B) ISO/IEC 20000
C) ISO/IEC 27000
D) ISO 9000

Prüfungsfrage 6.36:
Welche Organisation ist Herausgeber des IT-Grundschutz-Kompendiums?
A) IT-Sicherheitscluster e.V.
B) National Institute of Standards and Technology (NIST)
C) International Electrotechnical Commission (IEC)
D) Deutsches Bundesamt für Sicherheit in der Informationstechnik (BSI)

Prüfungsfrage 6.37:
Zu welchem Zweck wurde die Normenreihe ISO/IEC 15408 (Common Criteria) entwickelt?
A) ISO/IEC 15408 definiert ein formales Verfahren zur Bewertung von Sicherheitseigenschaften von IT-Produkten.
B) Die Common Criteria enthalten Kriterien, die es bei der Speicherung von Logdaten zu berücksichtigen gilt.
C) Die Normenreihe ISO/IEC 15408 wurde entwickelt zur Bewertung der Netzsicherheit und enthält eine dafür geeignete Sammlung von Evaluationskriterien.
D) ISO/IEC 15408 definiert ein international anerkanntes Format für die Beschreibung von sicherheitsrelevanten Ereignissen.

Prüfungsfrage 6.38:
Welche Aussage zur Standardfamilie ISO/IEC 20000 trifft zu?
A) ISO/IEC 20000-1 definiert Anforderungen an ein Service-Management-System (SMS).
B) Die Bewertung der Informationssicherheit ist das maßgebliche Ziel, das ISO/IEC 20000-2 verfolgt.
C) ISO/IEC 20000-3 steht in direkter Konkurrenz zu ISO/IEC 27000, da die beiden Standards das gleiche Ziel des Managements der Informationssicherheit verfolgen.
D) ISO/IEC 20001 legt Anforderungen für ISMS-Konformitätsbewertungsstellen fest.

7 Zertifizierungsmöglichkeiten nach ISO/IEC 27000

Im Kontext von ISO/IEC 27000 gibt es zwei grundsätzlich verschiedene Arten der Zertifizierung. Zunächst kann natürlich das ISMS einer Organisation nach ISO/IEC 27001 zertifiziert werden – diese Möglichkeit zu schaffen war ja in der Entstehungsgeschichte der ISO/IEC 27000 der wesentliche Grund für die Ergänzung des Leitfadens für Informationssicherheitsmanagement (ISO/IEC 17799 bzw. ISO/IEC 27002) um die normativen Anforderungen in ISO/IEC 27001.

Daneben gibt es die Personenzertifizierungen, die keine Zertifizierungen nach der Norm ISO/IEC 27001 darstellen, sondern Personen ermöglichen, ihr Wissen und ihre Qualifikationen hinsichtlich der Inhalte und der Anwendung der ISO/IEC 27000-Standardfamilie nachzuweisen.

7.1 ISMS-Zertifizierung nach ISO/IEC 27001

Die Zertifizierung des ISMS ermöglicht es einer Organisation, ihre Fähigkeit, ein effektives Informationssicherheitsmanagement zu betreiben, gegenüber bestehenden und zukünftigen Kunden, Aufsichtsbehörden oder anderen interessierten Parteien nachzuweisen.

7.1.1 Grundlagen der Zertifizierung von Managementsystemen

Nachfolgend werden die Begriffe Zertifizierung und Akkreditierung erläutert, die im Zusammenhang mit Konformitätsbewertungen von Managementsystemen wichtig sind.

7.1.1.1 Zertifizierung

Zum Erreichen einer *Zertifizierung* eines Managementsystems ist ein externes, von einer akkreditierten Zertifizierungsstelle beauftragtes Audit (vgl. Kapitel 4.9.2 ab Seite 70) zwingend notwendig. Im Rahmen dieses sogenannten Zertifizierungsaudits wird die Einhaltung der Anforderungen des Standards, d. h. die Konformität des Managementsystems zum Standard, überprüft und bewertet.

Welche Bereiche der Organisation dabei auditiert werden, ergibt sich auf Basis des erklärten Anwendungsbereichs des Managementsystems (*Scoping Statement*). Welche Maßnahmen auditiert werden, leitet sich aus der Erklärung zur Anwendbarkeit des Standards (*Statement of Applicability*), siehe auch Kapitel 4.4.3 und 4.6.1.3, ab. Die Angemessenheit dieser Erklärung und der dort festgelegten Ausschlüsse wird selbstverständlich überprüft. Die Anforderungen aus den Kapiteln 4 bis 10 der Norm sind in einem Zertifizierungsaudit immer Teil der Auditkriterien.

Im Nachgang eines Audits wird ein Auditbericht erstellt. Dieser enthält die im Audit getroffenen Feststellungen, welche in verschiedene Kategorien – z. B. positiver Aspekt, Verbesserungspotenzial, Nebenabweichung, (Haupt-)Abweichung – eingeteilt sind. Sind während des Audits keine (Haupt-)Abweichungen festgestellt worden, d. h. keine Defizite, welche die Wirksamkeit des ISMS infrage stellen, wird als Auditschlussfolgerung vom Audit-Team die Ausstellung des Zertifikats empfohlen werden. In diesem Fall wird die Zertifizierungsstelle das Zertifikat nach einer Überprüfung der vom Audit-Team eingereichten Unterlagen ausstellen.

7.1.1.2 Akkreditierung

Auch an die Organisationen, die Managementsysteme zertifizieren, werden Anforderungen gestellt. Die Erfüllung dieser Anforderungen wird von einer Akkreditierungsstelle überprüft.

Vereinfacht ausgedrückt ist eine Akkreditierung eine Art Zertifizierung der Zertifizierer. Obwohl die Worte Akkreditierung und Zertifizierung häufig synonym verwendet werden, sind es genau genommen unterschiedliche Dinge: Eine Zertifizierung bestätigt die Konformität zu einem Standard, eine Akkreditierung ist die formale Anerkennung einer Kompetenz (hier: die Kompetenz einer Stelle, Konformitätsbewertungen von ISMS durchzuführen).

Die Europäische Union sieht Akkreditierung als eine hoheitliche Aufgabe. Entsprechend lassen sich in Europa Zertifizierungsstellen für Managementsysteme die Kompetenz, bestimmte Konformitätsbewertungsaufgaben durchzuführen, bei einem zentralen nationalen Akkreditierer bestätigen. Dies ist beispielsweise in Deutschland die DAkkS (Deutsche Akkreditierungsstelle GmbH), in Österreich die vom Bundesministerium für Wissenschaft, Forschung und Wirtschaft betriebene „Akkreditierung Austria", in der Schweiz die SAS (Schweizerische Akkreditierungsstelle, Teil des Staatssekretariats für Wirtschaft). Die Harmonisierung und wechselseitige Anerkennung von Akkreditierungen wird durch die *European co-operation for Accreditation*[1] geregelt.

Allgemeine Anforderungen an Zertifizierungsstellen, nach denen alle in der *European co-operation for Accreditation* organisierten Akkreditierer prüfen, sind in ISO/IEC 17021 (*Konformitätsbewertung – Anforderungen an Stellen, die Managementsysteme auditieren und zertifizieren*) [DIN15c] festgelegt. ISO/IEC 27006 (*Requirements for bodies providing audit and certification of information security management systems*) [ISO24b] konkretisiert und ergänzt die Anforderungen aus ISO/IEC 17021 [DIN15c] für Stellen, die Managementsysteme für Informationssicherheit auditieren und zertifizieren.

Abbildung 7.1 verdeutlicht die Zusammenhänge noch einmal an einem Beispiel. Will die spanische Firma Colmo S. A. beispielsweise die Archivierung ihrer Dokumente an die deut-

---

1 http://www.european-accreditation.org/

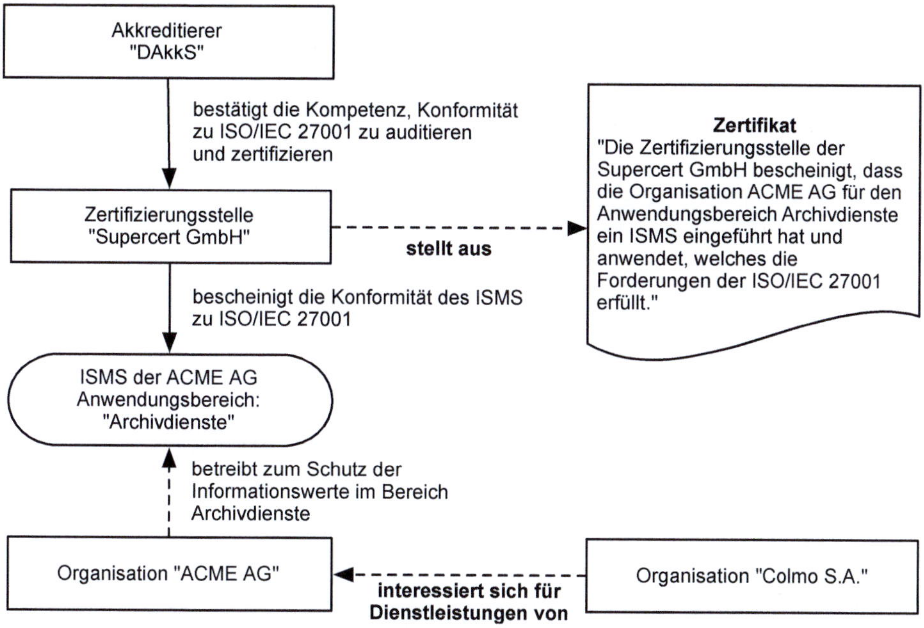

Abbildung 7.1 Zertifizierung und Akkreditierung

sche ACME AG auslagern, so wird es sie sicherlich interessieren, ob die ACME AG in diesem Bereich ein vernünftiges Informationssicherheitsmanagement betreibt. Hier kann die ACME AG darauf verweisen, dass es die Anforderungen der ISO/IEC 27001 erfüllt und dass dies von der Supercert GmbH bestätigt worden ist. Nun hat vielleicht bei der Colmo S.A. noch nie jemand etwas von der Supercert GmbH gehört. Die Kompetenz der Supercert GmbH, solche Bewertungen vorzunehmen, ist aber von einem nationalen Akkreditierer bestätigt worden, der nach denselben Prinzipien vorgeht und prüft wie die nationale Akkreditierungsstelle in Spanien. Daher kann die Colmo S. A. die von der ACME AG vorgelegte Zertifizierung als seriös ansehen.

Natürlich erlaubt auch die Vorlage einer ISO/IEC 27001-Zertifizierung nicht das bedenkenlose Vertrauen in die Informationssicherheit bei einer Organisation. Aber sie zeigt immerhin, dass – zumindest im zertifizierten Geltungsbereich – die notwendigen Grundlagen für ein effektives Management der Informationssicherheit vorhanden sind.

7.1.2 Typischer Ablauf einer Zertifizierung

Eine Zertifizierung erfolgt durch eine entsprechend akkreditierte Zertifizierungsstelle. Die Abbildung 7.2 zeigt exemplarisch einen typischen Ablauf.

Ein Zertifizierungsaudit sollte gründlich vorbereitet werden. Die Ergebnisse interner Audits (siehe Kapitel 4.9.2) bzw. Self-Assessments helfen bei der Erkennung von Lücken bis zur Erfüllung aller in ISO/IEC 27001 enthaltenen Anforderungen. Es lohnt sich aber oft, bereits frühzeitig mit der gewünschten Zertifizierungsstelle Kontakt aufzunehmen, um z. B. in Vorgesprächen zu klären, welche Unterlagen die Auditoren erwarten oder wie die wichtigs-

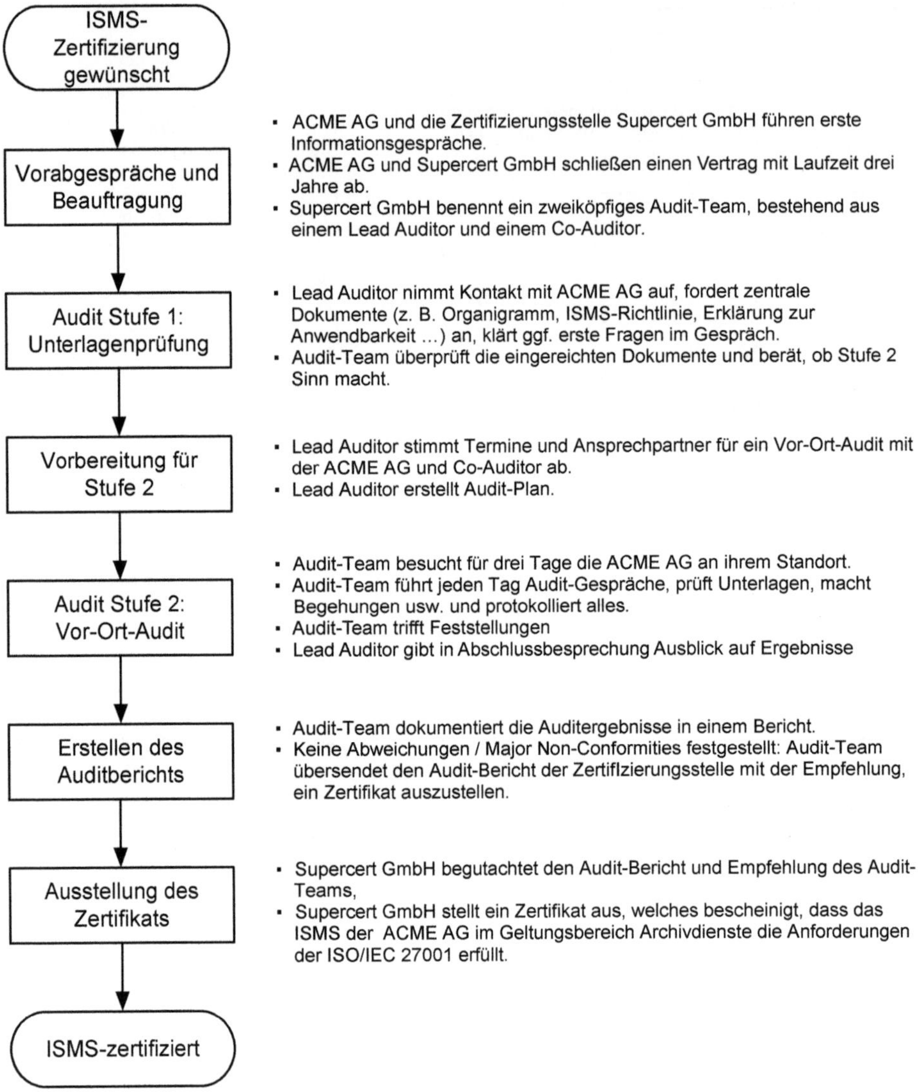

Abbildung 7.2 Beispielhafter Ablauf einer Zertifizierung

ten Verbesserungsmaßnahmen grob zu priorisieren sind. Viele Zertifizierungsstellen bieten auch ein sogenanntes Vor-Audit als Dienstleistung an, welches eine Art vereinfachten Probelauf für das Zertifizierungsaudit bietet und hilft, unangenehme Überraschungen zu vermeiden.

Das eigentliche Zertifizierungsaudit läuft meist in zwei Phasen ab. In der ersten Phase (Stufe 1) werden von den Auditoren primär Dokumente und Aufzeichnungen überprüft. Basierend auf den Ergebnissen dieses Dokumentenaudits geben die Auditoren eine Empfehlung ab, ob es sinnvoll ist, mit dem Audit zu diesem Zeitpunkt weiter zu verfahren. Wenn ja, wird ein Auditplan für die zweite Phase erstellt. In der zweiten Phase (Stufe 2) führt ein Team von

Auditoren verschiedene Vor-Ort-Überprüfungen und Interviews durch, um sicherzustellen, dass die Organisation tatsächlich nach den eigenen Richtlinien und Prozessen agiert, das ISMS also tatsächlich wirksam ist und „gelebt wird".

Allerdings sind weder der Audit-Ablauf noch die Form der Dokumentation von Audit-Ergebnissen in den relevanten Normen (ISO/IEC 17021, ISO/IEC 27006 oder ISO 19011) sehr genau festgelegt. Jede Zertifizierungsstelle kann dies anders ausgestalten, sodass es im Detail zu Variationen im Ablauf und der Verwendung von Begriffen kommt. Der hier vorgestellte Ablauf und die Begriffe sind aber relativ typisch.

7.1.3 Auditumfang

Die Zertifizierung bezieht sich immer auf einen definierten Bereich, der bei der Beauftragung zwischen Auftraggeber und Zertifizierungsstelle vereinbart und folglich im Rahmen des Zertifizierungsaudits überprüft wird. Dieser Bereich (*Scope*) entspricht naturgemäß dem Anwendungsbereich des zu zertifizierenden ISMS, welcher von der beauftragenden Organisation festgelegt und dokumentiert wurde (die Dokumentation des Anwendungsbereichs des ISMS ist eine explizite Anforderung in DIN EN ISO/IEC 27001, Abschnitt 4.3).

Dieser Gültigkeitsbereich (z. B. „Archivdienste am Standort X") wird entsprechend auch auf dem Zertifikat vermerkt. Ist man selbst in der Rolle des Kunden, den interessiert, ob ein Dienstleister in der Lage ist, für bestimmte Dienste oder Geschäftsbereiche ein effektives Informationssicherheitsmanagement zu leisten, so lohnt sich durchaus ein genauerer Blick auf das Zertifikat.[2]

7.1.4 Akzeptanz und Gültigkeit des Zertifikats

Durch die Akkreditierung der Zertifizierungsstellen (vgl. Kapitel 7.1.1.2) ist die weltweite Anerkennung einer ISO/IEC 27001-Zertifizierung sichergestellt.

Ein ausgestelltes Zertifikat hat eine Gültigkeit von maximal drei Jahren. In aller Regel führt während dieser Zeit die Zertifizierungsstelle (mindestens) jährlich ein Überwachungsaudit durch. Nach spätestens drei Jahren muss eine komplette Rezertifizierung mit einem Wiederholungsaudit (meist mit einer entfallenden oder reduzierten Phase 1) erfolgen.

7.1.5 Aufwände und Kosten für Zertifizierungen

Die Zertifizierungsstellen stehen miteinander im Wettbewerb, der entsprechend auch über die Preise für die Dienstleistungen rund um die Zertifizierung ausgetragen wird. Der Hauptposten sind die durch das Audit-Team erbrachten Personentage. Diese decken die Auditplanung, die eigentliche Auditdurchführung (in der Regel vor Ort) und die Berichterstellung ab. Dazu kommen in der Regel Reisekosten sowie kleinere allgemeine Posten wie Kosten für die Ausstellung und den Druck der Zertifikate.

2 Viele Dienstleister bieten den Download einer eingescannten Kopie ihres Zertifikats auf ihren Webseiten an.

Damit eine gewisse Audittiefe erreicht werden kann, definiert ISO/IEC 27006 [ISO24b] verbindliche Vorgaben zu den aufzubringenden „Auditortagen".

Bei einem Erst-Zertifizierungsaudit eines ISMS in einer kleinen Organisation mit zehn oder weniger Mitarbeitenden muss das Audit laut einer Tabelle in Anhang B der ISO/IEC 27006 beispielsweise grundsätzlich fünf Auditorentage in Anspruch nehmen. Je mehr Mitarbeiter im Anwendungsbereich des ISMS tätig sind, desto weiter erhöht sich dieser Wert. Dabei ist unerheblich, ob es sich um angestellte oder freiberufliche bzw. externe Mitarbeitende handelt, solange sie Tätigkeiten durchführen, die der Kontrolle der Organisation unterliegen. Beispielsweise sind bei 25 Mitarbeitenden sieben Auditorentage vorzusehen, 15 Auditorentage sind es bei 400 Mitarbeitenden, 21 schon bei 2000 Mitarbeitenden. Diese Richtwerte können durch bestimmte Faktoren (z. B. Komplexität des ISMS und der Organisation) leicht nach oben oder unten korrigiert werden.

Für ein Überwachungsaudit gilt ein Drittel des Werts für das ursprüngliche Zertifizierungsaudit als Richtschnur, für das Wiederholungsaudit zwei Drittel – immer unter der Voraussetzung, dass sich die Berechnungsgrundlage (Anzahl der Mitarbeitenden und korrigierende Faktoren) inzwischen nicht verändert hat.

7.2 Personenqualifizierung auf Basis von ISO/IEC 27000

Im Rahmen der Einführung eines ISMS in einer Organisation ist in der Regel auch eine Weiterqualifizierung des Personals notwendig, damit es die verschiedenen Rollen im Rahmen des Managementsystems übernehmen und die entsprechenden Aufgaben kompetent ausführen kann. Von verschiedenen Stellen wurden Ausbildungsprogramme geschaffen, die entsprechende Grundkompetenzen im Bereich des Managements von Informationssicherheit vermitteln sollen.

7.2.1 Programme zur Ausbildung und Zertifizierung von Personal

Qualifizierungsprogramme für ISO/IEC 27000 umfassen ein Curriculum, welches das zu vermittelnde Wissen und Kompetenzen auf verschiedene Kurse bzw. Trainingsmodule aufteilt. Mehrere dieser Programme bieten dabei auch die Möglichkeit, sich erworbene Kenntnisse und Fähigkeiten nach Bestehen einer Prüfung mit einem Zertifikat bestätigen zu lassen.

Die Qualifizierungsprogramme werden hierbei meist von *Examination Institutes* festgelegt. *Examination Institutes* sind die Stellen, welche diese Prüfungen abnehmen und die Zertifikate ausstellen – und in der Regel unabhängig von den zugelassenen Trainingsorganisationen[3] arbeiten, welche die entsprechenden Schulungen durchführen. Durch diese Trennung soll eine objektivere Kompetenzüberprüfung gewährleistet werden, als dies

3 Diese Trainingspartner der *Examination Institutes* werden oft in diesem Zusammenhang als *Accredited Training Organizations* (ATOs) bezeichnet, auch wenn es sich in der Regel hierbei um keine Akkreditierung im gleichen Sinne, wie in Kapitel 7.1.1.2 diskutiert, handelt.

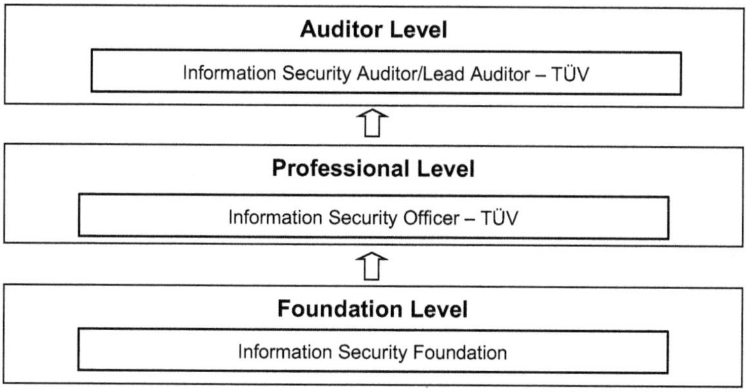

Abbildung 7.3 Qualifizierungsprogramm der TÜV Süd Akademie

der Fall bei von Trainingsorganisationen selbst festgelegten und durchgeführten Prüfungen wäre.

Bei einigen der in Kapitel 6 diskutierten Rahmenwerke nutzen die Herausgeber die Namensrechte oder sonstige Rechte an geistigem Eigentum, um passende Qualifizierungsprogramme zu steuern oder ggf. auch zu lizenzieren. ISO und IEC machen aber keine Vorgaben zur Ausbildung im Bereich Informationssicherheitsmanagement nach ISO/IEC 27000. Entsprechend gibt es eine Reihe von Ausbildungs- und Zertifizierungsprogrammen, die eine meist *Foundation* genannte Grundlagenschulung vorsehen und in Umfang und Anspruch sehr ähnlich geartet sind. Im Folgenden werden die wichtigsten der im deutschsprachigen Raum vertretenen Programme kurz vorgestellt.

7.2.1.1 TÜV Süd: Qualifizierungsprogramm nach ISO/IEC 27000

Das Qualifizierungsprogramm des TÜV Süd, an dessen Ausgestaltung die Autoren dieses Buches mitgewirkt haben, war nicht das erste ISO/IEC 27000-orientierte Ausbildungs- und Zertifizierungsprogramm, aber das erste, für das Schulungsunterlagen und Prüfungen auf Deutsch entwickelt wurden. Es wurde 2010 unter der Verantwortung der TÜV Süd Akademie entwickelt und wird seitdem auch von dieser betrieben. Abbildung 7.3 zeigt das Qualifizierungsschema, das aus unterschiedlichen Ausbildungsmodulen in drei Ebenen besteht.

Das Fundament stellt dabei die Grundlagenschulung (ISMS Foundation) dar, die in der Regel über zwei Schulungstage geht. Der erfolgreiche Erwerb des Foundation-Zertifikats nach Bestehen einer Prüfung mit 40 Multiple-Choice-Fragen bietet die Möglichkeit, weiter die höherwertige fünftägige *Information Security Officer – TÜV*-Schulung zu besuchen. Das *Information Security Officer*-Zertifikat wiederum ermöglicht den Besuch der Schulung *Information Security Auditor/Lead Auditor – TÜV* und den Erwerb, erfolgreiche Teilnahme an der Prüfung vorausgesetzt, des entsprechenden Zertifikats.

7.2.1.2 APMG: ISO/IEC 27001 Certification

Das älteste noch aktive Programm kommt von der APMG. Basis ist eine in der Regel zweitägige Foundation-Schulung. Für das von der APMG herausgegebene Foundation-Zertifikat

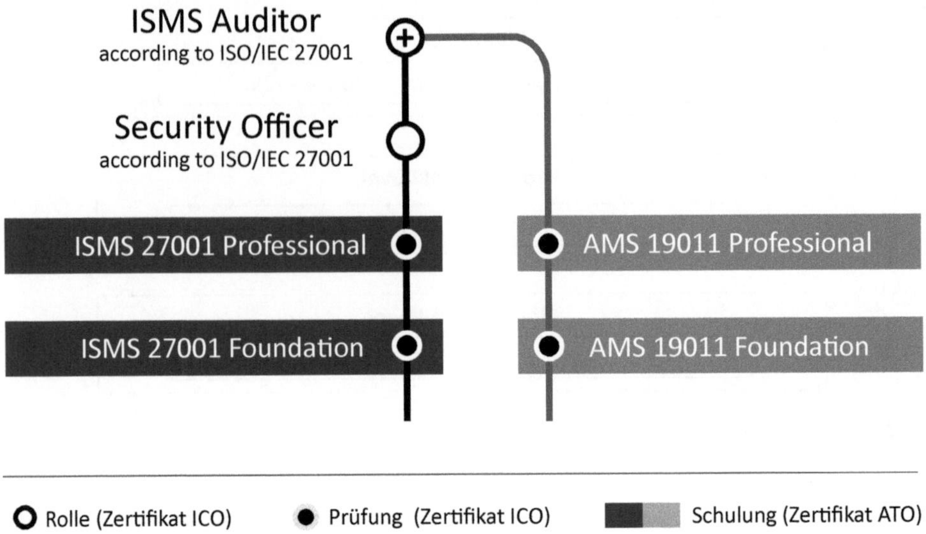

Abbildung 7.4 Qualifizierungsprogramm der ICO

müssen mindestens 50 % der Punkte in einer 50 Fragen umfassenden Multiple-Choice-Prüfung erreicht werden.

Auch hier ist die Foundation die Basis für fortgeschrittenere Trainings bzw. Zertifikate: Direkt auf der Foundation baut eine dreitägige *Practitioner*-Schulung auf und auf dieser wiederum ein Auditor-Training [APM14].

7.2.1.3 ICO: Ausbildungsschema ISMS nach ISO/IEC 27000

Am neuesten ist das in Abbildung 7.4 dargestellte Ausbildungsprogramm der ICO (*International Certification Organization*) im Bereich ISO/IEC 27000. Auch dieses Schema [ICO17] sieht eine zweitägige Foundation-Schulung als Einstieg vor, welche mit einer Multiple-Choice-Prüfung abgeschlossen wird.

Im Gegensatz zu den von APMG und TÜV Süd angebotenen Prüfungen kann bei den 30 Fragen dieser Foundation-Prüfung allerdings jeweils mehr als eine Antwortmöglichkeit richtig sein.

Auf der Foundation baut auch in diesem Ausbildungsschema wieder eine fünftägige *Professional*-Schulung auf, die mit dem Rollenzertifikat ICO ISMS Security Manager nach ISO/IEC 27001abgeschlossen wird. ICO unterscheidet zwischen Prüfungs- und Rollenzertifikaten. So ist beispielsweise kein Schulungsmodul und keine Prüfung für *ISMS Auditor* vorgesehen – man erhält dieses Zertifikat aber durch die Kombination des automatisch bei erfolgreichem Abschluss der Professional-Prüfung vergebenen Rollenzertifikats *ICO ISMS Security Manager* mit dem Prüfungszertifikat *AMS 19011 Professional* einer allgemeinen Auditoren-Ausbildung.

7.2.2 Erlangen eines Foundation-Zertifikats

Mit einem Foundation-Zertifikat weist sein Inhaber nach, dass er die grundlegenden Prinzipien und Konzepte im Zusammenhang mit einem ISMS nach ISO/IEC 27001 versteht. Auch wenn sich die Prüfungsspezifikationen in manchen Details (genaue Lernziele, Anzahl Fragen, Fragenformat, Bestehensgrenzen) unterscheiden, ähneln sich doch alle vorgenannten Foundation-Prüfungen in Inhalt, Format und Anspruch.

7.2.2.1 Prüfungsspezifikation

Die Spezifikation der zu prüfenden Lernziele entspricht bei allen drei Foundation-Prüfungen in etwa dem Folgenden:

1. Der Teilnehmer versteht die Definitionen und Grundsätze des Managements der Informationssicherheit. Dies umfasst:
   - Grundbegriffe (wie z. B. „Managementsystem“, „Risiko“ ...)
   - Teilaspekte der Informationssicherheit
   - Risikomanagement
   - Kontinuierliche Verbesserung
2. Der Teilnehmer versteht die Stellung der Norm ISO/IEC 27001 im Rahmen des Informationssicherheitsmanagements. Dies umfasst:
   - Verwandte Standards und Rahmenwerke
   - Begriffe der Zertifizierungspraxis
   - Ziele und Aufbau der ISO/IEC 27000-Reihe
3. Der Teilnehmer versteht die Konzepte und Inhalte des Informationssicherheitsmanagements gemäß ISO/IEC 27001. Dies umfasst die Anforderungen aus ISO/IEC 27001 hinsichtlich:
   - Aufbau, Umsetzung und Dokumentation eines ISMS
   - Umgang mit Risiken (Risikomanagement)
   - Überwachung und Verbesserung des ISMS
   - Schulung, Sicherheitsbewusstsein und Sicherheitskompetenz
4. Der Teilnehmer versteht die Struktur des Anhangs A der ISO/IEC 27001 und kennt die grundlegenden Inhalte zu ...
   - organisatorischen Maßnahmen
   - personenbezogenen Maßnahmen
   - physischen Maßnahmen
   - technologischen Maßnahmen

7.2.2.2 Vorbereitung auf die Foundation-Prüfung

Das vorliegende Buch wurde geschrieben, um dem Leser die wichtigsten Grundlagen aus dem Themenbereich Informationssicherheitsmanagement gemäß ISO/IEC 27000 zu vermitteln. Es ist dabei in der Breite der Themen sowie in der Tiefe der Darstellung auf die Foundation-Zertifizierungsprüfung abgestimmt. Somit kann es entweder zur selbstständigen Vorbereitung auf eine solche Prüfung oder als kursbegleitende Lektüre und Nachschlagewerk im Rahmen einer ISO/IEC 27000 Grundlagenschulung[4] eingesetzt werden.

Die Autoren dieses Buches sind Dozenten in den Bereichen IT- und Informationssicherheit, haben aber auch selbst zahlreiche Zertifizierungsprüfungen, darunter auch die Prüfung ISO/IEC 27000 Foundation, absolviert. Basierend auf den Erfahrungen mit solchen Prüfungen ist der folgende kurze *Leitfaden zur Prüfungsvorbereitung* entstanden:

Schritte zur Vorbereitung auf die Prüfungsinhalte

1. Besuch einer Schulung und/oder Lesen dieses Buchs
2. Identifikation von Schwerpunkten und Besonderheiten der gewählten Prüfung anhand der öffentlichen Spezifikation der Prüfung bzw. Überblick über die Schulungsinhalte
3. Eventuell Herausschreiben der wichtigsten Inhalte in komprimierter Form – mit Verweis auf das jeweilige Kapitel im Buch bzw. den Abschnitt im Standard
4. Lernen der Begriffsdefinitionen (insbesondere die in ISO/IEC 27000 definierten Begriffe, siehe Anhang A in diesem Buch)
5. Vertiefung besonders wichtiger und zentraler Inhalte (ohne Anspruch auf Vollständigkeit):
   - Allgemeine Anforderungen an ein ISMS, also die Abschnitte 4 bis 10 der ISO/IEC 27001, siehe Kapitel 4
   - Die vier Themengebiete des Anhangs A (A.5 bis A.8) der Norm, siehe Kapitel 5
   - Zusammenhang zwischen ISO/IEC 27000 und anderen Standards und Rahmenwerken, siehe Kapitel 6
6. Vorbereiten anhand der Muster-Prüfungsfragen in diesem Buch
7. Mit der offiziellen Probeprüfung – idealerweise unter Prüfungsbedingungen, d. h. an einem Stück und in der vorgegebenen Zeit – testen, ob man bereit ist.

Prüfungstaktische Hinweise

- Es gibt keine „Muster" in den Antworten, d. h., es ist ohne Weiteres möglich, dass mehrmals hintereinander die gleiche Antwort richtig ist oder die Verteilung der korrekten Antworten auf die Optionen A, B, C und D in einer Prüfung aus 40 Fragen insgesamt ungleichmäßig ist. Dies hängt damit zusammen, dass die Fragen und Antwortkonstellationen zumeist aus einer Fragendatenbank automatisch generiert werden.
- Beantworten Sie jede Frage!
- Falls Sie unsicher sind: Gehen Sie eventuell nach dem Ausschlussprinzip vor – streichen Sie also zunächst Antworten, bei denen Sie sicher sind, dass sie falsch sind.
- Achten Sie auf Verneinungen in der Fragestellung, wie z. B.: „Was ist *keine* Anforderung?", „Was gehört *nicht* zu den sieben Teilaspekten der Informationssicherheit?" usw. Markieren Sie die entsprechenden Wörter im Prüfungsfragebogen z. B. mit einem Textmarker, um sie auch beim zweiten Durchsehen der Frage nicht zu übersehen und eine falsche Antwort zu geben.

---

[4] Der offizielle Titel der Grundlagenschulung lautet: Foundation in Information Security Systems (ISMS) according to ISO/IEC 27001.

- Nehmen Sie sich im Rahmen der Prüfungszeit genügend Zeit, um Ihre Antworten sorgfältig in den Antwortbogen zu übertragen.[5] Achten Sie beim Übertrag auf den Antwortbogen auf die jeweilige Fragennummer.

Im nachfolgenden Anhang C.2 (beginnend ab Seite 242) finden Sie 40 exemplarische Prüfungsfragen. Dies entspricht exakt dem Umfang der Prüfung.

7.3 Zusammenfassung

Bezüglich der Zertifizierung muss zwischen Organisationen und Personen unterschieden werden. Organisationen können sich ihr ISMS zertifizieren lassen. Hierfür wird ein externes, von einer akkreditierten Zertifizierungsstelle beauftragtes Audit durchgeführt. Umfang und der Inhalt dieses Audits hängen dabei maßgeblich vom Anwendungsbereich des Managementsystems und von der Erklärung zur Anwendbarkeit des Standards ab. Derartige Zertifizierungsaudits müssen im Allgemeinen sehr gründlich vorbereitet werden; durch ein Vor-Audit können böse Überraschungen im „Ernstfall" vermieden werden. Das Audit selbst basiert zum einen auf der Überprüfung von Dokumenten und Aufzeichnungen, maßgeblich aber auch Vor-Ort-Audittätigkeiten, insbesondere Auditgespräche bzw. -interviews. Das Zertifikat für die Organisation ist maximal drei Jahre gültig; zudem werden jährliche Überwachungsaudits durchgeführt.

Die Zertifizierung von Personen dient dazu, dass Individuen bestimmte Rollen im Rahmen eines ISMS übernehmen und die damit verbundenen Aufgaben effektiv ausführen können. Die in diesem Buch enthaltenen Prüfungsfragen basieren auf der Grundlagenschulung *ISMS Foundation* der TÜV Süd Akademie. Eine *ISMS Foundation* oder *ISO/IEC 27001 Foundation* existiert aber auch in anderen ISMS-Qualifizierungsprogrammen und ist dort meistens in Umfang, Prüfungsstoff und Prüfungsformat sehr ähnlich gestaltet.

7.4 Beispiele für Prüfungsfragen zu diesem Kapitel

Nachfolgend finden Sie Beispiele für Prüfungsfragen, die sich thematisch mit den in diesem Kapitel erlernten Inhalten auseinandersetzen. Die richtigen Antworten inklusive Erläuterungen und Verweisen befinden sich in Anhang C.1 ab Seite 241.

---

[5] In der Regel erhalten Sie einen mehrseitigen Fragebogen mit den Multiple-Choice-Prüfungsfragen sowie einen einseitigen Antwortbogen, der eine Tabelle enthält, in der Sie für jede Frage die Spalte der aus Ihrer Sicht korrekten Antwort ankreuzen – also A, B, C oder D.

Prüfungsfrage 7.39:
Was lässt sich nach ISO/IEC 27001 zertifizieren?
A) Ein durch eine Organisation betriebenes ISMS.
B) Nichts – ISO/IEC 27001 ist informativ und lässt sich nicht zertifizieren.
C) Sicherheit von Infrastruktur-Komponenten, wie Server.
D) Schutz von Daten in Clouddiensten.

Prüfungsfrage 7.40:
Welcher Schritt gehört *nicht* zu einem typischen Ablauf eines Zertifizierungsaudits nach ISO/IEC 27001?
A) Prüfung von Unterlagen bzw. Dokumentation.
B) Personenzertifizierung des Managements.
C) Vor-Ort-Audit.
D) Erstellung und Verteilung eines Auditberichts.

A Begriffsbildung nach ISO/IEC 27000

Die DIN EN ISO/IEC 27000:2020-06 [DIN20] definiert insgesamt 77 Begriffe, die nachfolgend ebenfalls im Wortlaut der deutschen Übersetzung der ISO/IEC 27000 abgedruckt sind.

> **Zitat aus ISO/IEC 27000:**
> **3.1 Zugangssteuerung**
> (en: access control)
> Mittel um sicherzustellen, dass der Zugang zu Werten aufgrund von Geschäfts- und Sicherheits*anforderungen* (3.56) befugt und eingeschränkt ist

> **Zitat aus ISO/IEC 27000:**
> **3.2 Angriff**
> (en: attack)
> Versuch einen Wert zu zerstören, aufzudecken, zu verändern, außer Funktion zu setzen, zu stehlen, zu diesem unbefugten Zugang zu erhalten oder diesen unbefugt zu verwenden

> **Zitat aus ISO/IEC 27000:**
> **3.3 Audit**
> (en: audit)
> systematischer, unabhängiger und dokumentierter *Prozess* (3.54) zum Erlangen von Auditnachweisen und zu deren objektiver Auswertung, um zu bestimmen, inwieweit die Auditkriterien erfüllt sind
>
> Anmerkung 1 zum Begriff: Ein Audit kann ein internes (Erstparteien-Audit) oder ein externes (Zweitparteien- oder Drittparteien-Audit) Audit sein und es kann ein kombiniertes Audit sein (Verbindung zweier oder mehrerer Disziplinen).
>
> Anmerkung 2 zum Begriff: Ein internes Audit wird von der Organisation selbst durchgeführt oder durch eine externe Partei in ihrem Auftrag.
>
> Anmerkung 3 zum Begriff: „Auditnachweise" und „Auditkriterien" sind in ISO 19011 definiert.

Zitat aus ISO/IEC 27000:
3.4 Auditumfang
(en: audit scope)
Ausmaß und Grenzen eines *Audits* (3.3)
[QUELLE: ISO 19011:2011,3.14, modifiziert — Anmerkung 1 zum Begriff wurde gestrichen]

Zitat aus ISO/IEC 27000:
3.5 Authentisierung
(en: authentication)
Sicherstellung, dass die von einer Entität behaupteten Eigenschaften richtig sind

Zitat aus ISO/IEC 27000:
3.6 Authentizität
(en: authenticity)
Eigenschaft, dass eine Entität das ist, was sie angibt zu sein

Zitat aus ISO/IEC 27000:
3.7 Verfügbarkeit
(en: availability)
Eigenschaft zugänglich und nutzbar zu sein, wenn eine befugte Entität Bedarf hat

Zitat aus ISO/IEC 27000:
3.8 Elementarmessgröße
(en: base measure)
Messgröße (3.42), die mittels eines Attributs und der Methode ihrer Quantifizierung definiert ist
Anmerkung 1 zum Begriff: Eine Elementarmessgröße ist funktional unabhängig von anderen *Messgrößen*.
[QUELLE: ISO/IEC 15939:2007,3.3, modifiziert — Anmerkung 2 zum Begriff wurde gestrichen]

Zitat aus ISO/IEC 27000:
3.9 Kompetenz
(en: competence)
Fähigkeit, Wissen und Fertigkeiten anzuwenden, um beabsichtigte Ergebnisse zu erzielen

Zitat aus ISO/IEC 27000:
3.10 Vertraulichkeit
(en: confidentiality)

Eigenschaft, dass Information unbefugten Personen, Entitäten oder *Prozessen* (3.54) nicht verfügbar gemacht oder offengelegt wird

Zitat aus ISO/IEC 27000:
3.11 Konformität
(en: conformity)

Erfüllung einer *Anforderung* (3.56)

Zitat aus ISO/IEC 27000:
3.12 Folge
(en: consequence)

Ergebnis eines *Ereignisses* (3.21), welches *Ziele* (3.49) beeinflusst

Anmerkung 1 zum Begriff: Ein Ereignis kann eine Reihe von Folgen haben.

Anmerkung 2 zum Begriff: Eine Folge kann gewiss oder ungewiss sein und ist im Kontext von Informationssicherheit in der Regel negativ.

Anmerkung 3 zum Begriff: Folgen können qualitativ oder quantitativ beschrieben werden.

Anmerkung 4 zum Begriff: Primäre Folgen können sich durch Dominoeffekte verstärken

[QUELLE: ISO Guide 73:2009, 3.6.1.3, modifiziert - Anmerkung 2 zum Begriff wurde nach dem „und" geändert]

Zitat aus ISO/IEC 27000:
3.13 fortlaufende Verbesserung
(en: continual improvement)

wiederkehrende Tätigkeit zum Steigern der *Leistung* (3.52)

Zitat aus ISO/IEC 27000:
3.14 Maßnahme
(en: control)

Mittel zur Veränderung von *Risiken* (3.61)

Anmerkung 1 zum Begriff: Maßnahmen umfassen *Prozesse* (3.54), Richtlinien, Geräte, Methoden oder anderweitige Handlungen, die *Risiken* (3.61) verändern.

Anmerkung 2 zum Begriff: Maßnahmen haben nicht immer den erwünschten oder angenommenen Veränderungseffekt.

[QUELLE: ISO Guide 73:2009, 3.8.1.1 - Anmerkung 2 zum Begriff wurde geändert.]

Zitat aus ISO/IEC 27000:
3.15 Maßnahmenziel
(en: control objective)

Beschreibung dessen, was als Ergebnis umgesetzter *Maßnahmen* (3.14) erzielt werden soll

Zitat aus ISO/IEC 27000:
3.16 Korrektur
(en: correction)

Maßnahme zum Beseitigen einer erkannten *Nichtkonformität* (3.47)

Zitat aus ISO/IEC 27000:
3.17 Korrekturmaßnahme
(en: corrective action)

Maßnahme zum Beseitigen der Ursache einer *Nichtkonformität* (3.47) und zum Verhindern des erneuten Auftretens

Zitat aus ISO/IEC 27000:
3.18 abgeleitete Messgröße
(en: derived measure)

Messgröße (3.42), die als Funktion von zwei oder mehr Werten von *Elementarmessgrößen* (3.8) definiert ist

[QUELLE: ISO/IEC 15939:2007, 2.8, modifiziert - Anmerkung 1 zum Begriff wurde gestrichen]

Zitat aus ISO/IEC 27000:
3.19 dokumentierte Information
(en: documented information)

Information, die von einer *Organisation* (3.50) gelenkt und aufrechterhalten werden muss, und das Medium, auf dem sie enthalten ist

Anmerkung 1 zum Begriff: Dokumentierte Information kann in jeglichem Format oder Medium vorliegen, sowie aus jeglicher Quelle stammen.

Anmerkung 2 zum Begriff: Dokumentierte Information kann sich beziehen auf:

- das *Managementsystem* (3.41), einschließlich damit verbundener *Prozesse* (3.54);
- Information, die für den Betrieb der *Organisation* (3.50) geschaffen wurden (Dokumentation);
- Nachweise erreichter Ergebnisse (Aufzeichnungen).

Zitat aus ISO/IEC 27000:
3.20 Wirksamkeit
(en: effectiveness)

Ausmaß, in dem geplante Tätigkeiten verwirklicht und geplante Ergebnisse erreicht werden

Zitat aus ISO/IEC 27000:
3.21 Ereignis
(en: event)

Auftreten oder Veränderung einer bestimmten Menge von Umständen

Anmerkung 1 zum Begriff: Ein Ereignis kann aus einem oder mehreren Vorkommnissen bestehen und verschiedene Gründe haben.

Anmerkung 2 zum Begriff: Ein Ereignis kann darin bestehen, dass etwas nicht passiert,

Anmerkung 3 zum Begriff: Ein Ereignis wird manchmal „Vorfall" oder „Zwischenfall" genannt.

[QUELLE: ISO Guide 73:2009, 3.5.1.3, modifiziert - Anmerkung 4 zum Begriff wurde gestrichen]

Zitat aus ISO/IEC 27000:
3.22 externer Kontext
(en: external context)

externes Umfeld, in dem die *Organisation* versucht ihre *Ziele* (3.49) zu erreichen

Anmerkung 1 zum Begriff: Der externe Kontext kann beinhalten:

- die kulturelle, soziale, politische, gesetzliche, regulatorische, finanzielle, technologische, ökonomische, natürliche und wettbewerbliche Umgebung, die internationalen, nationalen, regionalen oder lokalen Charakter haben kann;
- wesentliche Treiber und Trends, die sich auf die *Ziele* der *Organisation* (3.50) auswirken; und
- Beziehungen zu externen *Stakeholdern* (3.37)[1] sowie deren Auffassungen und Werte.

[QUELLE: ISO Guide 73:2009, 3.3.1.1]

Zitat aus ISO/IEC 27000:
3.23 Steuerung der Informationssicherheit
(en: governance of information security)

System, mittels dessen die Tätigkeiten einer *Organisation* (3.50), die auf *Informationssicherheit* (3.28) bezogen sind, geführt und überwacht werden

[1] In der DIN EN ISO/IEC 27001 wird anstatt des Begriffes „Stakeholder" durchgängig der Begriff „interessierte Partei" verwendet.

Zitat aus ISO/IEC 27000:
3.24 Steuerungsgremium
(en: governing body)
Person oder Personengruppe, welche die rechtliche Verantwortung für die *Leistung* (3.52) und Konformität der *Organisation* (3.50) trägt
Anmerkung 1 zum Begriff: Das Steuerungsgremium kann in einigen Rechtssystemen der Aufsichtsrat, der Verwaltungsrat oder der Vorstand sein.

Zitat aus ISO/IEC 27000:
3.25 Indikator
(en: indicator)
Messgröße (3.42), die eine Einschätzung oder Bewertung unterstützt

Zitat aus ISO/IEC 27000:
3.26 Informationsbedarf
(en: information need)
Verständnis, das erforderlich ist, um *Ziele* (3.49), Risiken oder Probleme zu handhaben
[QUELLE: ISO/IEC 15939:2007, 3.12]

Zitat aus ISO/IEC 27000:
3.27 informationsverarbeitende Einrichtungen
(en: information processing facilities)
jedes informationsverarbeitende System, jeder informationsverarbeitende Dienst oder jede informationsverarbeitende Infrastruktur oder der physische Standort, der diese beherbergt

Zitat aus ISO/IEC 27000:
3.28 Informationssicherheit
(en: information security)
Bewahrung der *Vertraulichkeit* (3.10), *Integrität* (3.36) und *Verfügbarkeit* (3.7) von Information
Anmerkung 1 zum Begriff: Zusätzlich können auch andere Eigenschaften wie *Authentizität* (3.6), Zurechenbarkeit, *Nichtabstreitbarkeit* (3.48) und *Zuverlässigkeit* (3.55) einbezogen werden.

Zitat aus ISO/IEC 27000:
3.29 Aufrechterhaltung der Informationssicherheit
(en: information security continuity)
Prozesse (3.54) und Verfahren zur Sicherstellung, dass Tätigkeiten beständig durchgeführt werden, welche die *Informationssicherheit* (3.28) fördern

Zitat aus ISO/IEC 27000:
3.30 Informationssicherheitsereignis
(en: information security event)

erkanntes Auftreten eines Zustands eines Systems, Dienstes oder Netzes, der eine mögliche Verletzung der *Politik* (3.53) oder die Unwirksamkeit von *Maßnahmen* (3.14) oder eine vorher nicht bekannte Situation, die sicherheitsrelevant sein kann, anzeigt

Zitat aus ISO/IEC 27000:
3.31 Informationssicherheitsvorfall
(en: information security incident)

einzelnes oder eine Reihe von ungewollten oder unerwarteten *Informationssicherheitsereignissen* (3.30) die eine erhebliche Wahrscheinlichkeit besitzen Geschäftstätigkeiten zu gefährden und die *Informationssicherheit* (3.28) zu bedrohen

Zitat aus ISO/IEC 27000:
3.32 Handhabung von Informationssicherheitsvorfällen
(en: information security incident management)

Prozesse (3.54) zum Entdecken von, Berichten über, Bewerten von, Reagieren auf, Umgehen mit und Lernen aus *Informationssicherheitsvorfällen* (3.31)

Zitat aus ISO/IEC 27000:
3.33 Fachkraft für Informationssicherheitsmanagementsysteme
(en: information security management system professional)

Person, die einen oder mehrere Informationssicherheitsmanagementsystem *Prozesse* (3.54) einrichtet, umsetzt, aufrechterhält und fortlaufend verbessert.

Zitat aus ISO/IEC 27000:
3.34 informationsaustauschende Gemeinschaft

Gruppe von *Organisationen* (3.50), die sich darauf geeinigt hat, Information miteinander zu teilen

Anmerkung 1 zum Begriff: Eine Organisation kann auch eine Einzelperson sein.

Zitat aus ISO/IEC 27000:
3.35 Informationssystem
(en: information system)

Anwendungen, Dienste, informationstechnische Werte oder andere Information bearbeitende Komponenten

Zitat aus ISO/IEC 27000:
3.36 Integrität
(en: integrity)
Eigenschaft der Richtigkeit und Vollständigkeit

Zitat aus ISO/IEC 27000:
3.37 Interessierte Partei, Stakeholder
(en: interested party)
Person oder *Organisation* (3.50), die eine Entscheidung oder Tätigkeit beeinflussen, davon beeinflusst werden oder sich davon beeinflusst fühlen kann

Zitat aus ISO/IEC 27000:
3.38 interner Kontext
(en: internal context)
interne Umgebung, innerhalb derer die *Organisation* (3.50) versucht, ihre Ziele zu erreichen

Anmerkung 1 zum Begriff: Der interne Kontext kann Folgendes beinhalten:

- Steuerung durch die Unternehmensführung, die Organisationsstruktur, Rollen und Verantwortlichkeiten;
- Richtlinien, *Ziele* (3.49) und Strategien, die in Kraft sind mit dem Ziel sie einzuhalten beziehungsweise sie zu erreichen;
- das Potenzial in Form von Ressourcen und Wissen (zum Beispiel Kapital, Zeit, Menschen, *Prozesse* (3.54), Systeme und Technologien);
- *Informationssysteme* (3.35), Informationsflüsse und Prozesse zur Entscheidungsfindung (sowohl formell als auch informell);
- Beziehungen zu internen *interessierten Parteien* (3.37) sowie deren Auffassungen und Werte;
- die Organisationskultur;
- Standards, Leitfäden und Modelle, die von der Organisation übernommen worden sind; und
- Gestalt und Ausmaß vertraglicher Beziehungen.

[QUELLE: ISO Guide 73:2009, 3.3.1.2]

Zitat aus ISO/IEC 27000:
3.39 Risikoniveau
(en: level of risk)
Höhe eines *Risikos* (3.61), das mittels einer Kombination von *Folgen* (3.12) und deren *Wahrscheinlichkeit* (3.40) ausgedrückt wird

[QUELLE: ISO Guide 73:2009, 3.6.1.8, modifiziert „oder Kombination von Risiken" wurde entfernt]

Zitat aus ISO/IEC 27000:
3.40 Wahrscheinlichkeit
(en: likelihood)

Möglichkeit, dass etwas passiert

[QUELLE: ISO Guide 73:2009, 3.6.1.1, modifiziert - Anmerkungen 1 und 2 zum Begriff wurden gestrichen]

Zitat aus ISO/IEC 27000:
3.41 Managementsystem

Satz zusammenhängender und sich gegenseitig beeinflussender Elemente einer *Organisation* (3.50), um *Politiken* (3.53), *Ziele* (3.49) und *Prozesse* (3.54) zum Erreichen dieser Ziele festzulegen

Anmerkung 1 zum Begriff: Ein Managementsystem kann eine oder mehrere Disziplinen behandeln.

Anmerkung 2 zum Begriff: Die Elemente des Systems beinhalten die Struktur der Organisation, Rollen und Verantwortlichkeiten, Planung, Betrieb, usw.

Anmerkung 3 zum Begriff: Der Anwendungsbereich eines Managementsystems kann die ganze Organisation, bestimmte Funktionen der Organisation, bestimmte Bereiche der Organisation oder eine oder mehrere Funktionen über eine Gruppe von Organisationen hinweg umfassen.

Zitat aus ISO/IEC 27000:
3.42 Messgröße
(en: measure)

Variable, der ein Wert als Ergebnis einer *Messung* (3.43) zugeordnet wird

[QUELLE: ISO/IEC 15939:2007, 3.15, modifiziert - Anmerkung 2 zum Begriff wurde gelöscht]

Zitat aus ISO/IEC 27000:
3.43 Messung
(en: measurement)

Prozess (3.54) zum Bestimmen eines Wertes

Zitat aus ISO/IEC 27000:
3.44 Messfunktion
(en: measurement function)

Algorithmus oder Berechnung, der bzw. die zwei oder mehr *Elementarmessgrößen* (3.8) kombiniert

[QUELLE: ISO/IEC 15939:2007, 3.20]

Zitat aus ISO/IEC 27000:
3.45 Messmethode
(en: measurement method)

logische, generisch beschriebene Folge von Handlungen, die durchgeführt wird, um ein Attribut mit Bezug auf eine festgelegte Skala zu quantifizieren

Anmerkung 1 zum Begriff: Der Typ der Messmethode hängt von der Art der Handlungen ab, die durchgeführt werden, um ein Attribut zu quantifizieren. Zwei Typen lassen sich unterscheiden:

- subjektiv: Quantifizierung, die menschliches Ermessen einbezieht;
- objektiv: Quantifizierung, die auf numerischen Regeln basiert.

[QUELLE: ISO/IEC 15939:2007, 3.21, modifiziert - Anmerkung 2 zum Begriff wurde gestrichen]

Zitat aus ISO/IEC 27000:
3.46 Überwachung
(en: monitoring)

Bestimmung des Zustands eines Systems, eines *Prozesses* (3.54) oder einer Tätigkeit

Anmerkung 1 zum Begriff: Zum Bestimmen des Zustands kann es erforderlich sein zu prüfen, zu beaufsichtigen oder kritisch zu beobachten.

Zitat aus ISO/IEC 27000:
3.47 Nichtkonformität
(en: nonconformity)

Nichterfüllung einer *Anforderung* (3.56)

Zitat aus ISO/IEC 27000:
3.48 Nichtabstreitbarkeit

Fähigkeit, das Eintreten eines behaupteten *Ereignisses* (3.21) oder einer behaupteten Handlung samt ihren ursächlichen Entitäten nachzuweisen

Zitat aus ISO/IEC 27000:
3.49 Ziel
(en: objective)

zu erreichendes Ergebnis

Anmerkung 1 zum Begriff: Ein Ziel kann strategisch, taktisch oder operativ sein.

Anmerkung 2 zum Begriff: Ziele können sich auf verschiedene Disziplinen beziehen (z. B. finanzielle, gesundheits- und sicherheitsbezogene sowie umweltbezogene Ziele) und für verschiedene Ebenen gelten (z. B. strategische, organisationsweite, Projekt, Produkt und *Prozess* (3.54)).

Anmerkung 3 zum Begriff: Ein Ziel kann auf andere Weise ausgedrückt werden, z. B. als beabsichtigtes Ergebnis, als Zweck, als betriebliches Kriterium, als Informationssicherheitsziel oder durch andere Wörter mit ähnlicher Bedeutung (z. B. en: aim, goal, target).

Anmerkung 4 zum Begriff: Im Kontext von Informationssicherheitsmanagementsystemen werden Informationssicherheitsziele von Organisationen im Einklang mit ihrer Informationssicherheitspolitik gesetzt, um bestimmte Ergebnisse zu erreichen.

Zitat aus ISO/IEC 27000:
3.50 Organisation
(en: organization)

Person oder Personengruppe, die eigene Funktionen mit Verantwortlichkeiten, Befugnissen und Beziehungen hat, um ihre *Ziele* (3.49) zu erreichen

Anmerkung zum Begriff: Der Begriff Organisation umfasst unter anderem Einzelunternehmer, Gesellschaft, Konzern, Firma, Unternehmen, Behörde, Handelsgesellschaft, Wohltätigkeitsorganisation, Institution, oder Teile oder eine Kombination der genannten, ob eingetragen oder nicht, öffentlich oder privat.

Zitat aus ISO/IEC 27000:
3.51 ausgliedern
(en: outsource)

eine Vereinbarung treffen, bei der eine externe *Organisation* (3.50) einen Teil einer Funktion oder eines *Prozesses* (3.54) einer *Organisation* (3.50) wahrnimmt bzw. durchführt

Anmerkung 1 zum Begriff: Eine externe Organisation befindet sich außerhalb des Anwendungsbereichs eines *Managementsystems* (3.41), obwohl die ausgegliederte Funktion oder der ausgegliederte *Prozess* (3.54) im Rahmen des Anwendungsbereichs liegen.

Zitat aus ISO/IEC 27000:
3.52 Leistung
(en: performance)

messbares Ergebnis

Anmerkung 1 zum Begriff: Leistung kann sich entweder auf quantitative oder qualitative Feststellungen beziehen.

Anmerkung 2 zum Begriff: Leistung kann sich auf das Führen und Steuern von Tätigkeiten, *Prozessen* (3.54), Produkten (einschließlich Dienstleistungen), Systemen oder *Organisationen* (3.50) beziehen.

Zitat aus ISO/IEC 27000:
3.53 Politik
(en: policy)

Absichten und Ausrichtung einer *Organisation* (3.50), wie von der *obersten Leitung* (3.75) formell ausgedrückt

Zitat aus ISO/IEC 27000:
3.54 Prozess
(en: process)
Satz zusammenhängender und sich gegenseitig beeinflussender Tätigkeiten, der Eingaben in Ergebnisse umwandelt

Zitat aus ISO/IEC 27000:
3.55 Zuverlässigkeit
(en: reliability)
Eigenschaft der Übereinstimmung zwischen beabsichtigtem Verhalten und den Ergebnissen

Zitat aus ISO/IEC 27000:
3.56 Anforderung
(en: requirement)
Erfordernis oder Erwartung, das oder die festgelegt, üblicherweise vorausgesetzt oder verpflichtend ist

Anmerkung 1 zum Begriff: „Üblicherweise vorausgesetzt" bedeutet, dass es für die Organisation, und andere interessierte Parteien üblich oder allgemeine Praxis ist, dass das entsprechende Erfordernis oder die entsprechende Erwartung vorausgesetzt wird.

Anmerkung 2 zum Begriff: Eine festgelegte Anforderung ist eine, die beispielsweise in dokumentierter Information enthalten ist.

Zitat aus ISO/IEC 27000:
3.57 Restrisiko
(en: residual risk)
Risiko (3.61), das nach einer *Risikobehandlung* (3.72) übrig bleibt

Anmerkung 1 zum Begriff: Das Restrisiko kann nicht identifizierte Risiken beinhalten.

Anmerkung 2 zum Begriff: Das Restrisiko ist auch unter dem Namen „beibehaltenes Risiko" bekannt.

Zitat aus ISO/IEC 27000:
3.58 Überprüfung
(en: review)
Tätigkeit, die durchgeführt wird, um die Eignung, Angemessenheit und *Wirksamkeit* (3.20) eines Gegenstands zu bestimmen, um festgelegte *Ziele* (3.49) zu erreichen

[QUELLE: ISO Guide 73:2009, 3.8.2.2, modifiziert - Anmerkung 1 zum Begriff wurde gestrichen]

Zitat aus ISO/IEC 27000:
3.59 Überprüfungsobjekt
(en: review object)

bestimmter Gegenstand, der überprüft wird

Zitat aus ISO/IEC 27000:
3.60 Ziel der Überprüfung
(en: review objective)

Aussage, die beschreibt, was als Ergebnis der *Überprüfung* (3.58) erreicht werden soll

Zitat aus ISO/IEC 27000:
3.61 Risiko
(en: risk)

Auswirkung von Ungewissheit auf *Ziele* (3.49)

Anmerkung 1 zum Begriff: Eine Auswirkung ist eine Abweichung vom Erwarteten – in positiver oder negativer Hinsicht.

Anmerkung 2 zum Begriff: Ungewissheit ist der Zustand des auch teilweisen Fehlens von Informationen im Hinblick auf das Verständnis eines Ereignisses oder Wissen über ein Ereignis, seine Folgen oder seine Wahrscheinlichkeit.

Anmerkung 3 zum Begriff: Risiko wird häufig durch Bezugnahme auf mögliche *Ereignisse* (wie in ISO Guide 73:2009, 3.5.1.3, definiert) und *Folgen* (wie in ISO Guide 73:2009, 3.6.1.3, definiert), oder eine Kombination beider charakterisiert.

Anmerkung 4 zum Begriff: Risiko wird oft häufig mittels der Folgen eines Ereignisses (einschließlich Veränderungen der Umstände) in Verbindung mit der Wahrscheinlichkeit (wie in ISO Guide 73:2009, 3.6.1.1, definiert) seines Eintretens beschrieben.

Anmerkung 5 zum Begriff: Im Kontext von Informationssicherheitsmanagementsystemen können Informationssicherheitsrisiken als Auswirkung von Ungewissheit auf Informationssicherheitsziele beschrieben werden.

Anmerkung 6 zum Begriff: Informationssicherheitsrisiko ist mit der Möglichkeit verbunden, dass Bedrohungen Schwachstellen eines Informationswerts oder einer Gruppe solcher Werte ausnutzen und damit einer Organisation Schaden zufügen.

Zitat aus ISO/IEC 27000:
3.62 Risikoakzeptanz
(en: risk acceptance)

fundierte Entscheidung ein bestimmtes *Risiko* (3.61) zu tragen

Anmerkung 1 zum Begriff: Risikoakzeptanz kann ohne *Risikobehandlung* (3.72) oder während des *Risikobehandlungsprozesses* (3.54) erfolgen.

Anmerkung 2 zum Begriff: Akzeptierte Risiken werden einer *Überwachung* (3.46) und *Überprüfung* (3.58) unterzogen.

[QUELLE: ISO Guide 73:2009, 3.7.1.6]

Zitat aus ISO/IEC 27000:
3.63 Risikoanalyse
(en: risk analysis)
Prozess (3.54), um die Beschaffenheit des *Risikos* (3.61) zu verstehen und das *Risikoniveau* (3.39) zu bestimmen

Anmerkung 1 zum Begriff: Die Risikoanalyse liefert die Grundlage für die *Risikobewertung* (3.67) und die Entscheidungen im Zuge der *Risikobehandlung* (3.72).

Anmerkung 2 zum Begriff: Die Risikoanalyse beinhaltet die Risikoabschätzung.

[QUELLE: ISO Guide 73:2009, 3.6.1]

Zitat aus ISO/IEC 27000:
3.64 Risikobeurteilung
(en: risk assessment)
übergreifender *Prozess* (3.54), der aus *Risikoidentifizierung* (3.68), *Risikoanalyse* (3.63) und *Risikobewertung* (3.67) besteht

[QUELLE: ISO Guide 73:2009, 3.4.1]

Zitat aus ISO/IEC 27000:
3.65 Risikokommunikation und -absprache
(en: risk communication and consultation)
Satz fortlaufender und iterativer *Prozesse* (3.54), den eine Organisation durchführt, um Informationen zu liefern, zu teilen oder zu erhalten und den Dialog mit *interessierten Parteien* (3.37) in Bezug auf die Handhabung von *Risiken* (3.61) zu suchen

Anmerkung 1 zum Begriff: Die Information kann sich auf die Existenz, die Beschaffenheit, die Gestalt, die *Wahrscheinlichkeit* (3.41), die Signifikanz, die Bewertung, die Akzeptanz und die Behandlung von Risiken beziehen.

Anmerkung 2 zum Begriff: Bei Absprachen handelt es sich um einen bidirektionalen Prozess von fundierter Kommunikation zwischen einer *Organisation* (3.50) und ihren interessierten Parteien zu einer Angelegenheit, bevor eine Entscheidung getroffen oder eine Zielrichtung für diese Angelegenheit bestimmt wird. Eine Absprache ist

- ein *Prozess*, der sich auf eine Entscheidung eher durch Beeinflussung als durch Machtbefugnis auswirkt;
- eine Eingabe für das Treffen von Entscheidungen, nicht aber das gemeinsame Treffen von Entscheidungen.

Zitat aus ISO/IEC 27000:
3.66 Risikokriterien
(en: risk criteria)
Festlegungen, um die Signifikanz eines *Risikos* (3.61) zu bewerten

Anmerkung 1 zum Begriff: Risikokriterien basieren auf Zielen der Organisation sowie dem *externen Kontext* (3.22) und *internen Kontext* (3.38).

Anmerkung 2 zum Begriff: Risikokriterien können aus Standards, Gesetzen, Richtlinien und anderen *Anforderungen* (3.56) abgeleitet werden.

[QUELLE: ISO Guide 73:2009, 3.3.1.3]

Zitat aus ISO/IEC 27000:
3.67 Risikobewertung
(en: risk evaluation)

Prozess (3.54), der die Ergebnisse der *Risikoanalyse* (3.63) mit den *Risikokriterien* (3.66) vergleicht, um zu bestimmen, ob das *Risiko* (3.61) und/oder seine Größe akzeptabel oder tragbar sind

Anmerkung 1 zum Begriff: Die Risikobewertung unterstützt bei der Entscheidung über die *Risikobehandlung* (3.72).

[QUELLE: ISO Guide 73:2009, 3.7.1]

Zitat aus ISO/IEC 27000:
3.68 Risikoidentifizierung
(en: risk identification)

Prozess (3.54) zum Finden, Erkennen und Beschreiben von *Risiken* (3.61)

Anmerkung 1 zum Begriff: Die Risikoidentifizierung beinhaltet die Identifizierung der Risikoquellen, der *Ereignisse* (3.21), ihrer Ursachen und möglichen *Folgen* (3.12).

Anmerkung 2 zum Begriff: Die Risikoidentifizierung kann historische Daten, theoretische Analysen, fundierte Meinungen und Expertenmeinungen sowie Bedürfnisse von *interessierten Parteien* (3.37) umfassen.

[QUELLE: ISO Guide 73:2009, 3.5.1]

Zitat aus ISO/IEC 27000:
3.69 Risikomanagement
(en: risk management)

koordinierte Tätigkeiten zum Zwecke der Führung und Steuerung einer *Organisation* (3.50) in Bezug auf *Risiken* (3.61)

[QUELLE: ISO Guide 73:2009, 2.1]

Zitat aus ISO/IEC 27000:
3.70 Risikomanagementprozess
(en: risk management process)

systematische Anwendung von Managementrichtlinien, -verfahren und -praktiken auf die Tätigkeiten des Kommunizierens, Abstimmens und Festlegens des Kontextes sowie der Identifizierung, Analyse, Bewertung, Behandlung, Überwachung und Überprüfung von *Risiken* (3.61)

Anmerkung 1 zum Begriff: ISO/IEC 27005 benutzt den Begriff „*Prozess*"(3.54), um das *Risikomanagement* insgesamt zu beschreiben. Die Elemente des Risikomanagementprozesses werden „Tätigkeiten" genannt.

[QUELLE: ISO Guide 73:2009, 3.1, modifiziert - Anmerkung 1 zum Begriff wurde hinzugefügt]

Zitat aus ISO/IEC 27000:
3.71 Risikoeigentümer
(en: risk owner)
Person oder Entität, die Verantwortung und Berechtigung hat, ein *Risiko* (3.61) zu handhaben
[QUELLE: ISO Guide 73:2009, 3.5.1.5]

Zitat aus ISO/IEC 27000:
3.72 Risikobehandlung
(en: risk treatment)
Prozess (3.54) um *Risiken* (3.61) zu verändern

Anmerkung 1 zum Begriff: Die Risikobehandlung kann umfassen:

- Vermeiden des Risikos, indem entschieden wird, die Tätigkeit, die Anlass zu dem Risiko gibt, nicht zu beginnen oder fortzusetzen;
- Eingehen oder Vergrößern des Risikos mit dem Ziel eine Chance wahrzunehmen;
- Beseitigen der Risikoquelle;
- Verändern der *Wahrscheinlichkeit* (3.40);
- Verändern der *Folgen* (3.12);
- Teilen des Risikos mit einer anderen Partei oder anderen Parteien (einschließlich Verträgen und Finanzierung von Risiken); und
- Beibehalten des Risikos im Rahmen einer fundierten Wahl.

Anmerkung 2 zum Begriff: Risikobehandlungen, die sich mit negativen *Folgen* (3.12) beschäftigen, werden manchmal auch als „Risikominderung“, „Risikoeliminierung“, „Risikovorsorge“ und „Risikoreduzierung“bezeichnet.

Anmerkung 3 zum Begriff: Die Risikobehandlung kann zu neuen *Risiken* (3.61) führen oder vorhandene *Risiken* (3.61) verändern.

[QUELLE: ISO Guide 73:2009, 3.8.1, modifiziert - in Anmerkung 1 zum Begriff wurde Entscheidung durch Wahl ersetzt]

Zitat aus ISO/IEC 27000:
3.73 Standard zur Einführung von Sicherheit
(en: security implementation standard)
Dokument, das genehmigte Wege zur Umsetzung von Sicherheit festlegt

Zitat aus ISO/IEC 27000:
3.74 Bedrohung
(en: threat)
mögliche Ursache eines unerwünschten Vorfalls, der zu Schaden für ein System oder eine *Organisation* (3.50) führen kann

Zitat aus ISO/IEC 27000:
3.75 oberste Leitung
(en: top management)

Person oder Personengruppe, die eine *Organisation* (3.50) auf der obersten Ebene führt und steuert

Anmerkung 1 zum Begriff: Die oberste Leitung ist innerhalb der *Organisation* (3.50) in der Lage, Verantwortung zu delegieren und Ressourcen bereitzustellen.

Anmerkung 2 zum Begriff: Wenn der Anwendungsbereich des *Managementsystems* (3.41) nur einen Teil einer *Organisation* (3.50) umfasst, bezieht sich „oberste Leitung" auf diejenigen, die diesen Teil der Organisation führen und steuern.

Anmerkung 3 zum Begriff: Die oberste Leitung wird manchmal „executive management" genannt und kann „Chief Executive Officer" „Chief Financial Officer" „Chief Information Officer" und vergleichbare Rollen beinhalten.

Zitat aus ISO/IEC 27000:
3.76 vertrauenswürdige Einheit zur Informationsverbreitung

selbständige *Organisation* (3.50), die den Informationsaustausch innerhalb einer *informationsaustauschenden Gemeinschaft* (3.34) unterstützt

Zitat aus ISO/IEC 27000:
3.77 Schwachstelle
(en: vulnerability)

Schwäche eines Wertes oder einer *Maßnahme* (3.14), die durch eine oder mehrere *Bedrohungen* (3.74) ausgenutzt werden kann

B Abdruck der DIN EN ISO/IEC 27001:2024

Auf den nächsten Seiten sind sämtliche Anforderungen der Norm DIN EN ISO/IEC 27001 vollständig dargestellt. Konkret besteht dieses Kapitel aus den folgenden drei Teilen:

Anhang B.1 enthält den Hauptteil der deutschen Fassung der Norm DIN EN ISO/IEC 27001 vollständig und im Original-Wortlaut und -Layout. Dieser Hauptteil der Norm besteht aus den Kapiteln 1 bis 10 sowie einem Vorwort, einer Einleitung und Literaturhinweisen. Sämtliche Inhalte der Norm sind bereits in den einzelnen Kapiteln dieses Buchs abgedruckt und erläutert worden. Dieser Anhang soll einen visuellen Eindruck davon vermitteln, wie die offiziellen Normendokumente aufgebaut sind. Darüber hinaus eignet er sich zum Nachschlagen der Normanforderungen.

Der Anhang B.2 enthält anschließend den Annex A der deutschen Fassung der Norm DIN EN ISO/IEC 27001 und somit eine tabellarische Übersicht der insgesamt 93 Informationssicherheitsmaßnahmen (Controls) auf dem Stand des Jahres 2024.

Abschließend stellt Anhang B.3 die Maßnahmen aus Anhang A in den beiden Normenfassungen von 2024 und 2017 gegenüber; dies vermittelt einen Eindruck von der Weiterentwicklung der Norm und ist insbesondere für diejenigen nützlich, die sich bereits früher mit ISO/IEC 27001 befasst haben und ein bestehendes ISMS an die neue Fassung der Norm anpassen oder ihr Wissen gezielt auf einen aktuellen Stand bringen wollen.

B.1 DIN EN ISO/IEC 27001:2024

DEUTSCHE NORM **Januar 2024**

DIN EN ISO/IEC 27001

ICS 03.100.70; 35.030

Ersatz für
DIN EN ISO/IEC 27001:2017-06

Informationssicherheit, Cybersicherheit und Datenschutz – Informationssicherheitsmanagementsysteme – Anforderungen (ISO/IEC 27001:2022); Deutsche Fassung EN ISO/IEC 27001:2023

Information security, cybersecurity and privacy protection –
Information security management systems –
Requirements (ISO/IEC 27001:2022);
German version EN ISO/IEC 27001:2023

Sécurité de l'information, cybersécurité et protection de la vie privée –
Systèmes de management de la sécurité de l'information –
Exigences (ISO/IEC 27001:2022);
Version allemande EN ISO/IEC 27001:2023

Gesamtumfang 31 Seiten

DIN-Normenausschuss Informationstechnik und Anwendungen (NIA)

www.din.de
www.beuth.de

3479707

Nationales Vorwort

Der Text von ISO/IEC 27001:2022 wurde vom Technischen Komitee ISO/IEC JTC 1 „Information technology" der Internationalen Organisation für Normung (ISO) erarbeitet und als EN ISO/IEC 27001:2023 durch das Technische Komitee CEN/CLC/JTC 13 „Cybersicherheit und Datenschutz" übernommen, dessen Sekretariat von DIN (Deutschland) gehalten wird.

Das zuständige nationale Normungsgremium ist der Gemeinschaftsarbeitsausschuss NA 043-04-13 GA „DIN/DKE Gemeinschaftsgremium Cybersecurity" im DIN-Normenausschuss Informationstechnik und Anwendungen (NIA).

Für die in diesem Dokument zitierten Dokumente wird im Folgenden auf die entsprechenden deutschen Dokumente hingewiesen:

ISO/IEC 27000	siehe	DIN EN ISO/IEC 27000
ISO/IEC 27002:2022	siehe	DIN EN ISO/IEC 27002:2024-01
ISO 31000:2018	siehe	DIN ISO 31000:2018-10

Aktuelle Informationen zu diesem Dokument können über die Internetseiten von DIN (www.din.de) durch eine Suche nach der Dokumentennummer aufgerufen werden.

Änderungen

Gegenüber DIN EN ISO/IEC 27001:2017-06 wurden folgende Änderungen vorgenommen:

a) der Text wurde an die harmonisierte Struktur für Managementsystemnormen und an ISO/IEC 27002:2022 angepasst.

Frühere Ausgaben

DIN ISO/IEC 27001: 2008-09, 2015-03
DIN ISO/IEC 27001 Berichtigung 1: 2017-03
DIN EN ISO/IEC 27001: 2017-06

Nationaler Anhang NA
(informativ)

Literaturhinweise

DIN EN ISO/IEC 27000, *Informationstechnik — Sicherheitsverfahren — Informationssicherheitsmanagementsysteme — Überblick und Terminologie*

DIN EN ISO/IEC 27002:2024-01, *Informationssicherheit, Cybersicherheit und Schutz der Privatsphäre — Informationssicherheitsmaßnahmen (ISO/IEC 27002:2022); Deutsche Fassung EN ISO/IEC 27002:2022*

DIN ISO 31000:2018-10, *Risikomanagement — Leitlinien (ISO 31000:2018)*

– Leerseite –

EUROPÄISCHE NORM

EUROPEAN STANDARD

NORME EUROPÉENNE

EN ISO/IEC 27001

Juli 2023

ICS 03.100.70; 35.030

Ersetzt EN ISO/IEC 27001:2017

Deutsche Fassung

Informationssicherheit, Cybersicherheit und Datenschutz — Informationssicherheitsmanagementsysteme — Anforderungen (ISO/IEC 27001:2022)

Information security, cybersecurity and privacy protection — Information security management systems — Requirements (ISO/IEC 27001:2022)

Sécurité de l'information, cybersécurité et protection de la vie privée — Systèmes de management de la sécurité de l'information — Exigences (ISO/IEC 27001:2022)

Diese Europäische Norm wurde vom CEN am 23. Juli 2023 angenommen.

Die CEN- und CENELEC-Mitglieder sind gehalten, die CEN/CENELEC-Geschäftsordnung zu erfüllen, in der die Bedingungen festgelegt sind, unter denen dieser Europäischen Norm ohne jede Änderung der Status einer nationalen Norm zu geben ist. Auf dem letzten Stand befindliche Listen dieser nationalen Normen mit ihren bibliographischen Angaben sind beim CEN-CENELEC-Management-Zentrum oder bei jedem CEN-Mitglied auf Anfrage erhältlich.

Diese Europäische Norm besteht in drei offiziellen Fassungen (Deutsch, Englisch, Französisch). Eine Fassung in einer anderen Sprache, die von einem CEN- und CENELEC-Mitglied in eigener Verantwortung durch Übersetzung in seine Landessprache gemacht und dem Management-Zentrum mitgeteilt worden ist, hat den gleichen Status wie die offiziellen Fassungen.

CEN- und CENELEC-Mitglieder sind die nationalen Normungsinstitute von Belgien, Bulgarien, Dänemark, Deutschland, Estland, Finnland, Frankreich, Griechenland, Irland, Island, Italien, Kroatien, Lettland, Litauen, Luxemburg, Malta, den Niederlanden, Norwegen, Österreich, Polen, Portugal, der Republik Nordmazedonien, Rumänien, Schweden, der Schweiz, Serbien, der Slowakei, Slowenien, Spanien, der Tschechischen Republik, der Türkei, Ungarn, dem Vereinigten Königreich und Zypern.

CEN-CENELEC Management-Zentrum: Rue de la Science 23, B-1040 Brüssel

Ref. Nr. EN ISO/IEC 27001:2023 D

DIN EN ISO/IEC 27001:2024-01
EN ISO/IEC 27001:2023 (D)

Inhalt

Tabellen

Europäisches Vorwort

Der Text von ISO/IEC 27001:2022 wurde vom Technischen Komitee ISO/IEC JTC 1 „Information technology" der Internationalen Organisation für Normung (ISO) erarbeitet und als EN ISO/IEC 27001:2023 durch das Technische Komitee CEN/CLC/JTC 13 „Cybersicherheit und Datenschutz" übernommen, dessen Sekretariat von DIN gehalten wird.

Diese Europäische Norm muss den Status einer nationalen Norm erhalten, entweder durch Veröffentlichung eines identischen Textes oder durch Anerkennung bis Januar 2024, und etwaige entgegenstehende nationale Normen müssen bis Januar 2024 zurückgezogen werden.

Es wird auf die Möglichkeit hingewiesen, dass einige Elemente dieses Dokuments Patentrechte berühren können. CEN-CENELEC sind nicht dafür verantwortlich, einige oder alle diesbezüglichen Patentrechte zu identifizieren.

Dieses Dokument ersetzt EN ISO/IEC 27001:2017.

Rückmeldungen oder Fragen zu diesem Dokument sollten an das jeweilige nationale Normungsinstitut des Anwenders gerichtet werden. Eine vollständige Liste dieser Institute ist auf den Internetseiten von CEN und CENELEC abrufbar.

Entsprechend der CEN-CENELEC-Geschäftsordnung sind die nationalen Normungsinstitute der folgenden Länder gehalten, diese Europäische Norm zu übernehmen: Belgien, Bulgarien, Dänemark, Deutschland, die Republik Nordmazedonien, Estland, Finnland, Frankreich, Griechenland, Irland, Island, Italien, Kroatien, Lettland, Litauen, Luxemburg, Malta, Niederlande, Norwegen, Österreich, Polen, Portugal, Rumänien, Schweden, Schweiz, Serbien, Slowakei, Slowenien, Spanien, Tschechische Republik, Türkei, Ungarn, Vereinigtes Königreich und Zypern.

Anerkennungsnotiz

Der Text von ISO/IEC 27001:2022 wurde von CEN-CENELEC als EN ISO/IEC 27001:2023 ohne irgendeine Abänderung genehmigt.

DIN EN ISO/IEC 27001:2024-01
EN ISO/IEC 27001:2023 (D)

Vorwort

ISO (die Internationale Organisation für Normung) und IEC (die Internationale Elektrotechnische Kommission) bilden das auf die weltweite Normung spezialisierte System. Nationale Normungsorganisationen, die Mitglieder von ISO oder IEC sind, beteiligen sich an der Entwicklung von Internationalen Normen in Technischen Komitees, die von der jeweiligen Organisation eingerichtet wurden, um spezifische Gebiete technischer Aktivitäten zu behandeln. Auf Gebieten von beiderseitigem Interesse arbeiten die Technischen Komitees von ISO und IEC zusammen. Weitere internationale staatliche und nichtstaatliche Organisationen, die in engem Kontakt mit ISO und IEC stehen, nehmen ebenfalls an der Arbeit teil.

Die Verfahren, die bei der Entwicklung dieses Dokuments angewendet wurden und die für die weitere Pflege vorgesehen sind, werden in den ISO/IEC Directives, Teil 1, beschrieben. Im Besonderen sollten die für die verschiedenen ISO-Dokumentenarten notwendigen Annahmekriterien beachtet werden. Dieses Dokument wurde in Übereinstimmung mit den Gestaltungsregeln der ISO/IEC Directives, Teil 2, erarbeitet (siehe www.iso.org/directives oder www.iec.ch/members_experts/refdocs).

Es wird auf die Möglichkeit hingewiesen, dass einige Elemente dieses Dokuments Patentrechte berühren können. ISO und IEC sind nicht dafür verantwortlich, einige oder alle diesbezüglichen Patentrechte zu identifizieren. Details zu allen während der Entwicklung des Dokuments identifizierten Patentrechten finden sich in der Einleitung und/oder in der ISO-Liste der erhaltenen Patenterklärungen (siehe www.iso.org/patents) oder in der IEC-Liste der erhaltenen Patenterklärungen (siehe https://patents.iec.ch).

Jeder in diesem Dokument verwendete Handelsname dient nur zur Unterrichtung der Anwender und bedeutet keine Anerkennung.

Für eine Erläuterung des freiwilligen Charakters von Normen, der Bedeutung ISO-spezifischer Begriffe und Ausdrücke in Bezug auf Konformitätsbewertungen sowie Informationen darüber, wie ISO die Grundsätze der Welthandelsorganisation (WTO, en: World Trade Organization) hinsichtlich technischer Handelshemmnisse (TBT, en: Technical Barriers to Trade) berücksichtigt, siehe www.iso.org/iso/foreword.html. Diesbezügliche Informationen der IEC sind unter www.iec.ch/understanding-standards verfügbar.

Dieses Dokument wurde vom gemeinsamen Technischen Komitee ISO/IEC JTC 1, *Information technology*, Unterkomitee SC 27, *Information security, cybersecurity and privacy protection*, erarbeitet.

Diese dritte Ausgabe ersetzt die zweite Ausgabe (ISO/IEC 27001:2013), die technisch überarbeitet wurde. Sie enthält auch die Technischen Berichtigungen ISO/IEC 27001:2013/Cor 1:2014 und ISO/IEC 27001:2013/Cor 2:2015.

Die wesentlichen Änderungen sind folgende:

— der Text wurde an die harmonisierte Struktur für Managementsystemnormen und an ISO/IEC 27002:2022 angepasst.

Rückmeldungen oder Fragen zu diesem Dokument sollten an das jeweilige nationale Normungsinstitut des Anwenders gerichtet werden. Eine vollständige Auflistung dieser Institute ist unter www.iso.org/members.html und www.iec.ch/national-committees zu finden.

DIN EN ISO/IEC 27001:2024-01
EN ISO/IEC 27001:2023 (D)

Einleitung

0.1 Allgemeines

Dieses Dokument wurde erarbeitet, um Anforderungen für die Einrichtung, Umsetzung, Aufrechterhaltung und fortlaufende Verbesserung eines Informationssicherheitsmanagementsystems (ISMS) festzulegen. Die Einführung eines Informationssicherheitsmanagementsystems stellt für eine Organisation eine strategische Entscheidung dar. Erstellung und Umsetzung eines Informationssicherheitsmanagementsystems innerhalb einer Organisation richten sich nach deren Bedürfnissen und Zielen, den Sicherheitsanforderungen, den organisatorischen Abläufen sowie nach Größe und Struktur der Organisation. Es ist davon auszugehen, dass sich alle diese Einflussgrößen im Laufe der Zeit ändern.

Das Informationssicherheitsmanagementsystem wahrt die Vertraulichkeit, Integrität und Verfügbarkeit von Informationen unter Anwendung eines Risikomanagementprozesses und verleiht interessierten Parteien das Vertrauen in eine angemessene Steuerung von Risiken.

Es ist wichtig, dass das Informationssicherheitsmanagementsystem als Teil der Abläufe der Organisation in deren übergreifende Steuerungsstruktur integriert ist und die Informationssicherheit bereits bei der Konzeption von Prozessen, Informationssystemen und Maßnahmen berücksichtigt wird. Es wird erwartet, dass die Umsetzung eines Informationssicherheitsmanagementsystems entsprechend den Bedürfnissen der Organisation skaliert wird.

Dieses Dokument kann von internen und externen Parteien dazu eingesetzt werden, die Fähigkeit einer Organisation zur Einhaltung ihrer eigenen Informationssicherheitsanforderungen zu beurteilen.

Die Reihenfolge, in der die Anforderungen in diesem Dokument aufgeführt sind, spiegelt nicht deren Bedeutung wider noch die Abfolge, in der sie umzusetzen sind. Die Listeneinträge sind lediglich zu Referenzierungszwecken nummeriert.

ISO/IEC 27000 liefert einen Überblick und die Begrifflichkeiten von Informationssicherheitsmanagementsystemen und verweist auf die Informationssicherheitsmanagementsystem-Normenfamilie (einschließlich ISO/IEC 27003 [2], ISO/IEC 27004 [3] und ISO/IEC 27005 [4]), einschließlich deren Begriffe.

0.2 Kompatibilität mit anderen Managementsystemnormen

Dieses Dokument wendet die übergeordnete Struktur, die identischen Unterabschnittsnummern, den einheitlichen Basistext, die gemeinsamen Benennungen und die Basisdefinitionen an, die in Anhang SL der ISO/IEC Directives, Teil 1, „Consolidated ISO Supplement" festgelegt sind, und stellt so die Übereinstimmung mit anderen Managementsystemnormen her, die ebenfalls den Anhang SL anwenden.

Diese in Anhang SL festgelegte gemeinsame Herangehensweise nützt jenen Organisationen, die sich für den Betrieb eines einzigen Managementsystems entscheiden, das die Anforderungen von zwei oder mehr Normen für Managementsysteme erfüllt.

1 Anwendungsbereich

Dieses Dokument legt die Anforderungen an die Einrichtung, Umsetzung, Aufrechterhaltung und fortlaufende Verbesserung eines Informationssicherheitsmanagementsystems im Kontext der Organisation fest. Darüber hinaus beinhaltet dieses Dokument Anforderungen an die Beurteilung und Behandlung von Informationssicherheitsrisiken entsprechend den individuellen Bedürfnissen der Organisation. Die in diesem Dokument festgelegten Anforderungen sind allgemein gehalten und dazu vorgesehen, auf alle Organisationen, ungeachtet ihrer Art und Größe, anwendbar zu sein. Wenn eine Organisation Konformität mit diesem Dokument für sich beansprucht, darf sie keine der Anforderungen in Abschnitt 4 bis Abschnitt 10 ausschließen.

2 Normative Verweisungen

Die folgenden Dokumente werden im Text in solcher Weise in Bezug genommen, dass einige Teile davon oder ihr gesamter Inhalt Anforderungen des vorliegenden Dokuments darstellen. Bei datierten Verweisungen gilt nur die in Bezug genommene Ausgabe. Bei undatierten Verweisungen gilt die letzte Ausgabe des in Bezug genommenen Dokuments (einschließlich aller Änderungen).

ISO/IEC 27000, *Information technology — Security techniques — Information security management systems — Overview and vocabulary*

3 Begriffe

Für die Anwendung dieses Dokuments gelten die Begriffe nach ISO/IEC 27000.

ISO und IEC stellen terminologische Datenbanken für die Verwendung in der Normung unter den folgenden Adressen bereit:

— ISO Online Browsing Platform: verfügbar unter https://www.iso.org/obp

— IEC Electropedia: verfügbar unter https://www.electropedia.org/

4 Kontext der Organisation

4.1 Verstehen der Organisation und ihres Kontextes

Die Organisation muss externe und interne Themen bestimmen, die für ihren Zweck relevant sind und sich auf ihre Fähigkeit auswirken, die beabsichtigten Ergebnisse ihres Informationssicherheitsmanagementsystems zu erreichen.

ANMERKUNG Die Bestimmung dieser Themen bezieht sich auf die Festlegung des externen und internen Kontexts des Unternehmens, wie in ISO 31000:2018 [5], 5.4.1, beschrieben.

4.2 Verstehen der Erfordernisse und Erwartungen interessierter Parteien

Die Organisation muss Folgendes bestimmen:

a) die interessierten Parteien, die für ihr Informationssicherheitsmanagementsystem relevant sind;

b) die relevanten Anforderungen dieser interessierten Parteien;

c) welche dieser Anforderungen durch das Informationssicherheitsmanagementsystem behandelt werden.

ANMERKUNG Die Anforderungen interessierter Parteien können gesetzliche und regulatorische Vorgaben sowie vertragliche Verpflichtungen beinhalten.

4.3 Festlegen des Anwendungsbereichs des Informationssicherheitsmanagementsystems

Die Organisation muss die Grenzen und die Anwendbarkeit des Informationssicherheitsmanagementsystems bestimmen, um dessen Anwendungsbereich festzulegen.

Bei der Festlegung des Anwendungsbereichs muss die Organisation Folgendes berücksichtigen:

a) die unter 4.1 genannten externen und internen Themen;

b) die unter 4.2 genannten Anforderungen;

c) Schnittstellen und Abhängigkeiten zwischen Tätigkeiten, die von der Organisation selbst durchgeführt werden, und Tätigkeiten, die von anderen Organisationen durchgeführt werden.

Der Anwendungsbereich muss als dokumentierte Information verfügbar sein.

4.4 Informationssicherheitsmanagementsystem

Die Organisation muss entsprechend den Anforderungen dieses Dokuments ein Informationssicherheitsmanagementsystem aufbauen, verwirklichen, aufrechterhalten und fortlaufend verbessern, einschließlich der benötigten Prozesse und ihrer Wechselwirkungen.

5 Führung

5.1 Führung und Verpflichtung

Die oberste Leitung muss in Bezug auf das Informationssicherheitsmanagementsystem Führung und Verpflichtung zeigen, indem sie

a) sicherstellt, dass die Informationssicherheitspolitik und die Informationssicherheitsziele festgelegt und mit der strategischen Ausrichtung der Organisation vereinbar sind;

b) sicherstellt, dass die Anforderungen des Informationssicherheitsmanagementsystems in die Prozesse der Organisation integriert werden;

c) sicherstellt, dass die für das Informationssicherheitsmanagementsystem erforderlichen Ressourcen zur Verfügung stehen;

d) die Bedeutung eines wirksamen Informationssicherheitsmanagements sowie die Wichtigkeit der Erfüllung der Anforderungen des Informationssicherheitsmanagementsystems vermittelt;

e) sicherstellt, dass das Informationssicherheitsmanagementsystem sein beabsichtigtes Ergebnis bzw. seine beabsichtigten Ergebnisse erzielt;

f) Personen anleitet und unterstützt, damit diese zur Wirksamkeit des Informationssicherheitsmanagementsystems beitragen können;

g) fortlaufende Verbesserung fördert; und

h) andere relevante Rollen unterstützt, um deren Führung in ihren jeweiligen Verantwortungsbereichen deutlich zu machen.

ANMERKUNG Wenn in diesem Dokument das Wort „Geschäft" (en: business) verwendet wird, kann dieses im weiteren Sinne verstanden werden und bezieht sich auf Tätigkeiten, die für die Existenz der Organisation entscheidend sind.

5.2 Politik

Die oberste Leitung muss eine Informationssicherheitspolitik festlegen, die:

a) für den Zweck der Organisation angemessen ist;

b) Informationssicherheitsziele (siehe 6.2) beinhaltet oder den Rahmen zum Festlegen von Informationssicherheitszielen bietet;

c) eine Verpflichtung zur Erfüllung zutreffender Anforderungen mit Bezug zur Informationssicherheit enthält;

d) eine Verpflichtung zur fortlaufenden Verbesserung des Informationssicherheitsmanagementsystems enthält.

Die Informationssicherheitspolitik muss:

e) als dokumentierte Information verfügbar sein;

f) innerhalb der Organisation bekanntgemacht werden;

g) soweit angemessen für interessierte Parteien verfügbar sein.

5.3 Rollen, Verantwortlichkeiten und Befugnisse in der Organisation

Die oberste Leitung muss sicherstellen, dass die Verantwortlichkeiten und Befugnisse für Rollen mit Bezug zur Informationssicherheit zugewiesen und innerhalb der Organisation bekanntgemacht werden.

Die oberste Leitung muss die Verantwortlichkeit und Befugnis zuweisen für:

a) das Sicherstellen, dass das Informationssicherheitsmanagementsystem die Anforderungen dieses Dokuments erfüllt;

b) das Berichten an die oberste Leitung über die Leistung des Informationssicherheitsmanagementsystems.

ANMERKUNG Die oberste Leitung kann auch Verantwortlichkeiten und Befugnisse für das Berichten über die Leistung des Informationssicherheitsmanagementsystems innerhalb der Organisation zuweisen.

6 Planung

6.1 Maßnahmen zum Umgang mit Risiken und Chancen

6.1.1 Allgemeines

Bei Planungen für das Informationssicherheitsmanagementsystem muss die Organisation die in 4.1 genannten Themen und die in 4.2 genannten Anforderungen berücksichtigen sowie die Risiken und Chancen bestimmen, die behandelt werden müssen, um

a) sicherzustellen, dass das Informationssicherheitsmanagementsystem seine beabsichtigten Ergebnisse erzielen kann;

b) unerwünschte Auswirkungen zu verhindern oder zu verringern;

c) fortlaufende Verbesserung zu erreichen.

Die Organisation muss planen:

d) Maßnahmen zum Umgang mit diesen Risiken und Chancen; und

e) wie

   1) die Maßnahmen in die Informationssicherheitsmanagementsystemprozesse der Organisation integriert und dort umgesetzt werden; und

   2) die Wirksamkeit dieser Maßnahmen bewertet wird.

6.1.2 Informationssicherheitsrisikobeurteilung

Die Organisation muss einen Prozess zur Informationssicherheitsrisikobeurteilung festlegen und anwenden, der:

a) Informationssicherheitsrisikokriterien festlegt und aufrechterhält, die Folgendes beinhalten:

   1) die Kriterien zur Risikoakzeptanz; und

   2) Kriterien für die Durchführung von Informationssicherheitsrisikobeurteilungen;

b) sicherstellt, dass wiederholte Informationssicherheitsrisikobeurteilungen zu konsistenten, gültigen und vergleichbaren Ergebnissen führen;

c) die Informationssicherheitsrisiken identifiziert:

   1) Anwendung des Prozesses zur Informationssicherheitsrisikobeurteilung, um Risiken im Zusammenhang mit dem Verlust der Vertraulichkeit, Integrität und Verfügbarkeit von Informationen innerhalb des Anwendungsbereichs des ISMS zu ermitteln; und

   2) Identifizierung der Risikoeigentümer;

d) die Informationssicherheitsrisiken analysiert:

   1) Abschätzung der möglichen Folgen bei Eintritt der nach 6.1.2 c) 1) identifizierten Risiken;

   2) Abschätzung der realistischen Eintrittswahrscheinlichkeiten der nach 6.1.2 c) 1) identifizierten Risiken; und

   3) Bestimmung der Risikoniveaus;

e) die Informationssicherheitsrisiken bewertet:

   1) Vergleich der Ergebnisse der Risikoanalyse mit den nach 6.1.2 a) festgelegten Risikokriterien; und

   2) Priorisierung der analysierten Risiken für die Risikobehandlung.

Die Organisation muss dokumentierte Information über den Informationssicherheitsrisikobeurteilungsprozess aufbewahren.

6.1.3 Informationssicherheitsrisikobehandlung

Die Organisation muss einen Prozess für die Informationssicherheitsrisikobehandlung festlegen und anwenden, um:

a) angemessene Optionen für die Informationssicherheitsrisikobehandlung unter Berücksichtigung der Ergebnisse der Risikobeurteilung auszuwählen;

b) alle Maßnahmen, die zur Umsetzung der gewählten Option(en) für die Informationssicherheitsrisikobehandlung erforderlich sind, festzulegen;

ANMERKUNG 1 Organisationen können Maßnahmen nach Bedarf gestalten oder aus einer beliebigen Quelle auswählen.

c) die nach 6.1.3 b) festgelegten Maßnahmen mit den Maßnahmen in Anhang A zu vergleichen und zu überprüfen, dass keine erforderlichen Maßnahmen ausgelassen wurden;

ANMERKUNG 2 Anhang A enthält eine Liste von möglichen Informationssicherheitsmaßnahmen. Anwender dieses Dokuments werden auf Anhang A verwiesen, um sicherzustellen, dass keine wichtigen Informationssicherheitsmaßnahmen übersehen wurden.

ANMERKUNG 3 Die in Anhang A aufgeführten Informationssicherheitsmaßnahmen sind nicht erschöpfend und können bei Bedarf durch zusätzliche Informationssicherheitsmaßnahmen ergänzt werden.

d) eine Erklärung zur Anwendbarkeit zu erstellen, die Folgendes enthält:

— die erforderlichen Maßnahmen [siehe 6.1.3 b) und c)];

— Gründe für deren Einbeziehung;

— ob die erforderlichen Maßnahmen umgesetzt sind oder nicht; sowie

— Gründe für die Nichteinbeziehung von Maßnahmen aus Anhang A;

e) einen Plan für die Informationssicherheitsrisikobehandlung zu formulieren; und

f) bei den Risikoeigentümern eine Genehmigung des Plans für die Informationssicherheitsrisikobehandlung sowie ihre Akzeptanz der Informationssicherheitsrestrisiken einzuholen.

Die Organisation muss dokumentierte Information über den Informationssicherheitsrisikobehandlungsprozess aufbewahren.

ANMERKUNG 4 Der in diesem Dokument genannte Prozess für die Informationssicherheitsrisikobeurteilung und -behandlung steht im Einklang mit den Grundsätzen und allgemeinen Leitlinien in ISO 31000 [5].

6.2 Informationssicherheitsziele und Planung zu deren Erreichung

Die Organisation muss Informationssicherheitsziele für relevante Funktionen und Ebenen festlegen.

Die Informationssicherheitsziele müssen:

a) im Einklang mit der Informationssicherheitspolitik stehen;

b) messbar sein (sofern machbar);

c) anwendbare Informationssicherheitsanforderungen sowie die Ergebnisse der Risikobeurteilung und Risikobehandlung berücksichtigen;

d) überwacht werden;

e) vermittelt werden;

f) soweit erforderlich aktualisiert werden;

g) als dokumentierte Information verfügbar sein.

Die Organisation muss dokumentierte Information zu den Informationssicherheitszielen aufbewahren.

Bei der Planung, wie die Informationssicherheitsziele erreicht werden, muss die Organisation bestimmen:

h) was getan wird;

i) welche Ressourcen erforderlich sind;

j) wer verantwortlich ist;

k) wann es abgeschlossen wird; und

l) wie die Ergebnisse bewertet werden.

6.3 Planung von Änderungen

Wenn die Organisation die Notwendigkeit von Änderungen am Informationssicherheitsmanagementsystem ermittelt, müssen diese in geplanter Weise durchgeführt werden.

7 Unterstützung

7.1 Ressourcen

Die Organisation muss die erforderlichen Ressourcen für den Aufbau, die Verwirklichung, die Aufrechterhaltung und die fortlaufende Verbesserung des Informationssicherheitsmanagementsystems bestimmen und bereitstellen.

7.2 Kompetenz

Die Organisation muss:

a) für Personen, die unter ihrer Aufsicht Tätigkeiten verrichten, welche die Informationssicherheitsleistung der Organisation beeinflussen, die erforderliche Kompetenz bestimmen;

b) sicherstellen, dass diese Personen auf Grundlage angemessener Ausbildung, Schulung oder Erfahrung kompetent sind;

c) sofern anwendbar, Maßnahmen einleiten, um die benötigte Kompetenz zu erwerben, und die Wirksamkeit der getroffenen Maßnahmen bewerten; und

d) angemessene dokumentierte Information als Nachweis der Kompetenz aufbewahren.

ANMERKUNG Geeignete Maßnahmen können zum Beispiel sein: Schulung, Mentoring oder Versetzung von gegenwärtig angestellten Personen oder Anstellung oder Beauftragung kompetenter Personen.

7.3 Bewusstsein

Personen, die unter Aufsicht der Organisation Tätigkeiten verrichten, müssen sich des Folgenden bewusst sein:

a) der Informationssicherheitspolitik;

b) ihres Beitrags zur Wirksamkeit des Informationssicherheitsmanagementsystems, einschließlich der Vorteile einer verbesserten Informationssicherheitsleistung; und

c) der Folgen einer Nichterfüllung der Anforderungen des Informationssicherheitsmanagementsystems.

7.4 Kommunikation

Die Organisation muss die Erfordernis einer internen und externen Kommunikation in Bezug auf das Informationssicherheitsmanagementsystem bestimmen, einschließlich:

a) worüber kommuniziert wird;

b) wann kommuniziert wird;

c) mit wem kommuniziert wird;

d) wie kommuniziert wird.

7.5 Dokumentierte Information

7.5.1 Allgemeines

Das Informationssicherheitsmanagementsystem der Organisation muss beinhalten:

a) die von diesem Dokument geforderte dokumentierte Information; und

b) dokumentierte Information, welche die Organisation als notwendig für die Wirksamkeit des Managementsystems bestimmt hat.

ANMERKUNG Der Umfang dokumentierter Information für ein Informationssicherheitsmanagementsystem kann sich von Organisation zu Organisation unterscheiden, und zwar aufgrund:

1) der Größe der Organisation und der Art ihrer Tätigkeiten, Prozesse, Produkte und Dienstleistungen;

2) der Komplexität der Prozesse und deren Wechselwirkungen; und

3) der Kompetenz der Personen.

7.5.2 Erstellen und Aktualisieren

Beim Erstellen und Aktualisieren dokumentierter Information muss die Organisation Folgendes sicherstellen:

a) angemessene Kennzeichnung und Beschreibung (z. B. Titel, Datum, Autor oder Referenznummer);

b) angemessenes Format (z. B. Sprache, Softwareversion, Graphiken) und Medium (z. B. Papier, elektronisches Medium); und

c) angemessene Überprüfung und Genehmigung im Hinblick auf Eignung und Angemessenheit.

7.5.3 Steuerung dokumentierter Information

Die für das Informationssicherheitsmanagementsystem erforderliche und von diesem Dokument geforderte dokumentierte Information muss gesteuert werden, um sicherzustellen, dass sie:

a) verfügbar und für die Verwendung geeignet ist, wo und wann sie benötigt wird; und

b) angemessen geschützt wird (z. B. vor Verlust der Vertraulichkeit, unsachgemäßem Gebrauch oder Verlust der Integrität).

Zur Steuerung dokumentierter Information muss die Organisation, falls zutreffend, folgende Tätigkeiten berücksichtigen:

c) Verteilung, Zugriff, Auffindung und Verwendung;

d) Ablage/Speicherung und Erhaltung, einschließlich Erhaltung der Lesbarkeit;

e) Überwachung von Änderungen (z. B. Versionskontrolle); und

f) Aufbewahrung und Verfügung über den weiteren Verbleib.

Dokumentierte Information externer Herkunft, die von der Organisation als notwendig für Planung und Betrieb des Informationssicherheitsmanagementsystems bestimmt wurde, muss angemessen gekennzeichnet und gesteuert werden.

ANMERKUNG Zugriff kann eine Entscheidung voraussetzen, mit der die Erlaubnis erteilt wird, dokumentierte Information lediglich zu lesen, oder die Erlaubnis und Befugnis zum Lesen und Ändern dokumentierter Information usw.

8 Betrieb

8.1 Betriebliche Planung und Steuerung

Die Organisation muss die notwendigen Prozesse zur Erfüllung der Anforderungen und zur Durchführung der in Abschnitt 6 bestimmten Maßnahmen planen, verwirklichen und steuern, indem sie

— Kriterien für die Prozesse festlegt;

— die Steuerung der Prozesse in Übereinstimmung mit den Kriterien verwirklicht.

Dokumentierte Information muss im erforderlichen Umfang verfügbar sein, damit darauf vertraut werden kann, dass die Prozesse wie geplant durchgeführt wurden.

Die Organisation muss geplante Änderungen steuern sowie die Folgen unbeabsichtigter Änderungen überprüfen und, falls notwendig, Maßnahmen ergreifen, um jegliche negativen Auswirkungen zu vermindern.

Die Organisation muss sicherstellen, dass extern bereitgestellte Prozesse, Produkte oder Dienstleistungen, die für das Informationssicherheitsmanagementsystem relevant sind, gesteuert werden.

8.2 Informationssicherheitsrisikobeurteilung

Die Organisation muss in geplanten Abständen Informationssicherheitsrisikobeurteilungen vornehmen oder immer dann, wenn erhebliche Änderungen vorgeschlagen werden oder auftreten; dabei sind die in 6.1.2 a) festgelegten Kriterien zu berücksichtigen.

Die Organisation muss dokumentierte Information über die Ergebnisse der Informationssicherheitsrisikobeurteilungen aufbewahren.

8.3 Informationssicherheitsrisikobehandlung

Die Organisation muss den Plan für die Informationssicherheitsrisikobehandlung umsetzen.

Die Organisation muss dokumentierte Information über die Ergebnisse der Informationssicherheitsrisikobehandlung aufbewahren.

9 Bewertung der Leistung

9.1 Überwachung, Messung, Analyse und Bewertung

Die Organisation muss bestimmen:

a) was überwacht und gemessen werden muss, einschließlich der Informationssicherheitsprozesse und Maßnahmen;

b) die Methoden zur Überwachung, Messung, Analyse und Bewertung, sofern zutreffend, um gültige Ergebnisse sicherzustellen. Die ausgewählten Methoden sollten zu vergleichbaren und reproduzierbaren Ergebnissen führen, um als gültig betrachtet zu werden;

c) wann die Überwachung und Messung durchzuführen ist;

d) wer überwachen und messen muss;

e) wann die Ergebnisse der Überwachung und Messung zu analysieren und zu bewerten sind;

f) wer diese Ergebnisse analysieren und bewerten muss.

Dokumentierte Information muss als Nachweis der Ergebnisse verfügbar sein.

Die Organisation muss die Informationssicherheitsleistung und die Wirksamkeit des Informationssicherheitsmanagementsystems bewerten.

9.2 Internes Audit

9.2.1 Allgemeines

Die Organisation muss in geplanten Abständen interne Audits durchführen, um Informationen darüber zur Verfügung zu stellen, ob das Informationssicherheitsmanagementsystem:

a) folgende Anforderungen erfüllt:

   1) die eigenen Anforderungen der Organisation an ihr Informationssicherheitsmanagementsystem;

   2) die Anforderungen dieses Dokuments;

b) wirksam verwirklicht und aufrechterhalten wird.

9.2.2 Internes Auditprogramm

Die Organisation muss ein oder mehrere Auditprogramme planen, aufbauen, verwirklichen und aufrechterhalten, einschließlich der Häufigkeit von Audits Methoden, Verantwortlichkeiten, Anforderungen an die Planung und Berichterstattung.

Beim Aufbau des/der internen Auditprogramms/Auditprogramme muss die Organisation die Bedeutung der betroffenen Prozesse und die Ergebnisse vorheriger Audits berücksichtigen.

Die Organisation muss:

a) für jedes Audit die Auditkriterien sowie den Umfang festlegen;

b) Auditoren so auswählen und Audits so durchführen, dass die Objektivität und Unparteilichkeit des Auditprozesses sichergestellt sind;

c) sicherstellen, dass die Ergebnisse der Audits gegenüber der zuständigen Leitung berichtet werden.

Dokumentierte Information muss als Nachweis der Umsetzung des Auditprogramms/der Auditprogramme und der Auditergebnisse verfügbar sein.

9.3 Managementbewertung

9.3.1 Allgemeines

Die oberste Leitung muss das Informationssicherheitsmanagementsystem der Organisation in geplanten Abständen bewerten, um dessen fortdauernde Eignung, Angemessenheit und Wirksamkeit sicherzustellen.

9.3.2 Eingaben für die Managementbewertung

Die Managementbewertung muss folgende Aspekte behandeln:

a) den Status von Maßnahmen vorheriger Managementbewertungen;

b) Veränderungen bei externen und internen Themen, die das Informationssicherheitsmanagementsystem betreffen;

c) Veränderungen bei den Erfordernissen und Erwartungen von interessierten Parteien, die das Informationssicherheitsmanagementsystem betreffen;

d) Rückmeldung über die Informationssicherheitsleistung, einschließlich Entwicklungen bei:

   1) Nichtkonformitäten und Korrekturmaßnahmen;

   2) Ergebnissen von Überwachungen und Messungen;

   3) Auditergebnissen;

   4) Erreichung von Informationssicherheitszielen;

e) Rückmeldung von interessierten Parteien;

f) Ergebnissen der Risikobeurteilung und Status des Risikobehandlungsplans;

g) Möglichkeiten zur fortlaufenden Verbesserung.

9.3.3 Ergebnisse der Managementbewertung

Die Ergebnisse der Managementbewertung müssen Entscheidungen zu Möglichkeiten der fortlaufenden Verbesserung sowie jeglichen Änderungsbedarf am Informationssicherheitsmanagementsystem enthalten.

Dokumentierte Information muss als Nachweis der Ergebnisse von Managementbewertungen verfügbar sein.

10 Verbesserung

10.1 Fortlaufende Verbesserung

Die Organisation muss die Eignung, Angemessenheit und Wirksamkeit des Informationssicherheitsmanagementsystems fortlaufend verbessern.

10.2 Nichtkonformität und Korrekturmaßnahmen

Wenn eine Nichtkonformität auftritt, muss die Organisation:

a) darauf reagieren und, falls zutreffend:

   1) Maßnahmen zur Überwachung und zur Korrektur ergreifen;

2) mit den Folgen umgehen;

b) die Notwendigkeit von Maßnahmen zur Beseitigung der Ursachen von Nichtkonformitäten bewerten, damit diese nicht erneut oder an anderer Stelle auftreten, und zwar durch:

1) Überprüfen der Nichtkonformität;

2) Bestimmen der Ursachen der Nichtkonformität; und

3) Bestimmen, ob vergleichbare Nichtkonformitäten bestehen oder möglicherweise auftreten könnten;

c) jegliche erforderliche Maßnahme einleiten;

d) die Wirksamkeit jeglicher ergriffener Korrekturmaßnahme überprüfen; und

e) sofern erforderlich, das Informationssicherheitsmanagementsystem ändern.

Korrekturmaßnahmen müssen den Auswirkungen der aufgetretenen Nichtkonformitäten angemessen sein.

Dokumentierte Information muss verfügbar sein als Nachweis:

f) der Art der Nichtkonformität sowie jeder daraufhin getroffenen Maßnahme;

g) der Ergebnisse jeder Korrekturmaßnahme.

B.2 DIN EN ISO/IEC 27001:2024, Anhang A

DIN EN ISO/IEC 27001:2024-01
EN ISO/IEC 27001:2023 (D)

Anhang A
(normativ)

Verweisung auf Informationssicherheitsmaßnahmen

Die in Tabelle A.1 aufgeführten Informationssicherheitsmaßnahmen[N1] sind aus denjenigen, die in ISO/IEC 27002:2022 [1], Abschnitt 5 bis Abschnitt 8, genannt sind, direkt abgeleitet, daran ausgerichtet und müssen im Kontext mit 6.1.3 angewendet werden.

Tabelle A.1 — Informationssicherheitsmaßnahmen

5	**Organisatorische Maßnahmen**	
5.1	Informationssicherheitspolitik und -richtlinien	**Maßnahme** Informationssicherheitspolitik und themenspezifische Richtlinien müssen definiert, von der Geschäftsleitung genehmigt, veröffentlicht, dem zuständigen Personal und den interessierten Parteien mitgeteilt und von diesen zur Kenntnis genommen sowie in geplanten Abständen und bei wesentlichen Änderungen überprüft werden.
5.2	Informationssicherheitsrollen und -verantwortlichkeiten	**Maßnahme** Die Aufgaben und Zuständigkeiten im Bereich der Informationssicherheit müssen entsprechend den Erfordernissen des Unternehmens definiert und zugewiesen werden.
5.3	Aufgabentrennung	**Maßnahme** Sich widersprechende Aufgaben und Verantwortungsbereiche müssen voneinander getrennt werden.
5.4	Verantwortlichkeiten der Leitung	**Maßnahme** Die Leitung muss vom gesamten Personal verlangen, dass es die Informationssicherheit im Einklang mit der eingeführten Informationssicherheitspolitik, und den themenspezifischen Richtlinien und Verfahren der Organisation umsetzt.
5.5	Kontakt mit Behörden	**Maßnahme** Die Organisation muss mit den zuständigen Behörden Kontakt aufnehmen und halten.
5.6	Kontakt mit speziellen Interessensgruppen	**Maßnahme** Die Organisation muss mit speziellen Interessensgruppen oder sonstigen sicherheitsorientierten Expertenforen und Fachverbänden Kontakt aufnehmen und halten.
5.7	Informationen über die Bedrohungslage	**Maßnahme** Informationen über Bedrohungen der Informationssicherheit müssen erhoben und analysiert werden, um Erkenntnisse über Bedrohungen zu gewinnen.
5.8	Informationssicherheit im Projektmanagement	**Maßnahme** Die Informationssicherheit muss in das Projektmanagement integriert werden.
5.9	Inventar der Informationen und anderen damit verbundenen Werte	**Maßnahme** Ein Inventar der Informationen und anderen damit verbundenen Werte, einschließlich der Eigentümer, muss erstellt und gepflegt werden.

N1 Nationale Fußnote: Die hier im Zusammenhang genannten Maßnahmen können als Maßnahmen im Sinne der Steuerung des ISMS verstanden werden.

Tabelle A.1 (*fortgesetzt*)

5.10	Zulässiger Gebrauch von Informationen und anderen damit verbundenen Werten	**Maßnahme** Regeln für den zulässigen Gebrauch und Verfahren für den Umgang mit Informationen und anderen damit verbundenen Werten müssen aufgestellt, dokumentiert und angewendet werden.
5.11	Rückgabe von Werten	**Maßnahme** Das Personal und gegebenenfalls andere interessierte Parteien müssen alle Werte der Organisation, die sich in ihrem Besitz befinden, bei Änderung oder Beendigung ihres Beschäftigungsverhältnisses, Vertrags oder ihrer Vereinbarung zurückgeben.
5.12	Klassifizierung von Informationen	**Maßnahme** Informationen müssen entsprechend den Informationssicherheitserfordernissen der Organisation auf der Grundlage von Vertraulichkeit, Integrität, Verfügbarkeit und relevanten Anforderungen der interessierten Parteien klassifiziert werden.
5.13	Kennzeichnung von Informationen	**Maßnahme** Ein angemessener Satz von Verfahren zur Kennzeichnung von Informationen muss entsprechend dem von der Organisation eingesetzten Informationsklassifizierungsschema entwickelt und umgesetzt werden.
5.14	Informationsübermittlung	**Maßnahme** Für alle Arten von Übermittlungseinrichtungen innerhalb der Organisation und zwischen der Organisation und anderen Parteien müssen Regeln, Verfahren oder Vereinbarungen zur Informationsübermittlung vorhanden sein.
5.15	Zugangssteuerung	**Maßnahme** Regeln zur Steuerung des physischen und logischen Zugriffs auf Informationen und andere damit verbundene Werte müssen auf der Grundlage von Geschäfts- und Informationssicherheitsanforderungen aufgestellt und umgesetzt werden.
5.16	Identitätsmanagement	**Maßnahme** Der gesamte Lebenszyklus von Identitäten muss verwaltet werden.
5.17	Authentisierungsinformationen	**Maßnahme** Die Zuweisung und Verwaltung von Authentisierungsinformationen muss durch einen Managementprozess gesteuert werden, der auch die Beratung des Personals über den angemessenen Umgang mit Authentisierungsinformationen umfasst.
5.18	Zugangsrechte	**Maßnahme** Zugangsrechte zu Informationen und anderen damit verbundenen Werten müssen in Übereinstimmung mit der themenspezifischen Richtlinie und den Regeln der Organisation für die Zugangssteuerung bereitgestellt, überprüft, geändert und entfernt werden.
5.19	Informationssicherheit in Lieferantenbeziehungen	**Maßnahme** Es müssen Prozesse und Verfahren festgelegt und umgesetzt werden, um die mit der Nutzung der Produkte oder Dienstleistungen des Lieferanten verbundenen Informationssicherheitsrisiken zu beherrschen.
5.20	Behandlung von Informationssicherheit in Lieferantenvereinbarungen	**Maßnahme** Je nach Art der Lieferantenbeziehung müssen die entsprechenden Anforderungen an die Informationssicherheit festgelegt und mit jedem Lieferanten vereinbart werden.
5.21	Umgang mit der Informationssicherheit in der Lieferkette der Informations- und Kommunikationstechnologie (IKT)	**Maßnahme** Es müssen Prozesse und Verfahren festgelegt und umgesetzt werden, um die mit der IKT-Produkt- und Dienstleistungslieferkette verbundenen Informationssicherheitsrisiken zu beherrschen.

Tabelle A.1 (*fortgesetzt*)

5.22	Überwachung, Überprüfung und Änderungsmanagement von Lieferantendienstleistungen	**Maßnahme** Die Organisation muss regelmäßig die Informationssicherheitspraktiken der Lieferanten und die Erbringung von Dienstleistungen überwachen, überprüfen, bewerten und Änderungen steuern.
5.23	Informationssicherheit für die Nutzung von Cloud-Diensten	**Maßnahme** Die Verfahren für den Erwerb, die Nutzung, die Verwaltung und den Ausstieg aus Cloud-Diensten müssen in Übereinstimmung mit den Informationssicherheitsanforderungen der Organisation festgelegt werden.
5.24	Planung und Vorbereitung der Handhabung von Informationssicherheitsvorfällen	**Maßnahme** Die Organisation muss die Handhabung von Informationssicherheitsvorfällen planen und vorbereiten, indem sie Prozesse, Rollen und Verantwortlichkeiten für die Handhabung von Informationssicherheitsvorfällen definiert, einführt und kommuniziert.
5.25	Beurteilung und Entscheidung über Informationssicherheitsereignisse	**Maßnahme** Die Organisation muss Informationssicherheitsereignisse beurteilen und entscheiden, ob sie als Informationssicherheitsvorfälle eingestuft werden müssen.
5.26	Reaktion auf Informationssicherheitsvorfälle	**Maßnahme** Auf Informationssicherheitsvorfälle muss entsprechend den dokumentierten Verfahren reagiert werden.
5.27	Erkenntnisse aus Informationssicherheitsvorfällen	**Maßnahme** Aus Informationssicherheitsvorfällen gewonnene Erkenntnisse müssen zur Verstärkung und Verbesserung der Informationssicherheitsmaßnahmen genutzt werden.
5.28	Sammeln von Beweismaterial	**Maßnahme** Die Organisation muss Verfahren für die Ermittlung, Sammlung, Beschaffung und Aufbewahrung von Beweismaterial im Zusammenhang mit Informationssicherheitsereignissen einführen und umsetzen.
5.29	Informationssicherheit bei Störungen	**Maßnahme** Die Organisation muss planen, wie die Informationssicherheit während einer Störung auf einem angemessenen Niveau gehalten werden kann.
5.30	IKT-Bereitschaft für Business-Continuity	**Maßnahme** Die IKT-Bereitschaft muss auf der Grundlage von Business-Continuity-Zielen und IKT-Kontinuitätsanforderungen geplant, umgesetzt, aufrechterhalten und geprüft werden.
5.31	Juristische, gesetzliche, regulatorische und vertragliche Anforderungen	**Maßnahme** Rechtliche, gesetzliche, behördliche und vertragliche Anforderungen, die für die Informationssicherheit relevant sind, und die Vorgehensweise der Organisation zur Erfüllung dieser Anforderungen müssen ermittelt, dokumentiert und auf dem neuesten Stand gehalten werden.
5.32	Geistige Eigentumsrechte	**Maßnahme** Die Organisation muss geeignete Verfahren zum Schutz der Rechte an geistigem Eigentum einführen.
5.33	Schutz von Aufzeichnungen	**Maßnahme** Aufzeichnungen müssen vor Verlust, Zerstörung, Fälschung, unbefugtem Zugriff und unbefugter Veröffentlichung geschützt sein.

Tabelle A.1 (*fortgesetzt*)

5.34	Datenschutz und Schutz von personenbezogenen Daten (PbD)	**Maßnahme** Die Organisation muss die Anforderungen an die Wahrung der Privatsphäre und den Schutz personenbezogener Daten nach den geltenden Gesetzen und Vorschriften sowie den vertraglichen Anforderungen ermitteln und erfüllen.
5.35	Unabhängige Überprüfung der Informationssicherheit	**Maßnahme** Die Vorgehensweise der Organisation für die Handhabung der Informationssicherheit und deren Umsetzung einschließlich der Mitarbeiter, Prozesse und Technologien müssen auf unabhängige Weise in planmäßigen Abständen oder jeweils bei erheblichen Änderungen überprüft werden.
5.36	Einhaltung von Richtlinien, Vorschriften und Normen für die Informationssicherheit	**Maßnahme** Die Einhaltung der Informationssicherheitspolitik der Organisation und ihrer themenspezifischen Richtlinien, Regeln und Normen muss regelmäßig überprüft werden.
5.37	Dokumentierte Betriebsabläufe	**Maßnahme** Die Betriebsverfahren für Informationsverarbeitungsanlagen müssen dokumentiert und dem Personal, das sie benötigt, zur Verfügung gestellt werden.
6	**Personenbezogene Maßnahmen**	
6.1	Sicherheitsüberprüfung	**Maßnahme** Alle Personen, die in die Belegschaft aufgenommen werden, müssen vor dem Eintritt in die Organisation und fortlaufend unter Berücksichtigung geltender Gesetze, Vorschriften und ethischer Grundsätze einer Sicherheitsüberprüfung unterzogen werden und diese Überprüfung muss in einem angemessenen Verhältnis zu den geschäftlichen Anforderungen, der Einstufung der einzuholenden Informationen und den wahrgenommenen Risiken stehen.
6.2	Beschäftigungs- und Vertragsbedingungen	**Maßnahme** In den arbeitsvertraglichen Vereinbarungen müssen die Verantwortlichkeiten des Personals und der Organisation für die Informationssicherheit festgelegt werden.
6.3	Informationssicherheits-bewusstsein, -ausbildung und -schulung	**Maßnahme** Das Personal der Organisation und relevante interessierte Parteien müssen ein angemessenes Bewusstsein für die Informationssicherheit, eine entsprechende Ausbildung und Schulung sowie regelmäßige Aktualisierungen der Informationssicherheitspolitik der Organisation, themenspezifischer Richtlinien und Verfahren erhalten, die für ihr berufliches Arbeitsgebiet relevant sind.
6.4	Maßregelungsprozess	**Maßnahme** Ein Maßregelungsprozess muss formalisiert und kommuniziert werden, um Schritte gegen Mitarbeiter und andere interessierte Parteien zu ergreifen, die einen Verstoß gegen die Informationssicherheitspolitik begangen haben.
6.5	Verantwortlichkeiten bei Beendigung oder Änderung der Beschäftigung	**Maßnahme** Verantwortlichkeiten und Pflichten im Bereich der Informationssicherheit, die auch nach Beendigung oder Änderung von Beschäftigungsverhältnissen bestehen bleiben, müssen festgelegt, durchgesetzt und den betreffenden Mitarbeitern und anderen interessierten Parteien mitgeteilt werden.

Tabelle A.1 (*fortgesetzt*)

6.6	Vertraulichkeits- oder Geheimhaltungsvereinbarungen	**Maßnahme** Vertraulichkeits- oder Geheimhaltungsvereinbarungen, welche den Bedarf der Organisation am Schutz von Informationen widerspiegeln, müssen identifiziert, dokumentiert, regelmäßig überprüft und von den Mitarbeitern und anderen interessierten Parteien unterzeichnet werden.
6.7	Remote-Arbeit	**Maßnahme** Es müssen Sicherheitsmaßnahmen ergriffen werden, wenn Mitarbeiter aus der Ferne arbeiten, um Informationen zu schützen, die außerhalb der Räumlichkeiten des Unternehmens abgerufen, verarbeitet oder gespeichert werden.
6.8	Meldung von Informationssicherheitsereignissen	**Maßnahme** Die Organisation muss einen Mechanismus bereitstellen, der es den Mitarbeitern ermöglicht, beobachtete oder vermutete Informationssicherheitsereignisse über geeignete Kanäle rechtzeitig zu melden.
7	**Physische Maßnahmen**	
7.1	Physische Sicherheitsperimeter	**Maßnahme** Zum Schutz von Bereichen, in denen sich Informationen und andere damit verbundene Werte befinden, müssen Sicherheitsperimeter festgelegt und verwendet werden.
7.2	Physischer Zutritt	**Maßnahme** Sicherheitsbereiche müssen durch eine angemessene Zutrittssteuerung und Zutrittsstellen geschützt werden.
7.3	Sichern von Büros, Räumen und Einrichtungen	**Maßnahme** Die physische Sicherheit von Büros, Räumen und Einrichtungen muss konzipiert und umgesetzt werden.
7.4	Physische Sicherheitsüberwachung	**Maßnahme** Die Räumlichkeiten müssen ständig auf unbefugten physischen Zugang überwacht werden.
7.5	Schutz vor physischen und umweltbedingten Bedrohungen	**Maßnahme** Der Schutz vor physischen und umweltbedingten Bedrohungen wie Naturkatastrophen und anderen absichtlichen oder unabsichtlichen physischen Bedrohungen der Infrastruktur muss geplant und umgesetzt werden.
7.6	Arbeiten in Sicherheitsbereichen	**Maßnahme** Es müssen Sicherheitsmaßnahmen für die Arbeit in Sicherheitsbereichen konzipiert und umgesetzt werden.
7.7	Aufgeräumte Arbeitsumgebung und Bildschirmsperren	**Maßnahme** Es müssen klare Regeln für eine aufgeräumte Arbeitsumgebung hinsichtlich Unterlagen und Wechseldatenträgern und klare Regeln für Bildschirmsperren für informationsverarbeitende Einrichtungen festgelegt und angemessen durchgesetzt werden.
7.8	Platzierung und Schutz von Geräten und Betriebsmitteln	**Maßnahme** Geräte und Betriebsmittel müssen sicher und geschützt aufgestellt werden.
7.9	Sicherheit von Werten außerhalb der Räumlichkeiten	**Maßnahme** Werte außerhalb des Standorts müssen geschützt werden.

Tabelle A.1 (*fortgesetzt*)

7.10	Speichermedien	**Maßnahme** Speichermedien müssen während ihres gesamten Lebenszyklus – Erwerb, Verwendung, Transport und Entsorgung – in Übereinstimmung mit dem Klassifizierungsschema und den Handhabungsanforderungen der Organisation verwaltet werden.
7.11	Versorgungseinrichtungen	**Maßnahme** Informationsverarbeitungseinrichtungen müssen vor Stromausfällen und anderen Störungen, die durch Ausfälle von unterstützenden Versorgungseinrichtungen verursacht werden, geschützt werden.
7.12	Sicherheit der Verkabelung	**Maßnahme** Kabel, die Strom, Daten oder unterstützende Informationsdienste transportieren, müssen vor Abhören, Störung oder Beschädigung geschützt werden.
7.13	Instandhaltung von Geräten und Betriebsmitteln	**Maßnahme** Geräte und Betriebsmittel müssen ordnungsgemäß gewartet werden, um die Verfügbarkeit, Integrität und Vertraulichkeit der Informationen sicherzustellen.
7.14	Sichere Entsorgung oder Wiederverwendung von Geräten und Betriebsmitteln	**Maßnahme** Arten von Geräten und Betriebsmitteln, die Speichermedien enthalten, müssen überprüft werden, um sicherzustellen, dass jegliche sensiblen Daten und lizenzierte Software vor ihrer Entsorgung oder Wiederverwendung entfernt oder sicher überschrieben worden sind.
8	**Technologische Maßnahmen**	
8.1	Endpunktgeräte des Benutzers	**Maßnahme** Informationen, die auf Endpunktgeräten der Benutzer gespeichert sind, von ihnen verarbeitet werden oder über sie zugänglich sind, müssen geschützt werden.
8.2	Privilegierte Zugangsrechte	**Maßnahme** Zuteilung und Gebrauch von privilegierten Zugangsrechten müssen eingeschränkt und verwaltet werden.
8.3	Informationszugangsbeschränkung	**Maßnahme** Der Zugang zu Informationen und anderen damit verbundenen Werten muss in Übereinstimmung mit der festgelegten themenspezifischen Richtlinie zur Zugangssteuerung eingeschränkt werden.
8.4	Zugriff auf den Quellcode	**Maßnahme** Lese- und Schreibzugriff auf den Quellcode, die Entwicklungswerkzeuge und die Softwarebibliotheken müssen angemessen verwaltet werden.
8.5	Sichere Authentisierung	**Maßnahme** Sichere Authentisierungstechnologien und -verfahren müssen auf der Grundlage von Informationszugangsbeschränkungen und der themenspezifischen Richtlinie zur Zugangssteuerung implementiert werden.
8.6	Kapazitätssteuerung	**Maßnahme** Die Nutzung von Ressourcen muss überwacht und entsprechend den aktuellen und erwarteten Kapazitätsanforderungen angepasst werden.
8.7	Schutz gegen Schadsoftware	**Maßnahme** Schutz gegen Schadsoftware muss umgesetzt und durch angemessene Sensibilisierung der Benutzer unterstützt werden.

Tabelle A.1 (*fortgesetzt*)

8.8	Handhabung von technischen Schwachstellen	**Maßnahme** Es müssen Informationen über technische Schwachstellen verwendeter Informationssysteme eingeholt, die Gefährdung der Organisation durch derartige Schwachstellen bewertet und angemessene Maßnahmen ergriffen werden.
8.9	Konfigurationsmanagement	**Maßnahme** Konfigurationen, einschließlich Sicherheitskonfigurationen, von Hardware, Software, Diensten und Netzwerken müssen festgelegt, dokumentiert, umgesetzt, überwacht und überprüft werden.
8.10	Löschung von Informationen	**Maßnahme** Informationen, die in Informationssystemen, Geräten oder auf anderen Speichermedien gespeichert sind, müssen gelöscht werden, wenn sie nicht mehr benötigt werden.
8.11	Datenmaskierung	**Maßnahme** Die Datenmaskierung muss in Übereinstimmung mit den themenspezifischen Richtlinien der Organisation zur Zugangssteuerung und anderen damit zusammenhängenden themenspezifischen Richtlinien sowie den geschäftlichen Anforderungen und unter Berücksichtigung der geltenden Rechtsvorschriften eingesetzt werden.
8.12	Verhinderung von Datenlecks	**Maßnahme** Maßnahmen zur Verhinderung von Datenlecks müssen auf Systeme, Netzwerke und alle anderen Geräte angewendet werden, die sensible Informationen verarbeiten, speichern oder übermitteln.
8.13	Sicherung von Informationen	**Maßnahme** Sicherungskopien von Informationen, Software und Systemen müssen in Übereinstimmung mit der vereinbarten themenspezifischen Richtlinie zu Datensicherungen aufbewahrt und regelmäßig geprüft werden.
8.14	Redundanz von informationsverarbeitenden Einrichtungen	**Maßnahme** Informationsverarbeitende Einrichtungen müssen mit ausreichender Redundanz für die Einhaltung der Verfügbarkeitsanforderungen realisiert werden.
8.15	Protokollierung	**Maßnahme** Protokolle, die Aktivitäten, Ausnahmen, Fehler und andere relevante Ereignisse aufzeichnen, müssen erstellt, gespeichert, geschützt und analysiert werden.
8.16	Überwachung von Aktivitäten	**Maßnahme** Netzwerke, Systeme und Anwendungen müssen auf anormales Verhalten überwacht und geeignete Maßnahmen müssen ergriffen werden, um potentielle Informationssicherheitsvorfälle zu bewerten.
8.17	Uhrensynchronisation	**Maßnahme** Die Uhren der von der Organisation verwendeten Informationsverarbeitungssysteme müssen mit zugelassenen Zeitquellen synchronisiert werden.
8.18	Gebrauch von Hilfsprogrammen mit privilegierten Rechten	**Maßnahme** Der Gebrauch von Hilfsprogrammen, die fähig sein können, System- und Anwendungsschutzmaßnahmen zu umgehen, muss eingeschränkt und streng überwacht werden.
8.19	Installation von Software auf Systemen im Betrieb	**Maßnahme** Es müssen Verfahren und Maßnahmen umgesetzt werden, um die Installation von Software auf in Betrieb befindlichen Systemen sicher zu verwalten.

Tabelle A.1 (*fortgesetzt*)

8.20	Netzwerksicherheit	**Maßnahme** Netzwerke und Netzwerkgeräte müssen gesichert, verwaltet und kontrolliert werden, um Informationen in Systemen und Anwendungen zu schützen.
8.21	Sicherheit von Netzwerkdiensten	**Maßnahme** Sicherheitsmechanismen, Dienstgüte und Dienstanforderungen für Netzwerkdienste müssen ermittelt, umgesetzt und überwacht werden.
8.22	Trennung von Netzwerken	**Maßnahme** Informationsdienste, Benutzer und Informationssysteme müssen in Netzwerken der Organisation gruppenweise voneinander getrennt gehalten werden.
8.23	Webfilterung	**Maßnahme** Der Zugang zu externen Websites muss verwaltet werden, um die Gefährdung durch bösartige Inhalte zu verringern.
8.24	Verwendung von Kryptographie	**Maßnahme** Es müssen Regeln für den wirksamen Einsatz von Kryptographie, einschließlich der Verwaltung kryptographischer Schlüssel, festgelegt und umgesetzt werden.
8.25	Lebenszyklus einer sicheren Entwicklung	**Maßnahme** Regeln für die sichere Entwicklung von Software und Systemen müssen festgelegt und angewendet werden.
8.26	Anforderungen an die Anwendungssicherheit	**Maßnahme** Die Anforderungen an die Informationssicherheit müssen bei der Entwicklung oder Beschaffung von Anwendungen ermittelt, spezifiziert und genehmigt werden.
8.27	Sichere Systemarchitektur und Entwicklungsgrundsätze	**Maßnahme** Grundsätze für die Entwicklung sicherer Systeme müssen festgelegt, dokumentiert, aufrechterhalten und bei allen Aktivitäten der Informationssystemsentwicklung angewendet werden.
8.28	Sichere Codierung	**Maßnahme** Bei der Softwareentwicklung müssen die Grundsätze der sicheren Codierung angewandt werden.
8.29	Sicherheitsprüfung bei Entwicklung und Abnahme	**Maßnahme** Sicherheitsprüfverfahren müssen definiert und in den Entwicklungslebenszyklus integriert werden.
8.30	Ausgegliederte Entwicklung	**Maßnahme** Die Organisation muss die Aktivitäten im Zusammenhang mit der ausgegliederten Systementwicklung leiten, überwachen und überprüfen.
8.31	Trennung von Entwicklungs-, Test- und Produktionsumgebungen	**Maßnahme** Entwicklungs-, Test- und Produktionsumgebungen müssen getrennt und gesichert werden.
8.32	Änderungssteuerung	**Maßnahme** Änderungen an Informationsverarbeitungseinrichtungen und Informationssystemen müssen Gegenstand von Änderungsmanagementverfahren sein.

Tabelle A.1 (*fortgesetzt*)

8.33	Testdaten	**Maßnahme** Die Testdaten müssen in geeigneter Weise ausgewählt, geschützt und verwaltet werden.
8.34	Schutz der Informationssysteme während Tests im Rahmen von Audits	**Maßnahme** Tests im Rahmen von Audits und andere Sicherheitstätigkeiten, die eine Beurteilung der in Betrieb befindlichen Systeme beinhalten, müssen zwischen dem Prüfer und dem zuständigen Management geplant und vereinbart werden.

Literaturhinweise

[1] ISO/IEC 27002:2022, *Information security, cybersecurity and privacy protection — Information security controls*

[2] ISO/IEC 27003, *Information technology — Security techniques — Information security management systems — Guidance*

[3] ISO/IEC 27004, *Information technology — Security techniques — Information security management — Monitoring, measurement, analysis and evaluation*

[4] ISO/IEC 27005, *Information security, cybersecurity and privacy protection — Guidance on managing information security risks*

[5] ISO 31000:2018, *Risk management — Guidelines*

B.3 Vergleich: DIN EN ISO/IEC 27001 Anhang A :2024 vs. :2017

Vergleich des Anhangs A
DIN EN ISO/IEC 27001:2024 vs. DIN EN ISO/IEC 27001:2017

DIN EN ISO/IEC 27001:2024 Maßnahme	Bezeichner der Maßnahme	DIN EN ISO/IEC 27001:2017 Maßnahme
A.5.1	Informationssicherheitspolitik und -richtlinien	A.5.1.1, A.5.1.2
A.5.2	Informationssicherheitsrollen und -verantwortlichkeiten	A.6.1.1
A.5.3	Aufgabentrennung	A.6.1.2
A.5.4	Verantwortlichkeiten der Leitung	A.7.2.1
A.5.5	Kontakt mit Behörden	A.6.1.3
A.5.6	Kontakt mit speziellen Interessensgruppen	A.6.1.4
A.5.7	Informationen über die Bedrohungslage	(neu)
A.5.8	Informationssicherheit im Projektmanagement	A.6.1.5, A.14.1.1
A.5.9	Inventar der Informationen und anderen damit verbundenen Werte	A.8.1.1, A.8.1.2
A.5.10	Zulässiger Gebrauch von Informationen und anderen damit verbundenen Werten	A.8.1.3, A.8.2.3
A.5.11	Rückgabe von Werten	A.8.1.4
A.5.12	Klassifizierung von Informationen	A.8.2.1
A.5.13	Kennzeichnung von Informationen	A.8.2.2
A.5.14	Informationsübermittlung	A.13.2.1, A.13.2.2, A. 13.2.3
A.5.15	Zugangssteuerung	A.9.1.1, A.9.1.2
A.5.16	Identitätsmanagement	A.9.2.1
A.5.17	Authentisierungsinformationen	A.9.2.4, A.9.3.1, A.9.4.3
A.5.18	Zugangsrechte	A.9.2.2, A.9.2.5, A.9.2.6
A.5.19	Informationssicherheit in Lieferantenbeziehungen	A.15.1.1
A.5.20	Behandlung von Informationssicherheit in Lieferantenvereinbarungen	A.15.1.2
A.5.21	Umgang mit der Informationssicherheit in der Lieferkette der Informations- und Kommunikationstechnologie (IKT)	A.15.1.3
A.5.22	Überwachung, Überprüfung und Änderungsmanagement von Lieferantendienstleistungen	A.15.2.1, A.15.2.2
A.5.23	Informationssicherheit für die Nutzung von Cloud-Diensten	(neu)

1

DIN EN ISO/IEC 27001:2024 Maßnahme	Bezeichner der Maßnahme	DIN EN ISO/IEC 27001:2017 Maßnahme
A.5.24	Planung und Vorbereitung der Handhabung von Informationssicherheitsvorfällen	A.16.1.1
A.5.25	Beurteilung und Entscheidung über Informationssicherheitsereignisse	A.16.1.4
A.5.26	Reaktion auf Informationssicherheitsvorfälle	A.16.1.5
A.5.27	Erkenntnisse aus Informationssicherheitsvorfällen	A.16.1.6
A.5.28	Sammeln von Beweismaterial	A.16.1.7
A.5.29	Informationssicherheit bei Störungen	A.17.1.1, A.17.1.2, A.17.1.3
A.5.30	IKT-Bereitschaft für Business-Continuity	(neu)
A.5.31	Juristische, gesetzliche, regulatorische und vertragliche Anforderungen	A.18.1.1, A.18.1.5
A.5.32	Geistige Eigentumsrechte	A.18.1.2
A.5.33	Schutz von Aufzeichnungen	A.18.1.3
A.5.34	Datenschutz und Schutz von personenbezogenen Daten (PbD)	A.18.1.4
A.5.35	Unabhängige Überprüfung der Informationssicherheit	A.18.2.1
A.5.36	Einhaltung von Richtlinien, Vorschriften und Normen für die Informationssicherheit	A.18.2.2, A.18.2.3
A.5.37	Dokumentierte Betriebsabläufe	A.12.1.1
A.6.1	Sicherheitsüberprüfung	A.7.1.1
A.6.2	Beschäftigungs- und Vertragsbedingungen	A.7.1.2
A.6.3	Informationssicherheitsbewusstsein, -ausbildung und -schulung	A.7.2.2
A.6.4	Maßregelungsprozess	A.7.2.3
A.6.5	Verantwortlichkeiten bei Beendigung oder Änderung der Beschäftigung	A.7.3.1
A.6.6	Vertraulichkeits- oder Geheimhaltungsvereinbarungen	A.13.2.4
A.6.7	Remote-Arbeit	A.6.2.2
A.6.8	Meldung von Informationssicherheitsereignissen	A.16.1.2, A.16.1.3
A.7.1	Physische Sicherheitsperimeter	A.11.1.1
A.7.2	Physischer Zutritt	A.11.1.2, A.11.1.6
A.7.3	Sichern von Büros, Räumen und Einrichtungen	A.11.1.3
A.7.4	Physische Sicherheitsüberwachung	(neu)

DIN EN ISO/IEC 27001:2024 Maßnahme	Bezeichner der Maßnahme	DIN EN ISO/IEC 27001:2017 Maßnahme
A.7.5	Schutz vor physischen und umweltbedingten Bedrohungen	11.1.4
A.7.6	Arbeiten in Sicherheitsbereichen	A.11.1.5
A.7.7	Aufgeräumte Arbeitsumgebung und Bildschirmsperren	A.11.2.9
A.7.8	Platzierung und Schutz von Geräten und Betriebsmitteln	A.11.2.1
A.7.9	Sicherheit von Werten außerhalb der Räumlichkeiten	A.11.2.6
A.7.10	Speichermedien	A.8.3.1, A.8.3.2, A.8.3.3, A.11.2.5
A.7.11	Versorgungseinrichtungen	A.11.2.2
A.7.12	Sicherheit der Verkabelung	A.11.2.3
A.7.13	Instandhaltung von Geräten und Betriebsmitteln	A.11.2.4
A.7.14	Sichere Entsorgung oder Wiederverwendung von Geräten und Betriebsmitteln	A.11.2.7
A.8.1	Endpunktgeräte des Benutzers	A.6.2.1, A.11.2.8
A.8.2	Privilegierte Zugangsrechte	A.9.2.3
A.8.3	Informationszugangsbeschränkung	A.9.4.1
A.8.4	Zugriff auf den Quellcode	A.9.4.5
A.8.5	Sichere Authentisierung	A.9.4.2
A.8.6	Kapazitätssteuerung	A.12.1.3
A.8.7	Schutz gegen Schadsoftware	A.12.2.1
A.8.8	Handhabung von technischen Schwachstellen	A.12.6.1, A.18.2.3
A.8.9	Konfigurationsmanagement	(neu)
A.8.10	Löschung von Informationen	(neu)
A.8.11	Datenmaskierung	(neu)
A.8.12	Verhinderung von Datenlecks	(neu)
A.8.13	Sicherung von Informationen	A.12.3.1
A.8.14	Redundanz von informationsverarbeitenden Einrichtungen	A.17.2.1
A.8.15	Protokollierung	A.12.4.1, A.12.4.2, A.12.4.3
A.8.16	Überwachung von Aktivitäten	(neu)
A.8.17	Uhrensynchronisation	A.12.4.4

DIN EN ISO/IEC 27001:2024 Maßnahme	Bezeichner der Maßnahme	DIN EN ISO/IEC 27001:2017 Maßnahme
A.8.18	Gebrauch von Hilfsprogrammen mit privilegierten Rechten	A.9.4.4
A.8.19	Installation von Software auf Systemen im Betrieb	A.12.5.1, A.12.6.2
A.8.20	Netzwerksicherheit	A.13.1.1
A.8.21	Sicherheit von Netzwerkdiensten	A.13.1.2
A.8.22	Trennung von Netzwerken	A.13.1.3
A.8.23	Webfilterung	(neu)
A.8.24	Verwendung von Kryptographie	A.10.1.1, A.10.1.2
A.8.25	Lebenszyklus einer sicheren Entwicklung	A.14.2.1
A.8.26	Anforderungen an die Anwendungssicherheit	A.14.1.2, A.14.1.3
A.8.27	Sichere Systemarchitektur und Entwicklungsgrundsätze	A.14.2.5
A.8.28	Sichere Codierung	(neu)
A.8.29	Sicherheitsprüfung bei Entwicklung und Abnahme	A.14.2.8, A.14.2.9
A.8.30	Ausgegliederte Entwicklung	A.14.2.7
A.8.31	Trennung von Entwicklungs-, Test- und Produktionsumgebungen	A.12.1.4, A.14.2.6
A.8.32	Änderungssteuerung	A.12.1.2, A.14.2.2, A.14.2.3, A.14.2.4
A.8.33	Testdaten	A.14.3.1
A.8.34	Schutz der Informationssysteme während Tests im Rahmen von Audits	A.12.7.1

C Prüfungsfragen mit Antworten zur ISO/IEC 27001 Foundation

Die ISO/IEC 27001 Foundation-Prüfung besteht aus 40 Multiple-Choice-Fragen, die innerhalb von 60 Minuten beantwortet werden müssen. Für jede Frage gibt es vier vorgegebene Antwortmöglichkeiten, und es ist immer genau eine dieser vier Antworten richtig. Die Prüfung besteht, wer mindestens 26 der 40 Fragen richtig beantwortet. Für nicht oder falsch beantwortete Fragen gibt es keinen Punkt, aber auch keinen Abzug.

In diesem Anhang sind zusätzlich zu den Fragen im Anschluss an die einzelnen Kapitel dieses Buches 40 weitere Fragen zusammengestellt, die vom Fragestil und Schwierigkeitsgrad her den „richtigen" Prüfungsfragen entsprechen. In Anhang C.1 sind die Antworten auf die bereits im Verlauf des Buches gestellten Prüfungsfragen zu finden, während in Anhang C.2 ein beispielhafter Prüfungsfragebogen abgedruckt ist, der ähnlich wie die der offiziellen ISO/IEC-27001-Foundation-Prüfung ist. Die korrekten Antworten sowie Erklärungen und Querverweise zu den Prüfungsfragen sind im Anschluss an den Fragebogen ab Seite 252 zu finden.

C.1 Antworten auf die Prüfungsfragen zu den einzelnen Buchkapiteln

1.1 **Richtige Antwort: D**
Begründung: Der Begriff wird in ISO/IEC 27000 Abschnitt 3.10 so definiert.
Relevante Teile der Norm: ISO/IEC 27000 Abschnitt 3.10
Weiterführende Informationen in diesem Buch: Kapitel 1.2.3.1 und Anhang A

1.2 **Richtige Antwort: A**
Begründung: Der Begriff wird in ISO/IEC 27000 Abschnitt 3.7 so definiert; C definiert die Integrität und D die Vertraulichkeit.
Relevante Teile der Norm: ISO/IEC 27000 Abschnitt 3.7
Weiterführende Informationen in diesem Buch: Kapitel 1.2.3.3 und Anhang A

1.3 **Richtige Antwort: C**
Begründung: Der Begriff wird in ISO/IEC 27000 Abschnitt 3.48 so definiert; B definiert die Verfügbarkeit und D die Verlässlichkeit.

Relevante Teile der Norm: ISO/IEC 27000 Abschnitt 3.48
Weiterführende Informationen in diesem Buch: Kapitel 1.2.3.6 und Anhang A

2.4 **Richtige Antwort: C**
Begründung: Die Norm stellt einen Leitfaden zum Aufbau eines ISMS für Telekommunikationsunternehmen durch spezielle Anpassung der ISO/IEC 27002 bereit.
Weiterführende Informationen in diesem Buch: Kapitel 2.4

2.5 **Richtige Antwort: D**
Begründung: Bei ISO/IEC 27019 handelt es sich um einen sektorspezifischen Leitfaden, der sich an Energiversorger richtet.
Weiterführende Informationen in diesem Buch: Kapitel 2.4

2.6 **Richtige Antwort: D**
Begründung: Für branchenspezifische Ergänzungen und Auditleitlinien gibt es andere Normen. ISO/IEC 27002 ist als Leitfaden konzipiert und schreibt keine verpflichtenden technischen Maßnahmen vor.
Relevante Teile der Norm: ISO/IEC 27000 Abschnitt 4
Weiterführende Informationen in diesem Buch: Kapitel 2.4.3.1

3.7 **Richtige Antwort: B**
Begründung: PDCA ist ein Akronym für *Plan-Do-Check-Act* und bezeichnet eine Methodik zur kontinuierlichen Verbesserung, basierend auf den vier Phasen Planen, Umsetzen, Überprüfen und Handeln (Verbessern).
Relevante Teile der Norm: DIN EN ISO/IEC 27001 Abschnitte 6 bis 10
Weiterführende Informationen in diesem Buch: Kapitel 3.3

3.8 **Richtige Antwort: B**
Begründung: Alles, was für die Organisation von Wert ist. Eine Definition und weitere Ausführungen finden Sie auch in Kapitel 3.1.1 dieses Buches.
Weiterführende Informationen in diesem Buch: Kapitel 3.1.1

3.9 **Richtige Antwort: B**
Begründung: Nach Abschnitt 3.19 aus ISO/IEC 27000 ist dokumentierte Information so definiert.
Relevante Teile der Norm: ISO/IEC 27000 Abschnitt 3.19
Weiterführende Informationen in diesem Buch: Kapitel 3.1.3 und Anhang A

3.10 **Richtige Antwort: B**
Begründung: Hinter dem Begriff der Konformität verbirgt sich die Frage, ob Vorgaben bzw. Standards eingehalten werden. Die Konformität wird häufig im Rahmen eines Audits geprüft. Ethische Grundsätze ebenso wie die Effizienz (C und D) werden dabei nicht überprüft. (vgl. Kapitel 3.3.3.1).
Relevante Teile der Norm: ISO/IEC 27000 Abschnitt 3.11
Weiterführende Informationen in diesem Buch: Kapitel 3.3.3.1

3.11 **Richtige Antwort: C**
Begründung: ISO/IEC 27000 definiert in 3.54 einen Prozess als einen „Satz von in Wechselbeziehungen stehenden Mitteln und Tätigkeiten, die Eingaben in Ergebnisse umwandeln".
Relevante Teile der Norm: ISO/IEC 27000 Abschnitt 3.54
Weiterführende Informationen in diesem Buch: Kapitel 3.1.2 und 3.2

4.12 **Richtige Antwort: A**
Begründung: Als normativer Standard enthält DIN EN ISO/IEC 27001 die Mindestanforderungen an das ISMS und an die zu implementierenden Maßnahmen. Die Erfüllung der Anforderungen aus den Abschnitten 4 bis 10 und die Umsetzung der Maßnahmen aus Anhang A muss nachgewiesen werden; deren Planung allein ist nicht ausreichend. ISO/IEC 27002 ist nicht normativ und enthält somit keine Mindestanforderungen, sondern Empfehlungen und Anleitungen zur Umsetzung.
Weiterführende Informationen in diesem Buch: Kapitel 4.1 und 3.3.3.1

4.13 **Richtige Antwort: C**
Begründung: Nach DIN EN ISO/IEC 27001 können Kriterien zur Risikoakzeptanz definiert werden. Diese dürfen aber nicht dazu führen, dass Risiken bereits bei der Identifikation schlichtweg ignoriert werden.
Relevante Teile der Norm: DIN EN ISO/IEC 27001 Abschnitt 6.1.3
Weiterführende Informationen in diesem Buch: Kapitel 4.6.1

4.14 **Richtige Antwort: D**
Begründung: Risikoanalyse ist der Prozess zur Ermittlung des Risikoniveaus (auf Basis der Eintrittswahrscheinlichkeit und Auswirkung eines Risikos) als Grundlage für die Risikobewertung. Eine koordinierte Leitung und Kontrolle einer Organisation in Bezug auf Risiken ist das Risikomanagement. Während der Risikobehandlung werden geeignete Maßnahmen geplant und umgesetzt, und während der Risikobewertung werden die eingeschätzten Risiken mit festgelegten Kriterien verglichen, um die Bedeutung eines Risikos zu bestimmen.
Relevante Teile der Norm: DIN EN ISO/IEC 27001 Abschnitt 6.1.2.d und ISO/IEC 27000 Abschnitt 3.63
Weiterführende Informationen in diesem Buch: Kapitel 4.6.1.2 und Anhang A

4.15 **Richtige Antwort: C**
Begründung: Das Lenken von Dokumenten und Aufzeichnungen ist generell erforderlich, aber keine der explizit von DIN EN ISO/IEC 27001 vom Management geforderten Tätigkeiten.
Relevante Teile der Norm: DIN EN ISO/IEC 27001 Abschnitt 7.5.3
Weiterführende Informationen in diesem Buch: Kapitel 4.7.5

4.16 **Richtige Antwort: B**
Begründung: Ein Audit ist nach ISO/IEC 19011 ein systematischer, unabhängiger und dokumentierter Prozess zur Erlangung von Auditnachweisen und zu deren objektiver Bewertung, um zu ermitteln, ob Auditkriterien erfüllt sind. Man unterscheidet dabei zwischen internen und externen Audits.

Relevante Teile der Norm: DIN EN ISO/IEC 27001 Abschnitt 9 und ISO/IEC 19011
Weiterführende Informationen in diesem Buch: Kapitel 4.9.2

4.17 **Richtige Antwort: D**
Begründung: Der erste Schritt bei der Festlegung des ISMS besteht in der Definition seines Anwendungsbereichs. Budgetfragen werden im Rahmen von DIN EN ISO/IEC 27001 nicht thematisiert; die Antworten B und C beziehen sich auf Aktivitäten, die erst später erfolgen.
Relevante Teile der Norm: DIN EN ISO/IEC 27001 Abschnitt 4.3
Weiterführende Informationen in diesem Buch: Kapitel 4.4.3

4.18 **Richtige Antwort: B**
Begründung: A: Es können nicht alle Restrisiken beseitigt werden. C: Die (technische) Umsetzung kann nicht Aufgabe des Risikoeigentümers sein. D: Risiken werden nicht in Auditberichten dokumentiert, zudem ist die Rolle Risikoeigentümer nicht primär mit Dokumentationsaufgaben verbunden.
Relevante Teile der Norm: DIN EN ISO/IEC 27001 Abschnitt 6.1.3 f
Weiterführende Informationen in diesem Buch: Kapitel 4.6.1.3

4.19 **Richtige Antwort: D**
Begründung: Die notwendigen Schritte zur Beurteilung von Risiken werden in DIN EN ISO/IEC 27001 „6.1.2 Informationssicherheitsrisikobeurteilung“ erörtert. Entsprechend gehört Antwort D nicht zu den notwendigen Schritten, da eine Risikobehandlung nicht zur Beurteilung von Risiken beiträgt, sondern vielmehr in einem nachgelagerten Schritt notwendig wird.
Relevante Teile der Norm: DIN EN ISO/IEC 27001 Abschnitt 6.1.2
Weiterführende Informationen in diesem Buch: Kapitel 4.6.1.2

4.20 **Richtige Antwort: B**
Begründung: Die Verantwortung dafür, dass bei Abweichung von der Standardkonformität entsprechende Maßnahmen eingeleitet werden, trägt die zuständige Leitung des auditierten Bereichs.
Relevante Teile der Norm: DIN EN ISO/IEC 27001 Abschnitt 9
Weiterführende Informationen in diesem Buch: Kapitel 4.9 und insb. Kapitel 4.9.2

4.21 **Richtige Antwort: C**
Begründung: Während der Do-Phase sind konkreten Personen Verantwortlichkeiten zuzuweisen oder beispielsweise geplante Budgets freizugeben. Die anderen drei genannten Aktivitäten sind Bestandteile der Plan-Phase.
Relevante Teile der Norm: DIN EN ISO/IEC 27001 Abschnitt 7 und 8
Weiterführende Informationen in diesem Buch: Kapitel 3.3.2, 4.7 und 4.8

5.22 **Richtige Antwort: D**
Begründung: Die Norm fordert diese Maßnahme, um Beeinträchtigungen des Produktivsystems zu verhindern. Die Antworten A bis C beschreiben zwar andere sinnvolle Maßnahmen, jedoch nicht speziell in diesem Zusammenhang.

Relevante Teile der Norm: DIN EN ISO/IEC 27001 Abschnitt A.8.31
Weiterführende Informationen in diesem Buch: Kapitel 5.4.31

5.23 **Richtige Antwort: B**
Begründung: Antwort A beschreibt die Maßnahme A.7.8, Antwort C die Maßnahme A.7.12 und Antwort D die Maßnahme A.7.13. Alle diese Maßnahmen befassen sich mit Betriebsmitteln und unterstützenden Versorgungseinrichtungen im Zusammenhang mit physischer Sicherheit. Antwort B beschreibt die technologische Maßnahme A.8.9 (Konfigurationsmanagement).
Relevante Teile der Norm: DIN EN ISO/IEC 27001 Abschnitte A.7.8, A.7.12 und A.7.13
Weiterführende Informationen in diesem Buch: Kapitel 5.3.8, 5.3.12 und 5.3.13

5.24 **Richtige Antwort: B**
Begründung: Nur die Antwort B entspricht dem Wortlaut der Maßnahme gemäß Norm.
Relevante Teile der Norm: DIN EN ISO/IEC 27001 Abschnitt A.6.5
Weiterführende Informationen in diesem Buch: Kapitel 5.2.5

5.25 **Richtige Antwort: C**
Begründung: Nur bei der Sicherung von Informationen (A.8.13) und somit bei Antwort C handelt es sich um eine technologische Maßnahme. Aufgabentrennung (A.5.3) ist eine organisatorische Maßnahme, Sicherheitsüberprüfung (A.6.1) und Remote-Arbeit (A.6.7) sind jeweils personenbezogene Maßnahmen.
Relevante Teile der Norm: DIN EN ISO/IEC 27001 Abschnitt A.8.13
Weiterführende Informationen in diesem Buch: Kapitel 5.4.13

5.26 **Richtige Antwort: C**
Begründung: In diesem Zusammenhang bezieht sich die Überwachung auf Netzwerke, Systeme und Anwendungen. Antwort D, also die Videoüberwachung von Sicherheitsbereichen, kann der Maßnahme *Physische Sicherheitsüberwachung (A.7.4)* zugeordnet werden, wobei diese auch nur eine mögliche Form der Umsetzung darstellt.
Relevante Teile der Norm: DIN EN ISO/IEC 27001 Abschnitt A.8.16
Weiterführende Informationen in diesem Buch: Kapitel 5.4.16

5.27 **Richtige Antwort: C**
Begründung: Bei *Reaktion auf Informationssicherheitsvorfälle (A.5.26)* handelt es sich um eine organisatorische Maßnahme, bei Antwort A (A.7.7) hingegen um eine Maßnahme aus der physischen Sicherheit und bei den Antworten B (A.8.7) und D (A.8.24) um technologische Maßnahmen.
Relevante Teile der Norm: DIN EN ISO/IEC 27001 Abschnitt A.5.26
Weiterführende Informationen in diesem Buch: Kapitel 5.1.26

5.28 **Richtige Antwort: C**
Begründung: Themenspezifische Informationssicherheitsrichtlinien sind elementarer Bestandteil dieser Maßnahme.

Relevante Teile der Norm: DIN EN ISO/IEC 27001 Abschnitt A.5.1
Weiterführende Informationen in diesem Buch: Kapitel 5.1.1

5.29 **Richtige Antwort: D**
Begründung: Alle drei wesentlichen Schutzziele, also Vertraulichkeit, Integrität und Verfügbarkeit, müssen in die Klassifikation von Informationswerten einfließen.
Relevante Teile der Norm: DIN EN ISO/IEC 27001 Abschnitt A.5.12
Weiterführende Informationen in diesem Buch: Kapitel 5.1.12

5.30 **Richtige Antwort: C**
Begründung: Eine forensische Analyse von Informationssicherheitsvorfällen unter Einbeziehung darauf spezialisierter externer Dienstleister kann in bestimmten Fällen sinnvoll sein, ist aber nicht grundsätzlich nach jedem Vorfall gefordert. Die Antworten A, B und D entsprechen Maßnahmen aus dem Abschnitt 5 in Anhang A von DIN EN ISO/IEC 27001.
Relevante Teile der Norm: DIN EN ISO/IEC 27001 Abschnitte A.5.24, A.5.26 und A.5.27
Weiterführende Informationen in diesem Buch: Kapitel 5.1.24, 5.1.26 und 5.1.27

5.31 **Richtige Antwort: D**
Begründung: Sicherungskopien müssen sowohl von Informationen als auch von Software und Systemen (bzw. deren Konfigurationen) vorgehalten und regelmäßig getestet werden. Die redundante Auslegung von Systemen ist nicht Teil dieser Maßnahme, sondern der Maßnahme *Redundanz von informationsverarbeitenden Systemen (A.8.14)*.
Relevante Teile der Norm: DIN EN ISO/IEC 27001 Abschnitt A.8.13
Weiterführende Informationen in diesem Buch: Kapitel 5.4.13

5.32 **Richtige Antwort: C**
Begründung: Die Verwaltung kryptographischer Schlüssel ist tatsächlich obligatorischer Bestandteil dieser Maßnahme.
Relevante Teile der Norm: DIN EN ISO/IEC 27001 Abschnitt A.8.24
Weiterführende Informationen in diesem Buch: Kapitel 5.4.24

6.33 **Richtige Antwort: B**
Begründung: Sicherheitsmanagement ist auch ein Prozess nach ISO/IEC 20000 und die Grundprinzipien von ISO 9000 gelten ebenfalls.
Relevante Teile der Norm: DIN EN ISO/IEC 27001 Abschnitt 0.2
Weiterführende Informationen in diesem Buch: Kapitel 6.2 und 6.3

6.34 **Richtige Antwort: D**
Begründung: Ziel der ISO 9000 ist es, einen Standard für die Umsetzung eines Qualitätsmanagements in verschiedensten Organisationen zu schaffen.
Relevante Teile der Norm: ISO 9000
Weiterführende Informationen in diesem Buch: Kapitel 6.2

6.35 **Richtige Antwort: D**
Begründung: Da ISO/IEC 15408, ISO/IEC 20000 und ISO/IEC 27000 die IT- und Informationssicherheit direkt oder indirekt behandeln, ist Antwort D hier korrekt.
Weiterführende Informationen in diesem Buch: Kapitel 6

6.36 **Richtige Antwort: D**
Begründung: Das IT-Grundschutz-Kompendium wird vom BSI herausgegeben.
Weiterführende Informationen in diesem Buch: Kapitel 6.1

6.37 **Richtige Antwort: A**
Begründung: Die Normenreihe ISO/IEC 15408 definiert ein formales Verfahren und Evaluationskriterien für die Bewertung von Sicherheitseigenschaften von IT-Produkten.
Relevante Teile der Norm: Die Norm geht nicht direkt auf Frameworks von Dritten ein.
Weiterführende Informationen in diesem Buch: Kapitel 6.1

6.38 **Richtige Antwort: A**
Begründung: ISO/IEC 20000-1 ist der Teil der ISO/IEC 20000-Standardfamilie, in dem Anforderungen an ein SMS festgelegt werden.
Relevante Teile der Norm: ISO/IEC 20000
Weiterführende Informationen in diesem Buch: Kapitel 6.3

7.39 **Richtige Antwort: A**
Begründung: ISO/IEC 27001 definiert die Anforderungen an ein ISMS. Die Erfüllung dieser Anforderungen bzw. Konformität eines ISMS zu diesem Standard lassen sich auditieren und zertifizieren.
Weiterführende Informationen in diesem Buch: Kapitel 7

7.40 **Richtige Antwort: B**
Begründung: Eine Personenzertifizierung des Managements ist nicht Bestandteil eines Zertifizierungsaudits nach ISO/IEC 27001. Der typische Ablauf eines Zertifizierungsaudits ist in Abbildung 7.2 auf Seite 170 dieses Buches illustriert.
Weiterführende Informationen in diesem Buch: Kapitel 7.1

C.2 Ein beispielhafter Prüfungsfragebogen zur ISO/IEC 27001-Foundation-Prüfung

Prüfungsfrage C.1:
Welches Schutzziel der Informationssicherheit wird erreicht, wenn Informationen effektiv vor unautorisierten Veränderungen, wie etwa Manipulationen, geschützt werden?

A) Vertraulichkeit
B) Verlässlichkeit
C) Verfügbarkeit
D) Integrität

Prüfungsfrage C.2:
Welche der folgenden Aussagen zum Geltungsbereich eines ISMS sind korrekt?

A) Der Geltungsbereich kann die gesamte Organisation, bestimmte Teile davon, wie z. B. einzelne Standorte (durch geografische Abgrenzung) oder nur einzelne Abteilungen, umfassen.
B) Der Geltungsbereich ist die Bewertung und Auswahl von Maßnahmen zur Behandlung von Informationssicherheitsrisiken.
C) Der Geltungsbereich beschreibt die Werte einer Organisation und das Minimum ihres notwendigen Schutzbedarfs.
D) Der Geltungsbereich definiert die Mindestanzahl an Mitarbeitern, die notwendig sind, um eine Zertifizierung nach DIN EN ISO/IEC 27001 erlangen zu können.

Prüfungsfrage C.3:
Was bedeutet der Begriff „Effektivität“ bzw. „Wirksamkeit“ im Zusammenhang mit Maßnahmen oder Prozessen?

A) Die tatsächliche Umsetzung der Maßnahme oder des Prozesses entspricht genau der ursprünglichen Planung.
B) Die mit der Maßnahme oder dem Prozess verbundenen Ziele werden auch tatsächlich erreicht.
C) Die für die Maßnahme oder den Prozess eingesetzten Ressourcen stehen in einem möglichst optimalen Verhältnis zum Ergebnis.
D) Die Kosten für die Maßnahme oder den Prozess sind korrekt budgetiert.

Prüfungsfrage C.4:
Warum müssen gesetzliche Anforderungen in Verbindung mit der Informationssicherheit identifiziert, dokumentiert und aktuell gehalten werden?

A) Um auf ihre Einhaltung hinzuwirken und diese sicherzustellen
B) Um die korrekte Verwendung von Telearbeitsplätzen sicherzustellen
C) Um besonders sensible Systeme von anderen Systemen isolieren zu können
D) Um Möglichkeiten der Einflussnahme auf künftige Gesetze identifizieren zu können

Prüfungsfrage C.5:
In welche Maßnahme gemäß DIN EN ISO/IEC 27001 fällt das Thema der Nutzerverantwortlichkeiten im Umgang mit Passwörtern?
A) Endpunktgeräte des Benutzers (A.8.1)
B) Klassifizierung von Informationen (A.5.12)
C) Sichere Authentisierung (A.8.5)
D) Authentisierungsinformationen (A.5.17)

Prüfungsfrage C.6:
Was ist *keine* Maßnahme, die DIN EN ISO/IEC 27001 im Bereich *Organisatorische Maßnahmen* spezifiziert?
A) Kapazitätsmanagement
B) Kontakt zu Behörden
C) Kontakt zu speziellen Interessensgruppen
D) Informationssicherheit im Projektmanagement

Prüfungsfrage C.7:
Welchen Zweck verfolgt die Maßnahme *Redundanz von informationsverarbeitenden Einrichtungen*?
A) Den dauerhaften und kontinuierlichen Betrieb informationsverarbeitender Einrichtungen sicherzustellen
B) Alle neu zu planenden Systeme vor der Abnahme auf Sicherheitsmängel zu evaluieren
C) Das Risiko von Systemabstürzen und Abnahmefehlern zu minimieren
D) Die Einhaltung geltender Gesetze zu garantieren

Prüfungsfrage C.8:
Welche Aussage zu den in Anhang A von DIN EN ISO/IEC 27001 definierten Maßnahmen ist korrekt?
A) Alle Maßnahmen haben technischen Charakter und dienen somit der Erhöhung der IT-Sicherheit.
B) Die Maßnahmen sind normativ und als solche Bestandteil eines ISMS.
C) Durch die Umsetzung aller Maßnahmen wird das maximal mögliche Sicherheitsniveau erreicht.
D) Die Maßnahmen sind unverbindliche Vorschläge und sind für den Aufbau eines ISMS nicht relevant.

Prüfungsfrage C.9:
Was kann in begründeten Fällen im Rahmen einer Zertifizierung nach DIN EN ISO/IEC 27001 ausgeschlossen werden?
A) Anforderungen aus den Kapiteln 4 bis 10.
B) Der gesamte Anhang A.
C) Nichts, Ausschlüsse sind generell unzulässig.
D) Einzelne Maßnahmen aus Anhang A.

Prüfungsfrage C.10:
Welche der folgenden Maßnahmen ist von DIN EN ISO/IEC 27001 in Anhang A.5 *nicht* als Teil der organisatorischen Maßnahmen vorgesehen?

A) Das Festlegen von Rollen und -verantwortlichkeiten für die Informationssicherheit.
B) Die Berücksichtigung der Informationssicherheit in Vereinbarungen mit Lieferanten.
C) Planung und Vorbereitung des Managements von Informationssicherheitsvorfällen.
D) Die Sicherung von Büros, Räumlichkeiten und Einrichtungen.

Prüfungsfrage C.11:
In welchem Zusammenhang steht das BSI IT-Grundschutz-Kompendium mit der Norm DIN EN ISO/IEC 27001?

A) Das BSI IT-Grundschutz-Kompendium ist genauso wie DIN EN ISO/IEC 27001 aufgebaut, vertieft die einzelnen Punkte aber mit konkreten technischen Aspekten.
B) Das BSI IT-Grundschutz-Kompendium ergänzt genau solche Maßnahmen, die in DIN EN ISO/IEC 27001 nicht berücksichtigt wurden.
C) BSI IT-Grundschutz und DIN EN ISO/IEC 27001 konkurrieren miteinander und schließen sich gegenseitig aus.
D) Das BSI IT-Grundschutz-Kompendium enthält Bausteine, die eine sinnvolle Ergänzung zu den Anforderungen aus DIN EN ISO/IEC 27001 darstellen können.

Prüfungsfrage C.12:
Was muss beim Identifizieren von Risiken nach DIN EN ISO/IEC 27001 berücksichtigt werden?

A) Risikoeigentümer
B) Auswirkungen des Verlusts der Vertraulichkeit
C) Einschätzung des geschäftlichen Schadens
D) Risikoakzeptanzkriterien

Prüfungsfrage C.13:
Nach DIN EN ISO/IEC 27001 Anhang A.5 müssen verschiedene Maßnahmen zur Informationssicherheit in Verbindung mit Lieferanten (Suppliern) und externen Dienstleistungen umgesetzt werden. Welche der folgenden Maßnahmen gehört *nicht* zu diesem Themenkomplex?

A) Schutz vor physischen und umgebungsbedingten Gefährdungen.
B) Management der Informationssicherheit in der IKT-Lieferkette.
C) Berücksichtigung der Informationssicherheit in Vereinbarungen mit Lieferanten.
D) Überwachung, Überprüfung und Management von Änderungen der Dienstleistungen von Lieferanten.

Prüfungsfrage C.14:
Welche beiden Maßnahmen aus DIN EN ISO/IEC 27001 Anhang A.5 leisten einen Beitrag dazu, in Ausnahmesituationen die Informationssicherheit und die Verfügbarkeit informationsverarbeitender Systeme aufrechtzuerhalten?

A) Screening (A.6.1) und Informationssicherheit bei Betriebsunterbrechungen (A.5.29).
B) Informationssicherheit bei Betriebsunterbrechungen (A.5.29) und IKT-bezogene Vorkehrungen zum Erhalt der Geschäftskontinuität (A.5.30).
C) IKT-bezogene Vorkehrungen zum Erhalt der Geschäftskontinuität (A.5.30) und Zugangssteuerung (A.5.15).
D) Zugangssteuerung (A.5.15) und Kontakt zu speziellen Interessengruppen (A.5.6).

Prüfungsfrage C.15:
Nach DIN EN ISO/IEC 27001 Anhang A.5 müssen verschiedene Maßnahmen in Verbindung mit Informationen und anderen Assets umgesetzt werden. Welche der folgenden Maßnahmen gehört *nicht* zu diesem Themenkomplex?

A) Zulässige Nutzung von Informationen und anderen damit verbundenen Assets (A.5.10)
B) Verwendung von privilegierten Dienstprogrammen (A.5.11)
C) Kennzeichnung von Informationen (A.5.13)
D) Informationsübermittlung (A.5.14)

Prüfungsfrage C.16:
Wobei handelt es sich um eines der drei grundlegenden Schutzziele der Informationssicherheit?

A) Verschlüsselung.
B) Vertraulichkeit.
C) Maskierung.
D) Übertragbarkeit.

Prüfungsfrage C.17:
Im Rahmen der Überprüfungsphase des PDCA-Zyklus werden verschiedene Begrifflichkeiten einschlägig verwendet. Was versteht man in diesem Zusammenhang unter dem Begriff „Effizienz"?

A) Ob ein Prozess, ein Verfahren oder eine Maßnahme gemäß der Planung durchgeführt bzw. umgesetzt wurde oder ob die tatsächliche Umsetzung von den Planungsvorgaben abweicht.
B) Ob durch einen Prozess, ein Verfahren oder eine Maßnahme die damit verbundenen Ziele auch tatsächlich erreicht wurden.
C) Ob die eingesetzten Ressourcen in einem möglichst optimalen (aber mindestens verhältnismäßigen) Verhältnis zum Ergebnis stehen.
D) Keine der oben genannten Antworten trifft zu.

Prüfungsfrage C.18:

Aus welchem Standard gingen ISO/IEC 27001 und ISO/IEC 27002 hervor?

A) Aus dem internationalen Standard ISO 9001.
B) Aus dem internationalen Standard ISO/IEC 20000-1.
C) Aus den deutschen BSI IT-Grundschutzkatalogen.
D) Aus dem britischen Standard BS 7799 bzw. BS 7799-1 und BS 7799-2.

Prüfungsfrage C.19:

Wann sind nach DIN EN ISO/IEC 27001 interne Audits durchzuführen?

A) In geplanten Zeitabständen
B) Nach jedem Informationssicherheitsvorfall
C) Bei jeder Zertifizierung
D) Bei Erfassen eines Verbesserungsvorschlags

Prüfungsfrage C.20:

Ein neuer Mitarbeiter beginnt ein Beschäftigungsverhältnis. Welche Maßnahmen sind im Sinne des Anhangs A.6 „Personenbezogene Maßnahmen" der DIN EN ISO/IEC 27001 zu ergreifen?

A) Der Mitarbeiter erhält mit seinem Arbeitsvertrag auch stets ein Notebook.
B) Alle Zugangsrechte des neuen Mitarbeiters sind unverzüglich aufzuheben und alle unter seiner Kennung erzeugten Daten unverzüglich zu löschen, wenn er das Unternehmen wieder verlässt.
C) Der neue Mitarbeiter verpflichtet sich schriftlich, den Kontakt mit Behörden zu pflegen.
D) Der Mitarbeiter muss vor seiner Anstellung einer Sicherheitsprüfung unterzogen worden sein.

Prüfungsfrage C.21:

Welche Aussage zu den Begriffen Scoping und Anwendbarkeit ist korrekt?

A) Die Erklärung zur Anwendbarkeit (*Statement of Applicability*) ist ein Dokument, das Maßnahmen beschreibt, die für das ISMS einer Organisation relevant und anwendbar sind.
B) Die Erklärung zum Anwendungsbereich (*Scoping Statement*) ist ein Dokument, das Maßnahmen beschreibt, die für das ISMS einer Organisation relevant und anwendbar sind.
C) Mittels Scoping werden normative Regelungen des Standards außer Kraft gesetzt.
D) Die Anwendbarkeitserklärung legt fest, welche Standards der ISO/IEC 27000-Normenreihe für eine Organisation verpflichtend sein sollen.

Prüfungsfrage C.22:
Was wird im Kontext von DIN EN ISO/IEC 27001 unter einem Restrisiko verstanden?

A) Ein nach der Risikobehandlung verbleibendes Risiko.
B) Ein Risiko, für das entschieden wurde, dass es geteilt (versichert) werden kann.
C) Ein inhärentes Risiko, für das es keine Risikobehandlung gibt.
D) Ein Risiko, das im Rahmen der Risikoanalyse nicht weiter betrachtet wird.

Prüfungsfrage C.23:
In der ISMS-Leitlinie werden unter anderem Rollen und Zuständigkeiten festgelegt. Welche der folgenden Aussagen ist *falsch*?

A) Zugewiesene Verantwortlichkeiten im Umfeld der Informationssicherheit dürfen nicht delegiert werden.
B) In vielen Organisationen bietet es sich an, einen Gesamtverantwortlichen für die Informationssicherheit zu benennen.
C) Eine Person kann auch mehrere definierte Rollen einnehmen.
D) Verantwortungs- und Aufgabenhierarchien, die für die Informationssicherheit definiert werden, müssen sich nicht mit den Abteilungsstrukturen des Unternehmens decken.

Prüfungsfrage C.24:
Welcher der folgenden Punkte ist *keine* Eingabe (Input) für die Managementbewertung des ISMS nach DIN EN ISO/IEC 27001?

A) Ergebnisse von Messungen der Wirksamkeit des ISMS.
B) Eine angepasste Informationssicherheitsrichtlinie.
C) Empfehlungen für Verbesserungen.
D) Der Status von Maßnahmen vorheriger Managementbewertungen.

Prüfungsfrage C.25:
Welche der folgenden Schritte sind im Rahmen der Informationssicherheitsrisikobeurteilung durchzuführen?

1. Risiken identifizieren
2. Risiken analysieren
3. Risiken bewerten

A) Nur 1 und 2 sind richtig.
B) Nur 1 und 3 sind richtig.
C) Alle Schritte sind richtig.
D) Keiner der Schritte gehört zur Informationssicherheitsrisikobeurteilung.

Prüfungsfrage C.26:
Welcher der folgenden Standards der ISO/IEC 27000-Familie ist normativ?

A) ISO/IEC 27002
B) ISO/IEC 27006
C) ISO/IEC 27007
D) ISO/IEC 27011

Prüfungsfrage C.27:

Welche der folgenden Rollen sind im Rahmen des Informationssicherheitsmanagementsystems in großen Unternehmen unmittelbar relevant?

1. Informationssicherheitsbeauftragter
2. Oberste Leitung (Topmanagement)
3. Mitarbeiter
4. Zulieferer
5. Sales Manager

A) Nur 1, 2, 3 und 4.
B) Nur 1, 2, 3 und 5.
C) Nur 2, 3, 4 und 5.
D) Alle Rollen sind relevant.

Prüfungsfrage C.28:

Was versteht man allgemein unter einem normativen Standard?

A) Ein normativer Standard enthält Empfehlungen.
B) Ein normativer Standard enthält Anforderungen bzw. verbindliche Vorgaben.
C) Ein normativer Standard gibt verbindlich vor, wie ISO-Leitfäden umzusetzen sind.
D) Alle ISO/IEC-Standards sind normative Standards.

Prüfungsfrage C.29:

Im Zuge der Verbesserung des ISMS muss mit aufgetretenen Nichtkonformitäten umgegangen werden. Was gehört *nicht* zu den hierzu erforderlichen Aktivitäten laut DIN EN ISO/IEC 27001?

A) Die für das Entstehen der Nichtkonformität Verantwortlichen im Rahmen des Maßregelungsprozesses ermitteln
B) Reagieren auf die Nichtkonformität und Umgehen mit den Folgen
C) Notwendigkeit von Maßnahmen zur Beseitigung der Ursache bewerten
D) Notwendige (Korrektur-)Maßnahmen einleiten

Prüfungsfrage C.30:

Welche der folgenden Aussagen trifft auf den Begriff *Standardisierung* zu?

A) Standardisierung von IT-Systemen erhöht die IT-Gesamtkosten eines Unternehmens um ca. 30 %.
B) Bei dem Begriff *Standardisierung* handelt es sich um einen rein technischen Begriff.
C) Unter Standardisierung versteht man allgemein Vereinheitlichung.
D) Der Wettbewerb verschiedener Hersteller eines Produktes wird durch Standardisierung negativ beeinflusst.

Prüfungsfrage C.31:
In welchen Mindestabständen müssen gemäß der Norm DIN EN ISO/IEC 27001 interne Audits durchgeführt werden?

A) Interne Audits müssen mindestens in jährlichen Intervallen durchgeführt werden.
B) Interne Audits sind nur vor einem Zertifizierungsaudit durchzuführen.
C) Nur bei Änderungen am Anwendungsbereich des ISMS sind gemäß DIN EN ISO/IEC 27001 interne Audits durchzuführen.
D) Die Durchführung interner Audits muss in geplanten Abständen erfolgen. Die Häufigkeit wird im Rahmen eines Auditprogramms festgelegt.

Prüfungsfrage C.32:
Welche Aussagen treffen auf FitSM zu?

A) FitSM ist ein leichtgewichtiger Standard für IT Service Management (ITSM).
B) FitSM ist ein Standard für die Gestaltung sicherer IT-Produkte.
C) FitSM ist ein leichtgewichtiger Standard für Informationssicherheit.
D) FitSM in eine Fachbuchreihe mit (unverbindlichen) Empfehlungen zu IT Service Management (ITSM).

Prüfungsfrage C.33:
Was ist nach ISO/IEC 27000 ein Managementsystem?

A) Ein Managementsystem ist ein Rahmenwerk von Leitlinien, Verfahren, Regelungen sowie zugehörigen Ressourcen, die dazu dienen, die Ziele der Organisation zu erreichen.
B) Der Begriff des Managementsystems wird in ISO/IEC 27000 nicht verwendet.
C) Ein Managementsystem bezeichnet ein System, das die Sicherheit eines Unternehmens garantiert.
D) Keine der Antworten trifft zu.

Prüfungsfrage C.34:
Welcher erste Schritt ist im Kontext der Informationssicherheitsrisikobeurteilung nach DIN EN ISO/IEC 27001 erforderlich?

A) Das Risikoniveau muss eingeschätzt werden.
B) Informationssicherheitsrisiken müssen analysiert werden.
C) Die Risikoeigentümer müssen identifiziert werden.
D) Es muss ein Prozess zur Informationssicherheitsrisikobeurteilung festgelegt werden.

Prüfungsfrage C.35:
Welche Maßnahme muss nach DIN EN ISO/IEC 27001 in Bezug auf Remote-Arbeiten (A.6.7) ergriffen werden?

A) Die Remote-Arbeit muss im Rahmen von ISMS-Audits überwacht und verbessert werden.
B) Remote-Arbeiter müssen von sensiblen Systemen mittels Firewalls vollständig isoliert werden.
C) Über die Remote-Arbeit muss eine Aufzeichnung angefertigt werden, die im Rahmen von ISMS-Audits zur Bewertung der mit ihr verbundenen Risiken herangezogen wird.
D) Es müssen Regelungen und Betriebsanweisungen für Remote-Arbeit entwickelt und implementiert werden.

Prüfungsfrage C.36:
Was ist *nicht* Teil der Anforderungen in Bezug auf Zugangssteuerung (A.5.15)?

A) Regeln zur Steuerung des physischen Zugangs zu Assets
B) Regeln zur Verhinderung des Zugriffs auf die Informationssicherheitsrichtlinie durch nicht speziell eingewiesenes Personal
C) Berücksichtigung von Geschäfts- und Informationssicherheitsanforderungen bei der Erstellung von Regeln
D) Regeln zur Steuerung des logischen Zugangs zu Assets und Informationen

Prüfungsfrage C.37:
ISO/IEC 27000 definiert den Begriff Informationssicherheitsvorfall. Welche der folgenden Aussagen ist *kein* Beispiel für einen Informationssicherheitsvorfall im Sinne dieser Definition?

A) Genau ein informationssicherheitsspezifisches Ereignis, bei dem eine erhebliche Wahrscheinlichkeit besteht, dass Geschäftsabläufe kompromittiert werden.
B) Eine Reihe von unerwarteten Informationssicherheitsereignissen, durch die die Informationssicherheit faktisch bedroht wird.
C) Eines oder mehrere unerwünschte Ereignisse, bei denen eine erhebliche Wahrscheinlichkeit besteht, dass sowohl die Geschäftsabläufe kompromittiert als auch die Informationssicherheit bedroht werden.
D) Eines oder mehrere unerwartete Ereignisse, bei denen eine minimale Wahrscheinlichkeit besteht, dass die Informationssicherheit bedroht wird.

Prüfungsfrage C.38:
Welche Aussage zur allgemeinen Informationssicherheitsrichtlinie (bzw. Informationssicherheitspolitik) ist *nicht korrekt*?

A) Die oberste Leitung muss die Informationssicherheitsrichtlinie festlegen.
B) Die Informationssicherheitsrichtlinie muss eine Spezifikation der verschiedenen Sicherheitszonen und Zutrittsrechte enthalten.
C) Die Informationssicherheitsrichtlinie muss innerhalb der Organisation bekannt gemacht werden.
D) Die Informationssicherheitsrichtlinie muss eine Verpflichtung zur fortlaufenden Verbesserung (PDCA) enthalten.

Prüfungsfrage C.39:
Welche Aussage zu der (allgemeinen) Informationssicherheitsrichtlinie und themenspezifischen Richtlinien in einem ISMS ist *nicht zutreffend*?

A) Eine Richtlinie zur Verwendung von Clouddiensten ist ein Beispiel für eine themenspezifische Richtlinie.
B) Themenspezifische Richtlinie regeln bestimmte Aspekte und unterstützen so die Umsetzung der allgemeinen Informationssicherheitsrichtlinie.
C) Themenspezifische Richtlinien müssen von der obersten Leitung genehmigt werden.
D) Die allgemeine Informationssicherheitsrichtlinie muss von der obersten Leitung genehmigt werden.

Prüfungsfrage C.40:
Welche der folgenden Aussagen ist im Zusammenhang mit ISO/IEC 27001 und ISO/IEC 20000-1 *nicht korrekt*?

A) ISO/IEC 27001 und ISO/IEC 20000-1 sind beide entsprechend der High Level Structure der ISO aufgebaut.
B) Die ISO/IEC 27013 liefert Empfehlungen zur gemeinsamen Anwendung von ISO/IEC 27001 und ISO/IEC 20000-1.
C) Zwischen bestimmten Maßnahmen aus der ISO/IEC 27001 und Prozessen der ISO/IEC 20000-1 besteht ein enger Zusammenhang.
D) Die ISO/IEC 20000-1 verweist in ihrem Abschnitt 2 („Normative Verweisungen“) auf die ISO/IEC 27001, enthält aber keine Anforderungen in Bezug auf das Management der Informationssicherheit.

C.3 Antworten auf den Prüfungsfragebogen zur ISO/IEC 27001-Foundation-Prüfung

C.1 **Richtige Antwort: D**
Begründung: Integrität ist das Ergebnis des Erhalts von Korrektheit und Vollständigkeit von Informationen und somit ihr Schutz vor unautorisierten Veränderungen jeder Art – ob beabsichtigt, also durch Manipulation, oder unbeabsichtigt.
Relevante Teile der Norm: ISO/IEC 27000 Abschnitt 3.36
Weiterführende Informationen in diesem Buch: Kapitel 1.2.3.2

C.2 **Richtige Antwort: A**
Begründung: Bei Einführung eines ISMS sind der Geltungsbereich und somit auch die Grenzen des ISMS zu definieren. Der Geltungsbereich kann die gesamte Organisation oder auch nur bestimmte Teile davon umfassen. Bestimmte geografische Standorte, Abteilungen oder auch Geschäftsbereiche sind Merkmale, die häufig zur Festlegung und Eingrenzung des Geltungsbereichs herangezogen werden können.
Relevante Teile der Norm: DIN EN ISO/IEC 27001 Abschnitt 4.3
Weiterführende Informationen in diesem Buch: Kapitel 4.4.3

C.3 **Richtige Antwort: B**
Begründung: Von Effektivität bzw. Wirksamkeit spricht man, wenn gesetzte Ziele erreicht werden. Ein Vorgehen kann selbst dann sein Ziel erreichen, wenn in der Umsetzung vom ursprünglichen Plan abgewichen wird (vgl. Falschantwort A). Antwortmöglichkeit C beschreibt den Aspekt der Effizienz.
Relevante Teile der Norm: ISO/IEC 27000 Abschnitt 3.20
Weiterführende Informationen in diesem Buch: Kapitel 3.3.3.2

C.4 **Richtige Antwort: A**
Begründung: Gemäß Maßnahme A.5.31 aus DIN EN ISO/IEC 27001 müssen relevante Gesetze, zusammen mit behördlichen, regulatorischen und vertraglichen Anforderungen, identifiziert und dokumentiert werden, um ihre Einhaltung sicherzustellen.
Relevante Teile der Norm: DIN EN ISO/IEC 27001 Abschnitt A.5.31
Weiterführende Informationen in diesem Buch: Kapitel 5.1.31

C.5 **Richtige Antwort: D**
Begründung: Passwörter sind Authentifizierungsinformationen, also (geheime) Informationen, die etwa zur Identifikation eines Benutzers herangezogen werden. Die Unterweisung von Personen im Umgang mit solchen Authentisierungsinformationen ist Gegenstand von Maßnahme A.5.17 in DIN EN ISO/IEC 27001.
Relevante Teile der Norm: DIN EN ISO/IEC 27001 Abschnitt A.5.17
Weiterführende Informationen in diesem Buch: Kapitel 5.1.17

C.6 **Richtige Antwort: A**
Begründung: Kapazitätmanagement ist die Maßnahme A.8.6 in DIN EN ISO/IEC 27001 und somit eine Maßnahme aus dem Bereich „Technologische Maßnahmen". Entsprechend gehört diese nicht zur Organisation der Informationssicherheit.
Relevante Teile der Norm: DIN EN ISO/IEC 27001 Abschnitt A.8.6
Weiterführende Informationen in diesem Buch: Kapitel 5.4.6, sowie 5.1.5, 5.1.6 und 5.1.8

C.7 **Richtige Antwort: A**
Begründung: Die Redundanz von informationsverarbeitenden Einrichtungen ist Gegenstand von Maßnahme A.8.14 gemäß DIN EN ISO/IEC 27001. Durch redundante, also mehrfach vorhandene Systeme oder Komponenten können singuläre Ausfälle schnell (idealerweise nahtlos) aufgefangen werden. Dadurch wird zur Kontinuität der von diesen Systemen oder Komponenten abhängigen Informationsverarbeitungen beigetragen.
Relevante Teile der Norm: DIN EN ISO/IEC 27001 Abschnitt A.8.14
Weiterführende Informationen in diesem Buch: Kapitel 5.4.14

C.8 **Richtige Antwort: B**
Begründung: Die richtige Antwort ist B. Der Anhang A enthält Informationssicherheitsmaßnahmen und ist normativ, also verbindlich.
Relevante Teile der Norm: Einleitung von DIN EN ISO/IEC 27001 Anhang A
Weiterführende Informationen in diesem Buch: Kapitel 5

C.9 **Richtige Antwort: D**
Begründung: Einzelne Maßnahmen aus Anhang A dürfen mit einer ordentlichen Begründung im Rahmen einer Zertifizierung nach DIN EN ISO/IEC 27001 ausgeschlossen werden. So kann z. B. eine Firma, die keine Telearbeitsplätze vorsieht, entsprechende Maßnahmen ausschließen.
Relevante Teile der Norm: DIN EN ISO/IEC 27001 Abschnitte 1 und 6.1.3 c
Weiterführende Informationen in diesem Buch: Kapitel 4.1 und 4.6.1.3

C.10 **Richtige Antwort: D**
Begründung: Die Sicherung von Büros, Räumlichkeiten und Einrichtungen (A.7.3) gehört damit zu den physischen Maßnahmen.
Relevante Teile der Norm: DIN EN ISO/IEC 27001 Abschnitt A.7
Weiterführende Informationen in diesem Buch: Kapitel 5.3.3

C.11 **Richtige Antwort: D**
Begründung: Das BSI IT-Grundschutz-Kompendium wurde explizit so angepasst, dass es auch DIN EN ISO/IEC 27001 mit abdeckt.
Relevante Teile der Norm: Die Norm geht nicht direkt auf Frameworks von Dritten ein.
Weiterführende Informationen in diesem Buch: Kapitel 6.1

C.12 **Richtige Antwort: A**
Begründung: Alle anderen Punkte beziehen sich auf spätere Aktivitäten im Risikomanagementprozess.
Relevante Teile der Norm: DIN EN ISO/IEC 27001 Abschnitt 6.1
Weiterführende Informationen in diesem Buch: Kapitel 4.6.1

C.13 **Richtige Antwort: A**
Begründung: A gehört zu den physischen Maßnahmen, also Abschnitt A.7 der Norm.
Relevante Teile der Norm: DIN EN ISO/IEC 27001 Abschnitt A.5, A.7
Weiterführende Informationen in diesem Buch: Kapitel 5.1 und 5.3, insb. 5.3.5

C.14 **Richtige Antwort: B**
Begründung: Zugangssteuerung und Screening gehören zu den präventiven Maßnahmen. In einem Continuity-Fall sind jedoch die beiden korrektiven Maßnahmen aus Antwort B gefragt.
Relevante Teile der Norm: DIN EN ISO/IEC 27001 Abschnitt A.5
Weiterführende Informationen in diesem Buch: Kapitel 5.1

C.15 **Richtige Antwort: B**
Begründung: B ist falsch, da A.5.11. sich mit der Rückgabe von Assets befasst, also nicht mit privilegierten Dienstprogrammen. Das wäre A.8.18, gehört also zu A.8, den technologischen Maßnahmen.
Relevante Teile der Norm: DIN EN ISO/IEC 27001 Abschnitt A.8.18
Weiterführende Informationen in diesem Buch: Kapitel 5.1.11, 5.4.18

C.16 **Richtige Antwort: B**
Begründung: Nur B ist das „C" in „CIA".
Weiterführende Informationen in diesem Buch: Kapitel 1.2.3

C.17 **Richtige Antwort: C**
Begründung: A bezeichnet den Begriff der Konformität, B die Effektivität und C die Effizienz. Antwort D ist falsch.
Weiterführende Informationen in diesem Buch: Kapitel 3.3.3.3

C.18 **Richtige Antwort: D**
Begründung: ISO/IEC 27002 ist aus dem britischen Standard BS 7799 (später BS 7799-1) hervorgegangen, DIN EN ISO/IEC 27001 aus BS 7799-2.
Weiterführende Informationen in diesem Buch: Kapitel 2.4.3.1

C.19 **Richtige Antwort: A**
Begründung: Auch andere Anlässe können zum Ansetzen eines Audits führen. Die Normanforderung ist aber, dass interne Audits mindestens in geplanten Abständen durchgeführt werden.
Relevante Teile der Norm: DIN EN ISO/IEC 27001 Abschnitt 9.2
Weiterführende Informationen in diesem Buch: Kapitel 4.9.2

C.20 **Richtige Antwort: D**
Begründung: Sicherheitsüberprüfungen (Screenings) sind für alle Mitarbeiter im Geltungsbereich des ISMS vorzunehmen.
Relevante Teile der Norm: DIN EN ISO/IEC 27001 Abschnitt A.6.1
Weiterführende Informationen in diesem Buch: Kapitel 5.2.1

C.21 **Richtige Antwort: A**
Begründung: B: Die Erklärung zum Anwendungsbereich definiert Umfang und Grenzen des ISMS, sie definiert nicht die anzuwendenden oder auszuschließenden Maßnahmen. C: Um Standardkonformität zu erlangen, ist ein Ausschluss normativer Regelungen nicht zulässig. D: Die Anwendbarkeitserklärung legt keine Standards fest.
Relevante Teile der Norm: DIN EN ISO/IEC 27001 Abschnitt 4.3
Weiterführende Informationen in diesem Buch: Kapitel 4.4.3

C.22 **Richtige Antwort: A**
Begründung: Der Begriff Restrisiko ist so in ISO/IEC 27000 Abschnitt 3.57 definiert.
Relevante Teile der Norm: ISO/IEC 27000 Abschnitt 3.57
Weiterführende Informationen in diesem Buch: Kapitel A

C.23 **Richtige Antwort: A**
Begründung: Die richtige Antwort ist A, da die entsprechende Aussage falsch ist: Verantwortlichkeiten in Bezug auf die Informationssicherheit können prinzipiell auf andere Personen übertragen werden, sofern dieses Vorgehen in einem Unternehmen vorgesehen ist.
Relevante Teile der Norm: DIN EN ISO/IEC 27001 Abschnitt 5
Weiterführende Informationen in diesem Buch: Kapitel 3.1.4

C.24 **Richtige Antwort: B**
Begründung: Eine angepasste Informationssicherheitsrichtlinie kann unter Umständen eines der Ergebnisse der Managementbewertung, aber keine Eingabe hierfür sein.
Relevante Teile der Norm: DIN EN ISO/IEC 27001 Abschnitt 9.3
Weiterführende Informationen in diesem Buch: Kapitel 4.9.3

C.25 **Richtige Antwort: C**
Begründung: DIN EN ISO/IEC 27001 definiert die Informationssicherheitsrisikobeurteilung genau so, wie sie in den zur Wahl stehenden Schritten beschrieben ist.
Relevante Teile der Norm: DIN EN ISO/IEC 27001 Abschnitt 6.1.2 c bis e
Weiterführende Informationen in diesem Buch: Kapitel 4.6.1.2

C.26 **Richtige Antwort: B**
Begründung: ISO/IEC 27002 und 27007 sind informativ und gehören zu den „allgemeinen Leitlinien". ISO/IEC 27011 ist ebenfalls informativ, zählt aber zu den „sektorspezifischen Leitfäden".
Relevante Teile der Norm: ISO/IEC 27000 Abschnitt 4
Weiterführende Informationen in diesem Buch: Kapitel 2.2

C.27 **Richtige Antwort: A**
Begründung: Die Rollen 2, 3 und 4 werden unmittelbar von Maßnahmen in DIN EN ISO/IEC 27001 abgedeckt. Darüber hinaus ist es üblich, einen Gesamtsicherheitsverantwortlichen (ISB bzw. CISO) zu benennen.
Relevante Teile der Norm: DIN EN ISO/IEC 27001 Abschnitte 5.1 und A.5.2
Weiterführende Informationen in diesem Buch: Kapitel 3.1.4 und 5.1.2

C.28 **Richtige Antwort: B**
Begründung: Ein normativer Standard enthält verbindliche Vorgaben (Mindestanforderungen) unter Berücksichtigung des definierten Anwendungsbereichs (Scope).
Weiterführende Informationen in diesem Buch: Kapitel 2.3

C.29 **Richtige Antwort: A**
Begründung: Der Umgang mit Nichtkonformitäten wird in DIN EN ISO/IEC 27001 Abschnitt 10.2 spezifiziert. Entsprechend gehört Antwort A nicht dazu.
Relevante Teile der Norm: DIN EN ISO/IEC 27001 Abschnitt 10.2
Weiterführende Informationen in diesem Buch: Kapitel 4.10.2

C.30 **Richtige Antwort: C**
Begründung: Standardisierung bedeutet Vereinheitlichung und Harmonisierung.
Weiterführende Informationen in diesem Buch: Kapitel 2.1

C.31 **Richtige Antwort: D**
Begründung: DIN EN ISO/IEC 27001 schreibt das Mindestintervall nicht explizit vor, sondern spricht allgemein von *regelmäßig* und *in geplanten Abständen*. Die Häufigkeit wird in einem Auditprogramm festgelegt.
Relevante Teile der Norm: DIN EN ISO/IEC 27001 Abschnitt 9.2
Weiterführende Informationen in diesem Buch: Kapitel 4.9.2

C.32 **Richtige Antwort: A**
Begründung: FitSM ist ein ITSM-Standard; B träfe auf ISO/IEC 15408 zu; C träfe auf CISIS12 zu; D träfe auf ITIL zu.
Relevante Teile der Norm: Die Norm geht nicht direkt auf Frameworks von Dritten ein.
Weiterführende Informationen in diesem Buch: Kapitel 6.3

C.33 **Richtige Antwort: A**
Begründung: Nach ISO/IEC 27000 ist ein Managementsystem ein „Satz zusammenhängender und sich gegenseitig beeinflussender Elemente einer Organisation, um Politiken, Ziele und Prozesse zum Erreichen dieser Ziele festzulegen".
Relevante Teile der Norm: ISO/IEC 27000 Abschnitt 3.41
Weiterführende Informationen in diesem Buch: Kapitel 3.1 und A

C.34 **Richtige Antwort: D**
Begründung: Das Festlegen (und Anwenden) eines Prozesses zur Risikobeurteilung ist nach DIN EN ISO/IEC 27001 Abschnitt 6.1.2 der Ausgangspunkt für die Informationssicherheitsrisikobeurteilung. Die anderen Antworten beziehen sich auf spätere Schritte in diesem Prozess.
Relevante Teile der Norm: DIN EN ISO/IEC 27001 Abschnitt 6.1.2
Weiterführende Informationen in diesem Buch: Kapitel 4.6.1.2

C.35 **Richtige Antwort: D**
Begründung: DIN EN ISO/IEC 27001 schreibt bezüglich Remote-Arbeiten nur vor, dass es Regelungen und Betriebsanweisungen geben muss. Konkrete technische Schutzmaßnahmen werden nicht vorgegeben; ebenso wenig schreibt DIN EN ISO/IEC 27001 vor, dass über Remote-Arbeit Buch geführt werden muss bzw. dass die Inhalte der Remote-Arbeit im Rahmen von ISMS-Audits analysiert werden müssen.
Relevante Teile der Norm: DIN EN ISO/IEC 27001 Abschnitt A.6.7
Weiterführende Informationen in diesem Buch: Kapitel 5.2.7

C.36 **Richtige Antwort: B**
Begründung: Alle anderen Punkte werden so von der DIN EN ISO/IEC 27001 gefordert. B würde natürlich auch den Anforderungen an eine Informationssicherheitsrichtlinie zuwiderlaufen.
Relevante Teile der Norm: DIN EN ISO/IEC 27001 Abschnitt A.5.15
Weiterführende Informationen in diesem Buch: Kapitel 5.1.15

C.37 **Richtige Antwort: D**
Begründung: Die richtige Antwort ist D, da die entsprechende Aussage falsch in Bezug auf die Definition in ISO/IEC 27000 Abschnitt 3.31 ist: Die Norm setzt für einen Informationssicherheitsvorfall eine *erhebliche* Wahrscheinlichkeit der negativen Auswirkungen voraus.
Relevante Teile der Norm: ISO/IEC 27000 Abschnitt 3.31
Weiterführende Informationen in diesem Buch: Kapitel A

C.38 **Richtige Antwort: B**
Begründung: Dies wäre in einer themenspezifischen Richtlinie zu regeln.
Relevante Teile der Norm: DIN EN ISO/IEC 27001 Abschnitte 5.2 und A.5.1
Weiterführende Informationen in diesem Buch: Kapitel 4.5.2 und 5.1.1

C.39 **Richtige Antwort: C**
Begründung: Die Genehmigung themenspezifischer Richtlinien kann auch auf einer niedrigeren, der Regelung des jeweiligen Themas angemessenen Ebene geschehen.
Relevante Teile der Norm: DIN EN ISO/IEC 27001 Abschnitt A.5.1
Weiterführende Informationen in diesem Buch: Kapitel 5.1.1

C.40 **Richtige Antwort: D**
Begründung: Auch wenn es im Vergleich zur DIN EN ISO/IEC 27001 relativ kurz und allgemein gehalten ist: „Information Security Management" ist ein notwendiger Prozess für ein wirksames ISMS, und ISO/IEC 20000-1 definiert eine Reihe von Anforderungen an dessen Umsetzung.
Weiterführende Informationen in diesem Buch: Kapitel 6.3.2

Literaturverzeichnis

[APM14] APMG (Hrsg.): *ISO/IEC 27001 Foundation: A new qualification to help you understand this information security standard.* APM Group Ltd: APMG, 2014. *https://www.apmg-cyber.com/products/isoiec-27001*

[BSI17a] BSI (Hrsg.): *BSI-Standard 200-1: Managementsysteme für Informationssicherheit (ISMS).* Version 1.0. Bundesamt für Sicherheit in der Informationstechnik: BSI, 2017

[BSI17b] BSI (Hrsg.): *BSI-Standard 200-2: IT-Grundschutz-Methodik.* Version 1.0. Bundesamt für Sicherheit in der Informationstechnik: BSI, 2017

[BSI17c] BSI (Hrsg.): *BSI-Standard 200-3: Risikoanalyse auf der Basis von IT-Grundschutz.* Version 1.0. Bundesamt für Sicherheit in der Informationstechnik: BSI, 2017

[BSI23a] BSI (Hrsg.): *BSI-Standard 200-4: Business Continuity Management.* Version 1.0. Bundesamt für Sicherheit in der Informationstechnik: BSI, 2023

[BSI23b] BSI (Hrsg.): *IT-Grundschutz-Kompendium.* Edition 2023. Bundesamt für Sicherheit in der Informationstechnik: BSI, Februar 2023

[BSI23c] BSI (Hrsg.): *Prüfgrundlage für Zertifizierungen nach ISO 27001 auf der Basis von IT-Grundschutz.* Version 4.6. Bundesamt für Sicherheit in der Informationstechnik: BSI, 2023

[Bun16] BUNDESNETZAGENTUR (Hrsg.): *Konformitätsbewertungsprogramm zur Akkreditierung von Zertifizierungsstellen für den IT-Sicherheitskatalog gemäß § 11 Absatz 1a Energiewirtschaftsgesetz auf der Grundlage der ISO/IEC 27006.* Bundesnetzagentur für Elektrizität, Gas, Telekommunikation, Post und Eisenbahnen: Bundesnetzagentur, 2016. *https://www.bundesnetzagentur.de*

[Dem86] DEMING, W. E.: *Out of the Crisis.* Cambridge: Massachusetts : Cambridge: Massachusetts Institute of Technology Center for Advanced Engineering Study, 1986

[Deu22] DEUTSCHE KRANKENHAUSGESELLSCHAFT (DKG): *Branchenspezifischer Sicherheitsstandard „Medizinische Versorgung", Version 1.2. https://www.dkgev.de/fileadmin/default/Mediapool/2_Themen/2.1_Digitalisierung_Daten/2.1.4._IT-Sicherheit_und_technischer_Datenschutz/2.1.4.1._IT-Sicherheit_im_Krankenhaus/Branchenspezifischer_Sicherheitsstandard_Medizinische_Versorgung_v1.2_Stand_2022-12-08.pdf.* Version: Dezember 2022

[DIN12] DIN (Hrsg.): *DIN EN ISO/IEC 17024:2012 (D/E) – Konformitätsbewertung - Allgemeine Anforderungen an Stellen, die Personen zertifizieren.* Deutsches Institut für Normung: DIN, 2012

[DIN14] DIN (Hrsg.): *EN 50600-2-1:2014-03 – Informationstechnik – Einrichtungen und Infrastrukturen von Rechenzentren – Teil 2–1: Gebäudekonstruktion.* Deutsches Institut für Normung: DIN, 2014

[DIN15a] DIN (Hrsg.): *DIN EN ISO 9000:2015-11 – Qualitätsmanagementsysteme – Grundlagen und Begriffe.* Deutsches Institut für Normung: DIN, 2015

[DIN15b] DIN (Hrsg.): *DIN EN ISO 9001:2015 Qualitätsmanagementsysteme – Anforderungen.* Deutsches Institut für Normung: DIN, 2015. – Deutsche und englische Fassung EN ISO 9001:2015

[DIN15c] DIN (Hrsg.): *DIN EN ISO/IEC 17021-1:2015 (D/E) – Konformitätsbewertung – Anforderungen an Stellen, die Managementsysteme auditieren und zertifizieren – Teil 1: Anforderungen.* Deutsches Institut für Normung: DIN, 2015

[DIN16] DIN (Hrsg.): *DIN EN 50600-2-5:2016-08 – Informationstechnik – Einrichtungen und Infrastrukturen von Rechenzentren – Teil 2–5: Sicherungssysteme.* Deutsches Institut für Normung: DIN, 2016

[DIN18a] DIN (Hrsg.): *DIN EN ISO 19011:2018 -10 – Leitfaden zur Auditierung von Managementsystemen.* Deutsches Institut für Normung: DIN, 2018

[DIN18b] DIN (Hrsg.): *DIN EN ISO 9004:2018 – Qualitätsmanagement – Qualität einer Organisation – Anleitung zum Erreichen nachhaltigen Erfolgs.* Deutsches Institut für Normung: DIN, 2018

[DIN18c] DIN (Hrsg.): *DIN EN ISO/IEC 17025:2018-03 – Allgemeine Anforderungen an die Kompetenz von Prüf- und Kalibrierlaboratorien.* Deutsches Institut für Normung: DIN, 2018

[DIN19] DIN (Hrsg.): *DIN EN 50600-1:2019-081 – Informationstechnik – Einrichtungen und Infrastrukturen von Rechenzentren – Teil 1: Allgemeine Konzepte.* Deutsches Institut für Normung: DIN, 2019

[DIN20] DIN (Hrsg.): *DIN EN ISO/IEC 27000:2020-06 Informationstechnik – Sicherheitsverfahren – Informationssicherheitsmanagementsysteme – Überblick und Terminologie (ISO/IEC 27000:2018); Deutsche Fassung EN ISO/IEC 27000:2020.* Deutsches Institut für Normung: DIN, 2020

[DIN24] DIN (Hrsg.): *DIN EN ISO/IEC 27001:2024-01 (D) – Informationssicherheit, Cybersicherheit und Datenschutz – Informationssicherheitsmanagementsysteme – Anforderungen (ISO/IEC 27001:2022); Deutsche Fassung EN ISO/IEC 27001:2023.* Deutsches Institut für Normung: DIN, 2024

[DSG16] *Verordnung (EU) 2016/679 des Europäischen Parlaments und des Rates vom 27. April 2016 zum Schutz natürlicher Personen bei der Verarbeitung personenbezogener Daten, zum freien Datenverkehr und zur Aufhebung der Richtlinie 95/46/EG (Datenschutz-Grundverordnung).* Amtsblatt der Europäischen Union. *https://eur-lex.europa.eu/legal-content/DE/TXT/PDF/?uri=CELEX:02016R0679-20160504&qid=1551779795482&from=en.* Version: April 2016

[EU-19] *Verordnung (EU) 2019/881 des Europäischen Parlaments und des Rates vom 17. April 2019 über die ENISA (Agentur der Europäischen Union für Cybersicherheit) und über die Zertifizierung der Cybersicherheit von Informations- und Kommunikationstechnik und zur Aufhebung der Verordnung (EU) Nr. 526/2013 (Rechtsakt zur Cybersicherheit).* *https://eur-lex.europa.eu/legal-content/DE/TXT/?uri=CELEX%3A32019R0881.* Version: April 2019

[EU-22a] *Verordnung (EU) 2022/2554 des Europäischen Parlaments und des Rates vom 14. Dezember 2022 über die digitale operationale Resilienz im Finanzsektor und zur Änderung der Verordnungen (EG) Nr. 1060/2009, (EU) Nr. 648/2012, (EU) Nr. 600/2014, (EU) Nr. 909/2014 und (EU) 2016/1011.* *https://eur-lex.europa.eu/legal-content/DE/TXT/?uri=CELEX%3A32022R2554.* Version: Dezember 2022

[EU-22b] *Richtlinie (EU) 2022/2557 des Europäischen Parlaments und des Rates vom 14. Dezember 2022 über die Resilienz kritischer Einrichtungen und zur Aufhebung der Richtlinie 2008/114/EG des Rates.* Amtsblatt der Europäischen Union. *https://eur-lex.europa.eu/legal-content/DE/TXT/?uri=CELEX%3A32022L2557.* Version: Dezember 2022

[ICO17] ICO (Hrsg.): *Ausbildungsschema ISMS nach ISO/IEC 27000.* International Certification Organization: ICO, 2017. *http://ico-cert.org*

[IEE19] IEEE (Hrsg.): *IEEE 1588-2019 – IEEE Standard for a Precision Clock Synchronization Protocol for Networked Measurement and Control Systems.* Institute of Electrical and Electronics Engineers: IEEE, 2019

[ISO10] ISO/IEC (Hrsg.): *Information technology – Security techniques – Key management – Part 1: Framework (ISO/IEC 11770-1:2010).* International Organization for Standardization & International Electrotechnical Commission: ISO/IEC, 2010

[ISO11] ISO/IEC (Hrsg.): *ISO/IEC 27031:2011 – Information technology – Security techniques – Guidelines for information and communication technology readiness for business continuity.* International Organization for Standardization & International Electrotechnical Commission: ISO/IEC, 2011

[ISO12] ISO/IEC (Hrsg.): *ISO/IEC 27037:2012 – Information technology – Security techniques – Guidelines for identification, collection, acquisition and preservation of digital evidence.* International Organization for Standardization & International Electrotechnical Commission: ISO/IEC, 2012

[ISO14a] ISO/IEC (Hrsg.): *ISO/IEC 27038:2014 – Information technology – Security techniques – Specification for digital redaction.* International Organization for Standardization & International Electrotechnical Commission: ISO/IEC, 2014

[ISO14b] ISO/IEC (Hrsg.): *ISO/IEC TR 27016:2014 – Information technology – Security techniques – Information Security Management – Organizational economics.* International Organization for Standardization & International Electrotechnical Commission: ISO/IEC, 2014

[ISO15a] ISO / IEC (Hrsg.): *ISO/IEC 27010:2015 – Information technology – Security techniques – Information security management for inter-sector and inter-organizational communications.* International Organization for Standardization & International Electrotechnical Commission: ISO / IEC, 2015

[ISO15b] ISO / IEC (Hrsg.): *ISO/IEC 27017:2015 – Information technology – Security techniques – Code of practice for information security controls based on ISO/IEC 27002 for cloud services.* International Organization for Standardization & International Electrotechnical Commission: ISO / IEC, 2015

[ISO15c] ISO / IEC (Hrsg.): *ISO/IEC 27033:2015 – Information technology – Security techniques – Network security.* International Organization for Standardization & International Electrotechnical Commission: ISO / IEC, 2015

[ISO16a] ISO / IEC (Hrsg.): *ISO/IEC 27004:2016 – Information technology – Security techniques – Information security management – Monitoring, measurement, analysis and evaluation.* International Organization for Standardization & International Electrotechnical Commission: ISO / IEC, 2016

[ISO16b] ISO / IEC (Hrsg.): *ISO/IEC 27034:2016 – Information technology – Security techniques – Application security.* International Organization for Standardization & International Electrotechnical Commission: ISO / IEC, 2016

[ISO17a] ISO / IEC (Hrsg.): *ISO/IEC 27003:2017 – Information technology – Security techniques – Information security management systems – Guidance.* International Organization for Standardization & International Electrotechnical Commission: ISO / IEC, 2017

[ISO17b] ISO / IEC (Hrsg.): *ISO/IEC 27019:2017 – Information technology – Security techniques – Information security controls for the energy utility industry.* International Organization for Standardization & International Electrotechnical Commission: ISO / IEC, 2017

[ISO18a] ISO (Hrsg.): *ISO 31000:2018 – Risk management – Guidelines.* International Organization for Standardization: ISO, 2018

[ISO18b] ISO / IEC (Hrsg.): *ISO/IEC 20000-1 – Information technology – Service management – Part 1: Service management system requirements.* International Organization for Standardization & International Electrotechnical Commission: ISO / IEC, 2018

[ISO18c] ISO / IEC (Hrsg.): *ISO/IEC 27000:2018 (E) – Information technology – Security techniques – Information security management systems – Overview and vocabulary.* Fifth edition. International Organization for Standardization & International Electrotechnical Commission: ISO / IEC, 2018

[ISO19a] ISO (Hrsg.): *ISO 27701:2019 – Security techniques – Extension to ISO/IEC 27001 and ISO/IEC 27002 for privacy information management – Requirements and guidelines.* International Organization for Standardization: ISO, 2019

[ISO19b] ISO / IEC (Hrsg.): *ISO/IEC 20000-2 – Information technology – Service management – Part 2: Guidance on the application of service management systems.* Third edition 2019-08. International Organization for Standardization & International Electrotechnical Commission: ISO / IEC, 2019

[ISO19c] ISO / IEC (Hrsg.): *ISO/IEC 27018:2019 – Information technology – Security techniques – Code of practice for protection of personally identifiable information (PII) in public clouds acting as PII processors.* International Organization for Standardization & International Electrotechnical Commission: ISO / IEC, 2019

[ISO19d] ISO / IEC (Hrsg.): *ISO/IEC TS 27008:2019 – Information technology – Security techniques – Guidelines for auditors on information security controls.* International Organization for Standardization & International Electrotechnical Commission: ISO / IEC, 2019

[ISO19e] ISO / IEC (Hrsg.): *Management System Standards.* International Organization for Standardization & International Electrotechnical Commission: ISO / IEC, 2019. *https://www.iso.org/management-system-standards.html*

[ISO20a] ISO / IEC (Hrsg.): *ISO/IEC 27007:2020 – Information security, cybersecurity and privacy protection – Guidelines for information security management systems auditing.* International Organization for Standardization & International Electrotechnical Commission: ISO / IEC, 2020

[ISO20b] ISO / IEC (Hrsg.): *ISO/IEC 27014:2020 – Information security, cybersecurity and privacy protection – Governance of information security.* International Organization for Standardization & International Electrotechnical Commission: ISO / IEC, 2020

[ISO21a] ISO / IEC (Hrsg.): *ISO/IEC 22237-1:2021-10 – Information technology – Data centre facilities and infrastructures – Part 1: General concepts.* International Organization for Standardization & International Electrotechnical Commission: ISO / IEC, 2021

[ISO21b] ISO / IEC (Hrsg.): *ISO/IEC 27013:2021 – Information security, cybersecurity and privacy protection – Guidance on the integrated implementation of ISO/IEC 27001 and ISO/IEC 20000-1.* International Organization for Standardization & International Electrotechnical Commission: ISO / IEC, 2021

[ISO21c] ISO / IEC (Hrsg.): *ISO/IEC 27036-1:2021 – Cybersecurity – Supplier Relationships – Part 1: Overview and concepts.* International Organization for Standardization & International Electrotechnical Commission: ISO / IEC, 2021

[ISO21d] ISO / IEC (Hrsg.): *ISO/IEC TS 27006-2:2021 – Requirements for bodies providing audit and certification of information security management systems – Part 2: Privacy information management systems.* International Organization for Standardization & International Electrotechnical Commission: ISO / IEC, 2021

[ISO22a] ISO / IEC (Hrsg.): *Information security, cybersecurity and privacy protection – Evaluation criteria for IT security – Part 1: Introduction and general model (ISO/IEC 15408-1:2022).* International Organization for Standardization & International Electrotechnical Commission: ISO / IEC, 2022

[ISO22b] ISO / IEC (Hrsg.): *Information security, cybersecurity and privacy protection – Evaluation criteria for IT security – Part 2: Security functional components (ISO/IEC 15408-2:2022).* International Organization for Standardization & International Electrotechnical Commission: ISO / IEC, 2022

[ISO22c] ISO / IEC (Hrsg.): *Information security, cybersecurity and privacy protection – Evaluation criteria for IT security – Part 3: Security assurance components (ISO/IEC 15408-3:2022).* International Organization for Standardization & International Electrotechnical Commission: ISO / IEC, 2022

[ISO22d] ISO / IEC (Hrsg.): *ISO/IEC 27001:2022 – Information security, cybersecurity and privacy protection – Information security management systems – Requirements.* International Organization for Standardization & International Electrotechnical Commission: ISO / IEC, 2022

[ISO22e] ISO / IEC (Hrsg.): *ISO/IEC 27002:2022 – Information security, cybersecurity and privacy protection – Information security controls.* International Organization for Standardization & International Electrotechnical Commission: ISO / IEC, 2022

[ISO22f] ISO / IEC (Hrsg.): *ISO/IEC 27005:2022 – Information security, cybersecurity and privacy protection – Guidance on managing information security risks.* International Organization for Standardization & International Electrotechnical Commission: ISO / IEC, 2022

[ISO22g] ISO / IEC (Hrsg.): *ISO/IEC 27009:2022 – Information security, cybersecurity and privacy protection – Sector-specific application of ISO/IEC 27001 – Requirements.* International Organization for Standardization & International Electrotechnical Commission: ISO / IEC, 2022

[ISO23a] ISO / IEC (Hrsg.): *ISO/IEC 27032:2023 – Cybersecurity – Guidelines for Internet security.* International Organization for Standardization & International Electrotechnical Commission: ISO / IEC, 2023

[ISO23b] ISO / IEC (Hrsg.): *ISO/IEC 27035-1:2023 – Information technology – Information security incident management – Part 1: Principles and process.* International Organization for Standardization & International Electrotechnical Commission: ISO / IEC, 2023

[ISO24a] ISO / IEC (Hrsg.): *ISO/IEC 27006-1:2024 – Information security, cybersecurity and privacy protection – Requirements for bodies providing audit and certification of information security management systems.* International Organization for Standardization & International Electrotechnical Commission: ISO / IEC, 2024

[ISO24b] ISO / IEC (Hrsg.): *ISO/IEC 27006-1:2024 – Information security, cybersecurity and privacy protection – Requirements for bodies providing audit and certification of information security management systems – Part 1: General.* International Organization for Standardization & International Electrotechnical Commission: ISO / IEC, 2024

[ISO24c] ISO / IEC (Hrsg.): *ISO/IEC 27011:2024 – Information security, cybersecurity and privacy protection – Information security controls based on ISO/IEC 27002 for telecommunications organizations.* International Organization for Standardization & International Electrotechnical Commission: ISO / IEC, 2024

[ITE16] ITEMO (Hrsg.): *Standards for lightweight IT service management – Part 1: Requirements.* 2016 – Version 2.1. IT Education Management Organization: ITEMO, 2016. *http://fitsm.itemo.org*

[MBKM10] Martin, J. ; Burbank, J. ; Kasch, W. ; Mills, D. L.: *Network Time Protocol Version 4: Protocol and Algorithms Specification.* RFC 5905. *http://dx.doi.org/10.17487/RFC5905.* Version: Juni 2010 (Request for Comments)

[NIS22a] *Richtlinie (EU) 2022/2555 des Europäischen Parlaments und des Rates vom 14. Dezember 2022 über Maßnahmen für ein hohes gemeinsames Cybersicherheitsniveau in der Union, zur Änderung der Verordnung (EU) Nr. 910/2014 und der Richtlinie (EU) 2018/1972 sowie zur Aufhebung der Richtlinie (EU) 2016/1148 (NIS-2-Richtlinie).* Amtsblatt der Europäischen Union. *https://eur-lex.europa.eu/legal-content/DE/TXT/?uri=CELEX%3A32022L2555.* Version: Dezember 2022

[NIS22b] NIST (Hrsg.): *NIST SP 800-160 Vol.1 Rev. 1 – Engineering Trustworthy Secure Systems.* National Institute of Standards and Technology: NIST, 2022. *https://csrc.nist.gov/pubs/sp/800/160/v1/r1/final*

[NIS24] NIST (Hrsg.): *The NIST Cybersecurity Framework (CSF).* Version 2.0. National Institute of Standards and Technology: NIST, 2024. *https://www.nist.gov/cyberframework*

Index

B

C

D

S